KB129056

통합심신치유학 시리즈 ❶

통합심신치유학 [이론] 편

Integrative Body · Mind · Spirit Healing: Theory

학지사

조효남 · 안희영 공저

학지사

오늘날 제4차 산업혁명시대가 도래하면서 AI 중심의 초고도 융복합 과학기술, 유전자 조작 생명과학 · 생명의학, 나노바이오로봇, VR · AR 가상현실, 양자과학 · 양자의학 진단 · 치료기술 등 모든 과학기술이 빛의 속도로 급격하게 발전하고 있다. 이와 더불어 심리치료 · 심신치유뿐 아니라 인문사회학 · 문화예술을 포함한 모든 분야가 통합 · 통섭 · 융합하는 대통합의 시대가 도래하고 있다. 그래서 통합이란 말은 어느 분야에서나 흔하게 사용되고 있다. 하지만 아직은 온전하고 진정한 의미의 통합 · 통섭이나 통전적 통합정신은 어느 분야에서도 찾아보기 힘들다.

그러나 심신치유 쪽으로 오면, 진정한 통합 · 통섭이 일어나고 있음을 알 수 있다. 그동안 전통 서양의학, 상담심리치료가 지배해 온 시대는 저물어 가고 있다. 이제 오늘날은 인문사회과학과 자연과학, 심리과학과 정신과학이 첨단 과학기술과 더불어 상호 고도로 융복합화되고 통합 · 통섭되면서 의학 · 심리치료 · 심신치유의 모든 상황이 달라지고 있다. 앞으로 머지않은 미래에 곧 환원주의적 뇌 · 인지과학이 지식 생태계를 지배하는 시대는 끝나게 될 것이다. 이에 따라 신과학 · 신의학, 통합양자론 · 양자과학이 주도하는 심층과학에 자리를 내주게 되면서 곧 양자뇌과학, 양자인지과학, 양자정신신경면역학QPNI, 양자통합생리학의 시대가 도래하게 될 것이다.

지금도 유물론자나 환원주의자가 아닌 전문가들 중에 몸맘영BMS의 전일적인 삼원일체적 뇌인지과학, 인지심리학, 통합적 발달심리학, 자아초월심리학을 온전하게 인식하는 전문가나 학자들이 적지 않다. 이들은 진정한 심신통합의학, 통합심신치유학의 시대가 되었다는 것을 깨닫고 있는 까닭에 이제는 몸과 마음을 따로 상담 · 치료하지 않는 시대가 되었다는 것을 강조하고 있다. 말하자면, 지금까지의 서양전통 상담심리치료와는 달리 전통 자연의학 · 보완대체의학적 심신치유에서와 같이 몸과 마음의 치료적 치유(therapeutic healing) 분야를 따로 생각하지 않고 하나로 보아야 한다고 본다. 그러므로 이제는 전통적 상담심리치료를 심신치유의 일부로 포함하지만, 몸과 마음을 통합적으로 치료치유하는 통합상담심신치유의 시대가 이미 왔음을 깨달아야 한다.

인간의 몸과 마음, 즉 데카르트적 몸 마음의 이원론적 · 이분법적 사고나 정신 · 마음 · 감정 · 본능을 뇌신체로 환원하는 일원론적 사고 모두 배제해야 한다. 앞으로는 현대 환원주의적이 아닌 펜로즈의 양자뇌인지과학, 신과학, 정신역동적 심층심리학, 통합심리학, 통합인간과학, 양자파동역학 · 양자과학, 정신물리학의 발달로 인해 환원주의가 이제 더 이상 설 곳이 없어지게 될 것이다. 이제 깨어 있는 심신치유자는 더 이상 몸맘영BMS의 병리장애를 마음과 몸으로 이분하고 나누어 치료와 치유를 할 수 없다는 것을 알게 된 것이다. 어느 경우에도 치료치유와 치료치유기제의 발현은 심신의 통합적 상담심신치유와 상담심리치료가 이분되어서는 안 되는 심기신心氣身 통전적 · 심신통합적 통합심신치유의 시대가 왔다는 것이다.

그래서 언제부터인가 심리치료, 심신치유 분야에서도 통합심리치료, 심신통합치유란 말이 당연한 듯이 통용되고 있다. 하지만 상담심리치료자들은 물론이고 대부분의 심신치유자도 아직 일반적으로 정신심리장애 자기 · 성격 발달장애 등 심인성 장애에 대해 기존의 이론과 자신이 전문으로 하는 치료적 치유요법에 갇혀 있는 것이 현실이다.

오늘날은 그 어느 시대보다도 가진 자 계층을 제외하고는 심각할 정도로 과도 경쟁사회, 물질 소유 중독사회, 위험사회, 과로 · 피로 사회, 계층 고착 · 갈등 사회 증후군의 병리적 사회 환경 속에 갇혀 있다고 해도 과언이 아니다. 이로 인해, 자존감 · 자아정체성 상실이 초래한 혼의 위축과 비정상화, 물질·행위 중독, 분노·화 조절장애, 이념·사고 중독, 반사회적 개인·집단 폭력·광기 등의 다양한 정신·심리·심신 장애 증후군으로 인해 극심한 스트레스와 심신의 다양한 병리장애로 고통을 받고 있는 현대인이 많다. 특히 우리 보통의 한국인의 경우 이러한 심신의 병리장애가 복합적이고 심각한 수준에 이르고 있다. 따라서 이러한 시대적 상황에서 심신(心氣身. 몸맘 영BMS)치유는 동양의 전통 전일의학과 현대 서양의 자연의학, 뇌인지과학, 발달심리과학, 통합심리학, 정신동역학, 의식역학, 신의학(에너지의학, 양자파동의학)을 상보적으로 통전·통합·통섭하는 일시적 힐링이 아닌 근본 심신치유가 되어야 한다. 이를 뒷받침하는 통합심신치유학의 학문적 체계의 정립이 시급하다고 보아, 저자들이 오랜 기간 통합심신치유에 대한 강의, 연구, 집필 과정과 현장 지도 적용 과정에서 느끼고 깨달은 바를 바탕으로 이 책『통합심신치유학: 이론』편과 동시에 실제 치유 전문가들이 참여하여 집필하여 (이미 발간한)『통합심신치유학: 실제』편 그리고 이 책들에 수반하는『통합심신치유학: 치유기제』편을 통합심신치유학 시리즈 3부작으로 집필하게 되었다.

통합심신치유 3부작의 기본 이론서에 해당되는 이 책에서는, 먼저 제1장 통합심신치유 개관에서 통합심신치유학의 정의적 특성에 대해 고찰하였다. 무엇보다 모든 분야, 모든 계통의 치유자들은 동서고금의 철학·심리학·과학을 통섭하면서 현대의 인간과학, 인지과학, 인지심리학, 심신치유를 관통하는 삼원일체적 몸맘영BMS(몸·기·정情·맘·얼·영)의 홀론홀라키(包越者·包越体, holon·holachy)적 치유원리의 온전한 이해를 바탕으로 한 심신통합치유와 통합적 심신치유를 할 수 있어야 한다. 이러한 통합신신치유의 이해를 위해 전통지혜와 현대의 제반 정신동역학·발달심리학, 나선밈동역학, 뇌인지과학·뇌의학, 심신통합의학, 신과학·신의학, 양자과학·양자의식역학, 정신과학을 모두 관통하는 통섭적 통합심신치유학 개념을 정의하고서 통합심신치유의 특성과 원리를 요약하고 개관하였다.

그리고 제2장 몸과 마음의 심층과학적 이해는, 무엇보다 오늘날(통합인간학, 뇌인지과학, 정신신경면역학, 통합생리학뿐 아니라 심리학·심리치료, 자연치유·심신치유 등) 인간과학 관련 분야의 수많은 학자, 과학자, 전문가로 하여금 인간의 몸과 마음에 대한

5

온전한 통전적 · 심층적 이해를 유도하기 위해 집결하였다. 즉, 몸 · 마음 · 정신(얼영)에 대한 온전한 이해가 결여되어 생기는 그들의 제반 편향된 인식 · 관념 · 사고에서 나온 거칠거나 미묘한 이원론이나 일원론적 환원주의에서 벗어나게 하려는 목적으로 집필하였다. 이를 위해 몸과 마음에 대한 심층홀라키적 원리의 이해와 동서양의 전통 지혜의 온전한 이해, 몸과 마음의 온생명과학적 다양한 의식철학적 · 의식심리학적 · 생명과학적 이해와 통합인간과학적 이해, 의식역학 · 정신과학적 이해가 가능하도록 집필하였다.

이어서 제3장에서는 동양전통지혜와 한의학, 동의학의 전일적 · 전인적 심신치유의 원리를 그 분야의 전문가가 아닌 치유자들이 동양의 전통 심신치유에 대한 개략적 이해를 할 수 있는 수준에서 소개하였다. 그래서 동양의 전일적 심신 치유 · 수련 원리, 주역에 바탕을 둔 음양오행론과 육기론, 精氣神, 魂魄의 치유 · 수련의 원리, 사상의학의 체질론에 대한 기본적 이해 그리고 우리 몸의 경락의 기의 유주 원리에 맞는 삼극의학三極醫學의 음양삼극론을 기본 교양 수준에서 간략하게 기술하였다.

그리고 이 책의 가장 핵심이라 할 수 있는 제4장 현대 통합심신치유이론에서는 우선 제2, 제3장에서의 동서양의 몸과 마음 그리고 그 치유 · 수련에 대한 통전적 · 상보적 이해를 바탕으로 진정한 통전적 통합심신치유가 무엇인지에 대해 고찰하였다. 이어서 현대의 대표적 통합사상가이며 통합심리학, 통합생활치유 수련, 영성치유, 자아초월심리학의 대가인 켄 윌버의 AQAL 매트릭스 통합이론 모델에 따른 저자들이 제안하는 통합심신치유이론에 대해 개관하였다. 그런 후에, 통합심신치유학의 온전한 이해를 위해 필요한 현대 신과학 · 신의학적 · 의식역학적 심신통합치유의 원리에 대해서도 요약하였다.

그리고 무엇보다 오늘날 모든 심신통합치유는 마음챙김(통찰적 자각, 각성)을 기반으로 해야 고급 심신치유기제를 발현하여 자기치유를 가능하게 한다는 것이 현대 심신치유의 대세일 뿐 아니라, 자기치유 능력을 갖기 위해서는 필수적이다. 이 책에 동반하는『통합심신치유: 실제』편에 수록된 세계적으로 널리 사용되고 있는 MBSR과 최근의 마음챙김 통합명상 기반 ILP 통합심신치유 프로그램 모두 마음챙김 기반 심신통합치유 프로그램이다. 이를 바탕으로 이 모든 통합심신치유이론과 모든 심신통합의학적 심신치유, 신의학적 심신치유를 통전적 통합으로 포괄하는 유위 · 무위 통합(양자)심신치유이론과 통합심신치유학의 실제 모형으로서 퀀텀사면동역학적 (양자)치유변용(Quantum Tetra-dynamics Quantum Healing Transformation: QTQHT) 을 바탕으로 하는 모듈형 유위 · 무위 통합심신치유(Integral Quantum Healing Life Practice: IQHLP) 모델을 제시하였다. 더 나아가 이 시대와 앞으로 올 AI시대의 심신치료치유 전문가들을 위해 AI시대의 시대적 · 사회적 특성과 심신치유의 방향과 위상 그리고 AI시대의 통합심신치유학의 비전에 대해서도 제시하였다.

이 책 통합심신치유학의 이론 부분은 조효남 교수가 주로 집필한 것이긴 하지만, 저자 두 사람의 수십 년간의 교육과 치유 수련, 서울불교대학원대학교 심신통합치유학과에서 지난 십수 년간 진행해 온 현대 심신치유 분야의 강의와 연구와 실습교육을 하는 과정을 통해 서로 토의 협력해 오면서 현대 심신치유에 관해 공유하게 된 내용의 결정체이다. 그 결과, 통합심신치유 분야에서 국내에 유일한 이 책과『통합심신치유학: 실제』편,『통합심신치유학: 치유기제』편 3부작이 학지사를 통해 심신치유 전문가들에게 현대 통합심신치유의 길라잡이가 되는 빛을 보게 된 것이다.

마지막으로, 학지사는 그동안 국내에서 심리학, 심리과학, 교육학, 명상영성과 관련한 거의 모든 분야의 전문 도서와 상담 · 심리치료, 심신치유, 정신건강, 자기계발 분야의 전문 교양 도서를 출판해 온 이들 분야의 발전에 가장 크게 기여해 온 최고의 명문 출판사이다. 그리고 무엇보다도 위대한 통합사상가 켄 윌버의 거의 모든 주요 저서를, 통합적 접근을 원하는 철학 · 심리 · 치료 · 치유 · 영성 · 수련 분야의 전문가들을 위해 번역 출판해 온 국내외 전문도서 출판 명가이다. 이들 분야의 모든 전문가가 인정하는 학지사에서 국내 최초로 통합심신치유학 3부작을 출판함을 쾌히 승낙해주신 학지사 김진환 대표님께 각별한 감사를 드린다. 그리고 그동안 이 분야 최초의 전문 서적인 3부작을 좋은 작품으로 출판하는 데 정성을 다한 편집 실무 팀의 노고에 각별한 사의를 표하고 싶다.

아무쪼록 이 책이 지금, 그리고 앞으로 올 양자문명사회, AI만능시대의 심신치유 전문가들에게 온전하고 진정한 통전적 통섭 · 통합심신치유의 길라잡이가 될 수 있기를 바라며, 이 책의 수정 보완을 위해 이 책을 읽은 전문가들의 공감과 비판적 조언을 기대하는 바이다.

2020년 여름
서울불교대학원대학교
심신치유교육학 전공 주임교수 조효남
심신통합치유학과 석좌교수 안희영

통합심신치유학 • 이론 편

제 *1* 장

통합심신치유 개관

통합심신치유학 [이론] 편

통합심신치유학

통합심신치유학은 전통지혜인 동의학의 전일적 심신치유와 현대 신과학·양자파동역학·자연의학·(심층) 뇌인지과학·통합신경생리학·신의학을 상보적으로 통전·통섭·통합하는 학문이다. 이 책은 심신치유 전문가들로 하여금 현대심신치유의 심층 과학적 이해를 바탕으로 몸과 마음[몸맘영: Body·Mind·Spirit(BMS)]의 통합적 심신치유의 원리와 개념을 온전하게 이해할 수 있도록 하는 이론 모형을 제시하는 데 목표를 두고 있다. 오늘날 주류 지식 생태계(진화생물학·진화심리학, 뇌인지과학·인지심리학, 통합생리학·정신신경면역학 등)에는 뇌·몸 중심의 생물학적·유물론적 거친 환원주의나 미묘한 환원주의적 심신일원론이 만연되어 있다. 무엇보다 이 책은 양쪽 모두를 경계하며, 몸·마음·정신(영혼)BMS에 관한 심층과학적 온전한 이해를 기본 바탕으로 하고 있다.

이 책은 통합심신치유학 3부작 중 기본 이론 편에 해당한다. 이 책의 이론을 바탕으로 심신치유의 현장에서 적용할 수 있는 통합적 심신치유 실제와 기법으로서 『통합심신치유학: 실제』 편과 『통합심신치유학: 치유기제』 편은 이 책의 실제 응용 편에 해당한다. 따라서 이 책은 심신치유요법과 관련된 상세한 설명이나 치유실제나 치유기제가 아닌 다른 두 편의 이론적 바탕이며, 21세기 AI시대를 살아가는 심신치유자라면 반드시 알아야 할 현대적·통합적 심신치유학의 새로운 치유원리와 기본 개념 이해를 위주로 기술하였다.

오늘날 심신치유요법으로는, 소위 기능의학적 몸 교정치료·도인(지압·안마…)치유, 몸동작·氣 에너지(기공·소마·요가)치유, 자연의학적·보완대체의학적 치유에서 감정·정서·예술 치유, 상담심리치료적 치유, 물질·행위·감정·이념 중독 치유, 독서·인문 치유 등의 의식치유를 포함하여 마음챙김·통찰 명상치료적 치유, 기치유·레이키치유, 심령·빙의 치유, 주력·영성 치유, 뉴에이지적 치유 등에 이르기까지 수백 가지의 다양한 치유요법이 난무하고 있다. 하지만 치유가들은 자신들이 전문으로 하는 치유법이 만능인 것처럼 과대 포장하는 경우가 많다. 그래서 한두 가지 치유요

13

법으로 단순 스트레스뿐 아니라 거의 모든 병리장애와 모든 심신의 장애 문제를 획일
적으로 다루려 하고 있는 것이 현실이다. 특히 서양의 상담심리치료는 그것만으로도
사오백 가지 치료법이 있지만 ABC(Affection · Behavior · Cognition) 정서 · 행동 · 인지
심리치료 분야 또는 BETA(Background · Emotioin · Thought · Action) 배경 · 정서 · 인지 ·
행동 심리치료 학파들의 상담 · 임상 사례 중심의 심리장애 현상만 다루는 특성이 있
다. 이로 인하여 발달 단계의 아동 · 청소년들의 발달장애치료치유는 제외하고 자아와
의식의 틀이 굳어진 성인의 심리치료는 치유자 · 내담자가 운 좋게 서로 잘 만나기 전
에는 근본 치료적 치유가 어렵다. 왜냐하면 일반적으로 자기 · 성격 · 무의식의 병리장
애기제가 고착화되어 가고 있거나 이미 고착된 기성세대인 성년이나 인지 · 의식 · 정
신이 퇴행 · 퇴화된 노년층의 병리장애의 치료치유는 기존의 상담심리치료기법으로
는 제대로 다루기 어렵다는 치료의 한계가 보편적으로 널리 드러나 있기 때문이다.

결론적으로, 심인성 정신심리장애와 심신장애의 치유에 있어서 서양심리학적 심리
치료의 근본적인 문제와 한계는 너무나 자명하다. 왜냐하면 인간의 정신(영혼)의 내면
은 마치 블랙홀 심연과도 같아서 정신심리 현상이나 인지과학 · 인지심리학적 접근만
으로는 알 수가 없기 때문이다. 게다가 전통지혜에서 상세하게 밝히고 있는 인간의 영
spirit · 혼soul · 심혼psyche의 문제는 극히 일부 학자들의 치료치유요법들을 제외하고는 거
의 다루지 않고 있기 때문이다. 대체로 서양의 상담심리치료는 자아초월 상담심리치
료를 제외하고는 초개인적 자기, 존재적 주체로서의 자기인 영 · 영혼의 문제는 다루
지 않는다. 모든 인간의 광기, 병리장애 문제가 인간 존재의 주체인 영과 혼의 무지몽
매에서 비롯된다. 하지만 서양심리치료에서는 대체로 개인적 자기의 발달장애와 인
지 · 의식 · 무의식의 마음의 문제와 실존적 자기의 문제들만을 다루기 때문에 영적 · 혼
적 존재로서의 인간에 대해서는 소수의 학자들을 제외하고는 무지하거나 모호한 태도
를 취하고 있다. 그래서 서양심리학과 심리치료는 주로 인간의 인지 · 정서 · 행동이나
자기 · 성격 · 대인 관계 · 사회성 발달과 발달장애의 문제를 임상 · 실험에 바탕을 둔 추
론 · 직관에 의존하는 발달적 정신역동론이나 대상관계론, 심리과학 · 뇌신경과학 · 인
지과학이나 심리 현상학에 의해 주로 설명하고 있다.

그러나 태아 때부터 인간의 영혼 · 정신psyche의 내면 의식 · 무의식 · 심층무의식의

14

발달적 병리장애는 너무나 복잡하여 정신심리 현상학이나 인지과학적 접근으로는 제대로 다루지 못하고 있다. 표층의식과 억압무의식 현상만으로는 다차원의 복잡계와도 같은 인간 심층의 정신·무의식·초의식의 내면을 제대로 알 수가 없다. 더구나 자아초월transpersonal 상담심리치료를 제외하고는, 심혼, 혼, 영의 발달장애 그 자체를 인정하지 않는다. 뿐만 아니라 현대 심층심리학에서 주로 다루는 대상관계의 성장 발달 장애─이를테면 정동·감정정서·애착 발달장애, 자기정체성 발달장애, 그림자·억압무의식의 부정적 방어기제, 다양한 발달 트라우마·콤플렉스, 성격 발달장애─등도 인지적·정서적·사회적 행동·인간관계 성장 발달 과정에 가정·사회·문화, 삶과 환경으로 인해 다층적 복합적 병리장애로 구조화되고 고착화되기 쉽다. 더구나 주류 심리치료나 심리학에서는 몸의 문제를 분리하여 다루거나 의료적 치료의 대상으로 보는 심신이원론적 인식이 아직도 지배하고 있다. 그래서 최근의 신체심리학이 신체의 (모든 세포, 조직기관에 각인된) 의식·잠재의식의 문제를 다루고 있으나 자아초월심리학과 마찬가지로 아직도 주류 심리학 심리치료에서는 외면하고 있다. 따라서 오늘날 현대의 신과학, 신생물학, 신의학의 원리를 끌어들이지 않아도 기존의 어느 하나의 심리치료 학파의 심리치료요법으로는 치료치유가 무력해질 수밖에 없다는 것은 자명하지만 이러한 사실을 간과하거나 외면하고 있다.

더구나 현재는 고도의 AI를 기반으로 하는 첨단 융복합 양자과학·의학 기술시대이며, AI·AR·VR 같은 SM과 구글·유튜브·SNS의 온라인 가상 세계의 SP 컨버전스로 현대인의 의식을 지배하고 SM 디지털 SNS 중독이 심화되어 가는 시대로 현대인의 인지적·정신적·심적 병리장애 중독 문제는 더욱 심각해지고 있다. 따라서 현재 그리고 앞으로 올 시대의 치유자는 내담자·치유대상자들에 대해 과학적·통합적 접근에 의한 심신통합치유를 하지 않고서는 일시적 힐링이 될 뿐 근본 치유효과나 치유기제가 발현하도록 치유하는 것이 지극히 어려울 것이다.

무엇보다도 오늘날과 같이 소수의 선택된 계층을 제외하고, 전 세계적으로 혼돈의 전환기적 소용돌이 속에 인종·종교·국가·계층·세대·이념 간의 갈등, 반목·증오·혐오가 극심한 사회·문화적 환경 속에서 너무도 많은 현대인이 (실존적·존재적 주체로서의 자기인) 혼의 위축·비정상화·피로로 인해 고통받고 있다. 또한 생존·일·관계

15

스트레스, 강박신경증, 분노·화 조절장애, 중독장애, 반사회적 심리, 이상심리장애 등의 구조화된 다양하고 복잡한 복합적 병리장애기제로 인해 고통받고 있다. 이러한 고통을 받고 있는 현대의 보통 사람들을 어느 한 상담치료법이나 일시적 스트레스 감소나 해소를 가져오는 심신치유법에 의존하는 치유자가 제대로 치료치유하기란 지극히 어려운 일이고 무모한 시도이기도 하다.

다시 말하자면, 무엇보다 고통스러운 개인의 성장 과정의 복잡한 상흔으로 인한 현재의 병리장애 상태와 근기·기질·성격 등의 측면을 고려하지 않고 무조건 자신의 치유법대로 치유하려 드는 것은 무모한 짓이다. 즉, 인간의 고통과 불행, 장애에 대한 단편적·피상적 이해를 바탕으로 치유 전문가 자신의 전문 치료치유요법 위주로만 치유하려 든다면 일시적 힐링은 되어도 근본 치유가 제대로 되지 않는 것이 너무나 당연하다. 따라서 이제 모든 치유자는 전통적인 재래적 치유자 중심의 치료치유만으로는 치유가 되지 않는다는 사실을 깨달아야 한다. 이제는 치유대상자·내담자의 심신장애, 기질 특성에 맞는 몸과 마음의 통합적 치유, 즉 다차원의 생명체, 생명홀론·홀라키로서의 몸맘영BMS(좀 더 상세하게는 〈표 2–1〉과 같은 몸·기·정·맘·얼·영)의 단계적·통합적 심신통합치유를 해야 하는 시대가 왔음을 깨달아야 한다.

따라서 오늘날의 진정한 통합심신치유자는 단순한 임상, 실험, 경험 사례에만 바탕을 두고 발달하며 적용해 온 전통적·재래적 심리치료요법들이나 심신치유요법들에만 의존해서는 안 된다. 무엇보다 오늘날의 심신치유자는 현대의 정신역동적 정신의학, 역동적 발달심리학, 통합심리학·심리치료, 자아초월심리학에 바탕을 둔 심리치료·심신치유이면서도 재래적 심리학·심리치료법들에는 결여되어 있는 현대 뇌인지과학·신생물학·신의학(에너지의학, 양자의학, 파동의학)·의식역학 등의 치유원리에 대해서도 알아야 한다. 말하자면, 심층(양자)뇌인지과학, 나선(맘)동역학, 정신과학, 의식역학(정신물리학), 양자역학 등 현대의 신과학·복잡성 과학의 기본 원리와 에너지의학(에너지치유)·양자의학(양자치료)·파동의학(파동치유) 등 신의학, 홀론의학의 기본 원리를 이해하고 진정한 심층과학적 통합심신치유학을 바탕으로 온전한 온건강을 회복시키는 심신치유를 할 수 있어야 한다.

홀론·홀라키

유명한 저널리스트이며 신과학자인 쾨슬러(Koestler, A.)는 그의 책 『야누스Janus』에서 그리스어의 '전체'라는 의미를 가진 'holos'와 조각이나 부분을 말하는 접미어 'on'의 합성어로 '홀론holon'이란 말을 만들었다. 그 의미는 모든 존재가 더 하위의 존재에 대해서는 자기종속적 전체로 기능하지만, 동시에 더 상위의 한 전체 존재에 대해 수동적·종속적 한 부분이 되는 전체·부분적 야누스적 속성을 갖는 것을 지칭한다. 또한 모든 상위의 홀론은 더 하위의 홀론을 초월하면서 접어 넣은 채 포섭하는 홀리스틱 역량이 증가하면서 계층hierarchy적으로 등급화되어 있는 것을 지칭하기 위해 '홀라키holarchy'라고 일컬었다. 윌버(Wilber, K.)는 온우주 내 모든 존재는 무수한 아홀론subholon으로 구성된 계층적 구조이고, 온우주와 모든 실재는 홀론으로 구성된 홀라키라고 본다.

(비정상적 인류 사회의 강압적·지배자적인 인위적 계층이 아닌) 정상적인 '자연적 계층'이란 단순히 전체성과 통합적 역량에 있어서 증가를 나타낸다. 예컨대, 원자에서 분자에, 세포에 이르는 경우처럼 증가하는 홀론의 '순서order'일 뿐, 더 큰 전체의 한 부분이라는 것은 고립된 부분들 안에서는 발견되지 않는 어떤 원리(혹은 어떤 종류의 응집력)를 그 전체가 제공한다는 것을 의미한다.

쾨슬러는, 모든 자연과 우주는 전일적 계층의 홀론으로 구성되어 있고 또한 전체성과 통합성, 존재와 인식의 깊이의 정도가 증가하고 있다는 점을 주목하고 나서, '계층hierarchy'에 대한 올바른 표현은 실제로 홀라키holarchy라는 점을 강조하였던 것이다.

우리가 인식하고 있는 모든 발달적이고 진화적인 순차적 순서는 계층화에 의해, 증가하는 전일론적 발달의 순서에 의해, 예컨대 분자에서 세포로, 조직으로, 기관으로, 기관 체계로, 유기체로, 유기체 사회로 순차적으로 진행된다. 또한 인지적 발달에서 우리는 오직 한 가지 일이나 사건만을 나타내는 단순한 이미지로부터 일이나 사건들의 전체 그룹이나 부류를 나타내는 상징과 개념에, 더 나아가 수많은 부류와 그룹을 전체 네트워크로 조직화하고 통합하는 규칙들에 이르기까지 점점 확장되는 자각 인지·인식을 발견한다.

켄 윌버는 『모든 것의 역사』에서 홀론, 홀라키에 대한 20가지 원칙을 제시하였는데, 그중 중요한 몇 가지만 언급하면 다음과 같다.

- 전체로서의 실재는 사물이나 과정으로 구성되어 있는 것이 아니라 홀론holons(다른 전체의 부분인 전체)으로 구성되어 있다.
- 홀론은 네 가지 근본 능력을 보여 준다. 즉, ⓐ 자기-보존 능력agency(작인), ⓑ 자기-적

응 능력communion(공존적 교섭), ⓒ 자기-초월 능력eros(에로스), ⓓ 자기-분해(소멸) 능력 thanatos(타나토스)이 그것이다.

- 홀론은 홀라키적으로 창발하고, 각 창발된 홀론은 그 선행하는 것(들)을 초월하고 포함한다.
- 홀라키를 구성하는 홀론 수준의 수는 그 홀라키가 '천층shallow'인지 '심층deep'인지 여부를 결정한다. 그리고 어느 주어진 수준에서 (동일 부류의) 홀론의 수는 그것의 '폭span'이라고 일컬어진다.
- 홀론 진화의 각 축차적인 수준은 보다 큰 깊이와 보다 작은 폭을 만들어 낸다.
- 홀론의 홀라키적 깊이가 보다 더 깊어질수록 그 의식의 정도는 더욱 더 커진다.

이제는 무엇보다 몸과 마음의 치료와 치유에 대한 이분법적 의식을 넘어서는 의식과 사고의 전환이 필요한 시대가 되었다. 즉, 진정한 통합정신으로 통전적·통섭적·통관적·상보적 대통합을 가능하게 하는 통합심신치유가 요청되는 시대가 되었다. 그래서 개개인의 병리장애 증후군의 상태, 근기·기질·성격·체질에 맞는 통합적 치료치유요법·기법을 적용하기 위한 통합심신치유학의 일부로서 자연의학적 치료치유, 통합의학(보완대체의학)적 치료치유, 심신통합의학적 치료치유, 통합생리학적 치료치유, 신의학적 치료치유 등으로 일컬어지는 제반 현대적 심신치유요법들이 중요한 시대가되었다. 이러한 현대적 치유요법들을 모두 구슬로 꿰어 통전적으로 통합하는—제반 검증된 과학적·신과학적·신의학적 심신치료치유 분야의 통합적 치료치유요법들을 온전하게 이해하고 적용하는—진정한 통합적 심신치유를 치유현장에서 실행해야 할 때가 되었다. 더 나아가 자기가 아는 상담·치료·심신 치유요법에만 갇혀 있지 않고 이 시대에 맞는 좋은 심신치유법의 통합적 적용, 통합적·단계적 치유기제의 발현기법에 치유 전문가는 항상 열려 있어야 한다.

홀론의학

일반적으로 홀론의학이란, 통상적 의미의 심신일원론적이지만 미묘한 환원주의적인 전일적 의학(보완대체의학, 자연의학, 스트레스의학, 생활습관lifestyle의학)을 홀라키적으로 확장한 의미로서 전인적/전일적intefrtive holistic치료·치유 의학을 의미한다. 그러나 통합심신치유학에서 정의하는 홀론의학은 몸·기(에너지)·감정정서·마음·정신(심혼, 영혼)의 홀론적 온건강을 통합적으로 다루는 온건강 회복을 위한 통합치료치유적 홀론의학이라는 의미를 갖는다. 왜냐하면 인간의 생명은 다차원의 생명체로서 몸맘영BMS의 다차원의 생명홀론·홀라키이므로, 육신(신체, 생체)·생명(에너지체)·감정정서(감정체)·마음(심체)·심혼/정신(혼체)·영(영체)의 다차원의 생명장 홀라키 구조로 되어 있기 때문이다. 그러므로 생명체 각 수준의 에너지氣·정보識의 체体/장場은 아래 수준을 내포 초월하며 의존하는 홀라키적 관계에 있다. 따라서 외인성·내인성의 각 수준의 병리장애는 상향·하향 인과적 상하향 회로로 온수준으로 확산된다. 그러므로 치료치유도 아래 수준을 초월하며 아래 수준을 지배하고 작인하는 하향 인과적 치유와 아래 수준에 의존하며 그것을 내포하는 상위 수준을 상향 인과적으로 변화시키는 치료치유의 하향·상향 인과적 통합심신치료치유를 포괄하는 온생명의 온건강 홀론의학이라는 의미로서의 통합적 홀론의학으로 정의한다.

통섭적通涉的

통섭이란, 원래 진화생물학자인 에드워드 윌슨(Wilson, E.)의 'Consilience'를 그의 제자인 최재천 교수가 '통섭統攝'으로 번역하면서 쓰이게 된 용어인데, 여기서는 윌슨과 최재천의 '통섭統攝'이 아닌 '통섭通涉'이라는 다른 함의로 사용하고 있다. 그들의 통섭은 학문들 사이, 특히 인문학과 과학 사이에 학문의 방법론적으로 서로 별개가 아니며 서로 통합적이고 서로 의존적이며 영향을 미칠 뿐 아니라 '과학적 방법론'이 그 공통의 기본 틀이 되어야 한다는 함의를 은연중에 그 바탕에 내포하기에 방법론적 미묘한 환원주의적 의미를 갖고 있다. 하지만 여기서의 '통섭通涉'은 그런 의미가 아니다. 학문들 간에는 '서로 가로질러', 예컨대 인문학과 과학은 서로의 발전에 영향을 받고 받아들이며 상호 의존하면서 외면성 속에 내면성, 내면성 속에 외면성의 내용과 구조를 갖게 되면서, 서로 가로질러 영향을 주고받으며 통합적·통전적 진리로 발전해 간다. 그래서 학문적 내용과 체계와 방법론도 서로 영향을 주고받으며 진화해 가지만, 모든 학문의 고유의 방법론과 체계는 변하지 않기에 서로 소통하며 가로질러 영향을 주고받으며 풍성하게 발전한다는 비환원주의적 의미로 쓰인 용어이다.

19

더 나아가 전통지혜(영원의 철학, 심리학, 명상, 종교)와 현대 과학, 정신과학도 동일한 진리를 서로 다른 언어로 인지認知하는 다른 영역을 말한다. 그러나 과학은 전통지혜를 현대 과학, 현대 정신과학의 과학적 언어와 패러다임에 의해 관념적·형이상학적 이해를 넘어 명료하게 이해할 수 있게 한다. 반면에 전통지혜는 과학이나 정신과학으로 명료하게 이해하거나 정의할 수 없는 영역을 원리적으로 명확하게 과학적 패러다임으로 기술하도록 돕는다. 이것이 서로 가로질러 통하며 상의상관, 상의상자相依相資적으로 진리의 이해를 돕는 진정한 통섭이다.

통전적統全的

통전적holistic-integral이란, 전일적holistic이라는 용어와 통합적integral이라는 용어의 합성어이다. 전일적이란 스무츠(Smuts, J.)가 최초로 주창한 전일주의holism에서 나온 말로, 우주에서 우리가 어떤 의미의 '전체들wholes'만을 보기 쉽다는 것이다. 그러나 이것들은 더 큰 전체의 부분으로서 우주 자연은 모두 전체가 계층적·위계적으로 구성되어 있고 분할되어 있지 않은 다채롭고 다양한 역동적·창조적 속성의 '전체'라는 것이다. 여기서 의미하는 '통전'이란, 인간의 오감, 언어적 인식으로는 온우주 모든 수준의, 모든 맥락의, 모든 측면의 '전일적' 속성을 도저히 꿰뚫어 알 수 없기에, 켄 윌버의 AQAL과 같은 통합적 시각/관점/조망에 의해 우주와 자연, 생명, 인간의 전일성을 통합적으로 알 수밖에 없다는 것이다. 그래서 '통전적'이란, 온우주는 원래 하나이고 전체이지만 표층적으로는 너무나 다채롭고 다양한 현상의 세계이고, 심층적으로는 계층적·조직적이며 무한대와 무한소의 무한한 깊이를 갖고 있다. 때문에 온우주와 생명·인간의 원리의 다양성 속의 통일성·전체성·무한성을 인지認知의 한계 내에서 가급적 온전한 통합적 조망과 구도에 의해 인식하는 것이 바람직하다는 의미이다. 따라서 '통합적'이란 말보다 더 심오한 '통전적'이란 말을 선호한다.

통관적通觀的

통관적Omnijective이란, 양자역학의 양자의 파동과 입자의 상보성, 에너지氣와 정보知能·識·理의 이중성에서 나온 '참여적 관찰자 원리'에 의해 설명할 수 있다. 이 원리에 따르면, 주체의 의식·에너지와는 별개의 분리된 관측 가능한 객체(대상)의 에너지·정보 상태는 존재할 수 없다는, 즉 객체와 무관한 별개의 주체의 에너지氣, 정보識(의식·지식·인식)의 상태는 존재할 수 없다는 것이 밝혀진 것이다. 오감·언어적 의식을 넘어서는 상호 의존적·상호작용적·초오감적 양자의식에 의해 전통적 종교·철학·심리학·사회학… 등에서의 주체(주관)와 객체(객관) 사이의 이분법적 개념과 주체 사이의 경계는 엄밀하게는(초언어적·양자의식적으로는) 존재하지 않는다는 무경계·무분리의 원리가 밝혀진 것이다. 따라서 순수한 외면의 객관적 세계와 내면의 주관적 세계는 별개로 존재하지 않고 주관/주체와 객관/객체가 상호작용하며 열려 있고, 주관(내면) 속에 객관(외면)이, 객관(외면) 속에 주관(내면)이 투영되어 존재하는 현상 세계에 살고 있는 것이다. 우리는 뫼비우스의 띠와 같이 안팎의 경계가 없는 세계, 즉 양자우주에서 살고 있는 것이다. 주관·객관, 주체·객체는 인간의 언어적 오감인식의 홀로그램 환상일 뿐이고, 실상은 안팎이 없는 초오감적·초언어적 양자의식의 세계에 살고 있는 것이다. 이러한 원리는 양자물리학의 양자원리, 홀로그래프 원리, 홀론·홀라키 원리만 알아도 누구나 쉽게 알 수 있는 것이다. 이 무경계의 통관의 원리는 앞으로 이 글에서 밝혀 나가게 될 유위무위 심신치유를 위한 오감 중독·언어 중독을 넘어서는 양자의식·양자자기·양자각성에 관련하여서도 매우 중요한 원리이다.

따라서 [그림 1-1]에서 상세하게 보여 주고 있는 통합심신치유학에 따르는 심신치유는 다음과 같은 통합적 심신치유로서의 요건을 갖추어야 한다.

• 생명홀라키로서의 인간의 몸과 마음(몸맘영BMS, 심기신, 몸身기氣정情맘心얼魂영靈)에 대한 심층과학적(신과학적, 양자뇌과학적, 신의학적, 양자파동역학적, 온생명과학적, 통합인간과학적, 의식역학적/정신물리학적, 정신과학적) 이해를 바탕으로,

• 내담자·치유대상자 개개인의 생득적 근기(카르마), 유전적 기질·성격·체질을 고려한 현재의 심신의 의식·무의식의 병리장애 상태를 종합적으로 평가한 후,

• 현 상태에 적합한 단계적 심신치유, 이를테면 (카밧진의) MBSR의 심신통합치유(켄 윌버의) ILP의 AQAL 통합치유 수련, (조효남, 『상보적 통합』의) IQHLP의 유위무위적 통합심신치유법 프로그램들을 통해 치유기제를 발현시켜서 어느 정도 열린 의식의 건강한 자아를 회복시킨 후,

• 궁극적으로는 자기치유를 할 수 있는(마음챙김, MBSR, 통찰명상, 명상치유, 마음챙김 기반 ILP, 양자심신치유 등과 같은) 통합적 고급 심신치유의 적용을 통해 근본적 자기치유 능력을 갖도록 치유하는 일체의 단계적 치유과정을 일컫는다.

오늘날 대다수의 전문가가 다양한 이론과 실제 기법의 구슬더미를 온전하게 하나로 꿰지도 않고 그냥 모아 놓거나 편향된 억지 시각으로 부분적이고 불완전하게 꿰어서 모아 놓고서 통합이라는 용어만 오용하고 있는 게 부인할 수 없는 현실이다. 이 책에서는 이와 같은 허울만의 통합이 아니라, 진정한 의미에서 동서고금의 보편적 영원의 전통지혜를 현대 과학적·신과학적, 신의학적으로 하나의 진정한 전일적 진리로 관통하는—온전한 앎의 진주목걸이로, 온우주의 만다라 융단으로 자연스레 이음매 없이 꿰어져 상보적으로 회통하는—통합(통전·통섭·통관)을 통합심신치유학의 기반으로 하였다. 따라서 몸과 마음(몸맘영BMS, 몸기정맘얼영BEEMSS)에 대한 심층과학적, 신과학적, 의식동역학적, 정신과학적, 통합양자이론적·양자의식역학적, 홀론의학의 홀론홀라키적 이해를 바탕으로 한 진정한 통합심신치유학 이론의 원형을 다음과 같은 원리들을 바탕으로 정립하고자 한다.

- 통합심신치유학에서는 심신홀라키로서 자연스레 (내면 각인 의식·무의식 발현의) 내적 의식홀라키와 이에 상응하는 (외적 오감각 자극과 내적 의식·무의식 자극에 반응하는 인지밈meme 표층의식 형성·변환체로서 양자뇌과학적) 뇌의 외적 인지홀라키로서의 내적·외적 상하향 쌍방향 인과의 홀론의학적 통합심신치유의 본질을 심신통합치유적·신과학적·신의학적 이론의 바탕으로 한다.
- 이에 따라 심신홀라키적으로, 단계적으로 먼저 고통받고 불행한 모든 사람의 고통과 불행의 원인인 인지밈의 각인 오류와 무지를 일깨우는 방편으로서의 심신통합치유를 우선적으로 고려한다.
- 그래서 우선 피치유자의 근기와 현재의 병리장애 상태, 성격·기질을 고려하여 심신에 대한 예비 치유 단계인 각인 인지 오류(오각인)에 대한 (뇌의 빠른 인지 훈련에 의한) 재인지밈 학습 단계를 거치며 치유기제의 발현 의지를 고취하도록 한다.
- 그런 다음, 일반 심신치유기법들과 심신치유기제들에 의해 존재적(실존적) 자기(혼)의 건강한 자아를 확립하기 위한 자신에게 맞는 다양한 일반적인 유위의 심신치유와 혼의 치유 훈련 단계를 통하여 자기치유를 위한 기본 심신치유가 어느 정도 가능하도록 유도한다.

- 먼저, 강건한 자기동일시와 올바른 삶의 의미를 아는 실존적 자기와 혼의 자기 자애·각성 긍정, 자기 정체성·자존감·효능감, 신념·용기를 회복하여 심신이 웬만큼 치유되고 의식이 열리게 되어 어느 정도 건강한 자기정체성 회복을 유도하는 게 중요하다.
- 그리고 나서 자기치유를 가능하게 하는 무위적 치유 수련인 마음챙김의 고급 치유기제의 발현을 위한 마음챙김 자각 명상·수련을 바탕으로 한 탈동일시·탈중심화의 자기치유에 전념한다. 이러한 명상·수행적 자기치유를 통해 근본적으로 영이 무지에서 깨어나고 혼이 각성됨으로써 심층병리장애적 억압무의식이 정화되어 의식·영성이 2층(믐)의식으로 성장 변용될 수 있는 유위무위 통합심신치유가 곧 심층과학적·의식역학적·정신과학적 통합심신치유라는 것을 보여 줄 것이다.
- 따라서 이러한 통합적 심신통합치유는 피치유자의 일시적 힐링치유가 아닌 근본적인 치유를 통해 자기치유 능력을 발현시키는 필수적인 단계적 과정의 이론과 실제라는 사실을 치유 전문가들이 깨닫게 하는 데도 목적을 두고 있다.

모든 심신치유는, 먼저 개개인의 현재의 혼의 위축·비정상화, 정체성 상실 상태로 인해 갇혀 있는 억압무의식의(그림자, 부정적 방어기제) 장애와 정신·심리 장애, 감정정서 장애, 의식·행위·물질 중독 증후군 등의 명확한 진단 평가에 따른 건강한 자기(혼)정체성, 온전한 자기동일시를 되찾게 하는 치유가 시급하다. 이를 위해서는 (몸·뇌·본능·감정·심리·심혼에 적합한) 유위적 다양한 치유에 의한 치유기제의 발현을 통해 자아를 회복시키고 마음·의식이 열리게 하는 것이 중요하다. 그렇게 한 후 자기치유 능력을 기르기 위한, 고통과 불행에서 벗어나게 하는 무위치유로서는 자각, 주시, 각성을 통해 영적으로 깨어나게 하는 마음챙김, 통찰적 자각 중심의 존 카밧진(Kabat-zinn, J.)의 MBSR이나 윌버의 ILP가 효과적이다. 그리고 그동안 통합심신치유 연구와 현장교육 훈련을 통해서 쌓은 경험과 깨달음을 바탕으로 정립한, 이러한 통합심신치유학에 의한 유위무위 통합심신치유 IQHLP 프로그램이 특히 효과적이다.

따라서 이 책에서는 무엇보다도 앞으로 올 AI시대의 심신치유 전문가들을 위해 이러한 MBSR과 ILP의 통합심신치유를 홀라키적으로 포함하며 넘어서는 통합심신치유학의 이론을 제시하고 치유 실제와 치유기제에 대해서는 2, 3편에서 다루었다. 더 나아가 앞으로 AI 중심의 양자파동의학시대에 오감언어적 의식을 넘어서는 초오감언어적 양자의식, 양자자각의식, 마음챙김/각성/주시 의식을 바탕으로 하는, 진정한 유위무위 통합(양자)심신치유 수련IQHLP[조효남, 『상보적 통합』(학지사, 2019)]을 AI시대의 통합심신치유의 전범적 패러다임으로 제시하였다.

이와 같이 저자들의 오랜 연구와 협업의 결과로 나온 통합심신치유학은 기존의 심신통합치유MBSR, 통합심신치유ILP와 다른 치유 이론·실제·기제를 포함하고 있다. 즉, 홀론의학적으로 통합심신치유는 유위·무위의 방편적 몸·뇌·기·감정정서 치유, 스트레스·마음 치유, 혼유(혼의 치유), 영성 치유 수련을 망라하는—그리하여 기존의 대표적인 무위적 마음챙김 기반 통합심신치유인 카밧진의 MBSR 통합심신치유와 켄 윌버의 AQAL 알아차림 기반 통합생활 수련ILP을 모두 내포하고 초월하며 넘어서는—진정한 신기심身氣心·정기신精氣神·성명정性命精의 정혜定慧·성명性命일체치유—体治癒의 통합심신치유 수련이다. 더 나아가 이는 현재 급변하고 있는 융복합·통합 AI양자시대에서 요구되는 심신통합치유, 즉 (제5장에서 다루게 될) 양자의식·양자자각 기반 퀀텀사면동역학적 유위무위 통합심신치유, 양자(심신)치유IQHLP의 이론적 바탕을 제고하고 있다.

이와 같은 통합심신치유학의 이론적 모형은 [그림 1-1]이 상징적으로 잘 보여 주고 있다. 그림이 나타내는 진정한 통합심신치유학의 다차원의 심신치유홀라키로서의 실제 정의적 의미는 다음과 같이 상세하게 기술할 수 있다. 그리고 동서고금의 심신의학 그리고 현재와 미래의 심신통합의학적·신의학적 통합심신치유학의 사분면적인 (전통 동양의 전일의학과 현대 재래적 통합의학과 현대 심신통합의학적 심신치유 그리고 현재·미래 지향적, 신의학적, 홀론의학적 통합양자심신치유의 통합·통전·통섭·통관적인) 정의적 특성도 다음과 같이 요약할 수 있다.

- [그림 1-1]의 통합심신치유학의 사분면의 의미는 동서의 전통, 근대, 현대, 미래 지향적 심신치유의 네 측면을 보여 주는 것이지만, 켄 윌버의 사분면과는 전혀 다

른 것이다. 좌상분면은 동양의 영속전통지혜, 전일적 영속의학, 영속심리학에 의한 정기신치유를 나타내고, 우상분면은 상응하는 현대 서양의 전일의학적 심신통합치유를 나타낸다. 좌하분면은 현대 서양의 전통적인 심신이원론적인 의료적 심신치료와 통합의학적 치료치유를 나타내고, 상응하는 우하분면은 다른 분면에 상보적인 현재·미래적 신의학의 첨단 에너지·양자파동 의학적 통합심신치유를 나타낸다.

- [그림 1-1]에서 동심원들은 인간의 몸과 마음의 전일적·통전적·홀라키적 인간생명, 즉 인간의 심기신(몸·기·정情·맘·얼·영), 정기신, 성명정의 다차원의 홀라키적 통전·통섭의 특성을 나타낸다.

- 심신통합치유는 인간의 몸과 마음, 즉 몸맘영BMS에 대한 온전한 전일적 이해로부터 시작해야 한다. 이제는, 아직도 근대 서양의학을 지배하고 있는 데카르트(Descartes, R.)적 심신이원론이나 현대의 뇌신경생리학의 미묘한 뇌·몸 환원주의적이거나 일부 전통종교와 뉴에이지의 정신환원주의적 심신일원론에서 벗어나야 한다. 그래서 전통지혜와 현대 신과학, 신의학, 통합 양자론·양자과학에서 말하는 (다차원이지만 분리할 수 없는) 전일적 삼원일체(몸맘영BMS, 보다 엄밀하게는 신기심身氣心, 정기신精氣神)로서의 동양전통과 현대 심리학·신과학·신의학의 다차원의 다원일체多元一体로서의 몸과 마음에 대한, (어느 쪽으로도 환원할 수 없지만 분리할 수도 없는) 다차원의 전일적 몸과 마음에 대한 온전하고 올바른 이해가 전제되어야 한다.

- 그래서 [그림 1-1]에서 보여 주는 동심원은, 전일적이며 통합적 온수준을 나타낸다. 전문가라면 누구나 전통지혜와 현대를 관통하는─몸마음정신BMS(신기심身氣心, 정기신精氣神)을 동양의 전통지혜, 현대 신과학(홀론·홀라키, 홀로그램, 형태형성장, 의식역학 등), 전통종교(불교, 힌두교, 기독교), 현대 발달·자아초월 심리학, 정신물리학, 양자장역학을 관통하는─공통의 차원의 수준으로 나타낸 신身(육신)·기氣(생명 에너지)·정情(감정정서)·심心(인지상념, 사고, 마음)·혼魂(심혼, 실존적 자기, 혼적 정신)·영靈(영적 정신, 참자기, 자성)을 온전하게 알아야 한다. 그리고 정신과학의 홀라키(포월체)로 내적 의식홀라키와, 외적 認知·의식 변환체인 뇌홀라

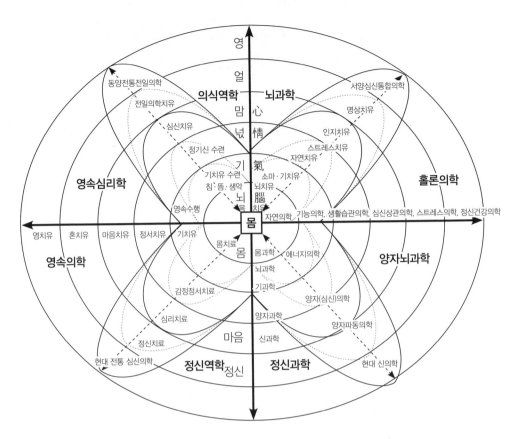

[그림 1–1] 통합심신치유학(통합홀론의학적 통합심신치유)

키로 이해해야 한다.

• 좌상분면은 동양(동북아)의 전통 전일의학적 통전적 치유를 정기신精氣神 치유·수련 원리에 따르는—침·뜸·생약, 민간요법 등 자연치유적 몸치유와 심신치유의 가장 핵심이 되는 정기신 수련에 의한—기·기공 치유, 염念·지止·관觀 수행에 의한 심기신(성명정)치유 수련을 나타낸다. 즉, 성명쌍유性命双癒·성명쌍수性命双修의 치유·수련의 영속심리학적 치유, 영속수행적 수련에 따른 통전적(전일적·통합적) 치유를 나타낸다.

• 반면에 우상분면은 전통지혜의 이러한 통전적 심신치유에 상응하는 현대 서양의 심신통합의학적 통합적 심신치유를 나타낸다. 즉, (그림에서는 공간 제약으로 다 나타내지는 못했지만) 몸치유, 뇌인지치유, 소마치유, 기·기공/요가 치유, 자연의학/보완대체의학 치유, 감정·정서 치유, 스트레스 치유, 인지·마음·의식 치유, 명

상치유, 심령·심혼·정신 치유(혼유)·주력呪力 영성치유 수련 등을 나타내는 (내 포하고 초월하며 윗수준으로 뻗어 나가는 포물선으로 나타낸) 홀론의학적 심신치유로 서의 홀라키적인 심신통합치유로 이해해야 한다.

- 좌상분면의 통전적 모든 수준의 신기심身氣心의 치유는 하위 수준에서는 에너지(기)의학 중심적 치유이다. 하지만 몸에서 영까지의 전스펙트럼 몸(조대체粗大體·정묘체精妙體·원인체原因體) 차원의 치유는, 신과학적 해석에 따르면 의식역학적이다. 그러나 현대에 와서는 이러한 모든 수준의 의식을 뇌과학적이거나 뇌의학적으로 모두 환원하여 인식하려는 데 문제가 있다.

- 반면에 좌하분면은 현재의 현대 전통 심신의학은 심신이원론적인 문제와 한계를 넘어서지 못하고 있음을 보여 주고 있다. 하지만 여전히 문제는 있지만 현재 일부 통합의학, 보완대체의학에 의해 재래적인 생체기계론적 치료치유의 한계와 문제를 넘어서려는 경향이 있다. 또한 뇌과학, 통합신경생리학 등에 의해 정신역동적 심신역학·전일의학으로 나아가려는 움직임은 보이나, 그 자체가 환원주의적 한계를 노출하고 있다. 따라서 아직은 전반적으로는 기존의 서양의학교육 체계 내에 머물고 있는 탓으로, 삼원일체적 전일적 심신상관의학·심신통합의학·홀론의학의 중요성을 전혀 깨닫지 못하고 있는 실정이다.

- 그러므로 이러한 문제의 극복이 가능하게 하는 것은 우하분면의 현대 신의학적 통합심신치유가 제공하는 비전이다. 앞으로는 신과학·신의학·양자뇌과학·정신과학적인 차원에서, 보다 근본적인 양자파동장 에너지(氣), 정보(식識, 양자의식)의 몸(신체양자장)에서 영(영체, 원인양자장)에 이르기까지—에너지의학적 에너지치유, 양자심신의학적 양자치유, 양자파동의학적 양자의식·양자자기 치유의 신과학·심층과학(양자몸과학, 양자뇌과학, 양자기과학, 양자의식과학, 양자정신과학 등)의—홀론·홀라키 의학을 바탕으로 한 21세기 AI시대의 몸맘영BMS, 신기심의 통합심신치유학시대가 될 것이다.

- 더구나 앞으로 10~20년 이내 AI시대에는 상응하는 우하분면 현대 신의학의 AI 중심의 GCET(Genome CRISPER-Editing Technology)·BNR(Bio-Nano Robotics)·QDT (Quantum Diagonosis Technology) 등의 의학기술의 발달로 인해 신체적 건강 문

27

제가 대부분 해결될 것이다. 하지만 치유자들은 정신심리적 문제로 인한 심인성 심신장애의 치료를 위한 전일적 심신상관의학의 중요성을 더욱 더 깨닫게 될 것이다. 이에 따라 좌상분면의 영속의학적인 정기신 통합치유와 우상분면의 심신 통합치료치유와 상보적·통전적으로 통합·통섭된 홀론의학적인 통합심신치유학으로 발전하게 될 것이다.

• 결론적으로, [그림 1-1]은 좌상분면의 과거 동양전통전일의학, 우상분면의 현재의 현대 심신통합치유, 좌하분면의 현재 재래적 심신이원론적 심신의학·통합의학, 우하분면의 (진행 중이며 곧 다가올) 미래의 신과학·신의학적 심신치유를 상보적·통전적으로 통합하는 통합심신치유학의 온전한 통합 패러다임을 보여 주고 있다.

지금까지 강조한 이러한 다차원의 온전한 통합(통융, 통전, 통섭, 통관)의 특성을 갖는 통합심신치유학에서 치유자가 명심해야 할 주요 심신치유의 원리는 다시 한번 다음과 같이 요약할 수 있다.

• 치유자로서 인간의 몸과 마음에 대한 심층과학적(온생명과학적·통합인간과학적·의식역학적·정신과학적) 이해가 중요하다.
• 피치유자 개개인의 생득적 근기(카르마), 유전적 기질·성격 등 체질을 고려한 현재의 심신의 의식·무의식의 병리장애 상태를 종합적으로 평가한 후 유위적 통합치유요법의 실제를 적용하여 치유기제를 단계적으로 발현시켜야 한다.
• 통합적 심신치유를 통해 어느 정도 건강한 자아정체성(혼)을 확립하고 되찾으면 자기치유를 할 수 있는 유위·무위적 심신치유와 MBSR, ILP, IQHLP에서 강조하는 무위적 마음챙김 명상치유 같은 고급 심신치유를 적용할 수 있어야 한다.
• 통합심신치유학에서 가장 중요한 원리 중 하나는 홀론의학적 심신의 홀라키와 심신치유홀라키의 원리에 대한 온전한 이해이다. 심신의 홀라키는 내면 각인 의식·무의식 발현의 내적 의식홀라키와 (이에 상응하는 외적 오감각 인지 자극과 내적 의식·무의식·초의식 인지 자극에 반응하는) 인지밈 표층의식 형성·변환체로서의

외적 뇌인지홀라키로 되어 있다. 이러한 심신홀라키의 상향·하향 쌍방향 인과(TopDownBottomUp Causation)의 홀론의학적 통합심신치유의 본질을 이해해야 한다.

• 심신치유는 심신의 병리장애와 관련된 피치유자의 근기·수준·기질·체질에 맞는 운동·유희·몸 치유 훈련과 예비 인지학습치유와 자기자애 훈련이 어느 치유 대상에게나 공통적으로 필요한 가장 긴급한 예비 치유기제 발현기법이다. 그러고 나서 일반적인 각 수준의 유위적 심신치유요법의 단계적 치유에 따른—일반적인 유위적 치유와 혼의 치유에 의한—기본 치유기제의 발현에 의한 존재적 자기(혼)의 건강한 자아를 어느 정도 우선 확립하는 것이 중요하다. 그러고 나서 자기치유가 가능하게 되는 마음챙김/알아차림, 각성자각 주시 훈련, 집중/통찰 명상 등의 고급 치유를 통해—탈동일시의 통찰적 자각, 깨달음에 의해 통합적 의식의 변용과 영성이 발현하여—2층의식 이상으로 자기치유와 영성 수련에 의해 성장하는 유위·무위적 통합심신치유가 목표이다.

• 곧 고도의 초지능 범용 AI 중심의 융복합 생명·나노·양자의학 시대가 오면 머지않아 암을 비롯한 불치의 병이 거의 모두 치료되는 시대가 도래할 것이다. 하지만 오히려 AI로 인해 일에서 풀려난, 그러나 미래의 삶이 불안전한 보통의 신인류에게는 가상공간에서의 유희나 소통 외에는 진정한 인간관계나 사랑이 없는 시대가 됨으로써 불안, 우울, 고독, 중독에 빠지기 쉬운 시대가 될 것이다. 이로 인한 영적·혼적·정신적 위기에 처한 신인류를 위한 신의학적·정신과학적 온전한 통합심신치유와 명상영성 수련이 일상화되는 시대가 올 것이다. 이러한 AI양자 시대에 심신치유자들은 새 시대의 신과학, 신의학적 첨단 통합심신치유의 원리와 첨단 양자심신치유요법들의 실제 적용 능력을 갖추어야 할 것이다.

심신치유의 현황 및 실태

오늘날 가진 자 중심의 계층 고착사회, 피로사회, 위험사회, 경쟁사회, 이념 과잉사회에서 억압, 수탈, 경쟁, 갈등의 과도한 스트레스 속에 번아웃burnout 상태로 살고 있는 현대인들의 심신병리장애와 스트레스 문제는 심각한 수준이다. 앞에서 누차 강조하였지만, 무엇보다 존재적 주체로서의 심층적 자기인 영혼에 대한 무지·무명과 자기정체성의 상실과 혼의 몽매·미혹, 위축이나 장애로 인한 마음장애(정신적·심리적 스트레스, 신경증, 의식 중독 등), 감정정서장애, 본능장애(리비도·충동 장애, 행위·물질 중독) 등 다양한 수준의 의식·무의식 에너지의 병리장애와 중독 상태에 갇혀 있는 사람이 많다. 그리고 이러한 심인성 장애에 따른 인지(맘) 생성 변환체로서의 뇌의 인지장애와 만성 대사 증후군, 암, 심혈관 질환 등 전일적 몸과 마음의 상하향 인과의 복합적 병리장애로 인해, 정도의 차이는 크지만 대체로 고통과 불행 속에 살고 있는 사람이 많은 것이 현대의 심각한 문제이다. 더구나 이미 앞에서 언급한 바와 같이 이들이 자신의 성격, 기질, 병리 상태에 맞는 통합적 심신치유의 진단·평가·치유를 받을 수 있는 상담심리치료나 통합심신치유 역량을 갖춘 진정한 전문 치유자를 만나기는 지극히 어려운 것 또한 지금의 부인할 수 없는 현실이다. 왜냐하면 수많은 심신치유, 심리치료 기법이 넘쳐나고 있지만, 문제는 거의 모든 심신치유 전문가가―수백 가지가 넘는 자연의학·기능의학적 몸치유 수기·교정 치유, 소마/요가/기공 심신 치유, 감정정서치유, 마음챙김 명상치유·인지행동치유, 주력·영성 치유 수련 등과 서양의 사백 가지가 넘는 심리치료법 중에―개인의 복합적·심층적 정신·심리·심신 장애에 대한 온전한 진단 평가도 없이 치유자 자신이 전문으로 하는 과대 포장된 치료·치유법이나 너무 편향된 특정 치유법으로만 치유하려고 하는 성향이 있기 때문이다. 따라서 일시적 스트레스 완화나 힐링 효과가 있는 치유법들을 제외하고는 자각적 자기치유의 능력을 갖도록 유도하는 일반 심신치유요법이나 치유 프로그램들이 극히 드물다. 게다가 온라인이나 오프라인상의 뉴에이지적, 오컬트적, 혹세무민하는 치료·치유법들까지 범람하고 있어서 잘못된 치료치유법들에 빠지기 쉬운 치유환경도 심각한 문제 중의 하나이다.

오늘날, 초고도의 AI 중심의 제4차 산업혁명, 융복합 양자과학기술혁명시대가 되어서도 여전히 지속되고 있는 지도자, 가진 자들의 광기, 탐욕으로 인한 불안, 분노·화, 강박, 스트레스와 복합적 심신병리장애, 다양한 물질·행위·의식 중독 때문에 고통받는 사람이 너무나 많다. 이러한 현대인에게는 어느 때보다 통합적 심신치유에 의한 온전한 심신건강과 정신건강의 회복이 중요한 시대가 되었다. 뿐만 아니라 자기치유를 위한 마음챙김 명상치료치유와 명상 수련, 영성치유 수련에 의한 영적 성장이 필요한 시대가 되었다.

다른 한편으로 심층과학, 정신과학을 외면하거나 모르거나 뇌를 모든 정신·심리·의식의 본질로 보는 환원주의적 뇌과학자, 인지과학자, 물리학자, 인문과학자들에 의한 AI에 대한 오해가 심각한 수준에 이르고 있는 현실도 문제이다. 그 결과, 이들은 일반적으로 초지능 범용 AI의 위력과 한계에 대한 온전한 이해가 없다. 뿐만 아니라 앞으로 올 초고도 과학기술혁명시대, AI시대의 신인류에게 필요한 정신과 의식, 과학적 마인드도 결여되어 있다. 이에 따라 초고도 지능의 범용 AI와 사이보그가 지배하는 시대의 사회적 특성과 사회적 체제에 대한 이해가 결여되어 있는 것도 문제이다.

오늘날 21세기는 모든 전통지혜의 인간학적 진리의 가르침, 명상·영성 수련 원리를 현대 정신의학·심리학, 심층뇌과학·인지과학의 심리치료·명상치료 원리와 심층과학(양자역학, 양자과학, 신과학, 기과학, 양자뇌과학, 양자생물학, 양자의학 등), 정신과학의 원리에 의해 통합인간과학적으로 상보적 통합·통섭적으로 모두 설명이 가능한 시대가 되었다. 하지만 아직도 뇌과학·인지과학의 원리를 모르고 뇌의 지知·정情·의意 인지·반응 성능과 인지밈의 변화를 가져오게 하는 명상과학의 원리와 더 심오한 정신과학, 양자원리, 신과학 원리를 모르는 명상가, 영성 지도자, 불교학자, 수행승들, 심지어 심리학자, 정신의학자들, 심신치유 전문가가 너무나 많다. 오늘날 양자·AI 중심의 초고도 융복합 양자과학기술시대가 되어서도 이와 같이 뇌인지과학, 신과학, 양자과학, 정신과학에 무지한 채로 여전히 형이상학적 담론이나 관념적으로 또는 뇌환원주의적으로 상담·치유를 하고 명상·영성 수련을 가르치고 있는 것이 현실이다.

반면에 오늘날 진화생물학·분자생물학과 뇌인지과학이 주도하는 생명과학의 환원주의적 사고 때문에 심신치유 전문가, 명상 지도자, 영성 지도자들 중에도 생명과 인간에 대한 환원주의적 관념론인 일원론적 전일론에 갇혀 있는 사람이 많은 것도 문제이다. 특히 통합생리학자들 중에는 정신, 마음, 정서, 인지가 모두 전일적이라고 말하면서도 심신의 병리장애를 언급할 때는 모두 뇌의 스트레스 자극 반응 생리기제로 환원시켜서 설명하는 미묘한 환원주의에 빠진 전문가가 많다.

더구나 스스로 성찰적 알아차림 자각 훈련, 마음챙김 명상, 집중명상 같은 명상·영성 수련을 제대로 한 적이 없고, 스스로 자아초월적·초의식적 세계에 대한 신비 체험, 절정 체험도 제대로 한 적이 없어서 영적 존재로서의 인간에 대한 직관적·체험적 이해조차 없는 치유자가 많다. 그래서 존재적 주체로서의 인간의 영혼과 생명력 발현의 (존재적) 실상 주체로서의 혼, 작용 무의식의 주체로서의 심혼psycle 실존적 자기에 대해 제대로 모르면서 자기와 마음에 대한 서양심리학적 이해만으로 치유하는 치유자가 많다. 즉, 대체로 심층 존재로서의 온생명, 영혼에 대해 무지하거나 막연한 심신일원론적 관념이나 신념 수준에서 피치유자들을 기법 위주의 심신치유나 심지어 명상치유나 영성치유 수련조차도 뉴에이지적인 미묘한 환원주의적으로 이해하고서 치유하고 지도하려는 치유 전문가가 너무 많다는 건 간과할 수 없는 심각한 문제이다.

따라서 오늘날 치유 전문가들조차도 아프고 고통받는 사람들의 원인이 근본적으로 자기가 어떤 존재인지 모르는 데 있다는 것을 모르고 있다. 즉, 참나(진아), 영적·혼적 자기(영, 혼)가 무엇인지 모르고 있는 것이다. 뿐만 아니라 심적·감정정서적·본능적 자기를 실재적 자기로 착각하고, 그런 자기를 형성하는 생후 성장 과정에 뇌의 불완전한 인지 성능에 의해 형성되고 각인된 모든 뇌의 표층의식과 이로 인해 훈습 각인된 모든 식識(인지의식, 자각의식, 잠재의식, 무의식, 심층무의식)이 모두 형성 각인될 당시의 (인지 한계, 착각 오류, 불확실성으로 인해) 잘못 각인된 인지밈의식 때문인 것을 모르고 있다. 특히 어린 시절 인지 능력이 부족할 때 잘못 각인된 식識(정보)이 성장 발달 과정에 누적적·능축적 COEX(Condensed Experience)로 구조화, 조직화되었기 때문에 생긴 부정확하고 잘못 각인된 복합적 인지 때문인 것을 모르고 있다. 그래서 인지와 동시에 형성 각인된 감정정서의식과 결합된 억압무의식, 방어기제 무의식이 얼마나 황당한 것인지를, 정신의학·심리학·심리치료 전문가 대부분이 모르고 있다. 게다가 심층(양자파동) 뇌과학·인지과학적 기초 원리는 모르고 현대의 환원주의적인 뇌인지과학적으로만 모든 스트레스·병리 장애 현상을 이해하려는 데 근본 문제가 있다. 더구나 그런 잘못 각인된 의식·무의식의 식識들을 절대시하며 고통받고 불행한 삶을 사는 사람이 많다는 것을 내담자·치유대상자들은 물론 치유자들도 전혀 모르는 경우가 많으니 근본·심신 치유가 제대로 될 수 없는 것이 당연하다.

앞으로 초고도 융복합 과학기술시대에 BMS 심층과학으로서의 정신과학에 대한 이해 없이 종래의 전통적 집중(사마타, 만트라)명상·마음챙김(참선명상, 통찰명상/위빠사나, 교학적 명상)·심상화(관조·관상, 관법觀法)명상을 스트레스치유와 정서·행동·인지치료 위주로 적용하는 명상치료치유기법들만으로는 치유가 제대로 될 수 없다. 더구나 전통적 경전의 마음 수행에 대한 교조적·관념적 가르침을 비과학적·문자적 해석만 강조하며 그대로 따르게 하는 명상·영성 수련이나 제대로 검증되지 않은 주력·밀교 수행만으로는 근본 치유가 어렵다. 전통적인 방식만으로는 과학적 마인드를 가진 현대인이 과학적·정신과학적 심신치유, 명상치유와 영적 성장을 실현할 수 없다는 것은 자명한 사실이다.

그러나 무엇보다도 인간이 어떤 존재인지 모르는 (어설픈 인문학자·지식인·진화생물학자·뇌과학자·인지과학자·AI과학기술자들 중에) 많은 전문가가 일반인에게 AI의 인간을 넘어서는 지능이 곧 의식이라고 착각, 오인, 오해하고서 가르치고 있는 것이 오히려 가장 심각한 문제이다. 주체가 아닌 AI는 만능 지능 컴퓨터 SW일 뿐이고 고도 지능형 로봇 도구일 뿐이다. 말하자면, AI가 인간의 본능적·감정정서적·정신적인—이성적·정신적·초감각적·초이성적·초논리적·초합리적 사유와 번뇌·고통·불행·망상·집착·강박·갈등을 일으키는 상념, 감정정서·본능·직관·의지·용기·명상·신비 체험·각성·주시·자각·알아차림·깨달음·깨우침 같은—것들은 데이터를 기반으로 하여 인지적 추론으로 분석 평가는 해도 AI가 그대로 직접 느끼거나 알 수 있는 것이 아니다. 그래서 데이터에 의해 진화적으로 심화 학습하는 AI의 범용 지능으로는 인간들의 모든 의식·무의식의 반응을 학습하고서 제대로 모사 흉내만 내는 것조차도 어려운 게 인공지능이다. 그런데도 지능과는 전혀 다른 범주의 인간의 정신적(영적·혼적) 심층의식 영역을 지능으로 대체 초월할 수 있다는 착각에, 심지어 심리학·인문학 분야의 전문가·지식인들조차도 현혹되어 있다는 것은 심각한 문제이다.

모든 무지의 원천적 문제는 뇌과학자, 인지과학자, 생리학자들의 경우 인문학, 특히 인간학, 심층심리학이나 인간의 영혼에 대해 성장 과정이나 학교 어디에서도 제대로 배운 적 없다는 데 있다. 반대로, 인문사회학자들의 경우 뇌인지과학, 생리학, 양자역학, 양자과학 등을 어디서도 제대로 배운 적이 없다는 데서 근본 문제를 찾을 수가 있다. 그래서 환원주의적 사고에 빠질 수밖에 없는 인문사회학자와 뇌과학자·공학자·생물생리학자 중에 많은 전문가와 학자가 고통, 본능, 욕망 같은 주체적 자기 자각이 있을 수 없는 SW로 학습되고 모사된 AI의 가짜 지능·인지·지식이 오히려 진짜 인간의식을 능가하고 지배할 수도 있다는 착각에 빠져들게 되는 것이다.

앞에서 이미 언급하였지만 다시 한번 강조하자면, 앞으로 곧 고도의 초지능 범용 AI 중심의 AR, VR, GCE, BNR, QDM 등이 일상화되면 머지않아 대부분의 유전적·신체적 질병은 모두 치료되어 신체적 건강 문제는 사라지게 될 것이다. 하지만 오히려 AI의 초지능 스마트화와 자동화로 인해 일에서 풀려난, 그러나 미래와 삶과 일이 불안정한 신인류에게는 가상공간·가상현실에서의 유희, 소통 외에는 진정한 인간관계나 사랑이 없는 시대가 됨으로써 불안, 우울, 고독, 소외, 중독에 빠지기 쉬운 시대가 올 것이다. 이로 인해 영적·정신적 위기에 처한 신인류들을 치유하여 영적으로 진화하게 하려면 정신과학적·통합적 온전한 심신치유와 명상·영성 수련이 일상화되어야 하는 명상하는 신인류, 즉 유발 하라리(Harari, Y. N.)가 말하는 '호모데우스'가 아닌 명상인류의 시대가(유일한 출구이기에) 와야 하고, 오고 있다는 것을 이 AI시대의 심신치유자들은 깨달아야 할 것이다.

주요 내용 개관

[그림 1-1]에서 보여 주듯이, 이 책에서는 이러한 시대적 요구에 부응하여 (신과학적·정신과학적·신의학적·양자과학적·양자의식 심리학적 심신치유를 포함하는 현대 심리치료·심신치유와 현대 명상·영성 치유 수련의 원리 및 실제를 전통지혜의 가르침과 현대 심리학, 심리과학, 뇌신경인지과학과 상보적으로 사통四統/通, 통합·통전·통섭·통관하는) 새로운 통합 패러다임으로서의 심층과학적 통합심신치유학의 이론 모델을 제시하였다. 더 나아가 지금 이 시대의 혼돈과 광기는 인류의 위기이지만 동시에 4차원/5차원 영자 문명으로의 진화의 기회이므로, AI 기반 양자·생명·나노 융복합 과학기술혁명시

대의 신인류가 일상 속에서 정신과학적 심신치유, 명상 · 영성 수련에 의해 2층, 3층 의식으로 양자도약하는 비전과 조망을 제시하였다.

더 나아가 현대 심신치유의 긍정적 측면과 부정적 측면, 전통과 현대의 동서양의 심신치유의 빛과 그림자를 살펴볼 것이다. 특히 오늘날 동서양의 (자연의학과 서양의 보완대체의학 중심의 심신치유의 한계를 넘어) 전통 · 현대 심신치유의 상보적 통합과(현대 뇌인지과학, 신과학, 에너지의학, 양자의학, 파동의학 등) 신의학적 · 정신과학적 심신치유를 포함하는 이 시대적 통합심신치유에 대해 다각적 · 심층적으로 고찰하였다.

무엇보다 지난 100년간 서양심리학이 (인간심리에 대한 수많은 풍성한 임상 · 실험 심리학 자료, 심리치료 사례를 바탕으로 한) 다양한 이론과 실제를 눈부시게 발달시켜 왔고, 또한 인간의 심층적 · 표층적 다양한 계통의 심리 현상을 밝혀 왔음에도 불구하고 오늘날 한계에 부딪히게 된 이유에 대해 고찰할 것이다. 또한 아직 블랙홀 심연같이 신비한 인간의 무의식 · 초의식 · 심층무의식(혼식 · 영식)에 대해 무지한 서양심리학 · 심리치료 · 심신치유의 긍정과 한계에 대해서도 알아볼 것이다. 특히 동양인의, 우리 고유의 문화나 기질과 사고방식을 고려하지 않은 서양식 상담 심리치료 · 심신치유 · 영성치유 수련 이론과 실제가 갖는 한계에 대해서도 고찰할 것이다. 이 모든 긍정과 한계의 문제는 (동서양의 전통과 현대의 전일적 · 심층과학적 심신치유 이론과 실제를 상보적으로 통합하는 이 책에서 제시하는) 진정한 통합심신치유학이 정립되어 보편화될 때 극복이 가능하게 될 것이다. 그리고 이 AI 융복합 과학 · 의학 · 치료 치유시대에 맞는 AI 중심의 뇌과학 · 뇌의학, 신과학 · 신의학, 정신과학 · 영성과학적 혼의 치유(혼유)와 명상영성치유 같은 통합심신치유가 보편화될 때 가능하게 될 것이다.

따라서 이 『통합심신치유학』 시리즈는, 앞으로 (초지능 범용 AI 중심의 사회 체제로 인해 소외되고 정체성을 상실한 인간들의 영적 · 혼적 · 심적 · 정서적 · 본능적 병리장애 증후군과 중독 증상의 근본 치유를) AI가 범접할 수 없는 유위 · 무위적 통합치유를 온전하게 알고서 치유현장에서 실제로 적용할 수 있는 심신치유와 치유기제의 발현 역량을 갖게 하는 심층과학적 통합 이론과 실제를 AI시대의 모든 심신치유 전문가가 터득하도록 하는 데 중점을 두고 있다. 더 나아가 국내 최초로 심층과학적으로 전통지혜(영속심리학, 영속의학)와 현대 (몸과학 · 몸의학, 뇌과학 · 뇌의학, 심리학 · 정신역학, 신과학 · 정신과학 ·

신의학에서의) 심신치유원리를 통합·통섭하는, [그림 1-1]이 상징적으로 나타내는 바와 같은 통합심신치유학의 이론 모델과 실제 기법을 정립하는 데 목표를 두고 있다.

이를 위해 먼저 제2장에서는, 삼원일체적인 심층과학적으로 인간의 몸과 마음의 몸맘영(Body·Mind·Spirit: BMS), 몸맘얼영(Body·Mind·Soul·Spirit: BMSS), 몸뇌·기·백魄/정情·심·혼·영(Body·Energy·Emotion·Mind·Soul·Spirit: BEEMSS)의—전 생명홀라키 스펙트럼에 걸친 상의상자相依相資·상생상극相生相剋·상즉상입相卽相入적 상호작용 관계인—상향·하향 인과의 원리를 바탕으로, 외적·내적 심층생명홀라키(포월체)로서의 몸과 마음을 온전하게, 통합인간과학적·온생명과학적·의식역학적·정신과학적 통합 생명장·양자장 이론적으로 고찰하고 통합적으로 이해하게 될 것이다.

이 책의 제3장에서는 동양전통지혜 중에 우리와 맞는 동북아 중국의 한의학과 우리 동의학의 전일적·자연의학적 심신치료치유에서 주역 사상을 바탕으로 한 음양오행론, 오운육기론, 음양삼극론에 의한 심신치유의 간략한 원리와 정기신精氣神 치유 수련의 원리에 대해 교양 수준에서 고찰하였다. 그리고 우리 현대 한의학을 지배해 온 이제마의 사상체질에 대해 긍정적·부정적 양 측면에서 개관하였다. 또한 우리 전통 한의학(허준의 동의보감)의 인체 기의 유주와 주역의 음양오행·오운육기의 원리에 바탕을 둔 12정경을 중심으로 한『음양삼극의학』의 육장육부·육기체질론에 대해서도 간략하게 고찰하였다. 이에 앞서 통합심신치유를 위한 전형적인 자기치유인 온건강 양생도인기공導引氣功 치유 수련의 원리를 이해하기 위한 정기신·혼백의 치유 수련에 대해서도 고찰하였다.

제3장까지의 전통과 현재의 몸과 마음, 심신치유의 원리를 바탕으로 제4장에서는 이 책 통합심신치유학의 핵심이라고 볼 수 있는 현대 통합심신치유이론에 대해 심층적으로 고찰하였다. 특히 제4장에서는 동의학의 치유원리와 현대 신과학·신의학의 치유원리 그리고 켄 윌버의 AQAL 통합치유원리를 모두 통전적·통섭적으로 내포하며 넘어서는 진정한 통합심신치유 패러다임 모델을 새롭게 제시하였다. 더 나아가 진정한 자기치유를 위한 고급 심신통합치유로서 마음챙김 기반 심신통합치유 이론과 실제에 대해서도 고찰하였다.

그래서 제4장에서는 먼저 오늘날 소위 통합의학, 통합스트레스의학, 생활습관의학,

심신통합의학 등의 명칭으로 통용되고 있는 심신통합치유이론들의 긍정과 한계, 문제들을 살펴보고, 진정한 통전적·통섭적 통합심신치유가 무엇인지에 대해 고찰하였다. 그리고 이러한 통합심신치유학의 의의에 대해, 그리고 모든 심신치유는 결국 에너지와 의식의 문제, 의식역학, 정신동역학, 나선동역학의 문제이므로 심신치유로서의 에너지치유와 의식치유에 대해서도 고찰하였다.

그리고 제5장에서는 오늘날 AI시대, 양자시대에 요구되는 신과학·신의학적 양자의식치유·양자심신치유를 비롯한 홀론의학적 심신치유원리를 심층과학적으로 고찰하였다. 이를 바탕으로 온건강에 대한 진정한 이해와 함께 현대의 대표적인 통합모델인 켄 윌버의 AQAL Matrix적 5차원(온수준, 온분면, 온계통, 온상태, 온유형) 통합 패러다임에 기반한 AQAL 통합심신치유 모델인 윌버의 ILP를 넘어서는 통합심신치유 모델을 제시하였다. 더 나아가 진정한 통합심신치유이론으로 현대 양자시대에 요구되는 통합양자론과 양자심리학, 양자심리치료의 중추적 개념으로서의 양자의식·양자자기·양자자각을 바탕으로 한 통합양자치유의 이론적 원리를 제안하였다. 이와 함께 통합양자심신치유이론을 체계적 모델로 정립하였다. 다시 말해, 전통지혜와 현대첨단 과학·의학을 통전·통섭하는 진정한 이 시대적 통합심신치유로서의 유위·무위 통합양자심신치유이론을 제시하였다.

요약하자면, 저자들이 오랜 기간 동서양의 심신치유 이론과 기법들을 섭렵하고 강의실과 현장에서 가르치고 적용하며 토의·연구하고 공감·공유하며 절실하게 깨달은 바는 의외로 단순하다. 즉, 많은 내담자·치유대상자가 인지 오류적 무지와 영적·혼적 인간 존재와 인간의식에 대한 무지무명, 특히 생명력 발현 주체로서의 혼(생명력 발현의 존재적 주체로서의 자기)에 대한 무지몽매로 인해 고통을 받는다는 사실을 깨달았다. 많은 경우, 이들은 혼의 위축과 자존감·정체성 상실로 고통받는 사람들이다. 반면에 이들과는 반대로 비정상적 혼기가 강하거나 병리적 자기애가 심하지는 않으나─극단적 병적 자기애자와 같이 심한 경우에는 치유자를 찾아오지 않지만, 어느 정도 정신분열증적이거나 경계선 증후군적 망상, 애착, 혐오, 분노화의 대상이나 사회에 대한 투사적·전치적displacement·병적 방어기제의 폭발로 고통받는, 탁하고 사邪된 심령적 혼기로 인해 다양한 장애 수준과 상태로 고통받는─다양한 영적·혼적 병리장애기제에 갇힌 사람들도 적지 않다.

그러므로 먼저 이들 모두에게 존재적 자기(혼)를 바로 세워서 건강한 실존적 자기를 되찾게 하는 자기치유 능력을 길러 주기 위한 단계적·유위적 통합심신치유가 필연적임을 깨달았다. 또한 개인의 근기와 의식의 수준, 병리장애의 상태에 따른 유위적 치유기제의 적용과 함께, 종국적으로는 자기치유를 위한 무위적 심신치유로 (마음챙김, 자각, 각성, 통찰적 알아차림 수련을 중심으로 한) 유위·무위 치유를 통합하는 근본 치유가 절실하게 필요하다는 것도 깨닫게 되었다.

따라서 [그림 1-2]에서 보여 주는 바와 같이 근본 치유를 위한 현대적 통합심신치유의 세 가지 요소는 명확하다. 먼저, 현대 심신치유에서는 자연의학·심신통합의학·신의학·홀론의학 같은 과학적·정신과학적 치유원리가 필수적이다. 그리고 이에 상응하는 현대의 모든 심신치유요법의 검증된 통합적·체계적 적용이 중요하다. 뿐만 아니라 여기에다 병리장애기제에 갇힌 내담자가 제대로 온전하게 치유를 받을 수 있도록 단계적으로 치유기제를 발현시키는 (내담자 개개인에게 적절한) 삶과 생활의 태도·환경 변화의 유도가 우선적으로 필요하다. 이를 위해 예비적 치유기제를 위한 인지(믿)적 자각학습, 레저 스포츠·운동·극기 훈련, 도인·수기 치유, 오감감성치유(춤, 음악, 문화예술, 미각, 섭식, 아로마, 접촉·소통·교제, 웃음·숲, 자연 … 치유), 소마/기공/요가 수련, 자기자애 훈련들이 중요하다. 그리고 나서 다양한 유위적 인지자각·각성 훈련, 과의존·중독성 습관 치유의지 훈련(혼의 치유), 의식치유 훈련 등에 의한 일반 치유기제의 발현이 반드시 필요하다. 치유대상자·내담자의 근기와 의식 수준에 따라, 이와 동시에 또는 순차적으로 마음챙김·알아차림 기반 MBSR, ILP 더 나아가 양자의식자각 기반 통합양자의식치유 수련IQHLP 같은 고급 치유기제의 발현이 가능해야 한다. 진정한 통합심신치유는 이러한 심신치유의 세 요소가 제대로 갖추어 져야 한다. 이와 같은 심신치유의 세 요소를 고르게 갖춘 통합심신치유는 치유대상자·내담자들이 자기치유에 의한 근본 치유를 통해 고통스럽고 불행한 삶에서 벗어나게 하는 2층(통합)의식으로의 성장 변용과 영적 성장을 위해서는 필수적이다.

따라서 이 책『통합심신치유학: 이론』편에서는 이러한 심신치유의 세 요소를 고르게 갖춘 심층과학적, 정신과학적 제반 통합심신치유의 원리와 모형을 체계적으로 제

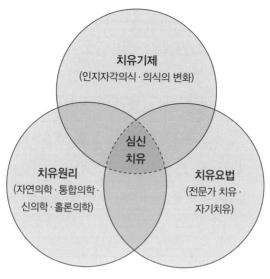

[그림 1-2] 심신치유의 세 요소

시하였다. 그리고 이에 상응하는 치유요법의 실제는 3부작의 제2편『통합심신치유학: 실제』편에서 다룰 것이다.『통합심신치유학: 실제』편에서는 이 통합심신치유학의 통합심신치유의 통합이론 모델에 맞는 AQAL 통합적·통합양자의식치유적 유위·무위 통합심신치유에 적합한 심신치유법들 중에, 대표적인 현대 심리과학적·심층과학적·정신과학적 주요 심신통합치유요법들과 통합치유 프로그램들을 중심으로 다룰 것이다. 또한 이 통합심신치유학 시리즈의 제3편『통합심신치유학: 치유기제』편에서는 앞에서 언급한 바와 같이 단계적 치유기제의 발현 이론과 실제를 다룰 것이다. 즉, 예비 인지자각학습과 다양한 인지자각 각성·자기자애 치유 훈련에 의한 일반 치유기제와 혼유魂癒(혼의 치유)기제의 작동 발현에 따르는 건강한 실존적 자기동일시의 자아회복 그리고 마음챙김·알아차림·각성 자각의식에 의한 고급 치유기제의 발현에 따르는 탈동일시의 자기치유와 자기성장을 할 수 있는 단계적 심신치유기제에 대해서 중심적으로 다룰 것이다. 특히 시리즈 3『통합심신치유학: 치유기제』편에서는 단계적 치유기제의 실제 기법들을 심층적으로 다룰 것이다.

따라서 이 3부작 시리즈의 제1편인『통합심신치유학: 이론』편에서는 내담자/치유대상자의 근기와 기질, 병리장애 상태, 의식의 수준에 따라 치유 단계와 과정이 달라져야 한다는 것을 거듭 강조할 것이다. 그러나 기본 치유 단계에서는 인간 존재(영,

혼, 심혼, 자기)와 심신의 병리장애와 심신치유에 대한 온전한 이해와 통합인간과학적 인지학습 훈련이 어느 치유대상자를 막론하고 공통적으로, 우선적으로 가장 중요하다. 그래서 무엇보다 인지 오류와 그 불확실성에 대한 인지적 자각과 자기자애에 대한 각성이 모든 심신치유에서 필수적임을 강조할 것이다.

앞으로 수년 내에 점점 더 AI와 가상현실이 정치·경제·사회·문화 모든 분야와 인간의식을 통제하고 지배하게 될 것이므로, AI·SM(Smart Media)·SNS·BC(Block Chain) 시대의 사회적 체제와 특성을 알아차려야 한다. 앞으로 갈수록 가상 세계가 현실 세계의 모든 것을 대체함으로써—AI·VA·AR·Iot·BC 등의 심화와 SNS를 통한 거짓 인간관계가 초래하는 소외, 고독, 실존적 우울, 자존감·존재감·정체성의 상실, 진정한 인간관계와 소통의 단절로 인한—영적·혼적 자기장애에 갇힌 보통 사람들이 급증하게 될 것이다. 반면에 앞으로 AI시대에는 첨단 나노바이오로봇의학, 양자의학의 발달로 인해 유전적 질병이나 몸의 건강 문제는 거의 다 해결되는 시대가 올 것이다. 그러나 이와 같이 AI 중심의 사회적 체제와 사회적 인간관계의 갈등·소외·고립으로 고통받는 사람들의 정신·심리의 치유 문제는 유전자치료, 바이오생명의학을 비롯한 모든 첨단 의학 분야의 이론과 초지능 AI를 활용한 치유법들을 단순히 모아 놓는다고 해서 해결되지는 않는다.

그러므로 AI시대의 몸과 마음의 통합적 치유를 위해서는 (살아 있는 생명 주체가 아닌 AI 로봇이 다룰 수 없는) 영적, 정신역동적, 심인성, 생명원기적 병리 질환의 근본적 치유를 위한 진정한 통합적·통섭적·홀론적 심신치유의 패러다임이 절대적으로 필요한 시대가 오고 있다는 것을 깨우쳐야 한다. 따라서 이 책에서는 이러한 시대적 요청에 부응하여 앞으로 이 시대의 심신치유자들을 위한 심신치유의 이론과 실제의 지침으로서 심신치유현장에서 적용할 수 있는 양자·AI 시대의 통전적·통섭적 온전한 유위무위 통합 패러다임에 따른 통합심신치유학의 비전도 함께 제시하였다.

통합심신치유학 • 이론 편

제 *2* 장

몸과 마음의 심층과학적 이해

통합심신치유학 [이론] 편

몸과 마음의 온전한 이해

몸과 마음의 온전한 이해, 왜 중요한가

오늘날 수없이 많은 심신치유요법의 효과나 치유기제 발현의 원리를 온전하게 알고서 치유하려면 몸과 마음에 대한 전통지혜의 전일적 이해뿐 아니라 현대의 심층과학적 이해가 중요하다. 몸과 마음을 치유하는 심신치유자로서 몸과 마음의 온전한 심층적 이해만큼 중요한 것은 없다. 그러므로 여기서는 몸과 마음에 대한 전통과 현대의 생명과학, 인간과학, 심층과학, 신과학, 신의학적 온전한 홀라키적 이해에 대해 상세하게 다루었다.

일반적으로 사이비가 아닌 공인되고 검증된 과학적·전통적·현대적인 수백 종의 심신치유는 모두 일시적이거나 근본적이거나 간에 치유효과가 있다. 그런 치유법들 중에 일부만 열거해도 몸 중심(소마, 수기, 스포츠, 자연…) 치유, 기 중심(에너지, 접촉, 경락, 차크라…) 치유, 정서 중심(감정, 오감, 예술…) 치유, 마음 중심(스트레스 해소, 심리치료, 인지·의식·인문, 명상…) 치유, 혼 중심(실존, 혼유魂癒, 심혼/심령, 무의식…) 치유, 영 중심(카르마 해체, 呪力 수행, 빙의·퇴마치료…) 치유 관련 심신치유법이 무수하게 많이 있다. 그중에 어느 수준의 어느 계통 치유(자연치유, 보완대체의학치유, 소마/기공/요가 치유, 심신통합치유, 단일/혼합 집중치유)원리에 따른 치유이거나, 어느 수준의 어느 유형의 치유요법(교정, 접촉·도인술, 심신 이완, 몸/동작 에너지, 인지행동, 각성·긍정·암시·만트라, 확언·시각화, 마음챙김·통찰, 에너지 이입, 의식 각성, 동조합일의식, 억압무의식 해체, 뇌파, 양자/파동, 뉴에이지…) 원리에 따른 어느 쪽의 치유이거나 간에 모두 치유효과가 있고 치유기제가 발현될 수 있다.

하지만 치료적 치유자(Therapeutic Healer)의 몸과 마음에 대한 이해의 수준, 즉 BMS(몸身·腦·氣, 맘情·心, 정신魂·靈에 대한 앎과 발현된)의식의 수준이 어느 수준에 있는가에 따라 치유효과는 달라진다. 다시 말해, 〈표 2-1〉과 같은 '몸·기·정(백, 넋)·심·얼(혼)·영에 대한 온전한 (문자적·학문적 지식이 아닌 앎 수준의) 이해와 깨달음이

43

있는가 없는가? 심신의 각 수준/몸/체/장의 홀론홀라키(包越体) 원리를 비롯한 신과학, 신의학, 심층과학, 정신과학적 원리를 아는가 모르는가?'에 따라 달라진다. 즉, 내담자·치유대상자의 기질·체질·성격·근기, 영·혼·심·뇌·신의 의식·무의식·심층무의식의 고통장애에 대한 이해, 몰이해 여부에 따라 그 치유효과는 천양지차이기 마련이다. 결국 근본 치유, 자기치유를 위한 치유효과와 치유기제는 상담자·치유자·치료자의 몸과 마음과 정신(영혼)에 대한 온전한 앎의 수준에 달려 있다고 해도 과언이 아니다. 그러나 애석하게도 몸과 마음에 대해─모호하거나 관념적이거나 이분법적인 이원론적이 아닌, 분자생물학, 뇌신경생리학·정신신경면역학적으로 인간의 감정·마음·정신의 원리를 환원시켜 과학적 기반이라고 설명하는─거칠거나 미묘한 환원주의적인 일원론적 이해가 아닌, 또는 반대로 모든 것을 무조건 본체本体(영, 一心, 空, 無)로 승화시켜 이해하는 승화주의적이 아닌, 심층과학적으로 온전하게 제대로 알거나 깨닫고 있는 전문가는 그리 많지 않다.

더구나 몸과 마음에 대한 일반 보통 사람들의 모호한 이해는 교육 제도상의 문제이기도 하지만 진화생물학자, 뇌인지과학자, 신경생리학자들의 유물론적·환원주의적 이해는 온전한 이해를 더욱 어렵게 만들고 있다. 전문가들의 경우도 인간 존재·자기·몸맘얼영의 관계에 대해 제대로 배우거나 알 수 있는, 또는 교육과 자기학습, 수련수행 체험에 의해 온전한 앎을 터득할 수 있는 기회가 없는 교육 제도로 인한 (그리고 마음챙김·명상 수련을 제대로 체험 할 학교·사회 교육과정에서의 기회가 없는 데서 오는) 무지가 주 원인인 것이다. 그러므로 그들이 인간 존재, 몸과 마음BMSS에 대한 모호한 인식 속에 학문적으로 심신이원론이나 또는 환원주의적·유물론적·승화주의적 (문자적) 심신일원론에 갇히게 되는 것은 어쩌면 당연한 결과인지도 모른다.

그러나 보통 사람들의 고통과 불행은 모두 몸과 마음과 정신(얼영)BMSS에 대한 인지적 무지몽매에 기인한 것이다. 그러므로 이들을 치료적으로 치유해야 할 심리치료·심신치유의 상담·코칭·교육 전문가들이 몸과 마음과 정신(실존적 자기, 영혼, 심혼), 의식·무의식·초의식에 대해 스스로 제대로 알고 깨우쳐야 비로소 온전하게 치료치유를 할 수 있는 것이다. 그러나 치유자 자신부터 몸은 신경생리학 책에, 마음은 심리학 책에 나와 있는 개념 정도로만 몸과 마음에 대해 알 뿐인 전문가가 너무 많은 게 문제이다. 그렇다 보니 정말 인간의 몸과 마음의 관계는 무엇인지, 정신(영, 혼, 심혼)과 마음과 감정정서와 본능과 뇌와 몸의 관계는 무엇인지, 특히 생명력 발현의 주체인 혼과 뇌의 '상의상수相依相隨'적 관계는 무엇인지, 생명이 무엇인지, 나는 누구이고 자기가 어떤 존재인지, 정신·영혼·참나가 무엇인지는 모를 수밖에 없다. 더구나 생존하는 동안 몸(조대체)의 각 부분이 겪은 모든 사건 정보가 해당 세포, 조직, 기관의 장場에 각인되어 반응하는 식識(잠재의식)과 상위의 각 수준의 의식의 몸(정묘체)과의 상의상관성이 무엇인지 모르는 데 문제가 있는 것이다. 대체로 몸과 마음은 막연히 연결되어 있다고 말하거나, 아니면 환원주의적이거나 유물론적인 일원론적으로 '하나'라는 인식을 갖고서 치유 요법·기법 기술 위주로 상담·치유·치료 전문가로 활동하는 전문가들이 많다는 데 근본 문제가 있다.

　오늘날 21세기는 ICT·SNS(유튜브) 초연결 디지털 정보화시대를 넘어 소위 제4차 산업혁명이라는—모든 것이 양자과학기술(구글·빅데이터·VR·AR·IoT·QDM·NRT⋯)을 바탕으로 가상 세계가 현실 세계의 모든 것을 흡수 대체하는 스마트폰 컨버전스와 초고도 범용 AI 기술로 상징되는—역사상 초유의 융복합 양자과학기술혁명시대로 진입하고 있다. 그 결과, 지난 20세기의 고도 산업화시대, 포스트모던 광풍시대에 모든 학문이 서로 벽을 쌓고 백가쟁명하던 시대는 역사의 뒤안길로 사라져 버렸다. 이제는 융복합 양자과학기술 문명을 중심으로—모든 분야가 자동화·스마트화·융복합화되고 양자과학기술·신생명과학기술·신의학기술이 융합·통합·통섭되는—양자과학혁명시대가 우리의 삶의 양식과 사회·국가·세계의 체제를 하루하루 급격하게 디지털 양자 문명으로 변화시키고 있다. 지난 20세기 초 양자(나노 물질, 반도체 컴퓨터, DNA 생명)과학기술혁명에서 시작하여 100년이 지난 오늘날 21세기 AI 중심의 신 양자문명시대가 되면서 심신치유 전문가들에게는 (이 시대적 새로운 양자문명 패러다임의 변화에 따르는) 인간에 대한 이해와 인간의 몸과 마음과 정신(영혼)에 대한 이해도 재래적·피상적·관념적·형이상학적 모호한 이해로는 알 수 없게 되어 가고 있다. 이제는 인간의 BMS(몸기정맘얼영BEEMSS)의 모든 것에 대한 과학적·심층과학적(나선동역학적, 양자물리학적, 의식 파동역학·정신물리학적, 통합인간과학적, 정신과학적) 온전한 이해가 요청되고 있다. (물론 치유자는 이런 과학들에 대한 전문가 수준의 이론적 이해가 아닌 보편화된 기본 원리만 과학적 진리로서 이해하면 된다. 예컨대, 옥석을 가릴 안목만 있다면 구글이나 유튜브에서 전문 이론이 아닌 쉬운 개념이나 좋은 강의만 검색하여 보거나, 학생용 뉴턴 잡지와 일반인용 쉬운 신과학·양자과학 사상 관련 책들은 마음만 먹으면 얼마든지 도서관에서 어렵지 않게 구해 읽을 수 있다. 그렇게만 해도 과학에 대한 지견이 깊고 넓어진다. 단지 유물론적·환원주의적 책들이나 정보나 강의만 경계하면 된다.)

사람들은 성현들의 초월적·초의식적 궁극의 실재 세계에 대한 가르침을 어려운 진리로 받아들인다. 그러나 그보다 더욱 쉽고 확실하게 성현들의 가르침을 현대 심층과학적·정신과학적 원리로 명료하게 보여 주는 수많은 천재 과학자의 발견들을 (환원주의적이 아닌 심층) 과학적 진리로 이해하는 수준은 어렵지도 않고 재미있다. 오히려 유일자·하나님·진여자성·도道의 신묘막측한 과학적 법칙의 신비에 취하여 진리를 깨닫고 깨어나게 한다. 현대의 모든 심층과학은 성현들의 경전이나 논서의 관념적 텍스트 내용을 현대적으로 과학적으로 쉽고 명철하게 이해하게 해 준다는 사실을 아는 것이 중요하다.

더구나 이러한 새로운 디지털 신 양자과학기술 문명으로 인해 심신통합 의학·심리치료·심신치유·명상영성 수련에서도 재래적 서양의학, 전통적 심리학·상담심리치료 위주의 이해에 그치거나, 고전문헌 해석 위주의 동양 의학·영성 수련 이해의 전성시대는 저물어 가고 있다. 다시 말해, 이제는 지난 100년간 발전해 온 서양의학, 심리학, 정신의학을 바탕으로 한 심신을 분리한 전통 서양의학, 정신의학, 상담심리치료 전유의 시대는 그 한계로 인해 저물어 가고 있다. 뿐만 아니라 동양의 주요 종교인 불교·힌두베단타·도교·선교仙敎나, 근대의 원불교, 천도교, 바하이교 등 전통지혜의 가르침을 담은 고전적 경전이나 텍스트를 아직도 대부분 관념적·문자적 문헌 해석 위주로 가르치는 시대도 지나가야 한다. 그러나 오늘날 디지털 신과학시대가 되어서도 여전히 영속 지혜를 담고 있는 성현들의 동양고전을, 현대 과학적·정신과학적 해석이 아닌 담론적으로만 가르치는 것이 문제이다. 일부 유튜브 대중 인기 강의자나 학자·성직자들의 경우에서 보듯이, 문자적 문헌 해석 위주이거나 왜곡된 인지스키마에 갇힌 자신의 주관적 해석으로만 가르치는 경우가 많다는 게 문제인 것이다. 더구나 아직도 동양고전문헌 해석학자들의 대부분이 관념적·문언적 의미의 전달 수준에서 벗어나지 못하고 있는 주류 지식 생태계의 현실로 인해 현대인들이 영적·혼적 존재로서의 참자기와 궁극의 진리에 대해 온전하게 알 수 없게 되어 있는 상황도 근본 문제 중 하나이다.

그래서 무엇보다 이제는 상담·심신 치유 분야의 전문가들이 깨어나서 인간의 몸·에너지·본능·감정·인지지능·정신(혼, 영)의 문제에 대한 모든 것이 심층과학(신과학, 신의학, 통합양자물리학, 의식역학, 정신동역학, 정신과학 등)에 의해 통합·융합·통섭되는 (요즈음 유행하는 환원주의적, 일원론적 심신의학이 아닌) 심층과학적, 홀론의학적 심신통합의학·심신통합치유의 새로운 치유 패러다임의 시대가 왔다는 것을 깨달아야 한다. 그리고 이를 뒷받침하는 새로운 과학기술 패러다임의 변화를 모든 치유자, 상담자, 치유코치들이 최소한 그 원리 정도는 온전하게 알고 현장에서 응용할 수 있는 지견을 가져야 하는 시대가 되었다는 것도 깨우쳐야 한다.

앞으로 이 새로운 AI시대의 초고도 과학기술의 밝은 면으로는, 인간의 삶의 質을 (높여 주고 물질적 생존과 기후·생태·환경 파괴의 위기에서 벗어나게 하는 등) 더욱 풍요롭고 행복하게 하는 AI의 긍정적 측면이 기대된다. 하지만 지금도 그렇지만, AI 중심의 사회 계층이 더욱 심화·고착화될 가능성이 높다. 더구나 AI를 전유하는 가진 자·권력자들의 탐욕적 욕망과 소유와 지배욕으로 인해 모든 사람이 가상 세계에서 코드화되어 감시 통제되는 투명정보사회에서 (생존하기 위한 피상적인 사회적 소통 활동이 초래하는 다중인격화로 되기 쉬운) AI 사회 시스템에의 종속화가 갈수록 심해질 가능성도 적지 않다. 이에 따라 내면 정신(자기정체성·자존감), 심리, 감정정서의 억압화, 고독화, 소외화의 심화가 초래하는 새로운 정신심리장애 문제로 인해 고통받는 보통 사람들이 점점 더 늘어날 것으로 예상된다. 따라서 지난 시대보다 더욱더 몸·마음·영혼 BMS, 즉 몸기정맘얼영의 다차원의 에너지와 의식의 치유요법에 의해 상보적 통합·통섭적으로 치유해야 하는 시대가 오고 있음을 알아차려야 한다.

물론 AI시대의 긍정적인 측면으로, 신인류의 의식이 진화하여 오늘날까지 지구촌을 무한 탐욕적 광기로 지배하며 억압·수탈하고 있는 거대 공룡 같은 가진 자·독재자들의 카르텔을 해체 소멸시켜 물질 중독·소유 중독에서 해방되는 날이 올 수도 있다. 그리하여 초고도 과학기술의 발달로 인해—환경 생태 파괴가 복원되고 의료 기술·식량 생산이 고도화되어 물질적·의료적·환경 생태적 문제에서 해방된 신인류가 거의 모두 어릴 때부터 명상 수련, 경쟁이 없는 전인 영성교육을 받고 자라나는—명상하는 창조적 신인류, 명상 인류의 시대가 온다면 새로운 4차원, 5차원의 우주여행 시대의 양자문명사회가 도래할 수도 있다.

따라서 통합심신치유에서 몸과 마음에 대해, 보편적·통념적 몸맘영BMS에 대한 이해를 넘어 몸기정맘얼영BEEMSS(Body·Energy·Emotion·Mind·Soul·Spirit)의 심층홀라키를 강조하며 표현하는 이유는 자명하다. 왜냐하면 우리 인간 존재의 몸과 마음에 대한 심층적 이해를 위해서는 우리 인간이 (3차원적 몸으로 환원시킨 일원론적 존재가 아닌) 다차원적 일체, 즉 다원일체多元一体의 홀라키몸으로 되어 있는 생체적, 에너지적, 본능·감정적, 심적, 혼적, 영적 존재이기 때문이다. 무엇보다도 〈표 2-1〉에서 보여주듯이, 이것은—전통지혜(불교, 힌두교, 베단타, 동북아 氣學, 서양의 신지학 등), 현대 발달심리학·자아초월심리학, 정신물리학·양자파동장 이론을 가로질러 관통하는—홀라키적 인간 존재에 대한 본질적으로 일치된 심층적 근본 인식이기 때문이다. 그리고 이 다차원의 몸(에너지·의식의 층, 체体, 장場)의 존재적 주체인 자기가 곧 무생무사無生無死의 혼·영·참나의 존재라는 사실을 모든 심신치유자가 반드시 온전하게 알고 깨달아야 하기 때문이다.

그래서 굳이(자아초월심리학, 초개인심리학을 제외하고는) 개인적·실존적 인간의식, 무의식만 다루고 있는 보편적인 심리학적 용어(자기Self)는 아니지만 심신치유에서 가장 중요한 (생명력 발현의 존재적 주체로서의 자기인) 혼Soul의 치유를 중요시한다. 특히 심령치료psychic therapy·영적 치유와 영적 각성과 영성 수련뿐 아니라 무엇보다도 모든 심적·감정정서적 생명 리비도의 장애와 이상심리의 근본 원인인 영의 카르마 업식業識, (생명력 발현의 실상적 존재의 주체로서의) 실존적 자기인 혼(soul, 얼, 말나식, 의지식, 집착식, 사량식)에 대한 온전한 각성 인지를 강조한다. 그리고 생명의 근본적·원인적 (개체적·비개체적 존재의 주체로서의) 근본 자기이며 그 바탕은 온우주적 진아(참나, 자성自性, 일심一心, 본래면목本來面目)이기도 한 혼의 의지처이며 생명의 근본 주체인 영(spirit, 아뢰야식, 근본식)을 최상의 홀라키적 존재의 실체로 강조하는 것이다. 그리고 현생의 생명이 멈출 때 사라지고 분해되는 기능체인 (전통지혜에서 백체魄

体, 넋 astral · body이라고 일컫는 몸을 현대적으로 구분하여) 심체心体(마음high astral/low mental body) · 정체情体(감정정서, low astral body) · 기체氣体(생명 에너지체, 리비도 · 본능체, ether body) · 신체身体(육체, 생체, 精氣体, physical body)라는 여러 수준의 일체—体의 몸을 홀라키 포월체包越体로 구분하기 위해 몸기정맘얼영이라 하고, 더 간략하게는 몸맘얼영이라 일컫는 것이다.

더 나아가 치유자가 몸과 마음, 즉 몸맘영, 몸기정맘얼영의 각 수준의(몸, 체의) 장애 · 교란에 대한 심층과학적 이해에 의해 유위 · 무위적으로 (자기치유를 가능하게 하고, 스스로 2층 가치밈 통합의식화되어) 치유대상자의 심신을 통합치유하려면 과학적 진리에 대한 지견이 있어야 한다. 보다 전문적으로 설명하자면—전통지혜의 영원의 진리와 똑같이 현대 심층심리학, 인지과학, 생명과학, 뇌신경생리학, 정신신경면역학의 심층적 · 통합적 · 통섭적 이해를 위한 근본 바탕이 되는—신과학 · 신의학 · 양자과학 · 정신과학의 기본 원리는 통전적 · 통합적 · 통섭적인 (영원의) 과학적 진리임을 깨우쳐야 한다. 수천의 천재 석학들의 이론을 지식으로 알려고 하지 말고 기본 원리 정도는 과학적 진리로 알아야 한다. 그래야 심안이 밝아지고, 심혼안, 영안도 열리기 쉽다. 그러므로 현대 AI시대의 치유자가 되려면 신과학 · 신의학, 정신동역학 · 의식동역학, 정신과학에 대한 적극적 인지(밈)학습 마인드를 가져야 한다. 이러한 몸과 마음, 몸기정맘얼영의 관계 이해를 심층과학적으로 명료하게 하는 요결은 단순하다. 그것은 다름 아닌 신역학(에너지의학, 양자역학, 파동역학)에 바탕을 둔 신과학 · 신의학(에너지의학, 양자의학, 파동의학) · 신물리학(양자물리학, 통합양자론, 양자 · 초양자생명장) · 의식동역학(정신물리학) · 신생물학(후성유전학, 양자생물학) 등의 기본 원리에 대한 명료한 이해에 있다. 그런데 만약 그러한 심층과학의 기본 원리조차도 모른다면, 그런 치유자는 [그림 1-1]과 같은 동서고금을 관통하는 영원한 정신과학(BMS science)적 진리에 바탕을 둔 이 AI시대의 통합심신치유 패러다임(홀론의학적 통합심신치유)을 심층과학적으로 바르게 이해할 수 없다. 그래서 그런 치유자는 현대 통합심신치유를 현장에서 적용할 수 있는 능력을 갖춘 바람직한 이 시대의 심신치유자가 아니라고 해도 과언이 아니다.

49

〈표 2-1〉 인간 존재와 의식에 대한 전통지혜와 현대 심리학과 정신과학의 상응성

人間	홀라키 구조 내적	홀라키 구조 외적	氣學	차크라(단전)	불교 (유식)	힌두교 (베단타)	자아초월 심리학	정신물리학 (양자파동장이론)	발달심리학 (자기)	양자장역학 (수정 및 양자론)
自性	自性識	-	一氣	아트만 (푸루샤)	一心 (9識, 자성식)	투리야 (Turia)	비이원 (Nondual)	우주심 (spirit)	기저의식	DMF (활성 정보)
靈	靈識	靈腦 (SF2뇌)	靈氣	사하스라라 (백회)	8識 (識)	지복의 몸 (Ananda-maya-kosa)	원인체 (causal)	causal (spirit)	영적 자기	영체 초양자장 (원인체 초양자장)
魂	魂識	魂腦 (SF1뇌)	魂氣	아즈나 (상단전: 인당)	7識 (行)	이성의 몸 (Vijnana-maya-kosa)	정묘체 (subtle)	subtle	혼적 자기 (심혼/심혼 자기)	혼체 초양자장 (정묘체 초양자장)
心	心識	心腦 (대뇌신피질)	心氣	비슈다(염전) 아나하타(중단전: 전중)	6識 (想)	의식의 몸 (mano-maya-kosa)	심체 (mental)	Mental (H. Astral)	심적 자기	심체 초양자장 (상위 아스트랄체 초양자장)
情(魄)	情識	情(魄)腦 (대뇌변연계)	魄氣	마니푸라 (배꼽: 신궐)	전5識 (受)	~ (하위 의식의 몸)	감정체 (emotional)	L Astral (Emotinal)	감정적 자기	감정체 초양자장 (하위 아스트랄체 초양자장)
氣	氣識	氣腦 (뇌간)	元氣	스바디스타나 (하단전: 기해 · 석문 · 관원)	~ (욕慾)	생기의 몸 (prana-maya-kosa)	생명 에너지체 (life energy)	Ether (Vital life energy)	충동본능적 자기 (리비도)	생명체 초양자장 (공간기, 에테르체 초양자장)
身	身識	身腦 (운동·생리뇌)	精氣	물라다라 (회음)	四大/五根 (粗大色)	육신의 몸 (Anna-maya-kosa)	물질신체 (physical)	Physical	신체적 자기	신체양자장 (물질양자장)

몸과 마음의 심층홀라키적 이해

일반적으로 몸과 마음이란 인간의 생명과 의식에 대한 통념적 지칭이다. 더 보편적인 전문적 표현으로는 몸body·맘mind·영spirit이라 일컫고, 좀 더 심층적인 전문적 용어로는 신身·기氣·심心, 성性·명命·정精이라 일컫는다. 보다 전문적 의미는 이미 앞 절에서 심층과학적으로 누차 고찰한 바와 같다. 즉, 〈표 2-1〉에서 보듯이 전통지혜와 현대 발달심리학·자아초월심리학과 현대 정신과학·양자장역학을 관통하는, 보다 상세한 전문적인 용어로는 신身(몸)체·기氣(생명원기)체·정情(하위의 백魄, astral, 감정정서)체·심心(상위의 백魄, 마음, 상념의식)체·혼(심혼, 정묘)체·영(정신, 원인)체로 구분하는 게 보편적이다. 인간 존재의 다차원의 에너지와 의식에 대한 이와 같은 구분은 전통지혜의 영속종교·철학·심리학과 현대 심리학·신의학·신과학·양자과학·정신과학을 관통하고 상보적으로 통합하는 용어이다. 하지만 이것은 앞으로 치유자들이 여러 측면에서 익혀야 할 몸과 마음의 홀라키(포월체)에 대한 심층과학적 관계를 보여주는 것이다.

이 장에서 말하는 몸과 마음에 대한 인식은 통상적인 관념적 이원론이나 환원주의적 일원론이 아니다. 일반적으로 전통지혜와 현대 철학, 심리학, 정신과학에서 공통으로 사용하는 몸맘영BMS에 상응하는 전일적·통전적統全的 의미로는 삼원일체三元一體, 삼신일체三身一體, 삼위일체三位一體라고 한다. 또는 〈표 2-1〉과 같이 좀 더 보편적으로 세분하면 다원일체多元一體라고 말할 수 있다. 그러므로 통념적인 환원론이나 유물론적 심기신일원론心氣身一元論이나 심신일원론心身一元論은 위험한 사고이다. 원래 심신心身(심기신心氣身·BMS)은 다차원이지만 그 근본은 인간 생명의 본체인 '하나'一·일자一者·일미一味·일심一心·일기一氣의 근원에서 나온 것이다. 그런데 원래 '일원一元'으로부터(현현顯現하여) 나와 [생명 주체인 영靈·혼魂의 광명光明과 상위 차원의 심心·백魄(정精)·기氣(생명원기生命元氣) 에너지氣정보識의 장場/체体가 4차원 시공간 체계인 생체장場과] 일체一体를 이루어 삼원일체로 되어 있는 것으로 보아야 하는 의미의 일원一元의 인식이 아니라는 데 문제가 있는 것이다. 즉, 몸맘영BMS의 현상·실상·본체의 상위적 차원의 존재를 모두 하나의 3차원적(4차원 시공간의) 물질적·물리적 존재로 모두 환원시킨

일원—元으로 보는 데 인식의 환원주의적 근본 문제가 있는 것이다. 다시 말해, 정신(영혼)과 마음과 몸을 뇌와 신체에 형성·각인되어 작동하는(지知·정情·의意·행行) 인지·심리·정서·행동의 (다차원적 에너지氣와 정보식識 전달 생명장의) 현상적 체계(시공의 4차원 생명체)를 근본 존재의 일원—元적 차원으로 미묘하게 환원시켜 인식하기 쉽다는 것이다. 실제로 오늘날 정신신경면역학(Psycho-Neuro-Immunology: PNI), PNEI, 뇌신경과학, 통합생리학의 대다수의 학자·전문가들이—심신에 대한 막연한 전일주의(holism) 인식에 따른 심신일원론에 바탕을 둔, 전문가들조차도 그런 일원론이 무엇을 의미하는지 명확하게 인식하지 못하는 미묘한 환원주의에 따라—심신心身의 병리·장애, 치료·치유 원리를 그냥 모두 '과학적 기반'이라고 말하며 뇌인지과학 뇌신경생리학적으로 환원하여 설명하고 있는 데 문제가 있다. 여기에 대해서는 뒤에서 몸과 마음의 존재와 인식 차원의 개념과 함께 좀 더 상세하게 다루게 될 것이다.

특히 앞으로 범용 초지능 AI시대가 되면 존재의 주체로서의 인간의, 동시에 인지·인식의 주체로서의 인간의 의식·무의식·초의식에 대한 심층과학적·정신과학적 올바른 이해가 없이는 온전한 전문 상담·치유자가 될 수 없다고 해도 과언이 아니다. 앞으로 10~20년 이내에 지적인 것은 모두 범용 AI가 보통 인간의 지적 능력을 수백, 수천만 배 능가하며 대신할 것이기 때문이다. 그런데도 오늘날 인간의 BMSS(몸맘얼영)에 대한 일부 심리치료·심신치유 전문가들이나 일부 명상·영성 전문가들은 관념적으로 심신의 이원론을 비판하면서 전일론을(분자생물학적·생명과학적으로 미묘하게 환원시킨) 심신일원론과 혼동하여 주장하고 있다. 그러나 그들은 막상 심층과학적 심신의 관계를 제대로 모르거나 설명하지 못하면서 막연히 관념적으로만 일원론을 언급하고 있는 게 현실이다.

다시 보다 전문적으로 심신일원론의 문제를 요약하자면, 오늘날 심층과학인 신과학, 정신과학, 양자물리학의 통전적·통섭적 원리는 제대로 모르는 채로 그냥 전일적이라고 언급한다고 해서 몸맘얼영의 홀라키—전통지혜와 현대 심리학·신과학적으로, 통시대적·통문화적으로 공통인 인간 존재와 인식·의식의 층의 구조이며, 인지·의식의 장場의 다차원의 스펙트럼 구조인 〈표 2-1〉과 같은 몸·기·정·심·혼·영—에 대해 제대로 아는 것은 아니다. 특히 내적 홀라키인 의식·무의식과 그 외적 홀라키인 인지·의식 변환체로서의 뇌와 그리고 심과 뇌와 몸 사이의 상의상관성에 대한 (인간과학적, 전일적인 온생명과학적, 정신과학적, 양자장이론적 여러 측면에서의) 심층과학적 이해 없이 그냥 말만 전일적이라고 말하는 전문가가 너무 많다는 것이다. 이미 앞에서도 지적한 바와 같이 실제로—정신·마음·감정·리비도 본능, 의식·무의식·심층무의식·초의식을, 그리고 막연하게 전일적 심신일원론을 언급은 하면서도—막상 몸맘얼영이 어떤 관계인지 모르는 정신·마음·의식 전문가들이 너무나 많다는 것이 문제이다. 그들 중 상당수는 마음·의식·무의식에 대해 뇌과학, 뇌신경생리학의 거친 환원주의와 미묘한 환원주의적 설명에 그치는 경우가 대부분이다. 대체로 스트레스 현상에 대해 뇌인지·정서·행동 본능의 생리적 반응기제를 중심으로 통합생리학의 뇌와 몸의 신경생리학적 기전으로 설명하는 데 그치는 전문가들을 자주 목격한다.

이 장에서는 현대 AI시대의 심신치유자들을 위해 인간의 다차원의 몸과 마음, 몸·맘·영BMS의 삼원일체三元一体(삼신일체三身一体)의 온전한 이해에 대해 다룬다. 특히 영적·혼적 존재로서의 인간의 몸과 뇌와 의식과 무의식·심층무의식의 홀라키적 상호작용, 상의상관관계에 대한 온전한 심층과학적·홀라키적 이해가 가장 중요하다는 것을 강조하였다. 몸과 마음을 전통지혜와 현대 심리학, 신의학에 맞게 좀 더 정확하게 말하자면, 몸은 육체와 기체를 하나로 표현한 것이고 마음은 백체魄体(넋, 감정정서체, 정체情体, emotional body)와 심체心体(인지상념체, mental body)와 혼체魂体(얼, 정묘심혼체, subtle psychic, soul body)를 하나로 표현한 걸로 이해하면 쉽게 이해할 수 있다.

몸맘영BMS이라고 할 때는 몸맘에다 가장 근본인 원인 수준의 영(근본 생명 주체인 자기와 참나)에 얼(혼)을 포함하여 몸맘얼영을 의미한다고 알면 이해하기 쉽다. 이렇게 이해하기 위해서는 무엇보다 전통지혜(영원의 철학·종교·심리학·의학·수행)와 현대의 심층생명과학(뇌신경과학, 인지과학, 신경생리학)과 심층심리학(나선역동적, 정신역동적 심층심리학, 발달심리학, 자아초월심리학)과 통합의학·생활습관의학, 신의학(에너지의학·양자의학·파동의학)적 치유, 양자(의식·심리)치유 등을 통전적·통섭적으로 포괄하는 통합인간과학적 인간의 몸기정맘얼영에 대한 이해가 중요하다. 이와 같이 모든 생명과 인간의 심신의 원리에 대한 정신과학적 이해와 함께, 통합양자론에 따른 생명양자장이론에 의한 인간의 몸맘영BMS과 보다 상세한 몸기정맘얼영의 온수준에 대한 생명양자파동장으로서의 상호작용, 전사transcription · 조사照射 · 전파 · 각인 · 동조 · 교란 등에 대해서도 알아야 한다.

따라서 제2장에서는 먼저 심층적 몸과 마음의 온전한 이해에서 가장 중요한 인간의 심오한 온생명에 대한 동서양의 전통지혜의 이해와 현대 심층생명과학적 · 통합적 · 온생명과학적 이해를 다룰 것이다. 그러고 나서 이를 바탕으로 전통지혜의 인간 이해와 함께 현대 분자생물학, 뇌신경과학, 생명과학을 통합하는 통합인간과학적 이해와 현대의 신과학 · 정신과학적, 통합인간과학적, 기과학 · 정신과학적 몸과 마음에 대한 이해를 다룬다. (통합생명양자장론적 몸과 마음에 대해서는 제5장에서 다룰 것이다.)

동서양의 전통지혜에서의 통전적 이해

영속철학과 동서양의 통전적 세계관[1]

'영속철학(영원의 철학perennial philosophy)'은, 헉슬리(Huxley, A.)가 그의 동명의 저서에서 유명하게 만든 말이다. 하지만 이 말은 원래 라이프니츠(Leibniz, G. W.)가 최초로 사용한 용어로 동서양의 위대한 전통 종교나 철학의 전통지혜와 초월적 신비 사상의 요체에 대해 밝히고 있다. 여기서는 온전한 인간 이해에 필요한 전통지혜의 올바른 이해를 위해 영속철학의 핵심 개념만 간략하게 고찰하였다.

동서양의 모든 전통지혜의 공통의 핵심인 '영속철학'의 가장 두드러진 특징은 존재와 의식을 최하위의 가장 조밀한 그리고 가장 단편적인 영역으로부터 최상위의 가장 '정묘subtle'하고 가장 '통일된' 영역에 이르기까지 여러 상이한 차원적 수준을 '계층hierarchy'으로 설명하는 데 있다. 이것을 켄 윌버(Wilber, K.)는 러브조이(Lovejoy, A.)의 '존재의 대사슬'로 설명하고 있다. 또는 이보다는 홀론 · 홀라키적으로 전일적 특성을 더 잘 나타내는 [그림 2-1]과 같은 존재의 '대둥지(대원환the Great Nest)'를 이용하여 설

---

1) 이 글은 조효남 저, 『상보적 통합-켄 윌버 사상의 온전한 이해와 응용』(학지사, 2019)에서 발췌하여 수정 보완한 것임.

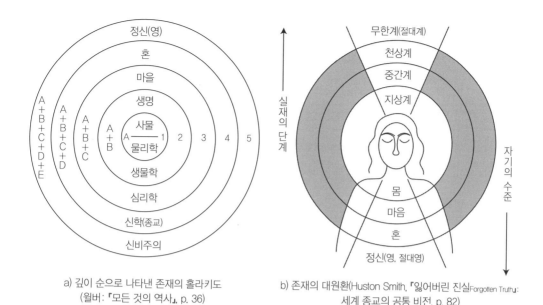

a) 깊이 순으로 나타낸 존재의 홀라키도
(윌버: 『모든 것의 역사』, p. 36)

b) 존재의 대원환(Huston Smith, 『잃어버린 진실Forgotten Truth』:
세계 종교의 공통 비전, p. 82)

[그림 2-1] 존재의 대원환(존재의 홀라키도)

명하고 있다. 그는 의식의 수준(존재의 대둥지)은 크게 대여섯 가지의 주요 수준, 즉 물질(몸)·생명기氣(생명력)·정신(마음)·정묘(혼)·원인(영)·궁극적 비이원(일자一者, 천天, 공空, '영', 우주심, 일심一心…) 수준으로 구분할 수 있다고 본다. [그림 2-1-b]의 휴스턴 스미스(Smith, H.)의 대원환도에서는 보다 더 단순한 네 단계로 구분하고 있다. 오늘날 수많은 전통 종교와 철학에서는 이 모형을 더욱 더 세분화하고 연장하기도 한다. (〈표 2-1〉을 보다 단순하게 나타낸) 〈표 2-2〉에 보인 바와 같이 동양의 모든 주요 전통 종교와 철학은 모든 존재/실재가 이와 같은 자연적 '계층' 구조를 갖고 있다는 데 동의하고 있고, 그들 중 대부분은 도표에서 보듯이 상세한 부분까지 서로 일치하고 있다. 따라서 '영속철학'은 전통지혜 중에서 해체할 수 없는 진리와도 같은 것이다. 이것은 세계의 위대한 영적 스승, 철학자, 사상가 그리고 심지어 현대 과학자들 중 신과학(신물리학, 신생물학, 양자의학…) 패러다임을 받아들이는 광범위한 대다수의 사람에 의해 통전적으로 기꺼이 받아들여져 온 진리관이고 세계관이다. 그리고 이것은 모든 심오한 생명관·인간관의 바탕이 되고 있다. 그래서 그것은 "영원의perennial" 혹은 영속적 혹은 "보편적universal"이라고 일컬어지고 있다. 그 이유는 이것이 동서고금을 막론하고 거의 모든 문화에서 공통으로 나타나기 때문이다. 더욱이 영속철학은 세계의 어디에

55

서 어느 문화에서 나타나든 간에 그것은 본질적으로 유사한 특징들을 갖고 있으며, 문명화된 역사시대 이래 전 세계에 걸쳐 본질적으로 일치하고 있다. 무슨 일이든 거의 일치하기가 어려운 우리 현대인들에게 이것은 다소 믿기 어려운 일인지도 모른다. 하지만 앞에서 언급한 바와 같이 영속철학의 중심이 되는 것은 서양철학사에서는 [그림 2-1]과 같은 존재의 대사슬the Great Chain of Being이다. 켄 윌버는 그의 저서 『아이 오브 스프릿(영안)Eye of Spirit』에서 영속철학에서 말하는 존재의 대사슬에 대해 다음과 같이 강조하고 있다.

〈표 2-2〉 주요 전통종교의 존재의 위계적 수준 비교

일반인	윌버	氣學	정신물리학	베단타	차크라/단전	불교		유식학	儒/道	仙/巫
하늘	절대영	靈光	Mind	아트만	해탈	空	眞如	一心	道/理	上帝/然
영	원인(인과)	靈氣	Buddhi Causal	지복의 층	백회 인당	원인체(法身)	無色界	아말라식(9식) 아뢰야식(8식)	性	佛界
혼	정묘 심혼	魂氣	H. Mental L. Mental	이성의 층	염천	정묘체(報身)	色界	마나식(7식)	魂	仙界 神明
마음	합리 신화	心氣 魄氣	H. Astral L. Astral	의식의 층	전중 황정	조대체(化身)	慾界	오구의식(6식) 前五識(전5식)	心 魄	人間靈 동물령

영속철학에 따르자면 실재는 일차원적이 아니다. 그것은 눈앞에 단조롭게 뻗어 나가는 균일한 실체의 평원이 아니다. 실재는 오히려 여러 가지 상이하지만 연속적인 차원으로 구성되어 있다. 말하자면, 현현하는 실재는 최하위의 가장 조밀하고 최소 의식적인 수준으로부터 최상위의 가장 정묘한 가장 의식적인 수준에 이르는 상이한 등급과 수준으로 구성되어 있다. 존재의 이 연속적인 차원이나 의식의 스펙트럼의 한쪽 끝은 서양에서 우리가 "물질matter(질료)" 혹은 무정無情의 존재/비의식적 존재라고 일컫는 것이다. 다른 한쪽 끝은 (의식의 스펙트럼의 전체 순서를 모두 관통하고 있는 바탕이라고도 말하는) '영Spirit' 혹은 '절대신성Godhead' 혹은 '초의식적Superconscious'인 것이다. 그 사이 중간에 배열된 것은, (플라톤Plato의)

실재 혹은 (아리스토텔레스Aristotles의) 현실태actuality 혹은 (헤겔Hegel, F.의) 포괄성inclusiveness 혹은 (오로빈도Aurobindo, G.의) 의식consciousness 혹은 (라이프니츠Leibniz, G. W.의) 명료성clarity 혹은 (플로티노스Plotinus의) 포섭성embrace 혹은 (도르헤Dorje, G.의) 지각성知覺性·knowingness에 대한 그들의 개별적인 수준의 정도에 따라서 배열된 존재의 다른 차원들이다.

대사슬은 때로는 단순히 물질·마음·영의 세 가지 주요 수준을 갖는 것으로 제시되기도 한다. 다른 해석들versions에서는 물질·몸·마음·혼·영의 다섯 가지 수준으로 주어지기도 한다. 역시 또 다른 해석에서는 대사슬에 매우 철저하게 세분화된 단계가 주어지기도 하는데, 일부 어떤 요가 체계에서는 곧이곧대로 수십 개의 이산적이지만 연속적인 차원이 주어지기도 한다. 앞으로 당분간은 물질에서 몸으로, 마음으로, 혼으로, 영으로 이르는 우리가 사용하는 존재의 단순한 계층만으로도 충분할 것이다.

영속의 철학의 중심이 되는 주장은, 보통의 선남선녀들도 계층의 맨 위 영Spirit의 수준 자체로까지 성장 발달(혹은 진화)할 수 있고, 그곳에 이르러 절대신성과의 '지고의 정체성', 모든 성장과 진화가 염원하는 궁극의 완전성ens perfectissimum을 깨닫게 된다는 것이다. 그러나 우리가 그러한 경지에 도달하기 전에 알아차리게 되는 첫 번째 사실은, 대사슬은 정말로 '계층'적이라는 것이다. 이것은 매우 어려운 시련기에 봉착한 단어… 이지만 과연 그렇다는 것이다. 그러나 영속철학에서 사용하듯이, 그리고 현대 심리학, 진화이론, 시스템이론에서 본질적으로 동일하게 사용하고 있듯이, 계층이란 단순히 그들의 전일적holistic 역량에 따라서 본 사건들의 순위에 대한 등급화일 뿐이다. 발달의 여하한 순서에서도 어느 한 단계에서 전체인 것은 그다음 단계에서는 단지 더 큰 어떤 전체의 부분이 되어 버린다… 그렇다면 계층이란 단순히 전체성과 통합적 능력에 있어서의 증가를 나타내는 증가하는 홀론들의 순위일 뿐이다. 이것은 곧 왜 '계층'이 시스템이론, 전체성이론 혹은 전일론holism(전체론wholism)에서 그와 같이 중심이 되고 있는가 하는 이유인 것이다. 그리고 그것은 영속철학에서도 절대적으로 중심이 되는 것이다… 그리고 최종적으로 (발달/진화의) 과정이 역방향으로는 일어나지 않기 때문에, 계층은 비대칭적 (혹은 '더 상위의' 계층적 'higher'-archy)이 되는 것이다. 이미 언급한 바와 같이 동서양의 위대한 전통지혜들은 모두 다 기본적으로 영속철학의, 즉 존재의 대홀라키the Great Holarchy of Being의 변형된 해석이라는 것이다. 휴스턴 스미스는 그의 훌륭한 저서 『잊어버린 진리Forgotten Truth』에서 세계의 주요 종교들을 "존재와 앎의 계층"이라고 한 구절로 요약하고 있다……

57

물론 이와 같은 영속철학적 전통지혜는 우리 민족 고유의 천부 사상(천부경天符經, 삼일신고三一神誥, 참전계경參佺戒經)을 비롯하여 불교 사상(남방소승, 탄트라금강승, 북방대승 사상), 유가 사상(역학易學, 성리학性理學), 도가 사상(도덕경, 노장 사상, 기학氣學), 힌두베단타 사상(베다, 우파니샤드, 바가바드기타)을 비롯한 동양의 거의 모든 주요 전통 종교에 그대로 녹아 있다.

그러나 동양의 전통 사상을 제대로 이해하려면 먼저 동서양의 사유 방식상의 근본 차이부터 짚고 넘어가야 한다. 왜냐하면 동양의 주요 전통 사상은 서양의 주요 전통 사상―그리스의 3대 철인의 관념론·형이상학에서, 실제로는 단순한 관념론·형이상학이 아닌 영속철학이지만, 이에 따르는 서양의 세계관을 지배한 기독교 사상―과는 사유 방식에 있어서 근본적으로 다르기 때문이다. 주지하는 바와 같이 동양은 도道(진여眞如·자성自性)의 근본 체体·성性으로서 '하나(한一, 천天, 공/일심空/一心, 무無, 브라흐만…)'에서 현현顯現한 모든 형상相을 가진 만물의 '부분들(다多, 사事, 물物, 기氣…)'―대대적待對的, 상대적 변화易에 의해 활동하고 상호작용用하는 부분들―의 상의상관적(의타기적依他起的·연기적緣起的 인과응보, 상호 의존적 음양오행陰陽五行/오운육기五運六氣의) 끊임없는 승강昇降의 '순환적 사유'에 의해 우주 자연과 인간 세계를 이해하려 한다. 다시 말해, 모두가 상호 의존적 관계 속에 상대적·대대적으로 변하며 오가는 변화易의 '순환적 인과' '자생自生·자화自化'의 원리로 모든 것을 파악하려 한다. 반면에 서양은 궁극의 자기원인적 근원으로서의 '하나(일자一者, 유일자唯一者, 창조주, 절대신성, 영…)'에서 유출된, 창조된 '부분들'의 원인과 결과의 수직적 위계를 형성하는 '목적론적 인과론'의 유출과 환류의 원리로 이해하려 한다. 그래서 비록 동서양 모두 '인과'를 말하고 있으나, 동양은 자연적(자생적)·자성自性적(진여眞如·여여如如), 전체적·종합적, 관계적, 순환적 되먹임 사고를 하지만 서양은 목적론적, 부분적·분석적, 범주적, 위계적 사고를 한다. 그래서 서양은 근대 이후에도 더욱더 과학적·분석적·선형적·진화론적으로 우주와 생명 세계를 이해하려고 하는 것이다.

이와 달리 동양의 주요 전통 사상은 태생적으로 통전적(전일적·통합적) 세계관일 수밖에 없다. 왜냐하면 〈표 2-3〉에서 보여 주고 있는 바와 같이 동양의 주요 전통 사상들은 모두 다 '체体↔용用, 성性↔상相'의 우주와 생명 세계의 '삼원三元(체体·상相·용

用)일체一体'적이기 때문이다. 또한 이는 우리의 한–/천부天賦 사상의 '삼신일체三神一体(천天·지地·인人/성性·명命·정精)', 불교의 '삼신일체三身一体(법신法身·보신報身·화신化身)' 도가·유가의 '삼재일체三才一体/삼극일체三極一体(정精·기氣·신神/천天·지地·인人, 역易·태극太極의 삼극三極 사상)'을 보면 모두 통전적 세계관이고 모든 사상이 서로 회통하는 사상임을 알 수 있기 때문이다. 여기서 유의할 점은 원래의 동양전통 사상은 〈표 2–3〉에서 보여 주듯이 모두 다 '삼원일체三元一体'적 통전적 사상이다. 그런 까닭에 켄 윌버가 말하듯이 내면의 나(I)의 의식과 신神/부처You와의 합일의식, 우리We의

〈표 2-3〉 동양 사상의 통전적 세계관

통전적 세계관					한/天符 사상			불교 사상			도가 사상	유가/易 사상	
本体/自性					한 /하나(一) /한얼			空/一心/眞如			道/一氣	無極·太極 (理·氣)	
三元一体					三神一体			三身一体			三極一体	三才一体	
性	性理	靈性	靈体	靈眼	天	性	心	法身	無色界 原因体	心(8식)	神	性	天
心	心理	心性	心体	心眼	人	命	氣	報身	色界 精妙体	意·識 (7·6식)	氣	心	人
物	物理	物性	物体	肉眼	切	精	身	化身	欲界 粗大体	前五根 (根/識)	精	身	地
주요 통전적 가르침					• 一卽三·三卽一 • 執一念三·會三歸一 • 返妄卽眞·眞妄不二			• 色卽是空·空卽是色 • 歸一心之源 • 理事無碍 事事無碍 一卽多·多卽一, 一中多·多中一, 相卽·相入			• 노 자 도 덕경·장자 • 道生一· 一生二· 二生三· 三 生 萬 物… • 自 本 自 根·自生 自化	• 太極·陰陽·三才之道 • 음양오행 원리: 相生·相克 相乘, 相侮 (상호 대립·의존·消長·傳化·分化·体用) • 易: 間易·変易·不易	

식/공동체문화의식 그리고 외면의 자연/물질 우주, 그것들(Its) 세계(온우주, 법계) 모두를 하나('불이주二')로 인식하는 진정한 온전한 통전적 세계관이다.

온생명과학적 이해[2]

왜 통합적 생명 인식이 중요한가

진정한 통합심신치유는 인간의 온생명에 대한 온전한 심층적 이해로부터 출발해야 한다. 왜냐하면 인간의 온생명에 대한 통합적 이해, 즉 심층 온생명과학적 온전한 생명에 대한 이해 없이는 인간의 몸과 마음, 즉 몸맘영BMS의 통합심신치유가 불가능하기 때문이다. 그러나 여기서 말하는 온생명은 장회익이 말하는 생태 생명적 '온생명'이 아닌, 몸맘영BMS, 보다 심층적으로는 (⟨표 2-1⟩에서 보여 주고 있는 전통지혜와 현대 심리학·과학을 관통하는) 몸기정맘얼영BEEMSS의 온생명을 지칭한다.

오늘날 생명과학은 DNA 분자생물학과 후성유전학 같은 신생물학, 뇌과학, 통합생리학을 포괄하면서 모든 첨단과학기술, 양자역학·양자생물학, 생물리·화학, 복잡성과학, 정보통신과학 등의 원리를 생명체의 생명 현상의 기제를 밝히는 연구에 적용하고 있다. 이에 따라 생명에 대한 과학적 생명 이론이나 사상은 (네겐트로피negentropy, 세포자동자, 자기조직하는 유기체, 생태적 온생명, 무생물의 요동, 자기창출autopoiecis, 자동 복사autoreplicates, 형태형성장, 형태형성적 인과 등) 다양한 과학적 생명 패러다임으로 나타나고 있다.

그러나 앞으로 21세기에 AI 중심의 융복합 하이테크기술에 의한 (우성인간, 복제 인간, 인조인간, 변종 생물의 대량 생산이 초래할) 생명 오용과 남용이 가져올지도 모르는 인류의 재앙에서 벗어나기 위해서는 생명 정보 체계/생정보역학적biocybernetics으로 생

---

[2] 조효남의 한국정신과학학회 발표 논문(상보적 통합적 생명 인식, 「한국정신과학학회지, 제11권」 제2호, 2007)에서 발췌한 것이다.

명의 원리와 그 기제를 과학적으로 밝히는 생명과학의 (신기계론적, 정보 체계적 세포 중심의) 생명 사상을 넘어서는 문제가 시급하다. 생명체의 외적인 생명 현상 원리와 내적인 생명 현상 원리를 심층적으로 모두 포괄하고 존재론적·인식론적으로 완전하게 그 상관성을 해석하고 통합하는 새로운 생명 인식, 생명 패러다임의 새 지평이 절실하게 요청되고 있다.

현대의 대표적 생명철학자인 한스 요나스는 『생명의 원리』에서 소위 심리물리적 통합체로서의 생명의 내면적 현상에 대해 다각적 성찰의 필요성을 강조하고 있다. 이를 통하여 생명에 관련되는 자연과학, 철학, 심리학, 종교학, 윤리학, 사회학 등 여러 학문 분야의 통합학문으로서 다원적 통합의 필요성을 지적하고 있다. 그러나 켄 윌버의 홀라키적 생명관에 따르자면, 완전한 생명은 심리물리적 통합체일 뿐 아니라 동시에 그 주체인 정신(혼·영)의 통합체로서 몸·기·감정·마음·혼·영을 모두 갖추어야 한다. 또한 통합기학적으로 다차원의 생명장은 온수준의 온생명기로 이해되어야 한다. 그것들 중에 어느 하나라도 빼놓고서는, 그리고 그것들 사이의 상호 연관적인 상호작용 측면의 올바른 이해가 없이는 생명에 대한 온전한 이해는 불가능한 것이다.

이 책에서는 오늘날 현대의 생명 사상이―평원적, 유물론적·실증주의적인 생물학적, 생명과학적 생명관에서 시스템적·유기체적, 신생물학적·신과학적 생명관으로, 그리고 수반철학적, 현상학적, 형이상학적, 생명기학적, 생명철학적 생명관으로, 그리고 나아가 종교적 신비주의적 생명관에 이르기까지―혼란스럽고 다양하게 생명에 대한 부분적 생명 인식으로 분열되어 있는 것을 체계적으로 통합하여 생명에 대한 상보적 인식을 제고하는 통합적 생명관을 제안하는 데 주된 목적을 두고 있다. 이를 위해 이 절에서는 오늘날 미국을 대표하는 통합철학자인 켄 윌버의 온수준·온분면·온계통적 AQAL(All-Quadrants All-Levels) 통합 패러다임에 바탕을 두고 인간의 온생명에 대한 온전하고 완전한 전체적 시각을 회복하는 통합적 생명 패러다임을 제시하였다.

동서양의 전통 생명 사상

1. 서양의 전통적 생명관

근대에 와서 다윈의 진화론이 나오기 이전까지의 전통적인 서양의 생명 사상은 종교적(기독교적) 창조론과 철학적 생명관으로 대별할 수 있다. 철학적 생명관은 다시 유물론 대 관념론, 기계론 대 생기(유기체)론으로 크게 구분할 수 있다. 이러한 서양의 전통 생명관은 이미 널리 알려진 사실이기 때문에 여기서는 논의를 위한 문헌 근거 없이 간략하게 요약할 것이다.

고대에는 생명이 무생물로부터 자연적으로 발생한다는 자연 발생설이 고대 이집트에서부터 논쟁이 되다가, 그리스시대에 와서는 생명은 최초 진흙 같은 무생물로부터 자연적인 발생이 가능하다는 자연 발생설이 주도하였다. 여기에 아리스토텔레스는 생명 현상은 형상인 심혼/정신psyche이 질료인 몸과 결합하여 발생한다고 보았다. 그래서 그는 이러한 생명의 발생 원리를 설명하기 위해 초자연적 생명력인 활력vitality을 뜻하는 '엔텔레키아Entelechia'의 개념을 도입하여 무생물에 엔텔레키아가 결합되면 생물로 되고, 이것이 제거되면 죽게 된다고 보는 생기론적 견해를 갖고 있었다. 이와 같이 아리스토텔레스적인 생기론을 가미한 자연 발생설이 고대의 주도적 생명 사상이었다. 그런 반면에 서양의 주도적인 종교적(기독교적) 생명관을 보면, 성경의 창세기에 나오는 그대로 인간의 생명은 태초에 하느님이 흙(자연)에 생기ruah(혼, 생명의 숨결)를 불어넣어 창조했다는 창조적인 생기론적 생명관임을 알 수 있다. 그러나 이 종교적 생명 사상도 그 뿌리는 고대 그리스의 자연 발생설에 바탕을 두고서 창조적 생기론의 개념으로 발전된 것임을 알 수 있다. 그러나 서양의 전통 철학적 생명관은 그리스의 엔텔레키아 사상에 뿌리를 둔 생기론vitalism과 근세 자연과학의 발흥과 더불어 대두한 데카르트의 기계론으로 대별할 수 있다.

생기론은 오랜 역사를 걸치면서 다양한 의미를 가지며 변해 왔다. 18세기의 몽펠리에 학파의 생기론에 따르면 '생명의 원리'인 '생명력vitality'이 생명 현상을 지배한다는 것이다. 이는 생명체를 물리·화학적 메커니즘으로 환원시켜 이해하려는 모든 시도를 거부하는 사상이다. 전통적으로 서구인들은 '생명력'이나 '영혼' 또는 아리스토텔레스처럼 '완성태'의 개념을 통해 생명 현상을 이해하려 하였다. 이러한 생기론은 본질적으로 형이상학적인 생명관으로 간주되었다. 왜냐하면 생기론에서 말하는 생명력은 신비로운 것이며, 이 신비한 힘의 존재를 인정하는 것은 생명체도 자연의 지배를 받는다는 일반 과학의 법칙들에서 이탈함을 의미하기 때문이다. 즉, 생기론에서 말하는 생명력은 과학에서 주장하는 비결정성의 영역에 속하기 때문에 당연히 근대 자연과학주의자들의 공격을 받았다.

근세에 와서 뉴턴 역학과 갈릴레오, 케플러에 의해 정립된 관측을 바탕으로 하는 경험과학과 미적분학을 비롯한 근세 수학의 발전은 뉴턴 역학을 중심으로 하는 기계적 고전 물리학이 서구의 기본 과학 사상으로 자리 잡고 서구인의 의식을 지배하게 되었다. 그러한 사조가 철학을 비롯한 모든 분야에 결정적으로 영향을 미치게 되었다. 이러한 기계적 세계관을 철학적으로 집대성한 데카르트에 의해 서구의 이원론적·환원주의적·기계론적 세계관, 존재론, 생명관은 절정을 이루게 된다.

데카르트의 기계론은 생명 현상들 속에 어떤 목적이 존재한다는 입장을 철저하게 배제하고 있다. 이 점에서 그는 아리스토텔레스에서 두드러지는 합목적주의, 즉 생명체는 형상인 영혼이 실현하고자 하는 목적인telos을 자신 안에 가진다는 목적론적 입장을 거부한다. 데카르트에게 있어서 이러한 생각은 단지 자연에 대한 인간 중심주의적 이해일 뿐이었다. 데카르트는 생명체, 나아가 자연 전체를 하나의 '자동 기계'로 이해했다. 기관은 톱니바퀴이며 생명은 최초의 동력이 톱니바퀴에 전달되는 방식일 뿐이다. 즉, 이는 동물 기계에 대한 데카르트의 극단적인 기계론적 생명관이다. 이와 같은 조건하에서는 약동하는 생명체의 모든 신비를 잃어버리게 되는 것이 분명하므로 당연히 생명체가 갖는 '생명력'은 사라지게 된다. 다만, 데카르트에서 영혼은 더 이상 그리스에서와 같은 생명의 원리가 아니라 사유와 동일선상에서 이해하는 정신 행위와 같은 것이다. 그러므로 그는 인간만이 영혼(느낌, 지각, 사유, 의식)을 갖는다고 보았다.

이러한 데카르트의 기계론에 대해 뉴턴주의자였던 칸트조차도 생명체와 기계를 동일시하면 유기체의 특수성을 무시하는 결과를 초래한다고 기계론을 반박하였다. 그러나 생명체에서 '생명의 약동'을 보는 생기론적인 베르그송(Bergson, H.)의 생명철학과는 달리, 데카르트에서 시작된 서양의 기계론은 서구의 과학주의와 함께 근대 서양의 심신이원론적 생명 사상을 지배하고 있다. 지난 3세기 동안 서구에서는 "생명체는 있지만 생명(생명력)은 존재하지 않는다."라는 기본 입장을 고수해 오고 있다. 즉, '생명'이란 생명체 내에 숨겨져 있는 어떤 신비한 존재가 아니라는 기계적 유기체 개념이 생명 개념을 대체하였고, 이는 현대 생물학의 기본 입장이기도 하다. 기계론자들은 생명체의 특수한 성질을 설명해 주는 것은 유기체의 물리·화학적 성질, 즉 자연의 일반 법칙이라는 것이다.

그러나 근대의 신기계론은 데카르트적 기계론과는 다름을 알 수 있다. 그중에 19세기의 클로드 베르나르(Bernard, C.)는 생명 공간으로서 유기체 고유의 '생명 원리와 유기화(조직화)하고 창조하는 이념'으로서 생명체 고유의 생체론적 생명주의 원리를 주장하였다. 20세기의 쟈크 모노(Monod, J.)는 생명체의 진화는 미시적 우연과 거시적 필연의 소산으로 '목적 법칙적' 성격을 보여 준다고 보았다. 오늘날의 분자생물학과 생명과학에 따르면, 생명체/유기체의 메커니즘 자체가 어떤 전일적 '기획', 즉 '프로그램'이라는 개념 없이는 이해하기 곤란한 과정을 분명하게 보여 주고 있다. 인공적으로 생산한 단백질은 결코 생명기능을 수행할 수 없고 오직 엔텔레키아(생명력)에 의해서만 생명체의 기능을 수행할 수 있다는 20세기 초의 드리슈(Driesch, H.)의 신생기론은 베르그송의 '창조적인 생명력/생명의 약동'에 의해서 지지받았다. 하지만 생명 현상의 전반적인 특수성과 부분과 전체의 상호 의존성, 유기체의 위계적 특성 등을 설명하지 못하는 약점으로 인하여 오늘날 신과학의 전일적 세계관, 시스템이론 등에 의해 비판받아 왔다. 반면에 오늘날 생명에 대한 신기계론은 데카르트의 기계적 역학 체계를 채택하기보다는 현대의 정보이론을 통한 DNA 유전자 프로그램의 설명에 주력하고 있다. 그리고 진화론과 유전학을 바탕으로 하는 현대 생물학이 과학이 되기 위해서는 신기계론적 생명관을 채택하지 않을 수 없었던 것이다.

2. 동양의 전통적 생명관

동양의 전통적 생명관은 동양의 전통종교와 철학 사상 속에서 찾을 수 있다. 하지만 그 사상이 매우 복잡하고 방대하여 그 속에 스며 있는 생명 사상을 체계적으로 기술하는 일은 지극히 어려운 일이고 이 책의 범위를 벗어난다. 동양의 전통 사상은 인도 힌두교의 베단타 요가 사상, 불교의 초기 불교·소승·대승·탄트라·일불승 사상, 중국의 선불교·선 사상, 도교·노장 사상, 유교·성리학의 사상, 한국의 선도·단학·한 사상으로 대별하여 살펴볼 수 있다. 이들의 근본 사상은 유사하면서도 지리적·기후적 자연환경과 민족의 기질에 따라 세계관, 존재관, 생명관에서 상이한 면이 적지 않다. 여기서는 이들 동양의 전통 생명 사상을 상세하게 고찰하는 것이 목적이 아니다. 때문에 대표적 동양 사상 중에서 먼저 도가 사상과 유가 사상의 생명관 중 널리 알려진 특성만을 간략하게 소개하고, 불교의 보편적으로 알려진 생명관만을 개략적으로 고찰하였다.

중국의 도가와 유가의 전통 생명 사상은 보다 자연주의적이며 인본주의적인 세계관에 바탕을 두고 있다. 중국인의 고유의 세계관은 자연과 (태양계 중심) 우주의 운행과 변화의 법칙 그리고 그 자연의 일부인 인간 존재의 운명을 지배하는 법칙을 파악하는 태극·음양오행·오운육기五運六氣의 역易 사상에 바탕을 두고 있다. 그래서 이 사상을 체계화한 것이 『주역』의 팔괘와 64효爻를 기본으로 하는 주역 사상이다. 이 사상은 무위자연無爲自然으로서의 회귀를 근본으로 하는 노자의 도가 사상에서도 기본 바탕이 되고 있다. 노자의 『도덕경』의 도화道化 편에 나오는 생기론도 도道에서 분화된 일기一氣(태극太極), 이기二氣(음양기陰陽氣), 삼기三氣(화기和氣)로서 만물의 생성 변화를 설명하고 있다. 또한 동양 사상 중에 인간 이성 중심의 대표적인 세계관이라 할 수 있는 유가의 성리학性理學의 이기理氣 사상에서도 우주 만물과 생명의 기원에 대해서 논하고 있다. 주자의 『주자어류朱子語類』에서는 "이理가 있는 곳에 기氣가 있고 기가 있는 곳에 이가 있으며, 이와 기는 서로 다른 존재가 아니며 혼연일체로서 존재하며, 이것이 우주 만물의 생성의 근원으로 기는 이에 의해 움직이고 기의 응결에 의하여 이가 존재한다." 라고 보았다. 주자도 최초에 생명은 기로부터 형성되었고 음양과 오행의 변화에 의해 생명체가 생성되었다고 보는 것이다. 그의 사상은 이理를 본체로 한다는 것을 제외하고는 노자 『도덕경』 도화道化 편의 기생성론과 근본적으로 다를 바 없다. 특히 유가에서는 우주는 천·지·인의 삼재三才로 된 살아 있는 유기체적 통일체로 보고, 그 중심이 되는 (소우주인) 인간은 (易역의 원리에 따른 오운육기五運六氣·명리命理에 의해) 천지자연과 교류하며 그 변화에 민감하게 영향을 받는다고 보았다. 그러나 중국인의 의식을 지배하는 고유의 사생관과 생명관은 유교와 도교의 사상이 혼합된 민간 사상과 도가의 자연주의적 생사관으로 구분하여 이해하는 것이 바람직하다.

중국인들도 기본적으로 생명은 생生에서 생으로 연속적인 것으로 보지만, 인도인들의 윤회적 사생관과 같이 뚜렷하지는 않고 인간의 생명은 육신과 정신으로 이루어져 있다고 본다. 중국의 민간 무속 사상에서 인간의 칠정·의식과 정신에 해당하는 신神은 음신陰神인 백魄과 양신陽神인 혼魂으로 되어 있다고 본다. 죽으면 백은 땅으로 내려가 결국은 흩어지며, 혼은 하늘로 올라간다고 본다. 백이 제대로 편안하지 않으면 귀가 되어 사람들을 괴롭히고, 혼은 신령한 존재로 하늘의 심판에 따라 다른 생을 갖는다고 보는 어느 정도 환생環生(윤회)적 생사관이 깔려 있다. 그러나 도가의 자연주의적 생사관은 인간의 삶과 죽음을 자연의 순환 과정 속에서 한 변화로 본다. 하지만 불교의 영향을 받아 궁극의 경지에 도달한 인간 지인至人·진인眞人은 불교와 유사하면서도 다른 개념으로 환허環虛의 자연道으로 돌아가지만, 그 중간 단계에 있는 인간들은 여러 세계에 태어나게 된다고 본다. 다만, 도교에서는 불교의 아라한과 유사한 신선神仙 사상이 발달되어 인간의 생명은 양생養生에 의해 인간의 정精·기氣·신神을 수련하면 얼마든지 연장된다고 본다. 그래서 도태道胎와 환골탈태에 의해 순수한 양신陽神의 상태로 되면 불로장생의 신선이 된다는 것이다. 이러한 생명 사상은 도가의 養生양생 수련의 원리서인『태을금화종지太乙金華宗旨』와『참동계參同契』등에 내단술內丹術로 소개되어 있다.

이상에서 간략하게 살펴본 유가와 도가의 전통 생명 사상은 상이하면서도 공통되는 점이 있다. 즉, 생명이란 본체계(道/理/無)의 현현으로서 생멸하는 무상한 현상적 생명의 근본 주체인 영靈·Spirit보다는 (현실주의적 기질이 강한 중국인들은) 생에서 생으로 연속되는 생명의 생명력 발현의 (현실적) 실상 주체인 혼魂을 생명의 본성인 참생명으로 받아들이면서 생명의 정신적인 속성을 더욱 중시하고 있음을 알 수 있다. [우리 민족의 환단桓檀 선교仙敎 삼경三經(천부경天符經·삼일신고三一神誥·참전계경參佺戒經)의 천지인天地人 삼신일체三神一體를 근본으로 하는 일신一神 사상은 중국의 도교나 유교와는 차원이 다른 서양의 유일신唯一神 사상과 동양의 영속 종교·철학을 회통하는 기基·불佛·선仙의 통전統全

사상이다. 그러므로 영靈과 혼魂의 사상도 중국과는 다르고 서양과도 상통하는 보다 더 심오한 원리를 내포하고 있지만 널리 알려져 있지 않고 본서의 범위를 넘어서는 내용이므로 여기서는 논하지 않을 것이다.] 그러나 주지하는 바와 같이 일반적으로 알려진 동양의 전통 생명 사상 중에 가장 심오하고 완전한 사상은 다음에 소개할 불교의 생명관임을 알 수 있다.

3. 생명에 대한 불교의 심오한 시각

부처의 가르침을 비교적 충실하게 기록한 초기 경전에 바탕을 둔 원시 불교에서부터 그 후 수백 년에 걸쳐 내려오면서 보다 체계적으로 발전된 불교의 각 교파와 종파의 교리와 사상은 소승불교, 남방의 대승불교/탄트라불교, 북방 대승불교인 중국과 한국의 선종禪宗, 교종敎宗, 밀교 계통의 다양한 대승불교 종파에 이르기까지 그 사상이 너무나 방대하고 다양하다. 다만, 여기서는 그중에 생명관과 관련하여 핵심이 되는 주요 사상인 불교의 사생관, 연기적 윤회관을 가장 구체적으로 논하고 있는 문헌을 중심으로 생명에 대한 불교의 심오한 시각을 상세한 설명 없이 간략하게 언급하였다.

좀 더 구체적으로 말하자면, 『구사론俱舍論』의 연기적 윤회 사상, 대승불교의 유심·연기唯心·緣起 사상을 체계적으로 집약한 불교심리학, 불교인식론이라 할 수 있는 유식학唯識學의 아뢰야식 사상, 불교의 세계관과 생명관의 정수를 담고 있는 반야부 경전 중에 「반야심경」의 공관空觀, 용수보살의 『중론中論』의 중도공관中道空觀 그리고 가장 심오하고 방대한 불교적 세계관을 담고 있는 『화엄경』의 일승법계一乘法界 사상을 바탕으로 하는 불교의 중도공관적, 연기/윤회적 생명관에서 불교 생명관의 정수를 볼 수 있다. 더구나 이러한 불교의 경전과 논서들은 모두가 현대의 신물리학(제5장에서 상술하고 있는 통합양자물리학 패러다임)·신과학 패러다임(기과학·생명기 원리, 복잡성 과학, 형태형성장, 일반 장이론, 일반 파동이론, 홀론·홀라키 원리, 홀로그래프 원리 등)과 상보적·통전적으로 상통하는 매우 체계적이고 논리적이거나 초논리적인 (양자장 파동) 신물리학적·신과학적·심층과학적·정신과학적 사상이라는 것은 널리 알려진 사실이다. [그러나 실제로는 불교의 심오한 연기윤회緣起輪廻 삼법인三法印·중도공관中道空觀·오온개공五蘊皆空(삼공지해三空之海·일미一味)·만법유식萬法唯識(일심一心)·화엄일승법계 등의 주요 다르마를 이러한 현대 뇌인지과학적·정신역동심리학적·심층과학적·신과학적·신물리학적·신의학적으로 제대로 해석하고 아는 사람은 찾아보기 힘들다.]

불교의 생명 사상은 불교 특유의 연기적 세계관과 존재계(법계)에 대한 만법유식(일심一心)·중도공관(일미一味) 사상을 바탕으로 하기 때문에, 현대 과학의 물질 중심의 기계론적 단편적 생명관과는 전혀 다른 전일적 심오한 생명관이다. 특히 생명체는 6대六大(地·水·火·風·空·識)가 화합하여 이루어진 것이며, 이 중에 어느 한 요소라도 없으면 생명체가 될 수 없고, 그 생명체의 참생명 주체는 윤회도상에 있는 모든 생명체의 윤회 주체인 근본식根本識, 아뢰야식(심心,영)임을 분명하게 밝히고 있다.

이러한 불교의 생명 사상을 뒷받침하는 기본 사상을 담고 있는 『구사론俱舍論』에서는 생명이 태어나는 사생四生(태생胎生, 난생卵生, 습생濕生, 화생化生) 중에 태생인 인간 생명의 잉태는 연기적 윤회(아뢰야식, 영)이 들어오는 인연業이 있어야만 가능하다고 본다. 이때 부모는 연緣이 되고 아뢰야식은 인因이 되며, 이 인과에 의해 과보로서 생명이 탄생한다는 것이다. 이와 같이 불교에서는 생명에 대한 연기적 탁태관托胎觀을 분명하게 원리적으로 밝히고 있다. 이는 자연과학의 범위를 넘어서기에 자연과학적 생명 현상의 법칙은 아니지만 오히려 (양자파동생명장 원리에 의해 설명할 수 있는) 더 상위(심층)과학적으로, 구체적으로 생명 탄생의 법칙과 원리를 밝히고 있는 것이다.

무엇보다도 불교의 우주관과 세계관에 의하면 법화法華의 삼천대천세계三千大千世界와 화엄의 십화장세계十化藏世界는 현대의 과학적·천체물리학적 138억 년 된 200~300억 광년 규모의 빅뱅우주와는 근본적으로 차원이 다른 무한우주이다. 또 이러한 온우주는 무한 겁에 걸쳐 성·주·괴·공成·住·壞·空을 반복하는 세계임을 밝히고 있다. 그리고 이러한 우주관에 따른 이 온우주에 대한 세계관의 극치는 화엄 사상의 비로자나 법신불法身佛 사상과 연기적 일승법계의 상즉相卽·상입相入, 일즉다一卽多·다즉일多卽一, 일체동근一切同根이라는 전일적 세계관에서 찾을 수 있다. 그리고 이 화엄 사상의 연기적 일승법계 세계관 속에, 즉 모든 중생은 불성으로 여래장如來藏을 갖고 있다는 일체중생실유불성一切衆生悉有佛性의 비로자나 법신불 사상 속에 생명의 근원과 본성에 대한 불교의 존재관/생명관의 정수가 내포되어 있다.

그리고 불교의 근본 사상인 연기설은 구사론俱舍論의 십이연기설十二緣起說과 유식학의 심·의·식心·意·識 사상에서는 근본식識·장식藏識인 아뢰야식(영)의 사상으로 불상不常·불단不斷의 생명의 실상 법칙實相法則을 설명하고 있다. 생명의 주체이며 심오한 의미를 가진 윤회의 주체로서 아뢰야식이야말로 불상·부단의 참생명의 주체로서 심오하고 신비한 생명의 실상인 것이다. 그리고 DNA가 생명 현상의 법칙을 지배하는 모든 생명 정보의 개체적인 코드라면 아뢰야식은—마이클 탈보트(Talbot, M.)의 『홀로그램 우주Holographic Universe』에서 인간의 마음과 의식도 정보를 함유한 홀로그램이라고 해석하는 칼 프리브람(Pribram, C.)과 데이비드 봄(Bohm, D.)의—홀로그램 원리에 의해 설명할 수 있다. 즉, 여러 겁의 무수한 윤회 속에 진화해 온 개체 생명의 개별적 독특한 생명 정보識의 집적만이 아닌 모든 생명장의 생명 정보가 아뢰야식에 홀로그램 종자식種子識으로 기록된 무한 집적 생명장의 홀로그램적 데이터베이스인 동시에 기저의식基抵意識(참생명)의 초월모이며 궁극모임을 알 수 있다.

이상에서 아주 간략하게 소개한 불교의 연기·윤회적 생명관을 보면, 이는 단순한 형이상학이 아니다. 즉, 이는 바로 현대 신물리학·신과학적 패러다임을 확장하여 일반화한 다차원의 장場과 다차원의 식識의 일반 파동(주파수)의 원리로 모두 설명할 수 있는 고도의 정신과학적 생명관과 일치함을 알 수 있다. 한마디로 말해, 불교의 생명관은 생명체의 생명에 대한 연기적 현상 법칙으로부터 온생명 에너지인 사대四大·오온五蘊의 연기적 생명 실상과 생명의 주체인 아뢰야식을 중심으로 하는 연기적 불상不常·부단不斷의 생명 법칙, 그리고 생명의 실상 원리인 상즉相卽·상입相入의 일승법계적 연기관에 이르기까지 실로 심오한 생명관임을 알 수 있는 것이다.

현대의 생명과학적·심층과학적 생명 인식

1. 생물학·생명과학적 생명 인식

근대에 와서 다윈의 진화론과 멘델의 유전학이 나온 뒤에야 생물학은 과학으로서

의 형태를 갖추게 되었다. 그래서 생물의 진화는 '우연'에 의한 자연도태와 돌연변이라는 자연선택에 의해 이루어진다는 생물학의 기본 이론은 생명관이라기보다는 생명체의 생명 현상의 단순한 현상적 고찰에 지나지 않는다. 반면에 DNA 유전자의 유전 정보를 기본으로 하는 현대 생명과학은 생명 현상과 생명기제의 원리를 밝힌 현대 분자생물학의 쾌거로 현대의 과학적 생명 사상을 주도하고 있다.

생명과학에서 유전 정보의 기억소자적 암호인 DNA에 의해 생명체의 유전, 생성, 돌연변이, 대사 활동 등에 관한 생명 정보의 기제 원리를 매우 과학적으로 설명할 수 있다는 것은 사실이다. 그러나 오늘날 많은 과학자나 철학자와 생물학/생명과학 분야의 전문가가 마치 이것을 생명의 원리인 양 기술하고 있다는 것이 문제이다. 이것은 일반인들에게 생명에 대한 유물론적이거나 환원주의적인 그릇된 인식과 편견을 심어 주게 되고, 그것이 마치 생명의 전부인 양 착각하도록 오도하기 쉬운 것이다. 여기서 이미 보편적으로 누구나 알고 있는 현대 생물학의 진화론과 생명과학의 이론에 대해 다시 논의할 필요는 없지만 가장 우려가 되는 현상만은 지적하지 않을 수 없다. 아직도 현대 주류 생물학이나 진화론의 관점에서는 생명이란 생명체의 DNA와 세포를 기본 생명 단위로 하는 유기화학적 문제로만 인식하고, 분자생물학의 수준에서 유전자 DNA의 자기복제 능력과 '우연'에 의한 진화라는 자연선택과 돌연변이 현상으로만 생명을 설명하고 있다.

현대의 유물론적 생명의 기원론은 오파린(Oparin, A. I.)이 1924년에 『생명의 기원』을 출간하면서 시작되었다. 그가 실험실에서 무기물로부터 간단한 유기물의 생성이 실험적으로 가능하다는 이론을 제시한 후 이것이 점차 입증되었다. 이어서 실험실에서 무기물로부터 더 복잡한 유기화합물인 아미노산의 합성을 성공하자 오파린설은 무생물로부터의 생명 진화의 정설로 받아들여졌다. 그러나 분자생물학적으로 세포 이전 단계의 생명의 기본 물질인 단백질의 '기적적인' 분자 구조를 '우연'에 의해 만들기 위해서는, 먼저 필요한 생화학적인 과정인 폴리펩티드 사슬을 구성하고 있는 아미노산 등을 정확한 순서로 배열하는 것이 선행되어야 한다. 그런데 이것이 '우연'에 의해 가능한 것으로 설명하는 것은 난센스인 것이다. 즉, 이는 순수 무작위적으로 이러한 사건(event)이 발생한다는 것은 확률적으로 불가능함을 쉽게 보여 줄 수 있다. 이 아미노산의 서열이 무작위적인 우연에 의해 만들어진 것이라면, 단백질 사슬이 간단한 경우로 가정하여 약 200개의 아미노산 길이만 생각해도 각각의 위치에 20개의 가능성이 있기 때문에 그 가짓수는 10^{250} 정도가 된다. 우리 우주의 기본 입자인 원자의 수는 대략 10^{50}개 정도인 것으로 알려져 있다. 이는 10^{250}에 비하면 하찮은 수이다. 이는 사실상 무한대의 가짓수이다. 다른 더 고도의 조직화는 생각지 않고 단순히 아미노산의 서열만 고려해도 몇 10억 년의 시간 속에서는 '우연'적이기에는 도저히 불가능한 현상임을 알 수 있다. 더구나 무기물에서 단백질보다 훨씬 더 복잡한 세포 하나가 우연히 창발하려면 수십억 년이 아닌 무한대의 영원한 시간이 필요하다. 더구나 근대의 신생기론자인 드리슈(Driesch, H.)가 강조했듯이, 인공적으로 합성된 단백질은 설사 가능하더라도 결코 생체 단백질이 될 수 없다는 사실만 보아도 이러한 자연 발생설은 터무니없는 가설임을 입증할 수 있다.

따라서 수십조 개의 세포가 항상성을 갖고서 외부의 생명 파괴적 위험을 극복하면서 조화롭고 신비스럽게 생명을 유지하는 생명체로 진화하는 것은 결코 '우연'에 의한 자연선택에 의해 이루어질 수 없는 것이다. 그리고 어떤 열악한 생존 환경 조건하에서 살아남으려면 초자연적인, 초물리적인 고도의 (의식) 정보를 담고 있는 상위의 생명 에너지(온생명기)의 작용에 의해 점점 더 고도의 질서를 갖는 생명체로의 초월적 창발이 이루어지지 않고서는 불가능한 일임을 쉽게 알 수 있다. 결국, 현대 진화론적 전통 생물학에서 말하는 생명이 무기물에서 유기물로, 유기물에서 세포로, 단세포 생물에서 다세포 생물로⋯ 이렇게 돌연변이라는 자연선택에 의해 '우연'히 생겨났다는 주장은 과학이 아닌 터무니없는 가정임을 알 수 있다. 즉, 생명에 대한 생물학적 진화론은 우연에 의한 자연선택이라는 확률로는 설명이 절대 불가능한 매우 궁색한 기계론적 생명 사상임을 쉽게 알 수 있다.

한편, 현대의 분자생물학을 기본으로 하는 생명과학적 생명관은 정보과학적 생명 사상이다. 생명과학에서 생물은 세포핵 내의 유전자의 모든 유전 정보와 생명 정보를 담고 있는 생체 분자인 DNA의 생체 정보로 환원시킬 수 있다고 본다. DNA라는 기본적인 생명 단위로 분해하여 1.5m 내외의 길이인 DNA의 이중 나선 구조의 네 가지 핵산염기 서열의 배치 순서 속에 생명체 발현의 모든 정보가 암호코드화되어 들어 있다는 것을 알아낸 것이다. 이것은 유비적으로는 컴퓨터의 기계어 프로그램과 같은 생명 S/W로서, 모든 생명체는 이 DNA의 지시하에 번식과 각종 생명 활동을 위한 생존 대사 활동을 제어한다. DNA의 변이에 따라 생물 진화를 유도하는 돌연변이들이 일어나고, 이제는 이 DNA를 추출하여 재조립·재조작하여 생명의 생성·성장·활동을 마음대로 바꿀 수 있다는 것도 알아냈다. 최근에는 체세포 배아 복제에 의해 동물 복제, 장기 복제가 가능할 정도로 생명과학이 비약적인 발전 단계에 이르고 있고 복제 인간을 만드는 것도 눈앞의 현실로 다가왔다. 뿐만 아니라, 현재 인간 게놈 프로젝트가 성공적으로 완료되어 DNA 염기 서열을 모두 판독하게 되었다. 이에 따라 곧 알츠하이머 치매병 같은 인간의 고질적인 유전적 질병과 노화를 제거하는 등 DNA 유전자를 원하는 대로 새로 설계하거나(가위질) 조작하여 인간에게 필요한 인공 생물, 우수한 생명체의 다량 생산 복제를 가능하게 만드는 등 생명공학의 실용화 시대가 도래하고 있다. 이와 동시에, 역기능적으로 잘못된 유전자 조작으로 지구상의 생명을 파괴하는 생명체의 출현이나 복제 인간 클론의 대량 생산과 이 인공 인간을 자연 인간과는 다른 생체 로봇 정도로 생각하여 오용하는 사태가 일어날 수도 있다. 이렇게 되면 인류 파멸이라는 비극의 발생도 가능할 정도로 생명과학은 민감한 생명 윤리 문제를 야기하고 있다. 하지만 이는 심신치유학의 범주를 넘어서는 내용이므로 여기서는 다루지 않을 것이다.

2. 현대 신물리학·신과학적 생명 인식

켄 윌버가 『현대 물리학과 신비주의Quantum Questions』에서 보여 주듯이, 현대 물리학의 두 혁명인 상대론과 양자론을 만들어 낸 아인슈타인(Einstein, A.), 하이젠베르크(Heisenberg, W. K.), 슈뢰딩거(Schroedinger, E.), 드브로이(De Broglie, L.), 막스 플랭크(Max Plank), 파울리(Pauli, W.), 에딩턴(Eddington, S.) 등의 현대 물리학의 대다수의 거장은 유물론적이거나 과학주의적인 세계관이 아닌 관념론적이거나 어느 정도 신비주의적인 세계관을 갖고 있었다. 이것은 우주와 양자 세계의 신비를 발견한 그들에게는 놀라운 일이 아니다. 아인슈타인의 스피노자적인 범신론pantheism에서 슈뢰딩거의 베단타적인 관념론과 하이젠베르크의 플라톤적 '원형'에 이르기까지 이 현대 물리학의 거장들은 어떤 심오한 방식으로든 '의식' 자체를 포함하지 않고서는 이 신비한 우주를 만족스럽게 설명한다는 것은 불가능함을 알았던 것이다. 그 결과, 상대성이론과 양자역학의 두 기둥 위에 세워진 현대 물리학과 천체물리학은 뉴턴 역학에 바탕을 둔 데카르트의 기계론적·환원주의적 세계관에서 벗어나게 되었다. 그래서 점차로 많은 현대 물리학자가 신과학적 세계관을 주창하게 되었다. 그중에 특히 데이비드 봄 같은 양자 물리학의 거장은 이 우주를 파립자wavicle의 양자파동·초양자파동이 만들어 내는 홀로노미Holonomy적 홀로무브먼트holomovement의 거대한 홀로그램으로 보았던 것이다. 아인슈타인과 봄은 현상계 배후에는 '보이지 않는 숨겨진 질서Implicate Order'가 내재되어 있다고 보았다.

뿐만 아니라―양자장場의 양자물리적 세계와 동양의 공空/무無 사상, 즉 동양의 도道와의 상통성을 발견하고 신과학운동의 붐을 일으킨 카프라(Capra, F.)를 비롯하여, 비평형 열역학이론에 의해 '혼돈으로부터의 질서'로서 '요동'과 '갈래치기'라는 소산 구조로서 복잡계적 생명의 창발과 진화를 설명하는 프리고진 등―수많은 현대 물리학자, 과학자, 철학자가 신과학적 패러다임에 바탕을 둔 세계관에 입각하여 단순 환원주의적 기계론, 유물론이나 혹은 물질과 정신(영혼)의 원자적 생명관이 아닌 전일적 시스템적 세계관과 생명관을 주창하고 있다.

고로 현대 신과학운동은 기계적 접근과 환원적 사고를 거부하는 시공간의 상대성 원리와 불확정성 원리·상보성 원리·비국소성 원리 등에 의해 설명되는 양자 세계에서의 존재의 양면성에 직면한 현대 양자론, 양자 중력이론의 패러다임을 바탕으로, 그리고 그것을 넘어서는 신시대적new age 세계관으로 자연스레 발생하였던 것이다. 그 결과―베르트란휘(Bertlanffy, L. V.)의 일반 시스템이론, 화이트헤드의 유기체적/과정적 세계관, 윌버(Wilber, K.)의 홀론/홀라키적 세계관, 봄(Bohm, D.)/프리브람(Pribram)의 홀로그램적 세계관, 에리히 얀치(Jantsch, E.)의 자기조직하는 우주, 쉘드레이크(Sheldrake, R.)의 형태형성장, 마투라나(Maturana, H. R.)/바렐라(Varela, F. J.)의 자기창출autopoiesis 등의―신과학 사상이 모두 동양의 힌두와 불교의 전일적 세계관에서 영감을 받아서 나온 것이다.

그러나 불행하게도 현재 활동 중에 대부분의 있는 과학자, 물리학자는 이러한 물리학의 거장들이 가졌던 초물리적 세계, '정신' '의식' '영성'의 실재성을 인정하는 사유는 본받지 않고 있다. 그래서 리차드 도킨스(Dokins, R.)나 루이스 월퍼트(Wolpert, L.) 같은 유물론자/무신론자/과학주의자들을 제외하고는, 대개 초월적인 세계의 존재 가능성은 어느 정도 인정하면서도 이를 철학이나 종교의 영역으로만 간주하거나 '마음'·'의식'·'심령'에 대한 신유물론적 사고의 수준에서 벗어나지 못하고 있다. 이러한 부류의 대부분의 물리학자와 과학자에게 '실재' 세계란 오로지 물질적·물리적·감각운동적 세계로만 한정된다. 그러므로 이들은 '마음'이란 경험적 세계의 뇌신경(인지, 기억) 정보의 표현이거나 신경생리학적 반사 작용에 수반하는 인식의 총체 정도로 생각하고 있다. 또한 인간의 두뇌는, 그 자체가 마음을 과학적·객관적 용어로 설명 가능한 신경생리학적 정보 생성·처리기이며, 처리되는 정보는 경험적 세계의 표현 방식이라고 본다. 그리고 의식이란 주관적 영역은 기껏해야 생리적 현상의 흔적에서 일어나는 부수 현상 정도에 지나지 않는다고 본다.

그중에 현대의 주도적인 양자천체물리학자 중의 한사람이며 얼마 전에 타계한 영국의 호킹(Hawking, S.)은 『우주에도 생명이 존재하는가』라는 저서에서 그의 물리적 생명관을 보여 주고 있다. 그는 생명이 우주 어디엔가 존재하는가 하는 문제에 대해 그가 말하는 '인간 원리'라는 개념에 의해 존재 가능성을 설명하려 하고 있다. 이 책에서 그는 '컴퓨터 바이러스'도 생물학적 바이러스처럼 자기복제 명령이나 번식 유전자를 갖고 있지만, 다만 대사계만 없는 퇴화된 형태의 생명으로 볼 수 있다고 주장하고 있다. 이는 그의 생명 사상이 기계론적 순수 물리적 생명관이라는 것을 보여 주는 것이다. 문제는 현대의 많은 과학자, 기술자가 이와 같은 신기계론적·실증주의적·과학주의적 평원적인 세계관에 젖어 있다는 것이다. 그들에게는 다만 인간 지능의 소산인 물리학적, 과학적으로 인식할 수 있는 세계만이 실재 세계일 뿐이다.

가장 우려되는 문제는, 이러한 현대 과학주의의 신기계론적·신유물론적·신물리학적 세계관과 생명관이 일반인들의 의식 세계에 미치는 영향이 너무 심각하다는 것이다. 여기에다 DNA 생명과학적 생명관이 겹쳐질 때 이러한 과학적 생명 인식은 현대인을 호킹과 마찬가지로 영혼에 대해 무지하거나 영성을 상실한 인간으로 만들고 있는 것이다. 결국 궁극적으로 문제는, 단멸적 생명관과 함께 복제 인간을 Bio-Robot

정도로 취급하는 생명 인식이 인류를 재앙으로 몰고 갈 가능성이 높다는 데 있다.

반면에 현대의 생명철학은 유물론적·수반철학적 생명철학에서 통합적 생태 생명 철학에, 실존주의적/현상학적·형이상학적 생명철학에 이르기까지 다양한 사상적 조 류가 있지만, 이 책의 관심의 범위를 넘어서는 철학적 담론이므로 여기서는 다루지 않 을 것이다.

3. 현대 기학적·정신과학적 생명 인식

앞에서 고찰한 바와 같이, 원래 서양에서도 희랍시대부터 전통적으로 생명은 초자 연적인 신비한 생명력이 무생물을 생명체로 되게 한다는 생기론에서 시작하였다. 그 리하여 근대의 신생기론, 생철학에 이르기까지, 즉 아리스토텔레스의 엔텔레케이아에 서 라이프니츠의 에네르게이아에, 베르그송의 '생명약동'에 이르기까지 기와 유사한 형이상학적 생명력인 '생기生氣'의 개념을 바탕으로 하고 있다. 반면에 동양에서는 원 래 자연과 생명이 기로 이루어져 있다고 보아 왔다. 특히 유교/도교 문화권에서는 자 연 만물이 모두 도道(理)에서 나온 기氣이므로 인간의 생명도 정·기·신으로, 즉 정기精 氣·생기生氣·신기神氣로 이루어져 있다고 보는 생명기 사상에 그 바탕을 두고 있다. 마 찬가지로, 힌두·불교 문화권에서도 생명은 기와 유사한 개념인 사대四大(지地·수水·화 火·풍風) 오온五蘊(색色·수受·상想·행行·식識)으로 이루어져 있다고 보는 기와 유사한 생 명 사상을 기본으로 하고 있다.

그러나 기는 너무나 다양한 의미를 내포하고 있어서 그 대상과 용도에 따라 개념과 정의가 달라진다. 심지어 기 관련 문헌과 기 전문가들 사이에서도 특정한 기의 범주 에 대한 개념과 정의를 달리하고 있다. 기가 이렇게 문헌에 따라, 사상에 따라, 전문가 들에 따라 다르게 정의되는 주된 이유는 주로 초물질적, 정신적 속성을 갖는 기에 대 한 전문가들의 편향된 인식 때문이다. 특히 기 사상, 기철학, 기과학을 연구하는 많은 전문가가 기를 자신이 선호하는 특정 범주로 국한시키는 편향된 시각에 의해서만 이 해하거나 또는 기라고 하면 인체의 내기內氣(경락과 육장육부의 기) 정도로만 이해하거 나, 초능력·초자연의 자유 에너지인 공간기로만 단정하는 경우가 많기 때문이다. 그러나 정말로 기를 온전하고 완전하게 알고 있다면 기는 전통 기 사상, 기철학이나 분야별로 전문가에 따라, 관점에 따라, 대상에 따라, 주관적으로 강조하는 바는 다를 수 있지만 그 실체에 대한 그 개념 자체는 달라질 수 없는 것이다.

오늘날 우리가 말하는 전통적인 기 사상이란 은연중에 중국에서 내려온 유가, 도가의 전통 기학, 기철학 사상을 의미한다. 중국의 전통 氣 사상은―노장의 기 사상에서 도교의 신선·연단練丹 수련의 기 사상에, 유교의 공맹의 기 사상에, 주역의 기 사상(성리학의 이기이원론理氣二元論의 이본체론理本体論적 사상으로부터 기학氣學의 유기론唯氣論적 기본체론氣本体論적 사상)에 이르기까지―역대 왕조의 정치·사회·종교 상황과 제도에 따라 발전과 쇠퇴를 거듭해 왔으나, 중국 전통 기 사상은 관념론적 기 사상이 주류를 이루어 왔다. 그 결과, 유학의 이기론理氣論이나 기학의 기론氣論을 주도하는 대부분의 학자는 사변적으로 존재론적인 의미에서의 정치, 사회, 인간·자연 현상의 원리를 설명하기 위한 기론에 그쳤던 것이다. 때문에 주류적인 理氣 사상을 보면, 기는 형이하의 존재로서 물질적·물리적 자연의 기로 규정하고 이理·도道·성性은 형이상의 존재로 보는 성리학적인 이원론적 氣 사상이나 또는 반대론 유기론적인 기일원론적 기 사상이 주류를 이루고 있다. 그러나 전통적으로 이학理學, 심학心學, 도학道學과 함께 융성했던 기학과 전통 기 사상은 근대에 와서 쇠락의 종말을 맞이하게 된다. 한마디로, 중국의 전통 철학에서 기철학이나 기학은 중국 고유의 유교 정신과 그에 따른 유학, 성리학의 주요 사상의 범주 안에서 대립적·종속적·대응적 범주로서의 기에 대한 관념적 이해에만 그쳤던 것이다. 여기에 바로 기학이 그렇게 수많은 이론과 범주의 출현에도 불구하고 제대로 과학화, 체계화되지 못한 원인이 있다고 본다.

그럼에도 기의 가장 심오한 원리를 담고 있는 사상은 기의 원리에 대한 모든 것을 가장 포괄적으로 내포하고 있는 노자의 『도덕경』의 생기론生氣論에서 찾을 수 있다. 노자가 말하는 기의 원리는, 도道에서 나온 미분화된 일기―氣인 태극에서 분화되어 나온 음양오행陰陽五行의 기는 우주 만물의 역동적인 에너지 자체이며, 우주는 이러한 기로 충만해 있다고 보는 것이다. 말하자면 존재의 원리로서의 본체인 이理/도道/공空/무無를 제외한 모든 존재는 모두(노자의 생명 사상의 유물론적 해석이 아닌 유기적 해석에 따라) 일기―氣에서 현현(분화)되어 나온 자연의 기와 온생명기라는 것이다.

뒤에서 보다 상세하게 다루겠지만, 다양한 수준의 생명장의 파동, 의식 에너지로서의 여러 수준의 생명기는 당연히 기학의 범주에 포함된다. 그러므로 보다 넓고 포괄적인 의미에서의 생명기를 통념적인 생명원기元氣(생체원기)와 구분하기 위해 인간의 기를 '온생명기'라고 일컫고 이를 생체기生氣와 구별하였다. 무엇보다 신과학적·정신과학적인 기과학, 기심학氣心學, 기철학으로서 생명기의 상위 과학적 실상을 통합적으로 밝히려면 통상적인 의미의 기인 생기나, 소위 기과학을 연구하는 사람들의 주 관심 대상인 공간기空間氣에만 국한하지 말아야 한다. 따라서 저자는 정신물리학/의식역학적인, 즉 상위의 정신과학적인 기학에 바탕을 둔 기의 실상을, 보다 넓은 의미에서 온생명을 유지하고 활동케 하는 모든 수준의 기로 정의하고서—육신의 기인 정기精氣와 생명원기인 생명기生命氣와 충동·감정·상념·의지 같은 본능적 의식의 기, 의식·무의식의 기인 심기心氣 그리고 예지·직관·창조·자비·정신력 같은 정신의 기인 혼기魂氣·영기靈氣를 모두 포함하는—온생명기로서의 온생명의 개념에 역점을 두고 현대 기학을 현대 통합기론의 패러다임으로 제시하였다(조효남, 『상보적 통합』, 2019 참조).

4. 윌버의 홀라키적 생명관의 심층적 생명 인식

월버는 인류와 인간의식의 진화에 관한 그의 저서 『모든 것의 역사A Brief History of Everything』에서 자연과 생명, 의식의 진화의 모든 수준을 포함하는 전일적·홀라키적인 온우주론Holarchic Kosmology적 세계관을 보여 주고 있다. 그런 진화적·통합적 접근 속에 그의 전일적·시스템적 사고에서 나온 그의 독특한 홀라키적 통합생명관이 잘 나타나 있다. 그리고 그의 통합 패러다임은 생명에 대한 보다 더 포괄적이고 심층적인 (존재론적·인식론적·목적론적·가치론적) 관점을 획득할 수 있게 해 주고 있다.

다시 말해, 윌버의 자연과 생명·의식의 진화의 모든 수준을 포함하는 전일적 홀라키적 온우주론holistic Kosmology의 세계관 속에 윌버의 독특한 홀라키적 생명관이 나타나 있음을 알 수 있다. 즉, 홀라키적 존재론, 온우주론이 윌버의 존재론과 생명관의 기본 패러다임이다. 그리고 윌버는 생명·의식의 창발과 진화의 원동력/동인動因은 생명체의 영성에서 나오며 이를 윌버는 '활동하고 있는 영(Spirit-in-Action)', 즉 '진화의 영'으로 보았다. 윌버의 '온우주'는 원래 피타고라스 학파의 우주의 정의인 "Kosmos"를 채택한 것이다. 이는 물질계cosmos(물질우주physiosphere)와 생물계bios(bio sphere), 그리고 정신계phyche(지성계nous · noosphere)와 신계theos(신계神界, theosphere · divine domain)를 모두 합한 총체적 온우주를 의미한다. 이와 같이 윌버는 그의 정신과학적 '영원의 철학'에 따르는 심층적 · 홀라키적 생명관에서 부분과 전체의 상호 연결 · 상호 투영성을 의미하는 전일적 · 관계적 · 시스템적 · 유기체적 존재관을 기본 패러다임으로 정립하게 되었다. 이는 현대 양자물리학 · 신물리학적 세계관, 봄 · 프리브람의 홀로그래프적 우주관, 화엄의 일중다一中多 · 다중일多中一, 일즉다一即多 · 다즉일多即一의 일승법계관一乘法界觀과 맥락을 같이하는 것이다. 이는 전일적 · 신과학적 관점으로 보면 존재하는 모든 것은 다른 모든 것과 서로 겹겹이 연결됨으로써 다차원의 생명의 그물망Web of Life을 형성한다고 보고 있는 것이다.

상보적 통합적 온생명 패러다임

1. 온생명 인식의 AQAL적 온수준 통합모형

켄 윌버의 AQAL Matrix 메타이론에 따른 온수준의 통합적 생명 인식에 대해서는 이미 앞에서 켄 윌버의 홀라키적 생명관의 생명홀론적 생명 인식에서 고찰하였으므로 여기서 다시 언급하지는 않을 것이다. 다만 이러한 생명 인식의 온수준적 통합에서 가장 어려운 문제는, 현대의 과학적 생명 인식과 종교적 · 자아초월적 · 영성적 생명 인식 사이의 실재에 대한 인식의 차이에서 오는 근본적인 시각 차이를 극복하는 통합적 생명 인식의 창발의 문제이다. 여기서는 온생명기적 생명 인식과 윌버의 홀론/홀라키적 생명관에 의해 심층적이고 통합적인 생명 인식을 가질 수 있음을 보여 줄 것이다.

먼저, 수직적으로 생명에 대한 온수준적 통합이라는 시각에서 보면 윌버가 온수준에 따라 생명을 생명홀론으로 [그림 2-2]와 같이 의식 또는 온생명(기氣, 체体)의 깊이 수준으로 나타내고 있듯이, 생명체의 각 홀론의 수준은 해당 생명홀론 관련 고유의 학문의 진화와 발달의 영역을 가지고 있음을 알 수 있다. 그림에서 각 수준은 학문의 수

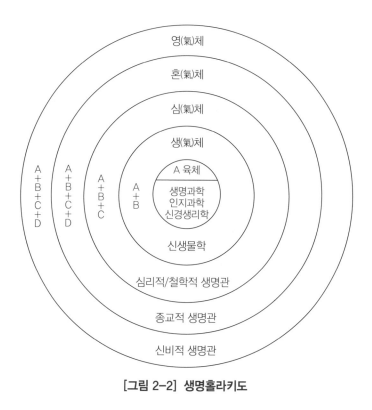

[그림 2-2] 생명홀라키도

준이 아니라 생명에 관한 학문의 대상 영역이 상이함을 나타내는 것이다. 여기서 중요한 점은 학문은 해당 영역을 다루지만, 생명홀론/생명기氣가 상위 수준으로 갈수록 생명은 생명홀론으로서 하위적 영역을 초월하며 내포한다. 때문에 모든 수준의 생명홀론/온생명기氣를 자연스레 모두 포함하는 온생명홀론으로서 생명을 통합적으로 이해해야 한다는 것을 알 수 있다.

2. 생명 인식의 AQAL-IMP적 온분면 통합모형

앞에서 고찰한 동서고금의 모든 생명 사상에서 현대의 철학적·과학적 생명관, 문화적·사회적 생명 인식에 이르기까지 모든 생명 사상, 생명관, 생명 패러다임은 켄 윌버의 AQAL-IMP(Integral Methodological Pluralism) 통합모형에 따른 [그림 2-3]과 같은 4Q/8Z(4Quadrants/8 Zons)상의 소재所在에 따라 이들을 모두 통합시켜 나타낼 수 있다.

윌버의 AQAL 모형에 따라 저자가 제시하는 [그림 2-3]과 같은 생명에 대한 AQAL-IMP 통합모형은, 개체적/집합적 생명홀론(인간, 모든 유정의 존재, 생태계)에 대한 동서양의 전통적 생명 인식과 현대적·과학적 생명 인식의 내적·외적 시각, 주관적·객관적, 상호 주관적·상호 객관적인 모든 사분면적 시각의 각 분면에서의 내측·외측 생명관의 통합적 생명 인식 모형임을 알 수 있다.

무엇보다 가이아 생태계 지구상에서 최고로 진화된 생명홀론인 인간 생명의 신비를 올바르고 온전하게 인식하려면 이 시대의 진정한 통합 패러다임 사상가인 켄 윌버의 AQAL-IMP를 따라 통합적으로 인식해야 한다. 왜냐하면 [그림 2-3]에서 보듯이 어느 특정 시각이나 조망에 의한 생명 인식은 그 특정 소재(위치, 조망, 관점)에서의 부분적으로 올바른 생명 인식이지만 부분적이기 때문이다. 즉, 생명홀론의 전체적인 모든 특

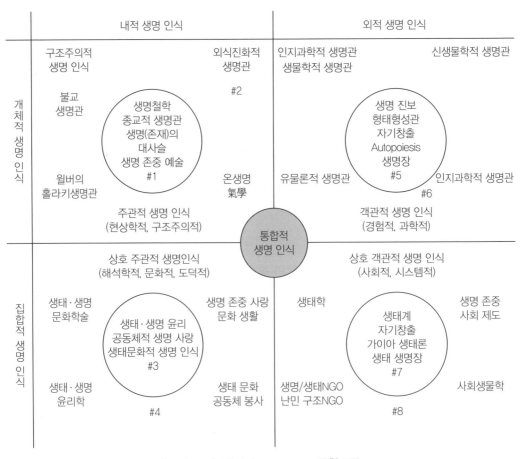

[그림 2-3] 생명의 AQAL-IMP 통합모듈

성을 어느 특정 시각만으로는 온전하게 이해할 수 없는 것이고, 4Q/8Z의 모든 시각/조망에 의해 인식해야 하기 때문이다. 그러나 이 책의 제4장에서 설명하게 될 켄 윌버의 AQAL Matrix 통합사상에 대한 기본 이해 없이는 [그림 2-3]을 온전하게 이해할 수 없기 때문에, 여기서는 설명 없이 그냥 사분면(4Q/8Z) 도표로만 보여 주고 있다.

누구나 이 책의 제4장에서, 그리고 저자들이 번역한 켄 윌버의 책을 읽고 나서 켄 윌버의 AQAL 통합 패러다임의 기본 원리만 알게 되면 [그림 2-3]의 생명의 사분면도는 쉽게 이해할 수 있게 될 것이다. 그 요점은, AQAL-IMP(4Q/8Z)적 통합생명 패러다임에 따른 생명에 대한 모든 시각, 조망은 상호 어떤 분면이나 내외측 존으로 환원될 수 없다는 것이다. 생명에 대한 온전하고 완전한 인식을 위에서는 어느 하나도 빼놓을 수 없는 것임을 알 수 있다. 무엇보다 특정한 생명 사상, 생명관, 생명 인식은, 비록 부분적이고 제한적이지만 특정한 분면/존의 소재/위치에서의 그 특유의 시각/조망에서 본 생명 인식을 갖고 있음을 알 수 있다. 따라서 모든 생명 사상, 생명 인식은 모두 AQAL Matrix적으로 통합하여 인식함으로써 비로소 전체적이고 통합적으로 온전하게 생명을 인식할 수 있다는 것을 알 수 있다.

다음은 AQAL Matrix적 통합에서 가장 중요한 측면으로서 위에서 고찰한 생명의 사분면/8존(4Q/8Z)의 상호작용과 상호 의존적 특성이다. 즉, 이들 사분면은 내적·개체적·주관적 좌상분면(UL), 외적·개체적·객관적 우상분면(UR), 내적·집합적·상호 주관적 좌하분면(LL), 외적·집합적·상호 객관적(LR) 우하분면들로, 각각 분면의 내측/외측 관점의 8개 존8Z으로 구성되어 있다. 그 각각은 현상학적·구조주의적(UL), 과학적·경험주의적(UR), 윤리적·문화적(LL), 사회적·시스템적(LR) 접근을 나타내므로, 어느 한쪽 없이는 다른 쪽이 성립할 수 없는 상호 의존적 관계임을 쉽게 알 수 있다.

[그림 2-3]에서 우상분면UR은 생명에 대한 과학적 연구에 의해 발견되는 생명체의 생명 현상의 기제 원리를 밝히는 DNA 분자생물학, 생명과학, 인지과학, 통합신경생리학, 신생물학 등의 환원주의적 생명 인식의 영역이다. 생명홀론의 개체로서의 생명 현상은 외적 자연 현상뿐 아니라 이러한 생명의 외적 현상을 가능하게 하고, 이에 상응하는 내적 현상인 각 수준의 생명의 의식, 생명기氣가 없이는 생명은 존재할 수도 없다. 즉, 의식과 의식의 기氣가 멈추고 생명기氣가 빠져나가는 순간 생명은 사라진다.

81

그러므로 개체 생명홀론은 생명의 내적/외적 현상 양쪽 모두의 접근을 필요로 한다. 생명의 내적 현상은 주관적이고 현상학적인 문제이지만, 홀론의 이러한 내적 생명 현상을 외적으로 관찰하면 생명의식과 생명기氣의 진화 발달의 구조적인 문제로 된다.

이러한 개체 생명홀론의 내적·외적 현상을 집합적으로 관찰하여 접근하면, 외적인 것은 우하분면(LR)의 집합적·상호 객관적 생명 현상으로서 생태적·사회적 생명 현상의 문제가 된다. 개체 생명과 집합적 생명/생태계는 상호작용하고 상호 의존적이므로, 어느 한쪽에서의 문제는 다른 쪽의 문제가 된다. 우하분면은 상호 객관적 외적 생명 세계인 가이아로서의 생태계나 생명의 집단이나 사회적 문제로 된다. 그러므로 이에 대응하는 좌하분면의 생명 세계는 생명 윤리, 상호 주관적 내적 생명 문화(생명 사랑/존중의 문화)의 문제로 된다. 이러한 내적인 좌하분면(LL)과 외적인 우하분면(LR)은 생명 세계 생태계의 내적 현상, 외적 현상이므로 상호작용하고 상호 외존적일 수밖에 없다. 즉, 생명사회 현상에 문제가 생기면 생명 문화가 혼탁해지게 되고 생명 윤리가 실종된다. 그 역도 마찬가지이다. 물론 생명 윤리, 생명 문화에 의해 개체 생명의 의식의 발달 진화 수준이 결정되므로 그 역도 마찬가지이다. 따라서 UL분면과 LL분면도 상호작용하며 상호 의존적이다.

이와 같이 생명홀론은 이 사분면의 어느 특정 수준에서의 변화가 생기면 동시에 다른 분면의 변화를 초래한다. 그러므로 각 분면은 상호작용·상호 의존하며 사분면에서 동시에 생겨나 동시에 변화가 공발생한다(tetra-arise). 따라서 생명 인식은 어느 한 수준의 어느 한 분면의 인식만으로는 전체를 알 수가 없다. 생명홀론의 각 수준에서의 과학적·객관적 생명 인식, 생명철학적·종교적 생명 인식, 생명 윤리적·생명 문화적 생명 인식, 사회적·생태 생명적 생명 인식의 제반 측면을 동시에 인식해야 한다. 그렇게 하면서 통합적 관점에서 생명을 이해하고 받아들여야 생명에 따른 올바른 인식과 이에 따른 진정한 심층적 생명 존중·생명 사랑 사상이 생기게 된다.

3. 상보적·통합적 온생명 인식

앞에서 고찰한 바와 같이, 윌버의 AQAL Matrix 메타이론에 따라 저자가 제안한 생명 인식에 대한 AQAL 온수준 통합모형과 AQAL-IMP 온분면 통합모형은—동서고금의 모든 생명 사상에서부터 현대의 생물학·생명과학적, 철학적·종교적, 문화적, 사회적 생명 인식의 모든 시각/조망, 다양한 조류에 이르기까지 모두를 포괄하는—온전한 통합적 온생명 인식이다. 이러한 통합적 생명관이 의미하는 바는 단순히 어느 한 시각/조망이든지 빼놓을 수 없이 중요하기에 통합적으로 보아야 한다는 것이 아니다. 오히려 개개의 생명 사상이나 생명 인식은 특정 인식의 수준이나 사분면/8존의 특정 소재(위치)의 그 특정한 시각/조망에서는 타당하지만 다른 수준 다른 분면/존에서는 범주 오류나 인지 오류를 범하기 쉽다. 그래서 타당한 생명 인식이 되지 않기 때문에 다양한 조망/시각이 갖는 상보성에 대한 인식이 중요하다는 것이다.

무엇보다 먼저 동서양의 영원의 철학적 전통지혜의 종교적 생명 인식, 철학적 생명 인식과 현대의 생물학/생명과학의 과학적 생명 인식 사이의 상호 불신을 넘어서야 한다. 어느 것이든 특정한 시각의 인식만으로는 완전할 수 없고 서로 다른 시각/조망도 필요하다는 생명 인식에 대한 서로의 상보성에 대한 인식이 중요하다. 말하자면, 육안만 인정하는 과학적 생명 사상이나 육안/심안만 중시하는 생명철학적 생명 사상만으로는 생명을 온전하게 인식할 수 없다. 우리 인간에게 주어진 영안에 의한 영적 초의식 세계에 대한 인식을 바탕으로 한 생명에 대한 신비적·종교적 인식도 똑같이 중시해야 한다. 즉, 켄 윌버가 『아이 투 아이Eye to Eye: 육안·심안·영안』에서 말하는 세 가지 눈에 의한 생명 인식의 상보성을 받아들여야 할 것이다.

윌버는 저자가 번역한 그의 『감각과 영혼의 만남』에서 전일적 통합 패러다임에 바탕을 두고서, 과학을 경험주의적 굳은모/좁은/표층(hardware/narrow/surface) 과학뿐 아니라—그가 말하는 '과학적 방법의 세 가지 요건'을 만족시키는 인간의 내면의식 세계의 해석을 다루는 인간과학, 정신과학, 영지과학… 등과 같은 무른모/넓은/심층(software/broad/deep) 과학으로 구분하고 나서—표층과학과 심층과학 양쪽 모두를 포함하는 과학을 참 좋은 과학으로 정의하고 있다.

따라서 생명은 물질·생물·정신계 모두에 걸친 홀리키적 구조를 갖는 생명홀라키로 온전하고 완전하게 심층과학적으로 이해해야 한다. 이를 위해 윌버는 육안·심안·영안의 의식의 눈 모두를 포함하는 모든 양식mode의 앎에 바탕을 둔 모든 양식의 과학

83

을 통해 생명을 온전하게 이해해야 한다고 강조하고 있다. 이러한 심층과학의 3가지 양식 중 그 어느 한 양식이라도 제외하면 생명의 현상과 실상을 완전하게 알 수 없다는 것이다. 문제는 생명에 대한 단편적이고 부분적인 편협한 시각이 문제인 것이다. 이를테면, 육안에 의한 경험·지각의 자연과학인 생물학·생명과학이 생명 현상의 과학적 근거로 삼고 있는 DNA 유전자 코드가 생명체의 생명의 근본일 수는 없다. 이는 다만 생명 현상의 법칙적 생명기제만 과학적으로 밝힌 것이다. 육안에 의한 경험·지각적 양식의 앎을 넘어서는 심안에 의한 고도의 이지적 분석과학의 생명관―이를테면 현대 양자물리학, 천체물리학의 과학적 원리에 의해 밝힌 신물리학적 생명관이나, 확률적 열역학에 바탕을 둔 신과학적 생명관인 프리고진의 비평형 열역학계의 '요동' 과 '갈래치기'라는 소산 구조적 생명의 진화에 대한 생명관이나, 슈뢰딩거의 네겐트로피적 생명관―같은 것도 생명 현상의 고도의 신과학적 원리를 심안에 의해 밝힌 경험적 분석과학에서 나온 심층과학적 생명관이다.

윌버가 강조하듯이, 의식계·정신계·신계를 포함하는 신과학적·전일적·홀라키적 생명관은 포괄적인 상위의 정신과학적 생명관이다. 그러나 과학적 생명관, 신과학적 생명관을 비롯하여―윌버의 신과학적·정신과학적 온전한 생명관, 그리고 생명의 현상과 실상의 법칙과 원리 모두를 내포한 불교적 심오한 생명관에 이르기까지―심층 과학적 생명 사상 전부를 통합적이며 상보적으로 해석하고 인식하기 위해서는 이지적·예지적으로 접근하는 과학철학적 생명관도 매우 중요하다. 반면에 초월적 세계에 대한 예지적 과학이라 할 수 있는 불교의 구사론, 유식학, 중론中論, 대승기신론, 화엄/ 법화의 일승법계―乘法界/일불승―佛乘·법신불法身佛·여래장如來藏 사상 등은 상위 양식의 정관/관상적 정신과학(contemplative science)·영성과학이라 할 수 있다. 오늘날 같은 의식이 평원화된 고도의 과학시대에 시급한 과제는 이러한 심오한 생명의 진리에 대해 깨달음을 성취한 성현과 조사·불보살의 가르침인 영성적·영지적 앎을 최상의 정신과학적 진리로 받아들이도록 현대 정신과학적으로 해석하는 일이다. 그리하여 최소한 위에서 언급한 초월적 실상계에 대한 현대 심층정신과학(신과학·통합양자물리학·정신물리학·의식역학 등)에 의해 밝혀진―인간과 같은 고등 정신계의 생명체 생명체에 있어서 가장 중요한―정신계의 생명 실상 법칙과 원리에 관한 이론을 포함시킨 완전한 심층과학적 생명관이 생명에 대한 보편적인 진리로 받아들여지는 일이다.

　따라서 저자가 생각하는 온전한 상보적·통합적 온생명관의 기본 방향은 윌버가 말하는 완전한 통합적 시각의 '타당한 심층과학적 주장'과 원효의 화회和會적 원통圓通 불교의 '온전한 진리성'을 상보적으로 통전統全·통섭通涉하는 온생명관인 것이다. 이를 위해서는 각 양식의 과학적 생명 사상이 현대 신과학적·양자과학적 생명관과 함께 저자가『상보적 통합』에서 제안하는 통합기론적 온생명기적 생명관과 현대 통합영성과 현대 통합양자론의 양자의식·양자자기 등이 회통하게 통전·통섭·통관·통합되어야 한다.

통합적 온생명 인식을 향하여

　주지하는 바와 같이 21세기는 미치오가쿠가 말하는 현대 과학기술의 3대 혁명 (양자혁명, 컴퓨터혁명, DNA혁명)의 고도화로 인해 첨단 하이테크 융복합 과학기술 시대, 스마트폰 컨버전스의 초연결 SNS 정보화사회가 되면서 동시에 AI 중심의 제4차 산업혁명시대로 진입하고 있다. 머지않아 초지능 범용 AI가 인간의 모든 지적 영역을 대체하고 VR·AR·BC(Block Chain)·SM(Smart Media) 등이 주도하는 가상 세계가 인류 문명을 지배하게 될 것이다. 이에 따라 AI시대의 인간은 더욱더 고도의 융복합 과학기술 문명과 정보화된 가상현실 세계가 지배하는 가상사회에 코드화되어 종속되는 현상이 곧 현실화될 것이다. 이와 더불어 가까운 미래에 AI 중심의 GCET·NBR·QDT 등 생명과학·생명공학·양자의학의 발전으로 인해 모든 유전병, 난치병, 만성 생활습관병들이 사라지고 120세 이상의 보통 사람의 장수가 눈앞의 현실로 닥쳐올 것이다. 또한 제6세대 양자컴퓨터·생체컴퓨터의 실현으로 생체·나노바이오 로봇이 인간의 산업 활동을 대신하고 인간도 사이보그로 진화할 날이 21세기 안에 실현될 것이다. 그러나 이와 같은 21세기의 시대적 상황에서 현재와 같은 과학주의적 생명 사조가 지속되면, 생명체는 DNA 조작으로 마음대로 개조, 복제, 생산되고 생명체가 갖는 생명의 신비는 '생명 정보'라는 말로 대체될 것이고, 과학주의에 빠진 현대인들이 인간의 영성을 신기루 같은 허구로만 받아들이게 될 때, 영성을 상실한 인간들은 더욱 더 물질주의적·기계주의적인 단멸적 생명 사상으로 빠져들게 될 것이다. 결국 인류는 천재지변의 재앙이나 테러/범죄 집단에 의한 과학기술의 오용, 온난화로 인한 기후 환경 생태 파괴에 의한 파멸 가능성도 있지만, 영성의 상실에 의한 생명 오용·생명 파괴로 인해 가공할 만한 팬데믹 변종 바이러스에 의해 종말을 맞이할 가능성이 더 크다.

그러므로 생명은 신성한 것이며 이를 과학적으로, 분석적으로 해체하면 상위의 생명원기와 참생명의 신성은 사라지고 생명체의 물질적 생명 현상의 기제만 남게 된다. 때문에 생명에 대한 전일적이며 온전한 시각으로 생명을 해체하지 않고 약동하는 생명체의 온생명 그대로의 생명의 현상과 실상의 법칙과 원리를 이해하는 것이 무엇보다 중요한 것이다. 그러나 현대의 분자생물학, 생명과학, 생리학의 생명관은 생명체의 생명 현상의 환원주의적 과학적 법칙을 밝히는 데만 주력하고 있다. 그 결과, 일반인으로 하여금 마치 그것이 생명 실상의 전부인 양 오해하게 만들고 있다. 신과학의 생명관도 슈뢰딩거와 같이 생명체를 열역학의 법칙에 저항하는 '부負의 엔트로피'를 갖는 개방 생체 시스템으로 정의하거나, 프리고진과 같이 생명을 '무생물의 요동'으로 보는 시각도 물론 생명체의 생명 현상의 원리에 대한 보다 심층적인 신과학적 설명이다. 하지만 그 깊은 원리를 알지 못하는 일반인에게는 생명에 대한 그릇된 신기계론적 인식을 심어 주는 단편적인 생명관이 되기 쉽다. 또한 생명체를 단순히 유기체적으로나 가이아와 같이 생태계적으로, 혹은 시스템과학적으로 정의하는 일부 신과학적 생명관은 원래는 생명체의 특성과 생명 현상의 심오한 원리를 설명하기 위해 나온 이론들이다. 하지만 이러한 이론들도 부분적이며 단편적인 생명관으로서, 일반인으로 하여금 생명이란 신비성과 영성이 없는 단순한 생체 시스템으로 오해하게 만들기 쉬운 측면이 있다.

현대 과학적 생명관이나 신과학적 생명 사상 중 어느 하나도 잘못된 것은 없다. 다만, 문제는 거칠거나 미묘한 환원주의적 시각이 문제이다. 따라서 어느 생명 사상이건 간에 윌버의 AQAL Matrix 메타이론에 따라 이 장에서 제시하는 AQAL-IMP적 4Q/8Z의 통합적 생명 인식에서의 어느 한 소재/위상을 갖는 것이 중요하다. 하지만 앞에서 강조했듯이, 이러한 다양한 수준의 상위 과학적 생명관 모두를 상보적으로 통합함으로써 생명에 대한 진리를 모두 담은 완전한 생명관으로 될 수 있도록 상보적 완전한 생명관을 창발시켜야 한다. 그렇게 되면, 다양한 수준의 부분적인 생명관은 부분으로서 계속 더욱 더 발전함으로써 그 과학성과 진리성을 인정받게 될 것이다. 하지만 그 이론의 전제와 한계가 무엇이고 그 위상이 분명 무엇인지를 그 생명관의 주창자도 확실하게 알아야 할 것이다. 그래야 일반인도 특정 생명관이 생명 현상의 기제 법칙과 원리에 관한 것인지 아니면 생명 실상의 법칙이나 원리에 관한 것인지를 잘 알고서 그 생명관의 위상과 한계를 제대로 이해하게 될 것이다. 그리고 이러한 온전한 생명관은 생물학과 생명과학적 생명관으로부터 현대 물리학적·신과학적, 전일적·시스템적 생명관에 이르기까지의 모든 과학적 생명관과 함께 상위 과학/정신과학적으로 완전한 생명관인 불교의 중도/공관, 연기/윤회적 생명관과 저자가 제안하는 현대 기학적·통합적 온생명기론과 통합양자론에 의한 생명관, 그리고 〈표 2-1〉과 같은 심층적 인간 존재의 홀론·홀라키적 생명관을 모두 상보적으로 통합할 때, 생명에 대한 온전한 진리성을 갖춘 진정한 의미의 완전한 상보적·통합적 생명관으로 창발될 것이다.

한마디로 요약하자면, 심신통합치유를 위한 몸과 마음BMS의 관계에 대한 온전한 인식을 위해서는, 먼저 모든 치유자·치유대상자들이 이러한 상보적·통합적 온생명관을 현대의 주도적인 보편화된 생명 인식으로 정착시켜야 한다. 이를 위해서는 윌버의 AQAL-IMP적 통합모형에 의해 온생명에 대한 모든 시각을 통합하면서 육안·심안·영안에 의해, 또한 인간과학적·정신과학적 양자생명장이론에 의해 양자과학적으로 생명을 인식하는 상보적·통합적 생명 인식의 창발이 무엇보다도 시급하고 중요하다.

통합인간과학적 이해

인류의식의 진화와 인간과학

의식意識이란, 우리가 늘상 얘기하고 있으면서도 잘 알지 못하고 모호하게 사용하고 있는 것이다. 의식뿐 아니라 마음·자기·자아·의지·생명·영혼·영성·자아초월·참나 등과 같은 용어들도 마찬가지다. 그중에 의식은 이 모든 것의 바탕이 되는 가장 핵심 개념이다. 그런데도 가장 잘못 이해되고 있을 뿐 아니라 모호하고 부분적인 의미로 다양한 여러 분야에서 일반적인 개념이나 특정 학문적인 개념으로 한정된 의미로 사용되고 있다. 이와 같이 의식이란 말은 우리 일상생활에서나 사회적으로 또는 학술적으로 매우 다양한 의미로 자주 사용되고 있지만, 그 실제 의미가 무엇인지는 모호하고 갈피를 잡기 어려운 경우가 많다.

통념적으로 의식意識이란 말은 깊은 뜻이 없이 일반적으로 개인의 사고방식이나 도덕성, 깨어 있음, 각성/자각 같은 의식의 상태, 마음/정신 등을 권위적으로 지칭하는 말로 사용되고 있다. 보다 좁게는 의지적·자각적 현재의 의식, 의식적 마음/정신mind을 일컫는 말로 사용되고 있다.

그러나 의식심리학·의식과학적으로 의식은 모든 무생물·생물의 외적·내적 자극 정보에 대한 체계적 반응·인지·인식을 의미한다. 의식의 진화, 의식의 변형/변용, 의식의 성장 발달, 의식의 상승, 의식 개혁, 의식 혁명, 의식 훈련, 의식 개발 등의 용어에서 보듯이, 지구상에서 최고의 고등 생명체인 우리 인간의 의식은 각자의 자기성찰이나 각성, 학습·교육, 훈련, 수련이나 수행을 통해 단계적으로 상승 변화하고 발달한다는 것을 알 수 있다. 대체로 (극단적 자기애에 갇혀 있거나, 자기성찰을 못하고 의식이 외부 세계의 대상으로만 향해 있는 근기가 낮은 수준에 고착되어 있는 병리장애적 사람들을 제외하고는) 우리 인간은 현재의 삶에 만족하지 못하고 있다. 그래서 우리 인간의 관심은 항상 어떻게 하면 자신의 자기/자아를 실현하고 마음공부, 마음 수련을 통해 현재보다 더 높은 수준으로 의식의 상승, 변화, 변용을 가져올 수 있는가를 누구나 알고 싶어하고 또 그것을 갈망하고 있다.

이 장에서 그 심원한 의미를 알아보려는 의식(표층의식·심층의식, 무의식·심층무의식, 초의식·궁극의식…) 그리고 영성(전통적 영성, 발달적 영성, 통합적 영성, 현대적 영성)과 같은 초언어적인 것의 온전한 진리적 의미가 무엇인가를 언어로 이해하려는 자체가 무모한 시도일 수도 있다. 하지만 원효는 "언어에 의해 언어를 떠나야 하지만, 언어를 통해서만 의미를 알 수 있다(의언이언依言離言·득의이언得意而言)."라고 했다. 그러므로 진리의 경지는 깨어 있는 수행이나 종교적 체험 없이는 인간의 보통의식으로는 들어갈 수 없는 무인無人의 영토나 마찬가지이다. 즉, 초의식의 세계, 이데아의 세계, 영계, 혹은 카타파틱kataphatic 영성이나 아포파틱apophatic 영성(혹은 색계色界/보신報身이나 무색계無色界/법신法身)의 경지와 같은 진리의 영토는 아무나 직접 들어갈 수 있는 영역이 아니다. 그 말은, 먼저 언어로 된 진리의 안내지도부터 제대로 공부해야 한다는 의미이다. 오로지 부분적이거나 왜곡되거나 파편적인 지도가 아닌 올바르고 온전한 지도로 공부해야 하는 것이다. 그 영토는 우리 각자가 심신치유, 의식치유, 마음 수련, 영성 수련에 의해 직접 체험하며 들어가 봐야 아는 경지인 것이다. 그런데 달을 가리킬 때 달은 보지 않고 손가락을 보듯이 지도와 영토를 혼동하거나 진리의 수미산의 등산지도(문자 상징·이론)가 온전하지 않은 엉터리 지도라면 수미산 중턱에도 제대로 못 오르고 길을 잃고 헤매고 말 것이다. 아니면 '의식·영성'의 수미산 지도만 보고서 수미산에 대해 잘 알고 있고 갔다 왔다고 말하며 거짓 행세하는 것과도 같다.

다른 한편으로, 또 하나 우리가 유의해야 할 점은 어쩌면 인류와 인간의식의 진화와 관련하여 기이하게 느껴질 수도 있는 면이 있다는 사실과 불편한 진실이다. [우리 인간의 의식은 이 지구상에서 수십억 년 전에 원시 생명이 출현한 이후 진화 과정을 거쳐 5천만 년 전의 현생 포유류로, 250만 년 전의 유인원으로, 그리고 이십만 년 전에 겨우 현생 인류의 조상인 호모사피엔스가 최초로 출현하였다고 한다. 그 이후 여러 단계의 진화를 거쳐서 현생 인류 호모사피엔스사피엔스가 출현한 후 겨우 만 년 전에야 본격적인 역사시대가 시작된 후 전 세계적으로 철기 문명시대가 본격화된 2,500년 전에 인류가 영적으로 도약하고 개화된 시기인, 칼 야스퍼스가 말한 인류 역사상 가장 획기적인 시대인 소위 기축基軸시대(Axial Age)가 시작되었다. 그 이후 인류 문명은 빛의 시대와 어두움의 역사시대를 반복하며 여러 단계로 진화해 오다, 근세 르네상스 이후 근대 19세기까지 과학기술의 급격한 발전과 산업혁명 후 기계 동력화시대를 거친 후, 현대 20세기의 양자혁명 과학기술혁명과 고도 산업화의 시대를 거치고 나서, 인류 문명은 인류 역사상 가장 획기적인 21세기 정보화시대로 진입한 지 겨우 20년밖에 안 되는 오늘날, 현재의 초고도 융복합 과학기술 문명을 누리는 AI 중심의 제4차 디지털 정보 산업혁명시대가 열리고 있다.] 여기에 이르기까지 문명의 진보와 함께 인류의 인지認知믐은 꾸준히 발달 진화를 해 왔다는 게 사실이다. 특히 지난 100년 사이에 인지믐

89

의 발달은 더욱 가속화되고 21세기로 들어오면서 더욱더 가속화되고 있다.

그러나 반면에 인간의식의 진화론자인 켄 윌버의 인식과는 달리, 의식의 진화와 관련된 불편한 진실에 대한 올바른 인식의 문제를 직시해야 한다. 왜냐하면 인류의 본격적인 역사시대가 만 년 전에 시작하여 영적 도약 시기인 기축시대를 지나 현대의 고도의 인지밈의식으로 발달·진화하기에 이르기까지, 인지人知와 이로 인한 과학기술 문명, 학문, 문화, 예술은 눈부시게 발달해 왔지만, 인간의식의 다양한 발달 계통들, 즉 자아·도덕성·정서·사회적 가치·세계관·이성·영성·초의식 등의 (인류의 평균의식의) 진화는 2,500년 전 기축시대와 비교해 보았을 때 겨우 한두 단계 진화했을 뿐이기 때문이다. 특히 영성·자아초월·초의식이나 사랑·자비·지혜 같은 인간만이 가진 상위적 의식은 집합적 선단의식만 보면 오히려 과학기술 같은 인지人知의 발달로 인해 퇴보하고 퇴화한 느낌마저 들 정도이다. 인간의식의 야수성이나 야만성은 생물학적(동물적·생리적) 본성을 지닌 인간으로서 태고로부터 그대로 있어 온 것이다. 하지만 오늘날도 우리 인류의 혼돈과 광기에 찬 현실을 돌이켜 보면 인간의식의 진화에 따라 크게 진보되거나 진화되지 않았다는 게 부인할 수 없는 사실이다. 오히려 인지와 지능의 발달로 인간의 광기와 정신 이상과 의식 중독과 물질 중독이 더욱 심해지고 잔인해진 느낌마저 있다는 것이다. 그래서 이것은 인지의 발달, 과학기술의 발달이 곧 전반적인 의식의 진화를 의미하는 것은 아니라는 말이다. 인간의 마음은 깨어 있지 않으면 동물적인 본능적 삶, (포유류적인 유한 소유적 본능이 아닌) 무한 소유적 서열 쟁취 욕망의 삶으로 추락하기 쉽다는 것이다. 그리스시대보다도 로마나 중세의 보통 인간들의 삶이 얼마나 비참했고 근대 산업화 이후의 노동 계층 서민들의 삶이 얼마나 더 비루했는가는 구태여 설명할 필요조차 없을 정도로 우리 모두 잘 알고 있다. 그것은 대체로 동양에서도 마찬가지이다.

물론 현대 과학의 진보로 인해 양자상대성이론, 카오스/복잡계 이론에 바탕을 둔 양자물리학·양자상대성 우주천체물리학, 신생물학, 생명과학, 뇌신경과학, 통합생리학, 양자과학, 신과학 등의 발달이 인간과 자연과 우주에 대한 이해를 예전과는 비교나 상상도 할 수 없을 정도로 진보하게 만든 것은 사실이다. 나아가 지난 20세기 초의 양자혁명이 가져온 3대 과학혁명, 즉 양자(물질)·DNA(생명)·컴퓨터(정보)과학혁명의 100년간의 진보로 인해 오늘날 21세기 AI · 디지털 가상 세계 중심의 제4차 정보화 산업혁명시대가 시작되었다. 곧 또 다른 차원의 양자혁명으로 양자의학, 양자컴퓨터, GCT · BNR 스마트 모바일 컨버전스, SNS · 구글 · 아마존… 가상 상거래, 지능화 · 자동화 · 최적화 정보 만능사회화, 범용 초지능 AI · VR · AR · IoT · BD(Big Data) 등 가상 세계 정보에 의존 · 종속, 통제 · 지배 사회화, BC(Block Chain) 3D/4D 프린팅, 클라우딩 · 플랫폼 가상 기술 디지털 경제화 등의 초고도화로 인해 역사상 초유의 새로운 신인류의 신세계가 다가오고 있다. 더구나 인간이 발견한 모든 과학적 · 문화적 · 사회적 · 철학적 · 심리학적… 모든 인간의 지식을 AI가 다 알고 해결할 수 있게 되어 가고 있다. 또한 우리 인간은 AI를 이용하여 모든 것에 대한 지식을 자연과학 · 인간과학적으로 모두 다 알 수 있는 세상이 되어 가고 있다. 그래서 오늘날 인간의 의식이 내면으로 향해 열리기만 하면 옛날보다 훨씬 더 쉽게 의식의 변형(변용)이나 깨우침/각성 자각, 깨달음을 얻을 수도 있는 세상이 되었다. 그러나 인간의 의식의 눈이 지금과 같이 소유적 욕망에 사로잡혀 밖으로만 향하고 있으면, 오히려 의식의 진화나 영적 성장을 가져오지 못하고 퇴행 · 퇴화할 수 있다. 이렇게 되어 평원적 · 유물론적 · 수반론적 인식으로 인해 환원주의나 과학주의에 빠져들게 되면, 물질 중독에 빠진 소유적 삶이 더욱 기승을 부리어 디스토피아적 세계가 도래하면서 인류와 문명이 파멸의 길로 빠질 수도 있다.

91

심층적 통합인간과학

오늘날 소위 인지과학 · 뇌과학 · 통합생리학 분야의 과학주의자들이 주도하는 환원주의적인 과학적 인간 이해는 심신이원론적 정신의학과 상담심리치료 · 심리과학을 비판하면서 심신이 전일적 일원론이라는 몸환원주의적 관념을 내세우고 있다. 더구나 이들은 실제로는 주로 거친 또는 미묘한 환원주의적 인지과학 · 분자생물학적 생명과학 · 뇌과학적 관점, 특히 생물리화학 · 뇌신경생리학 · 통합심리학 · 정신신경면역학적인 인간의식에 대한 개념과 그 기제를 몸과 마음에 대한 모든 이론의 일원론적인 현대 과학적 기반, 플랫폼으로까지 간주할 정도이다. 오늘날 뇌인지과학 · 정신생물학 ·

정신신경면역학·통합생리학 분야의 이런 과학주의자들이 주류 지식 생태계를 확고하게 점유하고 있는 것이 불행한 현실이다. 물론 이와 같은 환원주의적 과학주의가 아닌 과학철학적·신과학적, 정신의학적·발달심리학적, 통합심리학적·자아초월심리학적, 양자파동역학적·양자의학적인 의식의 개념과 인간의식에 대한 여러 분야의 이론과 주장도 비록 소수이지만 지식 생태계에 병존하고 있다.

통합인간과학적 관점에서 보면, 인간과 인간의식에 대한 이러한 다양한 접근은 인간의 인지의식의 굳은모 H/W(뇌신경생리학)적, 인간의 심적·정신적 의식의 무른모 S/W(인지과학, 정신의학, 심리학, 의식역학)적 의미와 그 기제 현상을 이해하는 데 상당히 도움이 된다. 그러나 의식의 작용과 흐름을 지배하는 원동력인 에너지모 E/W(Energy Ware)로서의 기氣의 원리와 상위 수준의 인간의식인 초월모 T/W(Transcendental Ware)로서의 영/혼, 정신 현상/정신세계와 의식의 궁극적 원천인 궁극모 U/W(Ultimate Ware)로서의 순수의식/진여자성/우주의식에 대한 깊은 이해가 필요하다. 그리고 윌버가 말하는 AQAL 통합의식의 5차원(온수준·온분면·온계통·온상태·온유형)적 전스펙트럼의 구조에 대한 통합적 조망/관점이 필요하다. 더 나아가 저자가 중요시하는 인간의 오감의식을 넘어서는 양자의식·양자지능·양자자기·양자자각을 포함한 심층적 통합인간학·인간과학적 인간 이해 없이는 인간과 인간의식의 온전한 실상과 그 실체를 알 수 없는 것이다.

뒷장에서 논할 통합심신치유에 대한 본격적인 이론과 실제에 앞서, 여기서 몸과 마음의 관계를 온전하게 이해하기 위해 인간의식의 원리에 대해 강조하는 이유는 자명하다. 왜냐하면 몸과 마음 모두 다차원의 의식홀라키이면서 작용 상태에서는 다차원의 에너지氣홀라키이기 때문이다. 의식은 원초적 생명의 본능적 의식에서 고도의 이지적·정신적·영성적·자아초월적 의식에 이르기까지, 의식적으로나 무의식적으로 작용하여 의식이 흐르는 상태가 되면 상념·감정·본능과 행위를 수반하게 된다. 이러한 흐름의 상태에서 의식은 의식 에너지, 즉 의식의 기氣가 되는 것이다. 그리고 이 기氣에 대해서는 뒤에서 보다 전문적으로 설명하겠지만, 다차원, 다수준의 의식 수준에 대응하는 의식의 기氣로서의 다양한 생명기氣가 곧 생명의 유지 발현에 필수적인 에너지氣인 것이다. 또한 모든 의식은 심혼/혼(말나식)과 심층무의식인 정신/영(아뢰야식)의 초월적 카르마의식(장식藏識, 종자식)이 원천에서 작용함으로써 이루어지고, 이 심층무의식이 인간의 모든 의식을 지배한다.

뒤에서 의식심리학·의식과학적 측면에서 인간의식에 대해 보다 전문적으로 다루게 될 것이다. 하지만 T/W로서의 초개인적·초의식적·자아초월적 정신(심령·심혼·영혼…) 영역의 초의식에 대한 이해 없이는 윌버가 말하는 의식의 전全스펙트럼을 제대로 알 수 없다. 사실, 서양심리학에서의 의식은 초개인/자아초월transpersonal 심리학을 제외하고는 대부분이 전 개인적·개인적 수준의 의식만을 대상으로 하고 있다. 때문에 서양 주류 심리학은 H/W, S/W적인 의식의 현상과 기제만 이해할 수 있을 뿐이다. 하지만 동양의 전통적(영원의) 종교·철학·심리학에서는 의식의 전스펙트럼 중에 상위의 영역을 특히 중요시하고 있다. 특히 불교의 유식학에서는—의식을 전前개인 수준의 전오식前五識으로부터 개인 수준의 6식識(오구의식五俱意識: 식識), 정묘 수준의 초개인적 의식인 7식識(말나식, 무의식: 의意), 원인 수준의 초월적인 초의식인 8식識(아뢰야식, 영식, 심층무의식: 심心)에 이르기까지—인간의 심心·의意·식識의 전全스펙트럼의 실상과 그 작용 원리 그리고 아뢰야식에 의한 윤회 전생轉生에 대하여 매우 심오하게 정신과학적·의식철학적으로 밝히고 있다.

이와 같이 우리가 인간의식의 심오하고 심원한 의미에 대해 제대로 이해하고서 인간의식의 진화와 성장 발달이나 의식의 변화/변형(변용)과 의식의 상승·하강 등을 심층적·통합적으로 알고 깨닫고 나면 인간에 대해 보다 심층적으로 이해할 수 있다. 나아가 우리가 깊은 의미를 모르고 그냥 모호하게 사용하고 있는 전문적인 내용들인 몸과 뇌와 마음(의식·무의식·심층무의식), 즉 몸·뇌·氣·(감정정서적, 심적) 자아·(혼적·영적) 자기·자아 초월(초의식·궁극의식) 등의 상호작용에 관련되는 원리를 제대로 알 수 있다. 그렇게 되면 인간의 의식의 변화/변형과 영적 성장을 위해 반드시 제대로 알아야 하는 핵심 개념들을 문자적 개념을 넘어 보다 쉽고 명확하게 이해할 수 있다.

결국, 인간의 모든 것, 몸과 마음의 모든 것은 의식의 문제이다. 인간의식에 대해 올바르게 이해하려면, 먼저 인간이 얼마나 신묘막측하고 신비스러운 존재이고 양자우주와 온우주 내에서 얼마나 특별한 존재인지를 통합적·통전적·통섭적으로 이해해야 한다. 그렇게 하려면 [그림 2-4]와 같은 양자의식적·홀론적·영적 존재로서의 인

93

간에 대한, 그리고 [그림 2-5]와 같은 통합인간학적 인간에 대한 이해가 필요하다.

[그림 2-4]에서는 켄 윌버의 온수준·온분면 통합모형에 따른 통합양자인간학적(양자의식적, 홀론·홀라키적, 몸맘영적) 인간 이해를 위한 사분면도를 보여 주고 있다. 우선 인간은 (뒤에서 보다 상세하게 이해하게 되겠지만) 요즈음 상식화된 의미로만 말해도 양자파동우주에서 60조 개 이상의 단위 생명체인 세포생명장이 신비롭게 결합되어 100년 이상을 살아가게 하는 영Spirit(일심, 일기)의 다차원의 복잡계적 소양자생명우주이다. 복잡성 면에서는 빅뱅 이후 138억 년 된 우리 우주보다 더 복잡하고 무한한 블랙홀 심연 같은 홀라키생명우주이다. 이렇게 심오한 생명양자우주인 영적 존재로서의 인간을 이해하려면, [그림 2-4]와 같이 몸맘영BMS(조대粗大신체, 정묘精妙심혼체, 원인原因영체)를 BPSC 생물·심리·사회·문화적 사분면으로 이해해야 한다. 즉, 개체의 내면의식적 좌상분면의 인간학(철학, 심리학, 해석학, 영성학 등), 개체의 외면행동적 우상분면의 자연/생명과학(뇌과학, 생명과학, 생리학, 뇌인지밈과학, 인지행동과학 등), 그리

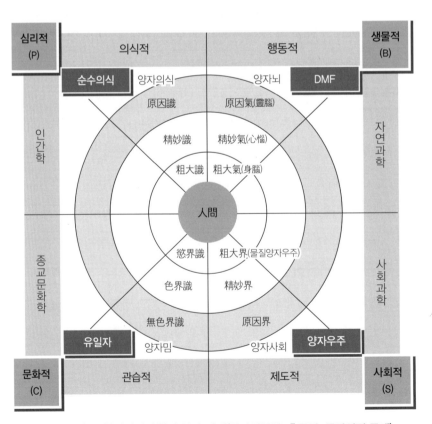

[그림 2-4] 통합양자인간학적 인간 이해(양자의식적·홀론적·몸맘영적 존재)

94

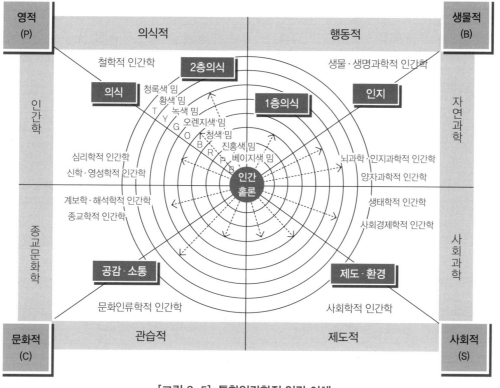

[그림 2-5] 통합인간학적 인간 이해

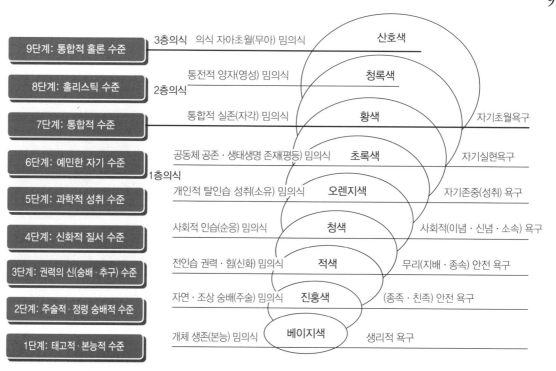

[그림 2-6] 인간의식의 나선동역학(가치밈)적 변화

고 집합적·공동체적 우하분면의 사회과학(사회학, 생태학, 행성과학, 우주과학, 시스템 과학 등)과 공동체 내 개체들이 공유하는 상호 주관적 의식과 사회적 관습에 의해 형성되는 규범·문화에서 나온 좌하분면의 종교·문화학(종교학, 민족학, 계보학, 윤리도덕학, 문화해석학 등)의 네 개 분면으로 구분하여 이해해야 한다. 이와 같은 양자생명장 우주의 관점에서 네 분면은 좌상의 양자의식, 우상의 양자뇌과학·기과학 그리고 우하의 양자사회·양자우주, 좌하의 양자밈 문화과학적으로 설명할 수 있다. 반면에 [그림 2-5]는 이것을 [그림 2-6] 〈표 2-4〉에서 보여 주는 인간홀론의 홀라키적인 나선동역학Spiral Dynamics적 가치밈의식과학의 가치밈의식홀론을 중심으로 통합인간학적으로 보여 주고 있다. 이와 같은 인간 존재의 몸과 마음에 대한 심층적 이해와 의식·영성에 대한 올바른 심오한 앎을 바탕으로 한 심신치유·의식 수련·영성 수련은 일상 속에서 통합생활 수련으로 누구나 쉽게 실행할 수 있다.

가치밈의식 구조 체계

1. 1단계: 베이지색 밈(태고적/원형적·본능적Archaic Instinctual 수준). 기본적 생존의 수준으로 음식, 물, 온기, 성, 안전이 최우선시된다. 단지 생존을 위하여 습관과 본능이 사용된다. 살아가기 위한 생존대 형성(볼 수 있는 곳: 최초의 인간 사회, 신생아, 노쇠한 노인, 알츠하이머병 환자, 거리의 정신질환자, 굶주리는 사람들—성인 인구의 0.1% 정도, 0%의 사회적 힘)

2. 2단계: 진홍색 밈(마법적·물활론적Magical-Animistic 수준). 사고는 물활론적(정령 숭배)이다. 선과 악의 마법적(주술적) 영들에 의해 세상에 축복과 저주를 내리고 이에 따라 사건을 결정 짓는 주문/주술로 가득 차게 한다. 수호령의 형태로 보살펴 주는 조상의 영들이 존재하고 그 힘이 종족을 결속시킨다. 종족적 부족의 혈족 관계와 혈통이 정치적 힘을 형성한다(볼 수 있는 곳: 저주에 대해 믿는 자, 피로 맺은 맹세, 원한이나 행운의 주술 미신자, 마법적·주술적 신념을 가진 사교邪教 집단, 지하 테러/범죄 조직—인구의 10% 정도, 1%의 사회적 힘).

3. 3단계: 적색 밈(권력의 신Power God 수준). 종족/부족과 구분되는 (이기적·충동적) 자기가 최초로 출현한다. 강력하고 충동적이며 자아중심적이고 영웅적이다. 마법적·신화적 영웅, 용, 괴물, 권력자들이 지배하는 위협과 약탈자로 가득한 정글이다. 정복하고 피로 이기며 지배한다. 후회나 가책 없이 자기를 최대한 즐긴다(볼 수 있는 곳: '미운 세 살', 반항적인 젊은이, 봉건왕국, 조직폭력배, 제임스 본드의 악당, 모험적 특수부대 군인, 거친 록스타, 흉노족의 아틸

라, 파리대왕–인구의 20% 정도, 5%의 사회적 힘).

4. 4단계: 청색 밈(신화적 질서Mythic Order 수준, 규칙, 인습 순응주의자 수준). 전능한 '타자Other' 나 '질서Order'에 의해 삶의 의미 방향, 목적이 결정된다. 이 정당화된 '질서'가 '옳고正' '그 른邪' 절대적이고 불변하는 원리에 근거를 둔 행동 규약을 집행한다. 이러한 인습적 규약/ 규칙을 위반하는 것은 그 사회로부터의 영구적 추방을 의미한다. 대신, 규약에 따르면 충 성에 대한 보상을 받는다. 고대 봉건국가의 통치 제도, 완고한 사회적 질서, 가부장적 질서, 유일한 방식의 법과 질서, 구체적 문자적인 근본주의자적 신념, 인습적 질서와 규칙에 대한 복종, 종교적·신화적 소속감, 성자적·절대주의적이거나 세속적 무신론적 질서/사명(볼 수 있는 곳: 청교도적 미국, 유교적 사회, 싱가포르식 형벌제, 기사도 규약과 명예, 기독교·이슬람 근본 주의자, 애국심, 도덕주의자, 경직된 가부장적 사회 위계–인구의 40% 정도, 30%의 사회적 힘)

5. 5단계: 오렌지색 밈(과학적 성취Scientific Achievement). '자기'는 청색의 '무리 정신'에서 벗어 나 전형적으로 '과학적' '합리적'이라고 부르는 정신에 따라 연역적·실험적·객관적·기계 적·조작적·개인주의적 의미에서 어느 정도 탈인습적 진리와 의미를 추구한다. 세계는 자 신의 목적을 위해 배우고 숙달하고 조정할 수 있는 자연법칙을 지닌 합리적이고 잘 돌아 가는 기계와 같다. 매우 성취 지향적이고 물질적 이득/소유를 추구한다. 과학의 법칙이 정 치, 경제, 인간사를 지배한다. 시장적 동맹, 탈인습적 개인의 책략적 이득을 위해 지구의 자원을 조종한다(볼 수 있는 곳: 계몽주의, 월스트리트, 전 세계에 출현하는 중산층들, 화장품 산업, 트로피 사냥, 식민주의, 냉전, 게임 산업, 물질주의, 자유로운 이기주의–인구의 30% 정도, 50%의 사 회적 힘).

6. 6단계: 녹색 밈(예민한 자기Sensitive Self 수준). 공동체주의, 인간적 유대, 생태적 예민성, 네 트워크화 지향적이다. 인간의 영혼은 탐욕, 독단, 인습, 파당성에서 해방되어야 한다. 애정 과 배려가 냉혹한 합리성을 대신하고 지구/가이아, 생명을 소중히 여긴다. 인습적 계층 구 조에 대항하여 예민한 탈인습적·수평적 유대와 연결을 만든다. 여과성 있는 자기, 관계적 인 자기, 집단의 상호 관계망, 대화와 관계를 강조한다. 집합적 공동체의 공유된 감성, 자 유롭게 선택한 제휴, 화해와 의견 일치를 통해 결론에 도달한다. 존재적 삶의 영성을 새롭 게 하고 조화를 이루며 인간의 잠재력을 풍요롭게 한다. 강력한 평등주의, 위계적 구조 반 대자, 다원주의적 가치, 다양성, 다문화주의, 상대적 가치 체계, 다원적 상대주의 세계관, 주관적이고 비선형적인 사고, 지구/가이아 생태계의 모든 생명에게 감성적 다양성, 민감 성, 배려를 보인다(볼 수 있는 곳: 심층생태학, 로저스식 심리상담, 캐나다의 건강 관리, 인본주의 심리학, 자유신학, 그린피스, 동물애호, 생태심리학, 인권 문제, 여성생태주의, 탈식민주의, 푸코/데

리다 해체주의-인구의 10% 정도, 15%의 사회적 힘).

7. 7단계: 황색 밈(통합적Integrative 수준). 삶은 자연적 계층 구조, 홀라키들의 시스템, 형태로 이루어진 만화경이다. 융통성, 자발성, 기능성이 가장 우선시된다. 차이와 다원성이 상호 의존적 자연스런 흐름으로 통합될 수 있다. 필요시 타고난 탁월성의 정도에 따라 포스트 탈인습적 사고와 보완된 평등주의를 지향한다. 지식과 능력이 계급, 권력, 지위, 집단을 대신해야 한다고 본다. 세계 질서는 서로 다른 수준의 밈이 혼재하고 역동적 나선을 따라 일어나는 상하운동이 공존할 수 있는 유동적 흐름의 결과이다(인구의 1% 정도, 5%의 사회적 힘).

8. 8단계: 청록색 밈Turquoise(통전적Holistic Integral 수준). 보편적인 통전적 체계, 통합적 에너지의 홀론/파동. 지식과 감정을 켄타우로스적으로 통합한다. 상호 엮어 짜인 다중 수준들이 하나의 의식 체계로 통전 지향적이다. 외적 질서(청색 밈)나 집단유대(녹색)에 기초하지 않은 살아 있고 의식적인 모습을 지닌 보편적 질서, '대통일T·O·E'이 이론적·실재적 양자사고적으로 가능하다(인구의 0.1% 정도, 1%의 사회적 힘).

9. 9단계: 산호색 밈(통전적 홀론Holistic-Integral Holonic 수준). 아직 보편적으로 출현하지 않은 세계혼, 양자자기 수준의 온우주 의식, 모든 존재의 삼원일체三元一体적·홀론적 통전의식으로 자아초월이 시작되는 단계이다.

〈표 2-4〉 가치밈 체계의 기초 개념

가치밈 vMEMEs	핵심 개념	기본 동기
베이지 (BEIGE)	생존적 본능 (무관습적 생리적 자아)	• 내면의 감각적·생리적 본능을 통해 살아 있음 • 음식·삶터·섹스가 가장 지배적 욕구
진홍 (PURPLE)	친족 정신/주술적 (전인습적 소속감 자아)	• 마법적·위협적 세상에서 피의 관계와 정령 숭배주의 • 자연의 순환 법칙에 순응하며 삶
적색 (RED)	권력의 신 (전인습적 이기주의)	• 모험적인 독립심을 통한 자기·타인·자연에 대한 권력 강화 • 오직 권력/힘을 통한 이기적 소유·획득·지배
청색 (BLUE)	흑백진리/이념 신봉 (인습적 순응)	• 옳다고 믿는 하나의 길에 대한 절대 이분법적 신념 • 관습·인습·체제·신뢰적 권위에 대한 순응 복종

오렌지 (ORANGE)	합리적·과학적 성취 (탈인습적 개인주의)	• 자기 개인을 위해 더 많은 것을 소유하고 성취하기 위해 모든 분투적 추동 • 과학적·합리적 사고로 타인보다 우월한 성취감, 소유적 자기실현 만족 추구
녹색 (GREEN)	공동체, 인간적 유대 중시 (탈인습적 공동체주의)	• 공동체의 웰빙과 소통, 합의에 최상의 우선순위 • 상대적으로 다른 이념과 신념 모두를 받아들이지만 자신에 반대/공격하는 개인이나 공동체에 반발하는 엘리트주의적 사고
황색 (YELLOW)	통합적 유연한 사고 (포스트 탈인습적 자아실현)	• 사회와 세계에 대한 연결된 그림의 관점을 통한 변화에의 유연한 적용 • 통합적 시스템적 사고에 의한 자아실현
청록색 (TURQUOISE)	통전적 생태적 사고 (포스트 탈인습적 세계혼)	• 전지구적 역동성의 생태적 전일적 포용 • 세상과 자연과 우주와 자기가 '불이不二'라는 양자적 사고
산호색 (CORAL)	초통합적·자아초월적 사고(포스트 초월적 사고)	• 아직도 보편적으로 출현하지 않은 초통합적·통전적 혼돈 수준 • 동체 대비·삼신일체三身一体·신인합일의 자아초월의식이 생겨남

의식역학·정신과학적 이해[3]

여기서는 신과학적 통합의식의 연구자인 앨런 콤스(Combs, A.)의 사상과 같은 맥락이지만, 한 걸음 더 나아가 가장 포괄적인 의미로 현대 의식심리과학, 의식역학, 신물리학, 정신과학, 정신물리학적 접근에 의해 매우 일반적으로 몸과 마음의 의식과 기에 대해 고찰할 것이다. 그래서 왜 우리 몸의 모든 세포 조직, 장기, 기관에도 그 기능과 관계있는 모든 의식·잠재의식의 정보가 각인되어 있는지를 이해해야 한다. 이렇게 하려면 먼저 앞에서 강조한 바와 같이 '의식識'이란 무엇인가에 대해 온전하게 이해해야 한다. 넓은 의미에서 '의식'이란, '외적/내적 자극에 대한 생명체의 체계적 반응/활

---

3) 조효남의 『상보적 통합-켄 윌버 사상의 온전한 이해와 응용』(학지사, 2019)에서 수정 발췌.

동을 일어나게 하는 식識(표층表層/전면前面의식意識·자기의식自己意識·무의식無意識·초의식超意識)으로 정의할 수 있다. 의식은 에너지氣와 결합하여 작용하는 의식 파동 상태에서는 식識(정보, 지능, 리理, 법성法性…)을 함유한 에너지(식승기識乘氣)가 되므로 '의식의 기 또는 의식 에너지'로 정의해야 한다. 다시 말해, '의식'은 원초적 생명 본능의식에서 고도의 심적·이지적·정신적(혼적, 영적) 의식에 이르기까지, 의식·무의식·초의식으로 작용한다. 그리하여 그 의식 영역의 (질료적) 기 (에너지)와 결합하여 작용하는 정보 (식識, 지知, 리理)를 함유한 파동 상태(식승기識乘氣의 파동 상태)가 되면 정신, 의지, 신념, 상념, 감정, 본능 에너지의 흐름과 이에 따른 행위를 수반하게 된다. 이와 같이 이러한 흐름의 상태에서 의식은 의식 에너지, 즉 의식의 기로 되는 것이다. 그리고 이 기는 다양한 의식 수준에 상응하는 다양한 생명기, 의식의 기(에너지)로서 생명의 유지, 발현에 필수적인 여러 수준의 '정묘 에너지subtle energy'로서의 기가 된다.

여기서는 온생명기에 대한 올바른 이해와 심층과학적 접근을 위하여 신과학적 패러다임과 동양의 전통적인 세계관, 생명관을 바탕으로 하는 기에 대한 정신과학적 접근에 대해 논의를 하고자 한다. 그러나 신과학 패러다임 중에서 윌버가 중요시하는 쉘드레이크의 형태형성장과 기와 의식의 관계에 대해서는 이미 저자의 『상보적 통합』에서 윌버의 기론과 함께 논한 바 있다. 여기서는 저자가 중요시하는 일반 파동 원리, 일반장 원리, 홀로그래프 원리, 홀론/홀라키 원리를 중심으로 기와 의식에 대해 논할 것이다.

전통적으로 십화장세계를 말하는 불교에서는 이 태양계 내 조그만 행성인 지구만이 아니고, 또 138억 년 된 수백억 광년 크기의 이 우주만이 아닌 온우주에 편재한 온생명을 모든 존재와 서로 분리할 수 없는 유기체적·전일적全─的 존재로 보고 있다. 이는 거의 모든 종교의 경전과 위대한 성현, 사상가들의 가르침 속에 다 나타나 있다. 또한 도道(리理)에서 생겨난 기는 음양오행·오운육기의 원리에 의해 역동적으로 굽이치는 기(에너지)장의 파동이다. 그 속에서 생명은 화기和氣(의식, 정신, 영혼의 기)에 의해 생성되는 정기·생기·신기(정精·기氣·신神)의 이합집산이라고 보는 도가의 전통 기 사상과 우리 민족의 전통 선도仙道의 성性·명命·정精(천天·지地·인人, 삼신三神) 사상 속에도 전일적 생명관이 그대로 함축되어 있다. 뿐만 아니라 이러한 동양의 전통 기 사상은 현대 양자역학·신과학의 패러다임들 속에도 그대로 드러나고 있다. 즉, 20세기 초기에 나온 신과학의 일반 시스템이론으로부터—화이트헤드의 유기체적 세계관, 환원론을 넘어서기 위해 나온 전일적holistic 세계관, 봄과 프리브람의 홀로그램우주와 의식 홀로그램, 봄의 생명체의 양자 포텐셜장과 초양자장이론 그리고 현대 양자역학의 장場이론을 일반화시킨 상위의 일반 장場이론과 쉘드레이크의 형태형성장 이론 등에 이르기까지—최근의 양자역학[초끈(M)이론]·양자상대성 천체물리학의 주요 패러다임들은 각각 한계성은 있지만 동양의 전통적인 세계관과 근본적으로 상통하고 있다. 다시 말하자면, 양자상대성 역학·신과학의 세계관은 동양의 불교에서의(일승법계一乘法界) 성性·법법·공空·심心, 윤회 사상의 바탕인 법신法身·공관空觀·연기관緣起觀과 일심一心·유식관萬法唯識 그리고 도가·유가에서의 이기理氣 사상과도 회통한다.

그렇지만 모든 물리적인 힘의 통일장統一場이나 보다 상위의 온생명의 생명장生命場은 모두 그물처럼 연결된 양자적 우주의 통일장으로 통합된다는 환원주의적 생명장의 원리와 신과학의 패러다임만으로는 모든 생명체가 갖고 있는 생명의 실상을 제대로 설명할 수 없다. 더구나 일부 신과학의 패러다임은 물리적 기와 생물학적 물질기의 개념만을 한정하여 다루고 있다. 때문에 온생명기를 설명하기 위해서는 보다 더 구체적이며 일반화된 생명의 원리와 개념이 필요하다. 현재는 생명기의 일부 현상만 과학적 측정 방법으로 밝히고 있는 데 그치고 있다. 그래도 이 생명기가 인체의 생리 현상에 미치는 작용 효과만은 어느 정도 알게 되었다. 그러나 더 상위의 장場의 상위 홀론에 해당하는 의식에 상응하는 기 에너지인 인지認知·지각·감정·상념의 마음의 기(식심기識心氣) 에너지와 예지·직관·창조·지혜의 정신의 기(혼기魂氣·영기靈氣) 에너지로 구성된 온생명장 에너지홀라키의 구조와 그 작용 원리를 이해해야 한다. 그래야만 앞 절에서 상술한 생명과 온생명기의 깊은 원리를 명료하게 이해할 수 있다.

다시 말하자면, 생명체는 외계와 분리된 개별적인 닫힌계라는 종래의 과학의 관점과는 달리, 여러 계층의 존재의 영역의 식(의식·무의식·초의식)장과 기(에너지)장의 체體로 구성되어 있다. 또한 온생명장은 이 우주의 외계와 온생명장 내의 상하의 장 사이에 끊임없이 질료기(에너지)와 의식(형상, 정보)의 기의 교류를 하고 있는 열린계이다. 그러므로 맨 아래의 초끈과 그 위의 소립자로부터 최상위의 아트만(眞我), 일자一者 혹은

도, 법성法性, 우주심에 이르기까지 종횡으로 서로 그물망처럼 연결된 유기체의 시너지적 온생명기장으로서 홀라키적 구조를 갖고 있다. 그리고 이러한 온생명기의 장場인 의식홀라키의 작용 원리는 정신물리학적으로 (봄의 양자역학이나 신과학의) 홀로그램 원리에 의해 쉽게 이해할 수 있다. 정보를 함유한 의식파를 인지하고 생성 변환하고 기억하는 (인지 생성·변환체로서의) 두뇌는 두뇌 홀로그램 원리에 따라 의식의 원천이 아닌 (TV와 같은) 일종의 인지·의식(정보)의 변환 증폭기로 볼 수 있다. 뿐만 아니라, 여러 수준의 의식홀론의 장場은 정보를 저장하고 있는 의식 홀로그래프 장에 조건화된 기저파인 기(에너지)가 흐르면 의식 홀로그램으로 나타나는 홀로그래프적 의식(정보)의 장임을 알 수 있다. 이와 같은 원리를 가진 온생명기에 대해서는 정신물리학/의식역학적 관점과 자아초월심리학적 관점에서 보다 상세하게 논할 것이다.

오늘날 양자역학·신과학적 관점에서는 양자 수준의 기본 소립자뿐 아니라 물질 수준의 원자·분자도 일종의 원시적인 의식을 갖고 있다고 본다. 당연히 단위 생명체와도 같은 세포는 더 깊은 의식이 있다고 보는 것처럼, 어느 수준의 홀론이든지 그 수준에 맞는 의식을 갖고 있다. 이러한 관점에서 보면 앞에서 "'의식'이란 온생명체 또는 홀론의 외계로부터의 자극에 대한 체계적 반응 능력이다."라고 정의한 것이 보다 실제적 정의임을 알 수 있다. 그리고 그 홀론이 갖고 있는 모든 의식이 외부의 자극에 체계적으로 반응하기 위해서는 그 잠재 능력이 홀론파holon wave 속에 식識(정보, 지능, 리理, 법성法性)의 형태로 저장되어 있어야만 가능한 것이다. 다른 한편으로 의식은 염력, 텔레파시 등의 염파가 파동인 것과 같이 의식의 질에 따라 다른 수준 또는 차원의 스펙트럼을 갖는 의식파意識波의 파동 현상으로 이해할 수 있다. 이 의식파는 정보를 함유한 파동 에너지이다. 전자파가 주파수 변조 파동, 즉 맥놀이 주파수 형태로 정보를 내포하고 전달하듯이, 의식파도 일종의 의식(지知, 리理, 식識) 정보를 갖고 있는 변조 파동 에너지(일명 시너지synergy)로 볼 수 있다. 이것이 곧 의식 에너지, 즉 온생명기이다. 그리고 온생명기장場도 현대 물리학에서의 물리적 힘의 장인 중력장, 전자기장, 양자장 등의 정의와 유사한 개념으로 정의할 수 있다. 즉, 장場이란 어떤 힘을 일으키는 잠재력(포텐셜)을 가진 공간에서의 어떤 조건이라고 볼 수 있다. 이때 어떤 수준의 의식홀론의 장도 생명체의 유기체적 공간 내에서 의식파/기파氣波를 흐르게 하는 그 수준의 의식의 포텐셜장인 것이다. 이와 같이 오늘날 현대 물리학의 장이론, 파동이론은 정신물리학의 일반 장場의 파동(주파수)이론으로 발전되었다.

그 외에도 생명체의 의식과 진화를 쉘드레이크의 형태형성장의 형태공명morphic resonance이나 라즐로의 정신장psi-field에 의해 설명하거나, 마투라나와 바렐라의 자동창출autopoiesis/자동 복제/자기복제self replicate 능력이 가능한 존재로 보는 신생물학 패러다임으로도 설명할 수도 있다. 따라서 생명체란 이러한 신생물학적인 패러다임을 포함하여 진화의 수준에 따라 다양하고 상이하지만 생명기의 항상성과 질서를 유지시키는 여러 수준의 고도의 정보 처리 능력을 갖춘 의식홀론으로 구성된 의식의 장 홀라키로서 생명장 홀라키 또는 생명장으로도 일컫을 수 있다.

일반화된 파동이론에서 보면, 앞에서 고찰한 생명기로서의 의식의 기는 생명원기·감정기·상념기·심기心氣에서 염력, 텔레파시, psi, 초능력, 영력 등에 이르기까지 모두, 의식파/기파(파동 에너지)인 것이다. 정신물리학의 패러다임에서 각 수준의 의식파는 비물리적이거나 초물리적 의식 에너지 현상이므로, 상대성이론에서 모든 물질파는 빛의 속도 이내라는 패러다임에 종속되지는 않는다. 하지만 물질파와 유사한 파동현상으로서 물질계와 차원이 다른 스펙트럼파로서 정보를 내재하는 변조 주파수 원리에 따라 정보를 저장하고 있는 의식의 장도 봄과 프리브람의 홀로그램 원리가 그대로 적용된다는 가설을 따른다. 그리고 이러한 패러다임에 의해 마음의 눈(心眼)으로 보면 의식파에 대한 직관이나 경험이나 관측에 바탕을 둔 정신물리학의 기본 이론은 바로 의식역학임을 알 수 있다. 그러나 의식의 장, 정신의 장은 양자장과 같은 물리적인 장과 동일한 속성을 갖지는 않기 때문에 물리적인 법칙과 패러다임을 무차별하게 적용해서는 안 된다. 요컨대, 상대성 원리에 의한 시공간time-space 개념도 물리적 시공의 개념이 사라지는 초자연계의 장場인 의식의 장이나 정신의 장에서는 적용되지 않는다. 때문에 의식 에너지파인 염파나 정신 에너지인 영기파靈氣波는 전자파와 같은 빛의 속도에 구애받지 않는다. 그래서 일순간에 우주의 끝과 끝을 초공간적으로 여행할 수 있음도, 초끈(M)이론의 4차원 이상의 초공간이론으로도 설명할 수 있다. 반면에 수련이나 직관에 의해 신통의 경지를 체득한 사람은 바로 알 수 있는 것이다.

이와 같은 정신물리학의 의식역학적 기초 개념은 이차크 벤토프(Bentov, I.)의『우주심과 정신물리학Stalking the Wild Pendulum』에 쉽게 설명되어 있다. 벤토프에 의하면, 현상계의 모든 사물과 물질은 물론 온생명체, 인간의 인체도 진동하는 체體(기氣)의 장인 파동의 장이다. 이 에너지장(기장氣場)들은 모두—간섭성同調性과 변조성을 갖는 파동의 성질과 홀로그램 원리에 의해 하위의 기본적인 조직화된 물질 단위인 원자로부터 생명체의 세포에 이르기까지—외계의 자극에 체계적으로 반응하는 정보를 갖고 있어 이것을 원초적 의식으로 본다. 이 의식 에너지는 [그림 2-7]에서 보여 주듯이 생명체의 진화와 더불어 진화의 낮은 차원에 있는 식물의 정령精靈으로부터 고도의 의식 정보를 담고 있는 고등 동물로 진화한다. 그리고 이 지구상에 영적으로 가장 진화된 생명체인 인간의 다차원의 의식 에너지는—육신의 물질계로부터, 이른바 신지학神智學적으로 말하자면, 에테르계Ether plane(기계氣界), 아스트랄계Astral plane(감정계, 상념계, 백기계魄氣界, 성기계星氣界…), 멘탈계Mental plane(이지계, 심혼계psychic, 지적 혼계), 붓디계

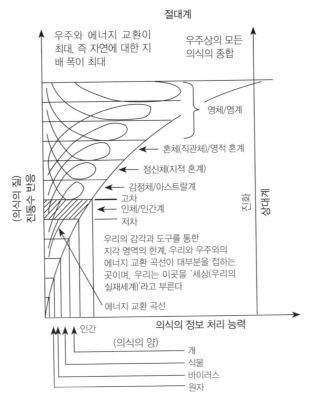

[그림 2-7] 의식 스펙트럼의 진화와 의식의 양과 질

출처: 이차크 벤토프, 『우주심과 정신물리학』, p. 136.

104

Budhi plane(지복계, 상위 원형적 정묘계), 코잘계Causal plane(원인계, 원인적 영계), 비이원적 영계에 이르기까지―위로 올라가면서 하위의 의식계를 내포하지만 점차로 상위의 고도한 의식계로 진화한다. 이것을 벤토프의 정신물리학적으로 의식 진화의 양(의식 정보 처리 능력)과 질(의식 에너지 파동의 진동수 수준)의 관계로서 [그림 2-7]과 같이 나타낼 수 있다. 이는 기심리학/요가심리학의 존재의 각 수준에 대응하는 단전/차크라에서의 질료/에너지氣의 교환과 의식의 다양한 상태(일상, 명상, 수면…)에서 외계 존재와의 의식 교류나 인체와 우주의식과의 교류와 유사하게, 의식 에너지 교환 곡선과 함께 생명장 스펙트럼의 원리를 도식화하여 개념적으로 나타낸 것이다.

기와 의식의 홀라키적 스펙트럼 원리

우리가 살고 있는 이 우주는 물론 모든 생명체를 포함한 온우주는 홀라키적 존재임이 밝혀지고 있다. 윌버는 최근의 저서『모든 것의 역사』(조효남 역, 김영사, 2016)에서 온우주의 모든 생명체는 홀론holon으로 구성되어 있음을 매우 체계적으로 잘 설명하고 있다. 영원의 철학의 존재의 대사슬에 따르는 윌버의 홀라키적 온우주론과 의식의 스펙트럼 구조와 발달에 대해서는 뒤에서 좀 더 상세하게 논할 것이다. 여기서는 먼저 생명/생명체, 의식, 생명기의 홀론/홀라키적 특성에 대해 알아보자.

원래 홀론이란 전일적 세계관을 반영하는 모든 존재의 속성을 정확하게 구현하도록 케스틀러에 의해 만들어진 용어이다. "홀론이란 어떤 존재든지 상하위의 존재에 대해 '야누스'적인, 즉 각 부분은 능동적 자율성을 갖는 소전체로서 상위의 존재나 전체에 대해서는 수동적·종속적이면서 하위에 대해서는 자기종속적·능동적 전체로 기능하는 속성을 갖는다."라는 것이다. 윌버는 온우주가 맨 위로부터 맨 아래에 이르기까지 홀론으로 구성되어 있다고 보고, 홀라키적 우주를 다음과 같이 체계적으로 설명하고 있다. "모든 홀론은 네 가지 기본 능력―작인作因·agency 및 공존적 교섭 communion, 초월transcendence 및 해체dissolution―의 속성을 갖고 홀라키적으로 나타난다. 여기에다 모든 홀론은 아래 수준의 홀론을 초월하며 내포한다는 다섯 번째의 속성을 추가해야 한다. 이를테면 분자는 원자를, 세포는 분자를 초월하면서 내포하며 의존하

105

고 있으며, 사실 이 초월하고 내포하며 의존하는 모든 과정이 생명 진화의 참모습이다. 이것이 온우주에 '활동하고 있는 영Spirit-in-Action'의 요체이며, 또한 역동적 추진력을 갖는 진화의 비밀이기도 하다. 어느 계층의 홀론을 파괴하면 더 상위의 홀론은 모두 파괴되지만, 그보다 더 하위의 홀론은 파괴되지 않는다. 즉, 전체는 부분에 의존하지만, 그 역은 성립하지 않는다." 이를테면 물질계 우주보다 생명계 우주가 더 상위이므로, 물질계가 파괴되면 생명계도 파괴되지만 그 역은 성립되지 않는다. 즉, 온우주에 생명체가 모두 파괴되어도 물질계는 존재한다는 것이다. 당연한 말이지만, 소위 정신권 수준의 고등 생물계noosphere는 일반 생물계보다 상위의 전체이다.

헉슬리(Huxley, A.)의 『영원의 철학perennial philosophy』에서는 실재를 크게 구분하여 ―차례로 사물에서부터 생명으로, 마음으로, 정신(영)에 이르기까지― 존재와 의식의 '대홀라키'로 보고 있다. 때문에 이러한 홀론을 깊이의 순으로 표현하여 존재와 의식의 홀라키를 동심원으로 나타낸 것이 [그림 2-8]의 생명홀라키도이다. 여기서 다섯 개 동심원의 홀라키는 사물(물질)→생명→마음→혼→영으로까지 올라갈 수 있다.

[그림 2-8]과 같은 윌버의 존재와 의식의 홀라키도에서 보면, 이 홀라키는 고도로 진화된 생명체인 소우주라 할 수 있는 인간의 생명조직장의 홀라키를 나타내고 있음이 자명하다. 도가에서는 인체를 정精·기氣·신神으로 구성되어 있다고 보고 있고, 불교에서는 인체를 조대체粗大體(gross body), 정묘체精妙體(subtle body), 원인체(causal body)로 구분하여 보고 있다. 이런 구분은 본질적으로 물질(물질기氣)→생명(생명기生命氣)→마음(심기心氣)→혼(혼기魂氣)→영(영기靈氣)과 일치함을 쉽게 알 수 있다. 인간의 몸은 고도의 생명조직장場으로, 인체는 그 자체가 의식의 장이며 생명기의 생명장임을 알 수 있다. 인체의 생명장은 크게 다음과 같이 구분할 수 있다.

- 맨 아래에 물질로 이루어진 조대체/육신의 물질기인 정기精氣
- 하위적 정묘체의 일부인 기체氣體(에테르체) 내를 흐르는 생명기
- 바로 위의 정묘체인 아스트랄체(하위의 감정체, 상위의 상념체)의 감정기/상념기/식심기識心氣
- 그 위의 정묘체인 이지체理知體의 이성·합리·예지의 지적인 혼기(심혼기)

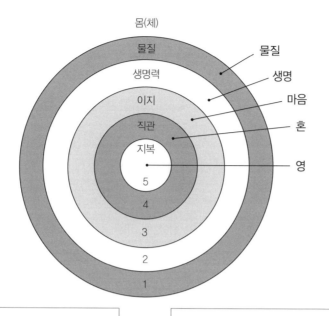

몸(체)

물질 ——— 물질
생명력 ——— 생명
이지 ——— 마음
직관 ——— 혼
지복 ——— 영

5
4
3
2
1

층sheath / 신체maya-kosha	체體
1. 안나마야 코사anna-maya-kosha(물질, 육신)	스툴라 샤리라sthula sharira(조대체)
2. 프라나마야 코사prana-maya-kosha(氣, 생명력)	
3. 마노마야 코사mano-maya-kosha(의식, 지성)	슉슘마 사리라sukshma sharira(정묘체)
4. 비즈나나마야 코사vijnana-maya-kosha(직관, 예지)	
5. 아난다마야 코사annanda-maya-kosha(지복)	카라나 사리라karana sharira(원인체)
브라흐만-아트만Brahman-Atman	

[그림 2-8] 생명홀라키도

- 지복체 내 원형적 정묘계의 영적 혼기
- 그 맨 위의 영체인 원인적 영기靈氣

이 모두가 생명기장 홀라키를 구성하는 홀론들이다.

앞에서 강조한 바와 같이 홀론으로서 의식 자체는 이/식理/識 정보이다. 그러므로 기(에너지)가 아니지만 기와 결합하여 작용 상태에서는 의식의 기氣 에너지로 된다. 그래서 마음·혼·영, 심식心識(6식)·혼식魂識(7식)·영식靈識(8식), 심기·혼기·영기와 같이 개념상의 엄격한 구별 없이 사용되고 있다. 그러나 정신물리학적 의식역학의 관점에서 보면—각 수준의 의식의 장내에서 내적인 리비도·이드의 충동본능이나 자아·초자아와 같은 무의식의 의지 같은 심기心氣·혼기魂氣의 작용으로 인한 내적인 자극이나, 외계의 대상으로부터 받은 오감五感(전오식前五識)과 같은—내적·외적 자극에 의한 기의 흐름이 있게 되면 홀로그램 원리에 의해 상응하는 의식 에너지의 흐름인 감정기, 상념기, 심기, 혼기, 영기로 되어 작용하게 된다. 말하자면, 의식은 [그림 2-9]에 보인 월버 의식의 스펙트럼도와 같이 여러 계층의 의식 스펙트럼의 장으로 존재한다. 그러면서 내적·외적 기의 자극으로 의식 에너지화되어 감정적·심리적·정신적인 의식의 기가 되어 작용한다. 그러나 명상 상태나 선禪적인 상태와 같이 완전히 깨어 있는 경우에는 현재 의식의 기가 항상 내면으로 흐르면서도 잠재의식의 마음은 움직이지 않는 의식의 정상 상태가 된다. 이것이 완전히 깨어 있는 현재 의식 상태이며, 이때 뇌파는 선정 명상 상태의 α파(입정入靜)나 θ파(입전入定)나 δ파(입신入神)로 되어 나타난다.

월버는 의식에 스펙트럼의 개념을 도입함으로써 보편적인 심리학적 용어를 사용하여 의식의 스펙트럼 구조를 [그림 2-9]와 같이 구분하고 있다. [그림 2-9]의 의식의 스펙트럼 구조도를 살펴보면, 인간의 의식의 장場은 여러 계층으로 이루어져 있다. 이와

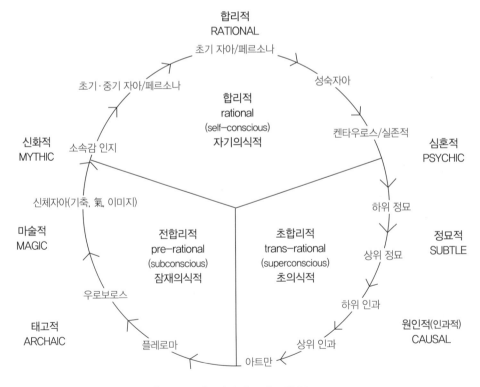

[그림 2-9] 의식의 스펙트럼 구조

출처: 켄 월버, 『아트만 프로젝트』, p. 5; 『아이 투 아이』, p. 248.

유사하게 불교에서도 전오식(전개인적·인지지각적 신체 잠재의식), 6식(현재의 개인적·자기의식적 표층의식mano-vijñāna), 7식(말나식: 정묘적 무의식·초의식, 혼적 자아의식, 번뇌의식mana-vijñāna)과 의식의 뿌리인 8식(아뢰야식: 원인적 영적 자아초월의식, 윤회의식, 업식業識, 종자식種子識·ālaya-vijñāna)으로 구분하고 있다.

앞에서 언급한 바와 같이 다수준의 생명장의 요동으로서 각 수준의 식識과 상응하는 기氣에 의한 '각 수준의 의식의 작용 상태'가 곧 각 수준의 의식의 기 에너지이다. 그러므로 의식의 장과 의식의 스펙트럼을 이에 상응하는 생명기장의 기 스펙트럼으로 통합적·심층적으로 인식해야 한다는 점을 강조하였다. 의식의 스펙트럼과 기의 스펙트럼, 생명장과 기장은 동일한 생명홀론에 대한 인식론적 측면과 존재론적 측면임을 의미한다. 윌버도 (웹상에 올렸던) 그의 온우주론 제2부 '온우주적 카르마와 창조성'의 후반부에서 본래의 그의 통합철학 사상에서는 찾아볼 수 없고 다루지 않았던, 저자가 과학 사상에 발표했던 것과 똑같은 '기(subtle energy)의 통합적 이론'을 포함시키고 있다.

전일적 몸과 마음의 존재적 다차원의 실상

우주와 생명 세계, 인간 존재의 몸맘영BMS, 몸기넋맘얼영BEEMSS의 다수준을 인정하고 받아들이는 여러 철학, 심리학, 심층과학, 양자과학의 전문가들조차도 각 수준의 상위의 존재적(존재론적)·인식적(인식론적) 차원의 의미가 무엇인지는 명확하게 모르고 있다고 해도 과언이 아니다. 왜냐하면 다수준·다차원의 존재계를 인정하는 경우에도 우리 몸과 상위 차원의 관계가 어떻게 되어 있는지에 대해서는 잘 모르는 경우가 많기 때문이다. 실제로 철학적·관념론적이거나 심리학적으로 여러 발달 라인의 의식의 층이나, 무의식의 층의 깊이나 수준 정도로 인식론적으로 이해하고 있는 경우가 대부분이다. 그렇다 보니 대부분의 전문가가 전통지혜(영원의 철학·종교·심리학)도 모르고, 〈표2-1〉에서 보여 주듯이 이와 상통하고 상응하는 현대 발달심리학, 자아초월심리학, 신과학, 통합양자장론, 정신물리학, 정신과학 등의 원리를 제대로 모르고 있다. 그렇다 보니 다차원의 초양자장 파동장의 에너지(기)와 정보(의식, 지능)로서의 다차원의 복합생명 파동장 홀라키의 원리를 모르는 심리학·심신 치유 전문가가 많은 데, 그런 다차원의 의미를 온전하게 알지 못하고 있는 건 너무나 당연한 문제일 수도 있다.

특히 〈표 2-1〉과 같은 몸과 마음의 전일적이며 다차원적인 홀라키의 [그림 2-4] [그림 2-5]와 같은 네 측면의 심층과학(온생명과학, 통합인간과학, 의식역학, 정신과학, 생명 에너지 양자장이론)적 관계에서 공통적으로 강조하고 있는 존재와 의식의 삼원일체三元一体, 다원일체多元一体의 다차원의 의미는 정신과학 전문가들조차도 제대로 알지 못하고 있다. 말하자면, 다차원적으로 이 모든 상위의 존재와 의식의 층과 수준의 인식을 하위 차원을 내포하고 초월하는 홀라키로 이해한다고 해도 그 의미를 제대로 이해하는 전문가는 찾아보기 힘들다. 대개의 경우, 전통지혜(영원의 철학·종교·심리학)에서조차도 모두 상위의 존재 차원들이 3차원인 우리 몸의 내면의 어디에 들어와 있는 것으로 알거나 그렇게 말하는 경우가 많다. 예컨대, 영혼은 데카르트가 말하듯이 우리 뇌의 송과체에 있다고 말하는 식으로 3차원으로의 환원적 인식을 갖는 경우가 많다. 중의학이나 동의학에서도 인간의 정신과 마음과 칠정七情을 그냥 육장육부와 관계시키는 것이 아니라 특정 장부에 위치한다고 말하는 식이다.

상위의 존재 세계와 생명·생명체·생명장의 상위 존재계의 관계는 물리학에서 4차원 시공간이나 4차원 초공간hyperspace을 설명할 때, 3차원 인식 존재인 우리가 4차원을 인식하지 못하므로 모든 3차원 물리 현상을 2차원으로 환원시켜 나타내고 있다. 이와 같이 고차원인 4차원의 물리적 원리를 3차원으로 나타내듯이, 더 고차원의 초물리적 차원에 대해서도 마찬가지라는 원리를 알면 이해하기 쉽다. 이렇듯 우리 몸의 모든 생리적 에너지, 정보 전달 기능을 2차원으로 유비적으로 나타내면 4차원 초공간 에너지(에테르기, 공간기, 자유 에너지, 생명원기)와 정보는 3차원 에너지·정보가 되고, 2차원의 인식과 몸을 가진 우리는 3차원 에너지·정보를 인식하지 못한다. 하지만 3차원 존재의 눈에는 확연하게 우리 2차원 몸에 어떻게 상위 3차원 홀론 에너지·정보가 하위 2차원 에너지 정보장을(하위 차원의 부분 교집합으로) 내포하며 존재적(차원적)으로 초월하는지를 한눈에 알 수 있다. 하지만 2차원 인식을 가진 우리 눈에는 보이지 않고, 알 수 없는 것이다. 그러나 3차원 인식 존재는 3차원 에너지·정보가 어떻게 초월적으로 2차원에 유입하고 작인作因, 작용하는지를 쉽게 시각화할 수 있다. 이와 마찬가지로 〈표 2−1〉의 10차원의 존재계의 에너지(기)와 정보(의식, 인지, 무의식, 초의식, 양자의식, 양자지능)들의 상하위 차원 사이의 관계─특히, 3차원 우리 몸과 4~10차원의 내포·초월의 홀라키, 즉 포월체 관계─를 고차원 홀라키적으로 확연하게 알 수 있다. 그리고 4차원 이상의 존재계의 에너지·정보 유입 파동의 중심 센터로서의 단전/차크라의 내포·초월적 관계도 쉽게 이해할 수 있다. 통상적으로 3차원 우리 몸으로 상위의 존재계가 그냥 들어와 있는 것으로 이해하는 환원주의적 오류를 쉽게 인식할 수 있다.

심신동역학적 의식역학의 법칙

이 장뿐 아니라 이 책의 여러 곳에서 누차 강조하였듯이, 모든 병리장애의 원인은 근본적으로 혼의 위축이나 비정상적 상태에서 비롯된다. 그 직접적 원인은 개인의 타고난 카르마와 연관된 근기, 유전적 기질, 체질, 성격과 삶의 조건, 성장 환경으로 인한 성장 과정에 (생명력 발현의 존재적 주체로서의 자기인) 혼魂의 위축과 장애로 인한 누적적으로 형성되고(Condenced Experience: COEX) 구조화된 모든 자기·자아의 정체성 발달장애, 자존감 상실(자폐성, 공황, 망상, 두려움, 우울, 강박, 집착 등)을 초래하는 억압 무의식 그림자, 부정적 방어기제들, 발달 트라우마, 콤플렉스들 때문이다. 그런 까닭으로 인해 단순히 이러한 근본 원인들을 외면한 채 마음과 뇌에 나타나는 스트레스로만 일컬으며 뇌신경내분비면역학PNEI이나 통합생리학적으로만 그 병리기제를 설명해서는 근본 치료·치유가 안 된다는 것은 자명하다.

그래서 앞 절에서 상술한 몸과 마음의 관계에 대한 심층과학적, 심층홀라키적 이해를 바탕으로 몸과 마음의 병리장애를 치유해야 한다. 이를 위해서는 몸과 마음(몸맘영BMS, 심기신, 정기신, 몸기넋맘얼영)의 의식·무의식·초의식 층의 각 수준의 장場의 의식 에너지체와 의식파의 통전적 홀라키 원리와 심신동역학BMS Dynamics, 정신동역학 Psycho−dynamics, 나선동역학Spiral Dynamics, 양자의식역학Quantum−consciousness Mechanics 등의 기본 원리를 어느 정도는 알아야 한다. 특히 이러한 의식역학 원리에 따른 혼과 뇌의 작인作因과 작용作用 관계로서 인지적 상의상수相依相隨의 상관역학, 마음과 뇌의 인

111

지적 상관역학을 알아야 한다. 그리하여 혼적·정신적·심적 장애, 즉 심인성 장애로 인한 모든 심신병리장애의 원리와 그 원인을 알아야 한다. 더 나아가, 위에서 언급한 심층홀라키적, 복잡계적, 의식동역학적 병리기제의 작용 메커니즘을 치유기제로 변환·변용시켜 작동하게 하는 정신·의식·무의식의 동역학적 원리, 혼과 뇌의 인지 생성·각인·변환 원리 등을 기본 원리만이라도 온전하게 알아야 한다. 그렇게 해야 통합심신치유학 시리즈 제3편, 『통합심신치유학: 치유기제』에서 상술하고 있는 모든 치유기제의 발현 원리, 특히 혼의 치유기제, 혼유魂癒의 원리를 제대로 이해하고 치유 현장에서 적용할 수 있다.

생명 에너지의 법칙

전통지혜의 영원의 철학과 이에 상응하는 에너지역학·양자물리학·의식역학의 원리에 따르자면, 이 온우주의 현상계 에너지와 실상계의 모든 에너지의 총합은 일정(부증불감不增不減)하다. 하지만 열린계로서 우리 생명의 온에너지는 불상부단不常不斷이다. 그러나 보통 사람들은 의식이 완전하게 깨어 있지 않으므로 생명 에너지를 계속 누설漏洩하여 점차로 감소시키게 된다. 그래서 어느 개인이 내적·외적 질병이나 사고로 더 이상 생명 유지를 할 수 없게 되거나, 보다 근본적으로는 어느 영혼이든 개체업장個体業障·공업共業과 타고난 명리命理에 의해 생명의 부負의 엔트로피의 질서와 항상성을 더 이상 유지하지 못하게 되면, 생명의 자기창출/생성(autopoiesis) 능력이 소멸되고 그 영혼은 다른 세계에서 새로운 생명으로 태어나거나 유혼으로 떠돌게 된다. 달리 말하자면, 개인의 타고난 선천기氣는 한정되어 있고 후천기氣는 섭생·수련에 의해 양생·증강되지만 보통 사람의 선천기는 누설에 따라 점차로 소진되기 마련이다. 그래서 완전히 깨어 있어서 누설 없이 선천기氣와 후천기氣를 보전양생하지 않는 한 타고난 명命이 박薄하면 후천기도 제대로 관리하지 못하여 명命을 다하게 된다.

현대 생명 에너지 역학 원리에 의해 설명하자면, 생명은 영혼의 형상인形相因과 작용인作用因에 의해 부負의 엔트로피, 즉 엔트로피를 감소시키며 생체 분자, 세포의 질서를 유지하는 항상성을 유지 회복하는 법칙을 따른다. 하지만 자연적 노화 질병이나 외적 요인으로 인해, 강제적으로 생명이 파괴되거나 엔트로피가 증가하며 항상성 회복 능력을 상실하게 되는 상태가 되는 임계점에 이르게 되면 생명은 끝난다. 즉, 생체 분자, 세포의 무질서가 증가하며 어느 임계점을 넘으면 생명 에너지가 분해되기 시작한다. 이렇게 되면 참생명(영혼)은 생명체를 떠나 다른 생명 세계에서 다시 생명 에너지를 발현하거나, 그런 기회도 갖지 못하는 유혼이 되기도 한다. 온우주의 온생명의 주체인 영, 영혼은 이러한 성주괴공成住壞空, 생주이멸生住離滅, 생로병사生老病死를 반복 순환하며 현상(+) 세계와 실상(−) 세계를 영원히 오고 간다.

의식의 관성의 법칙

어느 한 생生에서 모든 인간의 의식은 성장 과정에 선천적·유전적 인지 성능과 대상과 삶의 조건과 환경 조건에 대응하여 뇌의 오감언어 인지과정에 의해 형성된다. 먼저, 새로 형성된 모든 인지자각의식, 인지믿의식은 뇌의 표층의식으로 저장된다. 이런 의식은 거의 동시에 인식화·관념화·사고화의 잠재의식·무의식으로 일단 상위 의식의 장場들에 훈습 각인된다. 모든 각인 저장된 의식·무의식은 조직화되고 구조화되어 이후 뇌의 모든 표층의식과 마음의 잠재의식과 혼의 무의식(혼식, 7식, 말나식), 영의 심층무의식(영식, 8식, 아뢰야식)의 현행·훈습 형성 과정에 상호작용한다. 그리고 특정 훈습 각인 인지와 동일하거나 유사한 반복 자극에 대해서는 자동 반응하는 습식기習識氣가 된다. 뇌의 인지기억력이 뇌의 병리나 사고나 노화에 의해 쇠퇴하지 않는 한 인지믿의식은 반복 강화된다. 그러나 회피하거나 거부할수록 혼이 위축되어 억압무의식이 뇌의 표층의식에 동조 반응하고 더욱 과잉 반응하여 신경장애와 뇌의 변성이 생기게 된다. 불교에서 말하는 습식기란 모든 훈습된 다층의 식識(뇌의 지知·정情·의意 표층의식, 심心의 잠재의식, 혼魂의 무의식, 영靈의 심층무의식)이 조건화되어 뇌의 지·정·의·행의 인지로 발현되어 나오는 자동 반응 의식 에너지이다. 그래서 뇌의 인지가 새롭게 재인지믿으로 재인식되면서 동시에 자각 각성을 하면, 기존의 위축되거나 억압되어 각인된 무의식의 기저 에너지가 변하여 기존의 기의記意적 작용 무의식 홀로그램이 기표記表적 무작용 접힌 무의식 홀로그램으로 변하게 된다. 혼魂의 위축이 변하여 각성되어 깨어나기 전에 습기와 위축, 장애의식, 무의식이 조건화가 되면 계속 자동 반응하는 것이 의식의 관성의 작용 법칙이다. 기존에 각인된 의식, 무의식이 작용 관성을 멈추려면 재인지밈 훈련과 혼기 강화, 혼의 각성자각 훈련이 동시에 진행되어야 한다. 이것은 의식의 치유기제 발현에 결정적으로 중요한 정신물리학·양자파동역학·의식역학의 관성의 법칙임을 알아야 한다.

통합심신치유학 · 이론 편

제 3 장

동양전통지혜의
전일적 심신치유원리

통합심신치유학 [이론] 편

동양에서의 전일적 심신치유원리

동양전통지혜(영속종교·철학·의학·수행)의 심신 치유·수련은 어느 지역의 종교 문화 전통이나 모두 다 전일적이다. 하지만, 예컨대 남방 기후·환경에서 나온 인도인의 기질과 힌두교 문화에 맞는 요가 심신 수련이나 아유르베다 자연의학과는 다른 면이 많은 중국이나 우리나라와 같은 동북아인들의 기후·환경에서 나온 현실주의적 기질과 종교 문화에 맞는 정기신精氣神/성명정性命精 심신 수련이나 중의학/동의학의 심신 치유원리나 수련기법들을 상호 비교해 보면, 원리적으로 유사한 면도 있지만 상당히 다르다.

그러나, 특히 동북아의 전통지혜의 수련 원리와 치료치유들은 대체로 태극, 음양오행, 음양삼극, 경락장부론, 병인병기론 등이 모두 주역팔괘의 원리에 바탕을 두고 정립된 것들이다. 그리고 정기신의 삼재/삼기三才/三氣일체 수련이나 우리 전통 환단 사상(환단고기)의 핵심인 천부삼경天符三経(조화경: 천부경天符経, 교화경: 삼일신고三一神誥, 치화경: 참전계경參佺戒経)의 천지인天地人(삼진三眞: 성명정性命精, 삼망三忘: 심기신心氣身, 삼도三途: 감식초感息觸), 삼신三神일체의 수련 모두 명주성종命(기氣)主性從 또는 성명쌍수性命雙修든 간에 기氣(명命) 수련 중심의 정기신/심기신 수련 원리는 유사하다. 실제로 도가 수련의 내단內丹 수련의 근본은 우리 선도仙道가 원류라고 알려져 있다. 원래 불교는 기/명氣/命 수련이 없고, 교선쌍수教禪双修·정혜쌍수定慧雙修의 종교이다. 그러나 불교가 현실주의적 기질의 중국으로 와서 도가의 기 수련을 받아들이면서 일부 종파에서만 성명쌍수를 중시하게 되었다. 그래서 정기신·심기신의 치유·수련에 대한 근본 원리의 인식은 유사하다. 그러나 각 전통지혜의 몸과 마음의 치유 수련, 즉 정기신/심기신/성명정의 구체적인 수련, 치료치유기법과 그 내용의 전문적인 해석으로 들어가면, 통일된 이론이나 해석이 없고 모두가 자기체험이나 관념이나 추론에 의한 주관적 인식의 일반화와 단정적 언설로 다르게 말하고 있다.

그러므로 이 책에서는 가급적 동양전통지혜의 전일적 치료·치유에 대해서 독특하고 밀교적 해석에 치우친 특이한 문헌 자료의 문자적이거나 미묘한 환원주의적이나 승화주의적 해석이 아닌, 홀라키적으로 삼원일체三元一体/다원일체多元一体적이고 보편적인 원리를 중심으로 다룰 것이다. 특히 현대 심층·발달 심리학, 신과학, 의식역학, 신의학, 정신과학, 통합양자론·양자역학·양자과학·양자심신치유와 원리적으로 상통하는 주역의 음양오행·음양삼극·오운육기론과 정기신精氣神·혼백魂魄의 심신 치유·수련과 관련되는 기초 원리와 이론을 중심으로 간략하게 소개할 것이다. 주역周易이나 주역참동계周易參同契, 우주 변화의 원리인 주역의 음양오행론, 인간의 타고난 명운命運·병리장애에 대한 오운육기학五運六氣學 등과 같은 것은 이 책의 범위를 넘어서고 일반 심신치유자들에게는 지나치게 전문적인 필요 없는 내용이다. 그러므로 지나치게 전문적인 음양오행론·오운육기론이나 한의학·동의학적 내용은 당연히 다루지 않고, 다만 심신치유자에게 필요한 교양 수준에서 간략하게 소개할 것이다.

우주로서의 인간

오늘날 "인체는 소우주다."라는 말을 신과학과 양자론적 이해는 물론이고 심층심리학·인간과학적으로 제대로 이해하는 전문가는 드물다. 하지만 현대 생명과학, 신경생리학, 신의학에도 인체의 복잡성과 신비, 우주의 모든 원리가 신과학, 복잡성 과학, 자아초월심리학, 양자우주·양자파동 원리적으로 다 들어와 있기 때문에 거의 상식화된 의미로 사용하고 있다. 전통적으로 동북아에서는 이 우주의 순환 원리를 생명 파동 에너지氣의 순환으로 설명하는 가장 완성된 코드 언어 중의 하나인—비록 주로 해와 달, 태양계 중심이고 우리 은하의 일부 별에 극한된 원리이지만—주역의 원리를 중심으로 모든 자연과 인간 세계 변화 원리, 인간의 몸·마음·정신의 현상 원리까지도 설명하고 있다. 통상 주역을 여러 가지 의미로 인식하고 있지만, 주역 자체는 우주 만물이 가지고 있는 기氣(에너지)와 그 변화의 형질形質(형세, 형상)을 음양의 상象과 수數로 코드화한, 즉 일종의 형상화한 언어 내지는 문자라고 할 수 있다. 정기신精氣神 원리에 의해 기氣 수련하는 사람에게 수련의 원리를 이러한 주역의 원리를 통해 설명하는, 특히 도가의 기공 수련과 연결되어 있는 가장 대표적인 문헌은 『주역참동계周易參同契』이다. 『주역참동계』의 저자인 위백양진인魏伯陽眞人은 인체의 기氣와 우리 마음의 순환 원리가 우주의 이치와 같다고 보았다. 그래서 참동계는 기氣 수련하는 원리를 주역에 의거해서 주역의 문자를 부호로 이용해서 설명한 것이라 볼 수 있다. 예로부터 도가나 선도에서는 주역참동계를 텍스트로 기氣 수련을 한 사람이 많았다. 고로, 참동계는 도가와 선도 수련에 대단한 영향을 끼친 책이라고 할 수 있다.

『주역참동계』의 1장을 보면, 건곤乾坤이라는 것은 "역易의 문호다(역지문호易之門戶)."라고 시작하고 있다. 주역이 팔괘八卦로 이루어진 것은 누구나 잘 알고 있다. 그 팔괘 중에 가장 대표적인 건곤은 하늘과 땅이라는 뜻이 되지만, 우주의 순환 이치라는 뜻도 담고 있다. 아주 단순한 말이지만 태극太極에서 음양의 이기二氣가 분화되면서, 모든 것은 여기서부터 시작이 된다. 건곤乾坤은 "중괘지부모衆卦之父母", 즉 나머지 모든 괘의 부모이다. 사실 건곤乾坤(☰☷)이라는 것은 순양·순음의 괘이다. 모든 것이 음양의 조화로 생성된다고 하는데 건곤은 순양·순음이므로 이러한 순양·순음이라는 것은 현상계에서는 존재할 수 없는 것이다. 실제로, 원리적으로 상위 정묘 차원의 실상적 존재이지 변화무쌍한 자연 현상 세계의 현실적 존재는 아니다. 그런데 참동계에서는 건곤乾坤은 역易의 문호門戶라, "중괘衆卦의 부모다."라고 시작하고 있다. 역易이란 글자 자체가 바로 일日과 월月이 합쳐진 것이고, 그래서 해와 달의 음양의 변화 원리를 역이라 한다. 건곤乾坤이 역의 문호라는 것은 현상 세계에서는 실재하지도 않는 것이면서 만물의 음양 변화가 생기게 하고 음양의 세계를 오가게 하는 문이고 길이란 뜻이다.

예로부터 동양에서 양자우주의 원리는 몰라도 인체를 소우주로 보았다는 것은 누구나 아는 사실이다. 비록 주역이 오늘날의 양자천체물리학에 비하면 지극히 국소적인 좁은 태양계 중심이지만, 이러한 우주의 순환 원리를 설명하는 코드이다. 그러므로 한의학의 고전에서는 황제내경과 주역팔괘의 원리에서 나온 음양오행과 육기六氣의 작용 원리에 따라 인체 경락의 기氣의 상호작용 원리와 순환 원리를 설명하였다. 이 장에서는 인체 오장육부의 기氣의 상호 관계를 정적靜的으로 설명하는 오행의 원리에 대해 먼저 개관할 것이다. 그런 다음, 인체 경락의 기氣의 순환 원리를 정신과학적으로, 체계적으로 밝혀 주는 육기에 의해 경락의 기氣의 유주 원리에 대하여 '음양삼극론'에 따라 개략적으로 살펴볼 것이다.

음양오행론과 육기론

음양오행론

　전통적으로 음양오행론陰陽五行論과 오운육기론五運六氣論은 우주 자연의 변화의 원리, 즉 천天(천문)·지地(지리)·인人(인사), 삼극/삼재三極/三才의 변화의 원리를 주역의 음양· 상象·수數론의 원리에 따라 설명하는 이론이다. 그러므로 (현대적 의미의) 우주의 역동적 변화를 설명하기에는 오늘날 고도의 양자천체우주론, 양자생태 지구과학, 양자인간 과학의 관점에서는 지나치게 관념적이고 정적靜的이며 불확실하고 불완전한 고전적 이론이다. 하지만 거시적이고 관념적으로 우주·자연·인간사에 대해, 즉 천天·지地·인人 만물의 역동적인 파동적 변화 원리를 에너지氣의 음양적 변화 현상과 성질·속성 (질質) 의 오행적 변화 원리에 의해 상대적·대대적 상호 의존 변화 관계를 정적靜的으로만 설명하는 것으로는 근본적으로 한계가 있지만 여전히 유용한 이론이다. 전통적으로 음양오행론은 주역과 함께 동북아 동양인의 사고, 관념, 삶을 지배해 온 전일적 세계관, 우주론의 근간 중 하나가 되어 왔다. 그러나 음양오행론의 문헌중에는 주역에 비해 단순하지만 다양한 해석으로 지나치게 주관적이거나 피상적이고 임의적인 해석에 치우친 문헌 도서가 많다. 그중 한동석의『우주 변화의 원리: 음양오행의 원리』가 고전적 역학易學의 상수론적 해석에 의해 비교적 상세하고 체계적으로 되어 있다. 그러나 그 내용은 이 책의 범위를 넘어서는 전문적 동양철학서이므로 여기서는 교양적·상식적 차원에서 음양오행의 기본 원리만 간략하게 소개하고자 한다.

　일반적으로 음양론은 동북아에서, 특히 현실주의적 기질의 중국인들이 삶과 인간사, 사물, 자연의 흥망성쇠興亡盛衰에 대해 그 변화의 에너지·기운·형세의 상승·하강의 변화 성상을 나타내기 위해 발달하였다. 이와 별개로 오행론은 인간의 삶을 지배하는 형이하形而下의 자연의 주요 물질·사물들의 속성과 이를 형이상形而上으로 확장하여 우주 자연의 기운의 변화와 인간사(국가·정치·사회) 전반과 개인(심성, 성격, 기질, 체질)의 대대적 상호 관계(상생相生, 상극相極, 상의相依, 상자相資, 상승相乘, 상모相侮)를 나타낸다. 물론 이러한 음양·오행·오운·육기 사상은 훗날 주역 사상에 흡수되어 주역八卦의 원리에 의해 보다 체계적으로 설명되고 있다.

다시 말하자면, 일반적으로 음양오행 사상은 중국과 우리 환단시대의 동북아에서 오천 년 이전부터 천지인 삼재三才(삼신三神·삼극三極)의 우주·자연·만물의 생성·변화·소멸의 원리를 음양의 이기二氣 또는 오행五行(목화토금수木火土金水)로 설명하는 서로 다른 사유 방식에서 출발하고 다르게 사유해 왔다. 그러나 춘추전국시대 이후 원래 점서에 불과하던 역易 사상이 주역으로의 발달 과정에서 주역 사상에 흡수되면서 주역에 바탕을 둔 음양오행론으로 발달하였다.

주지하는 바와 같이, 음양은 처음에는 깊은 철학적·형이상학적인 의미가 아니라 산의 음지·양지 같은 것을 가리키는 말에서 유래했다. 하지만 음기·양기, 음의 기운과 양의 기운의 대립성쇄와 같이 단순한 자연 현상과 인간사의 상승·하강, 생장·소멸·순환, 흥망성쇠의 현상의 지칭에서 음양의 관념이 나왔다고 한다.

반면에 오행은 처음에는 농경 생활에 필수적인 기본 물질적 요소인 수화목금토水火木金土를 지칭한 것이다. 은나라 기자의 『홍범구주洪範九疇』에 오행이 나오고 『춘추좌씨전』에서는 오행에다 곡穀을 더한 것을 육부六府라고 한 것을 보면, 오행도 우리 인간

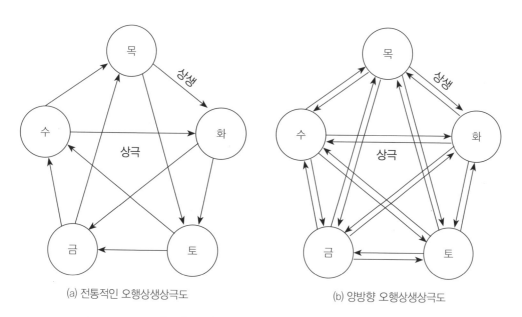

(a) 전통적인 오행상생상극도　　　　　(b) 양방향 오행상생상극도

[그림 3-1] 음양오행의 상생 · 상극 원리

의 농경시대의 삶에 필수적인 형이하 유형의 물질적 요소로 시작하여 점차로 자연의 형이상적 법칙을 오행의 음양 기운의 상호작용, 상의상관 사이에서 찾으려 했던 것이다. 이와 함께 태극 사상과 주역이 발달하면서 음양오행 사상은 주역의 양의兩儀, 사상四象, 팔괘八卦, 육십사괘의 상象·수數의 원리에 따라 천문天文·지리地理·인사人事, 우주 자연, 인간사 전반의 오행 사상이 음양오행, 오운육기, 음양삼극론 등으로 발달하면서 명리학과 한의학/동의학의 근간이 되어 왔다.

앞에서도 언급했듯이, 이러한 음양·오행·육기 사상은 역점술이 훗날 주역 사상으로 체계화된 역학易學의 상수象數 원리로 발전하게 되면서 동북아에서 천天(천문우주), 지地(자연지리), 인人(인간사)의 변화의 원리를 설명하는 대표적인 사상으로 발전하였다. 하지만 음양오행 사상은 우주, 자연, 인간사의 역동적인 변화를 설명하지는 못하고 정적靜的으로 어느 순간의 형세나 형질을 해석하는, 모호하지만 어느 정도는 유용한 수단일 뿐이다. 주역을 바탕으로 하되 오행보다는 천간天干·지지地支의 역동적인 관계를 나타내는 오운육기五運六氣나 자연과 인체 내의 경락의 기氣의 흐름의 역동적 관계를 나타내는 음양삼극三極론이 오행보다는 더 유용한 동적動的인 이론이다. 여기서는 우주 만물의 대대적 관계의 역동적 변화를 설명하지 못하는 오행론자들의 오행론에 다 동의하지 않기도 하지만, 심신치유자들이 교양적 수준에서 알 필요가 있는 기초 부분의 개요만 소개할 것이다.

처음에 오행은 오도五道라고 하여, 중국의 고대 하夏나라 우왕禹王이 남겼다는 정치 이념 홍범구주洪範九疇에 있는 것을 보면 인간의 행동 규범 아홉 범주 중 다섯 번째가 오행으로, 이는 농경시대 인간의 생활과 밀접한 다섯 가지 목화토금수 원소로서 우주 자연의 변화를 지배하는 이 오행의 성쇠소장에 의해 우주 자연은 순환되고 생성 변화·발전 쇠퇴한다고 본 것이다. 인간사도 마찬가지로 오행의 지배를 받고, 더 나아가 인체의 오장육부, 성정, 기질, 감정, 욕망, 마음, 인간관계, 정신까지도 모두 오행의 지배를 받는다고 본다. 이 홍범구주는 원래 기자가 동방의 조선에서 배워 주나라에 가져갔다는 설도 있는데, 중국에서 오행은 최초로 한서 예문지藝文誌에 오행지로 기록되어 있고, 유가에서 음양오행설은 동중서董仲舒가 지은 『공양춘추公羊春秋』로 인해 널리 알려지게 되었다. 오행은 통상 [그림 3-1-a]와 같이 상생相生·상극相極의 상호 관계를 배열하여 우주 자연과 정치·사회·인간사의 상의상관성을 설명하고 있다. 일부 오행론자들은 상승相乘(상생相生의 역전)·상모相侮(상주相尅의 역전) 관계도 말하나 오행론자들의 지나친 근거 없는 주장이라고 보는 견해도 많다. 오행은 〈표 3-1〉과 같은 오행 조견표에서 보듯이 자연, 기후, 지리, 환경뿐 아니라, 앞에서 언급한 바와 같이 인간사의 모든 것과 인간의 장부의 관계, 성정, 체질, 오감 등 모든 것을 오행으로 나타낼 수 있다고 본다. 그래서 오행의 원리를 인체에 적용한 것이 오행체질의학이고, 천간지지天干地支의 음양오행 원리에 의해 나온 오운육기론은 인간사에 적용하면 운명학·명리학이 되고, 약물에 적용하면 오행약리학이 되고, 인간의 심리성정에 적용하면 오행심리학이 되고, 이 모든 오행의 원소는 상의상관성을 갖는 것으로 해석할 수 있다.

이러한 오행의 기본 성질 속성은 다음과 같이 설명할 수 있다. 원래 오행은 앞에서 언급했듯이 농경시대의 인간 생활과 밀접한 다섯 가지 유형 원소의 변화 속성을 나타내는 의미로 시작하였다. 그러나 점차로 우주 자연의 순환적 변화와 인간사의 흥망성쇠 그리고 인간의 생生·로老·병病·사死와 정精·기氣·신神의 병리·치료·수련의 원리를 모두 음양오행의 원리에 의해 설명하게 되었다. 그러다가 주역周易의 원리가 체계적으로 발전하면서, 음양오행론은 형이하形以下 유형 현상의 형상계形象界 그리고 형이상形以上 무형 실상의 실상계實象界의 상호 의존적, 상의상관적 변화의 원리와 성질을 의미하게 되면서 자연스레 주역의 음양상수학陰陽象數學 사상으로 편입되었던 것이다. 그러나 구체적인 변화의 원리로서 쉽게 이해하기 위해 가급적 무형의 실상계實象界 용어를 피하고 유형의 형상계形象界 용어를 빗대어 설명한 것이다.

오행의 원리

• 수水: 수水의 모체는 태음太陰[4](☵, 감坎괘)으로, 겉으로는 정靜한 상태이나 속으로는 동動한 양성陽性의 기운이 잠재되어 있어서, 조건화만 되면 그 양성을 방출하려는

---

4) 五行은 文王의 후천팔괘(用相)에 따라 (乾坤을 제외한) 육괘의 음양상수의 변화를 본 것이고, 六氣는 복희의 선천팔괘(體相)에 따라 육괘의 음양상수의 변화를 본 것이므로 괘의 의미도 서로 다르다.

성질을 띤 모습으로 있는 것이다. 그래서 유형의 수水(물)의 성질은 만물을 적시고 아래로 흘러가는 성질이 있고, 겉으로는 정靜하면서 유형의 형상계에서 이러한 음의 성질과 유사한 것이 곧 물水이다. 수水는 그 형상보다는 성질을 취한 것이다. 그래서 수水는 단순히 물로 이해해서는 안 된다. 물론 물은 생명의 근본이고 만물의 기본이지만, 수水의 성질은 겉으로는 정靜하면서 응결하려고 하나 외부의 자극을 받는 조건이 형성되면 즉시 동動하여 분열로 치닫게 된다. 수水의 음陰의 형이상의 성질의 기氣는 형이하의 현상계의 물의 성질을 미루어 짐작하여 이해하는 것도 하나의 방편이다.

- 목木: 내재된 수水의 양기가 무르익어 외부의 자극을 받아 수기水氣를 뚫고 분출하여 솟구쳐 나오는 이 양陽의 기운은 소양小陽(☳, 진震괘)으로, 유의 형상形象 세계에서 이 기운과 유사한 성질의 것이 나무이므로 목木이라 한 것이다. 즉, 나무를 보면 씨앗이 수水의 상태에서 적당한 열기를 쐬면 그 속의 핵이 동動하여 수기를 머금으며 구부러지거나 곧게 자라 솟아나오며 생장하는 모습이 목기木氣와 유사하고 자연의 생명의 기본 요소 중 하나인지라 목木이라 명명한 것이다. 이 목기木氣도 나무로만 이해해서는 안 된다. 왜냐하면 유형의 형상계의 사물은 오행의 작용을 고루 받아 변해 가므로 나무가 무형의 목기木氣를 모두 일치하게 갖는다고 문자적으로 이해해서는 안 되기 때문이다.

- 화火: 음陰의 수기水氣를 뚫고 나온 목기木氣가 득세하여 대립할 만한 음陰이 없어서 대립 균형 없이 팽창과 분열의 기운으로 변화하게 되니 이것이 곧 양기陽氣로서의 팔괘八卦의 태양太陽(☲, 리離괘)에 해당한다. 이러한 양陽의 기운을 가진 물질은 없으나 순양純陽의 건乾(☰)에 근접한 기운이 화火이다. 완전하지는 않으나 유의 형상계에서 이런 성질을 유사하게 대표하는 것이 물체를 태우고 위로 올라가는 성질을 가진 불이므로 그 이름을 취하여 화火라 명명한 것이다

- 금金: 수水에서 동動하여 분열과 팽창의 극에 치달은 화기火氣가 다시 수水로 회귀하는 과정상에 양을 포위하여 수렴하는 음陰(소음小陰, ☶, 간艮괘)의 기운이 금金이다. 이 금金도 단순히 조작에 의해 단단해지고 자유롭게 변형하는 쇠를 의미하는 뜻이 아니라 웅크리고 에워싸고 수렴한다는 뜻이 있으므로, 쇠가 가진 전靜적이고

딱딱하며 웅크리고 에워싸는 성질을 대변해 주고 문명의 이기에 필수적인 구성요소이며 금기金氣를 나타내는 데 가장 적절한 원소이기에 채택된 것이다.

- 토土: 토기土氣는 목화토금수木火土金水의 오행의 기운이 생장소멸, 팽창수축을 반복하며 순환하는 음양태극의 궁극체의 정핵精核으로서, 만물을 주관하며 율려律呂의 운동을 하며 지속적으로 변화하게 하는 조화의 기운이다. 흙을 보면 모든 수목과 곡식을 길러 거두는 성질이 있고, 그 성질이 모든 개체적 존재의 근간이며 생장소멸의 중립이며 포용과 조화의 상징이므로 이런 대지의 성질을 취하여 토土라 명명한 것이다.

상생相生과 상극相剋

주역은 천지인과 정기신의 자연, 생명, 인간, 만물 사이의 음양의 두 대립적 사물, 사건 사이의 상대적 생장소멸 변화의 측면을, 즉 상대적 음양의 기운의 변화를 보는 사상이다. 그래서 음적·양적 기운은 고정불변이 아니라 대대적 관계 속에서 항상 유동적인 것이다. 음양은 상대적 기운氣運의 변화를 말하나, 음양오행론으로 볼 때 음양은 기氣의 변화를, 오행은 그 기氣 상호 간의 질質(성질, 속성)의 변화를 나타낸다. 음양오행론은 만물의 역易 변화를 양자장 파동의 변화로 보았을 때, 음양은 에너지氣의 변화를, 오행은 정보(질質, 성질, 속성)의 변화를 의미한다고 볼 수 있다. 그 상대적 변화도 생태계와 같이, 상극相剋의 대립이란 견제와 균형을 의미하고 그것은 곧 상의상자相依相資의 상생相生을 의미한다. 그러므로 결국 대립의 원리인 상극과 상자의 원리인 상생은 [그림 3-1-b]에서 보듯이 동전의 앞뒤와 같이 만물은 근원적으로 서로 상생 관계이지만 현상으로는 상극의 대립·균형으로 보일 수 있다.

〈표 3-1〉 오행 조견표

	木	火	土	金	水
오상五常	인仁(모貌)	예禮(시視)	신信(사思)	의義(언言)	지智(청廳)
오색五色	청青	적赤	황黃	백白	흑黑
오방五方	동東	남南	중앙中央	서西	북北
오시五時	춘春	하夏	사계四季	추秋	동冬
오향五響	각角	징徵	궁宮	상商	우羽
오음五音	아음牙音 (ㄱㅋ)	설음舌音 (ㄴㄷㄹㅌ)	후음喉音 (ㅇㅎ)	치음齒音 (ㅅㅈㅊ)	순음脣音 (ㅁㅂㅍ)
오형五形	직直	방方	원圓	예銳	곡曲
오기五氣	풍風	열熱	습濕	조燥	한寒
오정五情	노怒	소笑	사思	우憂	공恐
오의五意	인정人情	명랑明朗	후중厚重	냉정冷情	비밀悲密
오진五塵	색色	미味	향香	성聲	촉觸
오축五畜	양羊	마馬	우牛	계견鷄犬	돈燉
오심五心	희열喜悅	다변多辨	건제騫濟	급속急速	음흉陰凶
시간	아침	낮	사이시간	저녁	밤
수리	3, 8	2, 7	5, 10	4, 9	1, 6
맛	신맛	쓴맛	단맛	매운맛	짠맛
신체	머리	흉부	복부	다리	발
오장	간장	심장	비장	폐장	신장
오부	담	소장	위장	대장	방광
오관	눈	혀	입	코	귀

주역팔괘의 원리와 육기六氣[5]

　통상 선천팔괘는 복희의 선천팔괘라 한다. [그림 3-2-a]의 복희의 선천팔괘는 우주 만물의 변화의 법칙을 구성하고 있는 본체로서의 어떤 근본 원리를 나타낸다. [그림 3-2-b]의 후천팔괘는 문왕의 후천팔괘라 한다. 이는 실제로 현상 세계의 돌아가는

---

5) 이 부분은 오수일의 『三極醫學』의 강론을 참고로 하여 가술하였음.

원리로, 체体와 용用으로 말한다면 용用적인 부분을 후천팔괘라 하고 체体의 원리를 선천팔괘라 한다.

앞에서 언급했듯이, 선천팔괘에서 건곤乾坤은 "역지문호易之門戶요, 중괘지부모衆卦之父母라!"라고 했다. 이때 중괘衆卦란 것은 모든 괘란 뜻도 되지만 만물이라는 뜻도 된다. 괘라는 것이 만물의 형상과 형세를 나타내는 상징 기호이므로 결국 만물의 기호이다. 건곤乾坤은 단순히 하늘과 땅을 의미하는 것이 아니고, 하늘과 땅은 만물이라는 것이다. 하지만 실제로 이 현상의 세계에는 6괘만 존재한다. 6괘를 보면 괘가 3개씩 되어 있어서 음양이 반반씩 되어 있는 것은 하나도 없다. 양 하나에 음이 두 개이거나 음이 하나이고 양이 두 개, 이런 식으로 음양이 서로 편중되어 변화할 수밖에 없는 형상으로 되어 있기 마련이다. 이것이 바로 만물의 속성이다. 따라서 모든 현상 세계의 만물은 이 6괘에 소속된다고 볼 수 있는 것이다.

한편, 음양론과 결부시켜 볼 때 주역팔괘에서 어떻게 음양을 보느냐 하면, 음이 2개이고 양이 1개이면 이것은 양으로 본다. 진괘(震卦, ☳)는 양陽인데 양陽은 남(+)이요 음陰은 여(−)이다. 여기서 건곤을 부모라고 했으니 6괘를 아들딸로 비유해 보면 부(☰), 모(☷), 장남(☳)으로서 모든 것은 밑에서부터 위로 올라간다. 싹이 밑에서부터 위로 자라고 새끼도 작은 것부터 커지는 것과 같이, 장남(진震, ☳)·중남(감坎, ☵)·소남(간艮, ☶), 그다음 장녀(손巽, ☴)·중녀(리離, ☲)·소녀(태兌, ☱)의 순으로 된다. 이와 같이 세상 만물은 이 6괘 중의 하나에 속하는 것이다. 어떤 것이든 '역지문호'라는 것은 이런 것들이 돌아가는 이치가 이 두 개의 원리에 의해서 돌아가고, 그다음 건곤이 '중괘의 부모'라는 것은 6괘의 부모라는 것이다. 달이 뜨고 지는 것에 비유하면 이것은 보름달, 그믐달, 초생달, 반달, 반달보다 큰 것, 바로 이것이 성장 소멸의 원리를 나타낸다는 것이다. 생겨서 자라고 다시 깎여 들어가기 시작해서 마치 잠자듯이 죽어 가는 이 현상을 계절로 보면 봄, 여름, 가을, 겨울이다. 그것은 우리가 거역할 수 없는 자연 현상이다. 하루 중에도 보면 해가 떠서 낮이 되었다가 다시 지는 현상, 사람이 태어나서 장성하고 늙고 병들어 죽는(생로병사生老病死) 현상, 이런 것들은 누구나 다 인정하고 있는 것이다. 그런데『주역참동계周易參同契』에 나오는 비유를 보면 "상과 벌은 춘추에 응한다(상벌응춘추賞罰應春秋)."라고 되어 있다. 이(離, ☲)가 봄이요 감(坎, ☵)이 가을이라면, 이

離는 상賞이요 감坎은 벌罰이다. 물론 여기서 말하는 상은 작은 인간이 주는 상이나 인간이 주는 벌, 이 우주 자연이 주는 상이나 우주 자연이 주는 벌도 다 들어가 있다. 우리가 병이 들어서 고통받는 것은 벌이고 아기가 태어나서 축복받는 것은 상이라면, 사람은 상을 좋아하고 벌을 싫어하기 마련이지만 그 역시 자연 현상이라는 것이다.

태극太極이란 개념은 상대적 현실 세계에서는 건곤이라는 순양, 순음의 상태가 존재할 수 없다는 데서 나온 것이다. 단지 이치로만 그렇게 나누어서 본 것뿐이고, 그래서 건곤이 곧 태극이란 말이다. 태극을 부연 설명하기 위해서 건곤이란 개념을 꺼내 온 것인데, 선천팔괘가 돌아가는 중심점이 되는 중심 원리라는 말이다. 우리 인체에서는 마음이 곧 태극이다. 옛날에는 선천팔괘도 가운데 있는 태극이 우리 마음이란 것을 알면 그때 비로소 가히 도道를 논할 수 있었다. 이것은 순환 고리처럼 돌아간다. 여기서는 팔괘로만 설명했지만 팔괘를 더 부연해서 중첩시킨 64괘를 우주(물론 대체로 태양계 중심의 국소우주이지만)가 돌아가는 원리로 뽑아 놓은 것이 주역이라 할 수 있다.

복희의 선천팔괘도에서 제일 밑에 있는 곤괘(☷)는 전부 순음으로 되어 있다. 여기서 양이 생기고 또 하나 생기고 차츰 변해서 마지막에 순양으로 변하고, 다시 음이 생겨서 순음으로 변하는 것을 설명한 것인데 그 가운데 태극이 있다. 이것은 고리처럼

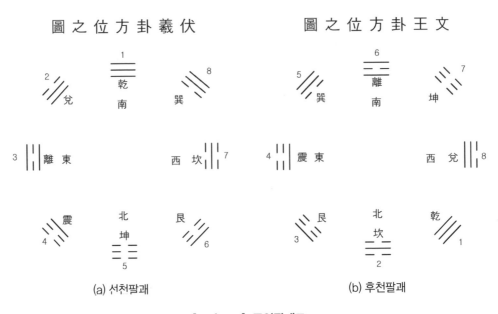

(a) 선천팔괘　　　　　　(b) 후천팔괘

[그림 3-2] 주역팔괘도

끝없이 돌아간다. 순환해서 돌아가므로 이것을 환環이라고도 하고, 옛날 문헌을 보면 이와 같이 표현한 경우도 있는데, 바로 고리라는 말이다. 그래서 어떤 이는 태극이란 말을 잘 안 쓰고 환중環中이라고 했다. 순환 고리의 중심이니까! 이것을 太極이라고 한다. 氣 수련하는 것을 바로 득기환중得氣環中이라고도 했다.

건곤은 상징이고 원리이므로 현상 세계에는 실존하지 않는다고 했는데, 나머지 6 괘를 보자. 장남(진震, ☳), 장녀(손巽, ☴)의 괘가 있는데, 이 장남과 장녀 두 개를 합치면 아무 것도 없다. 부호를 합쳐 보면 모두 없어지게 된다. 음음양이고 양양음, 합하면 +, −, 제로이므로 아무 것도 없다. 그런데 이것이 현실 세계에서는 기능적으로 나타난다. 마치 입자·반입자처럼 되어서 각기 다른 속성을 가지고 있다. 소녀(태兌, ☱)와 소남(간艮, ☶)도, 중녀(리離, ☲)와 중남(감坎, ☵)도 마찬가지이다. 이것을 인체나 자연 현상에서는 진震(☳)·손巽(☴)·감坎(☵)·리離(☲)·태兌(☱)·간艮(☶)이라 일컫는다. 요즈음의 언어로 쉽게 표현한다면, 대기 기후의 모든 변화로 보면 모든 것이 풍風, 온溫, 습濕, 즉 풍도, 온도, 습도의 변화다. 우리 인체의 경우도 마찬가지이다.

동양철학에서 상징적으로 말하는 "천지간天地間의 운기가 어떻다."라고 할 때 그것의 가장 좁은 의미의 천지간은 대기권을 일컫는 말인데, 운기란 대기권 내의 기후 변화를 말한다. 물론 더 크게 볼 수도 있다. 더 크게 볼 경우, 우주 전체의 별이나 (태양계 내의) 태양, 달, 행성의 운행들도 포함되고 있다. 우리 인체에 직접적인 영향을 미치고 있는 것이 대기권 내인데 그중에서 풍도風度, 온도溫度, 습도濕度가 변화의 순서다. 모든 것은 생장하고 소멸하는데, 생장하는 것은 항상 과過하다. 청소년들은 과격하기 때문에 이것이 청소년에 해당되는 것이다. 그리고 기운이 내려가는 것은 이미 생기가 떨어져서 집으로 가서 쉬려고 가는 것이기 때문에 불급이고, 그래서 풍도가 과한 것이 진震이고, 온도가 과한 것이 리離이고, 습도가 과한 것이 태兌가 된다. 풍도가 불급한 것이 손巽이고, 온도가 불급한 것이 감坎이다. 불급이란 모자란다는 뜻이다. 온도가 모자라면 차기 때문에 당연히 모자란 것이 감坎이 되고, 습도가 불급한 것은 메마른 것이므로 이것이 간艮이 된다. 따라서 육기六氣란 풍風(☴), 한寒(☵), 서暑(☲), 습濕(☱), 조燥(☶), 화火(☳)를 말한다.

동양철학을 하는 사람과 한의학을 하는 사람들이 통상 헷갈리는 것은, 이 육괘(육

129

기)와 오행을 잘못 결부시켜서 서暑란 것도 화(상화相火)이고, 이 화도 화(군화君火)라 생각하는 것이다. 그러나 여기서 말하는 화火란 것은 난로를 땔 때, 즉 연탄난로나 장작을 땔 때 그 위에 손을 대고 있으면 무언가가 훅 하고 올라오는데, 이처럼 종이 조각을 대고 있으면 훅하고 올라가는 기氣를 화火라고 한다. 화기火氣가 올라가고 나면 그 자리를 메우기 위해 들어오는 것이 풍風이다. 바로 화火라는 것을 불급不及, 모자라는 것, 세력이 허해져서 위로 올라가는 것이고, 그것을 채우기 위해서 조여드는 것, 밀어 드는 것을 풍風이라 한다. 그것이 진震에 해당이 된다. 육기란 통상 이러한 의미로 쓰기 때문에 어쩔 수 없이 따라야 한다. 하지만 나중에 화火란 개념이 다른 의미를 갖게 된 오행의 화火(상화相火, 군화君火)의 개념과 혼동하면 안 된다. 육기에는 고유한 이름이 있다. 궐음, 소음, 태음, 소양, 양명, 태양이 그것이다. 이것은 대기 중의 풍도, 온도, 습도가 과·불급한 것에 대응하는 6가지 고유명사인 셈이다.

- 궐음厥陰이란 풍도가 과한 상태: 진震(☳)
- 소음少陰이란 온도가 과한 뜨거운 상태: 리離(☲)
- 태음太陰이란 습도가 과한 상태: 태兌(☱)
- 소양少陽은 풍도가 불급한 상태: 손巽(☴)
- 태양太陽은 온도가 부족한 상태: 감坎(☵)
- 양명陽明은 습도가 부족해서 메마른 사막 같은 상태: 간艮(☶)

이것은 천지간의 기후 변화일 뿐 아니라 우리 몸으로 비유하자면 氣의 순환과 변화에 대한 내기후를 나타낸다.

육기를 우리 몸의 기氣의 변화와 순환 원리로 설명해 보자. 먼저, 건곤이란 상징적인 존재이면서도 보다 양적인, 보다 음적인 어떤 경향성을 나타낸다. 옛날 사람들은 인체 내에서 건乾은 머리이고, 곤坤은 배라고 보았다. 더 크게 보면 명치 있는 곳을 중심으로 아래쪽은 곤坤이고, 위쪽은 건乾이다. 그러나 특정 해당 지역은 없고 그냥 저쪽, 그쪽의 의미다. 양 쪽, 음 쪽, 이런 식으로 인체 내에서도 위쪽, 아래쪽에서 건곤 사이에서 기후 변화가 있듯이 기의 상호 흐름이 있게 되어 있다. 그것을 인체 내의 육기六氣라 한다. 이 지구상에서의 기후 변화도 분명 바람이 불고, 온도가 오르락내리락 하고, 난류와 한류가 흐르고, 기류도 한냉기류와 온기류가 흐르듯이, 인체 내에서 기氣가 흐른다면 그 기氣가 흐르는 길이 있는 것이다. 그것을 경락이라고 한다. 보통 사람도 자세한 내용은 모를지언정 경락이 있다는 사실 정도는 알고 있다.

모든 경락에는 6가지의 고유한 이름이 붙어 있다. 그 경락도 다시 가볍고 무거운 청탁에 의해 갈라져 12개로 되고, 12개 경락 중 가벼운 것은 팔로, 무거운 것은 다리로 내려가게 되어 있다. 수궐음, 족궐음, 수소음, 족태음… 이 바로 그것이다. 12개 경락이 바로 이러한 원리에서 나온다. 이것은 일종의 내기후라고 할 수 있다. 외기후란 '풍·한·서·습·조·화'와 같이 바람이 불고 건조하고 비가 오고 하는 것이다. 이런 것이 외적인 기후라면, 경락의 기氣야말로 내적인 기후가 되고 인체는 우주의 소천지와도 같은 것이다. 즉 소우주라고 하는데, 바로 이 육기의 원리에 의해서 비가 왔다가 메 말랐다가, 온도가 올랐다 내렸다 하면서 절묘한 균형을 이루고 있는 그 상태가 인체 내의 기후 조건이다. 내부 환경의 조화, 이것이 소우주 인체의 가장 이상적인 상태이다. 그러나 이 우주는 별들의 운행이라든지 물리학적인 법칙에 의해서 절묘하게 균형이 맞아서 잘 이루어지고 있는데, 언뜻 보기에 인간 세상이나 인간 육체만큼은 이 육기의 원리들이 공평하지 못하고 전혀 무관하게 돌아가는 것처럼 되어 있다고 생각하기 쉽다. '왜 도대체 인간의 육체만큼은 우주 법칙을 따르지 않고 돌아가는가?' 하는 의문을 갖기 쉬운데 정精·기氣·신神의 원리를 알면 사실은 인체도 우주 법칙대로 돌아가는 것이라는 원리를 깨닫게 된다. 따라서 가장 이상적인 천지간의 음양 조화 상태를 모방해서 거기에 맞추어 경락의 기氣를 순환하게 하는 것이 가장 이상적인 기氣

131

〈표 3-2〉 12正經 관계 도표

습도 조절	온도 조절	풍도 조절
− 手太陰 肺經	− 手小陰 心經	− 手厥陰 心包
+ 手陽明 大陽經	+ 手太陽 小陽經	+ 手小陽 三焦
+ 足陽明 胃經	+ 足太陽 膀胱經	+ 足小陽 膽經
− 足太陰 脾經	− 足小陰 腎經	− 足厥陰 肝經

수련인 것이다. 나아가서, 기氣 수련을 제대로 하다 보면 결국 풍도, 온도, 습도의 6기를 이해하고 〈표 3-2〉와 같은 12경락의 흐름을 알게 되는 것이다.

정상적이고 일정한 흐름으로 일정한 방향의 유속을 지니고 있는 경락을 12정경, 12경락 정경이라 한다. 氣는 이 순서대로 순환하면서 가슴에서 손, 손에서 머리, 머리에서 발, 발에서 가슴으로 돌아온다. (수태음 폐경같이) 팔의 음경은 가슴에서 팔로 가는 음경이 되고, (수태양 소장경같이) 팔의 양경은 손에서 머리로, (족태양 방광경같이) 발의 양경은 머리에서 발로, (족궐음 간경같이) 발의 음경은 발에서 가슴으로 가는 식으로 계속 순환해서, 태음·양명, 양명·태음, 소음·태양, 태양·소음, 궐음·소양, 소양·궐음 순으로 순환이 되고, 이것이 바로 인체 경락의 습도·온도·풍도, 즉 습도 조절 중추, 온도 조절 중추, 풍도 조절 중추가 된다.

태음·양명, 양명·태음, 이것은 전부 습인데, 태음이라는 것은 비 오기 전의 우중충한 상태, 비 올 때의 음습한 상태를 말하고, 사막처럼 바싹 마른 상태는 양명이라 한다. 소음은 감기에 걸려서 열이 났다 하면 그 열은 소음이고, 우리가 살아가는 데 필요한 체온도 소음이다. 태양은 우리 체온을 식혀 주는 것이다. 우리가 긴장하면 손발이 차게 되고 진땀이 난다. 또 어떤 두려움에 처하면 체온도 떨어지고, 추울 때 피부가 오그라들면서 털이 곤두선다. 그것이 태양 경락의 자리다. 높은 데 올라가서 밑을 보면 아찔한데, 그때 보면 족태양 방광경이 머리 뒤를 거쳐 엉덩이로 해서 다리로 가고, 순간 그쪽으로 무언가가 휙 하고 내려가는 것을 느끼게 된다. 두려우면 방광 쪽의 기氣로 내려가서 오줌이 마렵게 되는 것도 같은 이치이다.

한의학에서 폐, 대장, 위, 비, 심, 소장, 방광, 신장 등은 현대 의학에서 오장육부와 상통하기 때문에 모두 쉽게 알 수 있다. 그러나 풍도 조절 중추 중 수궐음경의 심포와 수소양경의 삼초란 것은 한의학에서 아직은 단지 무형의 기관이라고 되어 있다. 심포, 삼초란 형태가 없다 하여 그 해석이 구구 각각이지만, 실제로 심포心胞, 삼초三焦란 혈관 계통을 이야기하고, 따라서 내기후의 육기에서 풍도 조절의 경락기氣는 순환기 계통의 조절 기능을 갖고 있음을 알 수 있다. 심포는 정맥 계통이고 삼초는 동맥 계통이다. 옛사람이 쓴 책을 보면, 그 사람들은 수련을 해서 자기 뱃속을 꿰뚫어 본 사람들이기 때문에 삼초를 상초, 중초, 하초, 셋으로 나누고, 상초는 명치 이상, 중초는 명치에서 배꼽 사이, 하초는 배꼽 아래, 이렇게 삼초라 되어 있다. 상초는 안개 같고, 중초는 거품 같으며, 하초는 또랑 같다고 했다. 자기 내부를 내관內觀하면 동맥인 상초는 폐로 들어가서 가스 교환을 하느라고 안개 같다. 피가 분산이 되어서 피 안개를 뿌려 놓은 것 같다. 중초는 소화기관으로 들어가 방울방울 져서 기름방울이 소화되는 것을 보면 물속에 하얀 기름방울이 혼탁해져 있는 상태로 보인다. 방울방울 모인 거품 같다고 표현하고, 하초는 배꼽 아래 굵은 동맥이 있다. 누워서 눌러 보면 툭툭 맥박이 뛰는 것이 있는데, 그것을 본 것이다. 그것이 자기 엄지손가락보다 굵어서 또랑같이 내려간다. 옛날 사람들은 그것을 들여다보고 동맥삼초라 했다.

심포는 심장을 싸고 있는 주머니라 하는데, 실제는 정맥 계통을 이야기한다. 궐음, 소양이 풍도 조절 경락이며, 궐음, 소양이 서로 대등하게 주거니 받거니가 되어야 한다. 궐음, 소양이 주거니 받거니가 안되면 어떤 현상이 일어나느냐 하면, 예를 들어 소양이 동맥을 확 치고 나가는데 궐음이 정맥에서 받아 주지 못하면 뇌출혈이 일어난다. 빨간 핏줄에 칙칙기가 있는 사람들은 소양경의 기가 너무 강하고 궐음경의 기가 약하다. 바로 궐음경이 과다하면 정맥이 터지며, 그래서 정맥류라고 한다. 어떤 중년 여인이나 학교 선생님의 다리에 정맥이 팽창되어 있는 것도 두 개의 균형이 안 맞아서 그런 것이다. 맑은 기운은 위로 올라가므로 같은 풍도 조절이라도 탁한 기운이 밑으로 가면 아랫배의 복강맥에 있는 피와 다리에 있는 피를 거두어서 간으로 빨아들여 심포를 통해서 보내 주고, 이것을 받아 주지 못하면 피가 고여서 어디론가 가야 되는데 간에서 흡인하여 빨아 주지 못하니 나머지를 모아서 가게 되어 가는 혈관이 굵어지고, 정맥이 약하다 보니 항문 주위의 촘촘한 그물 모양의 가는 정맥들(직장정맥총)이 팽창되어 변하게 된다. 또한 이 정맥은 벽이 얇기 때문에 만일 변비까지 있어서 건드리면 찢어져서 피가 나오게 되고, 이로부터 치질이 온다. 바로 이런 원리를 알면 이 사람이 지금 인체 내 6기의 조화가 되고 있는지 안 되고 있는지를 쉽게 알 수 있다. 이 원리를 알면 치료나 수련 과정에서도 그 기에 맞는 치료와 수련을 해야 한다.

12정경은 가장 기본이 되는 경락으로서 6장 6부에서 연결되어 나오는 경락이다. 이 경락이 있은 다음에 6장 6부가 생겨난다. 인체의 설계도에 해당하는 기체氣体(에테르체)라고 하는 경락이 먼저 있고 나서 6장 6부가 생겨나는 것이다. 황제내경에 보면 "양정상박 위지신兩精相撲 爲之神"이라고 하여 엄마 뱃속에서 정자와 난자가 합쳐질 때 이를 양정상박이라 하였고, 이같이 남자의 정자와 여자의 난자가 서로 결합하고 나면 거기에 신(元神)이 깃든다고 하여 이것을 위지신이라고 한 것이다.

뒤에서 좀 더 상술하겠지만 우리의 몸(몸·맘·얼)은 정精·기氣·신神으로 이루어져 있다. 그중에 정精이라고 하는 것은 좁은 의미로는 호르몬이나 정자를 의미하지만, 넓은 의미의 정은 물질을 의미한다. 우리 몸의 뼈, 피, 피부가 다 정精이므로 물질적인 것은 전부 정이다. (오늘날은 신체의 정精이 단순한 물질이 아닌 다차원의 에너지氣와 정보識가 흐르고 있는 매트릭스, 양자파동장으로 신과학적 인식이 확장되어 있다.) 신神이라고 하는 것은 우리의 영혼과 연관되는 소위 원신元神, 식신識神으로서 단순한 에너지氣 현상이 아닌 생명의 원인체, 실상체이다. 그러나 물질은 아니지만 (물질 에너지를 포함하고 초월하는) 에너지의 대사로서 볼 수 있는 습도나 온도나 풍도를 조절하는 육기, 경락의 기氣를 전부 기氣라 한다. 따라서 정·기·신이 곧 인체를 구성하는 전체이고, 동시에 소우주(인체)를 구성하는 전체인 것이다. 그 정精 중에서도 원정元精은 선천적 정精으로, 이것은 곧 생명의 씨앗이다. 인간의 몸을 어떤 도토리 나무 전체에 비교하면, 도토리 한 알은 부모의 원정 같은 것이다. 이것을 땅속에다 심으면 자라듯이, 자궁에 심어져서 그 수정란이 자라는 순간 (정기신精氣神을 구비한) 인간의 몸은 존재한다. 그 상위의 몸이 존재해야 오장육부가 만들어진다. 그런데 이 경락의 기체氣体는 바로 그 오장육부·근골피육이 생겨나기 전부터 존재한다는 것이 기본 원리인 것이다(생명체의 설계도와 같이 에테르복체라도고 일컫는다).

그러므로 삼라만상과 생명의 상위 차원(마음·혼·정신…)을 포함한 생명 원리적 측면에서 보면 건곤은 실제로 존재하는 것이다. 아직 후천팔괘에 대해서는 설명하지 않았지만, 선천팔괘의 개념을 정확히 말하자면 무극에서 태극이 생겨나고 양의兩儀, 사상四象, 팔괘八卦로 나누어지고, 이 팔괘가 만물로 변화해 나가는 것이다. 주염계의 태극도설에 보면 '일음일양지위도一陰一陽之謂道'라고 되어 있다. 이는 또한 한의학의 가장 기본인 황제내경에도 나오는 말이다. 옛날 사람은 무극에서 태극이 나오고, 이 태극에서 음양이 나온다고 하였다. 이것을 양의라 하고, 여기에서 다시 사상四象이 나온다. 사상의학은 많이 알려져 있지만, 바로 그것도 '일음일양지위도'와 직접 연결이 되는 것이다. 그대로 해석해 보면, 일음일양지는 일반적으로는 일음과 일양을 일컬어 도라고 해석하는데, 그런 해석은 올바른 것이 아니고 일음지, 일양지를 도라 일컫는다. 양지와 음지라는 것이 무엇인가 하면, 음양의 양 쪽으로 움직이거나 음 쪽으로 움직인다는 뜻이다. 그래서 고정적인 음과 양은 없고 음지와 양지라는 경향만이 있을 뿐이다. 그 경향이 태극으로서 실제의 음·양의 현상으로 일어나지는 않지만, 그 음과 양의 속성을 한 몸에 지니고 있고 음양을 현상 순환하게 하는 작용인으로서 중심이 되는 것을 태극이라 한다.

현대 물리학적으로 무극stationary의 상태란 기운을 형성하지 않은 상태이고, 태극 쪽으로 오면 우주가 분화될 때 변화가 일어나게 하는 중심 에너지의 역동적dynamic 상태를 나타낸다. 동양에서 말하는 우주의 무극, 태극 상태는 물리학적으로도 설명이 가능한 것이다. 물리적인 속성 너머에 있는 근본 원리를 동양에서는 도라 부른다. 그런데 도는 깨달음으로 아는 이외에 우리가 말로서 설명하는 것은 오히려 불가능하다고 노자의 도덕경 서두에서도 밝히고 있다. 바로 그 움직이는 동적인 힘의 원인이며 그 내재되어 있는 충동이 곧 일음지 일양지 하는 상태의 작용인으로서의 태극太極이며 도인 것이다. 절대로 음, 양이라는 것이 따로 존재하는 것이 아니므로, 일음지一陰之·일양지一陽之 하는 그 속성이 바로 태극의 근본 이치(도道)라는 것이다. 분명히 그 현상, 충동, 방향성을 우리가 구분해서 설명하다 보니 음·양이란 개념이 나오지만, 순양과 순음은 우주상에는 현실로 존재할 수 없는 상태이다. 그래서 점을 칠 때에는 사상四象을 뽑는데, 사상이란 태양/노양(老陽 ⚌), 소음(少陰 ⚍), 태음/노음(老陰 ⚏), 소양(少陽 ⚎)을 말한다.

사상에서 나온 팔괘(건乾☰, 태兌☱, 이離☲, 진震☳, 손巽☴, 감坎☵, 간艮☶, 곤坤☷)는 이같이 세 개의 효爻로 구성되어 있다. 이렇게 되어 있는 원리를 고전 텍스트에서 살펴보면, 음이 되었건 양이 되었건 세 단계를 거쳐서 본·중·말 또는 불교적으로 보면 인·연·과에 의해서 사물의 형태로 나타난다는 것이다. 실제로 노음·노양은 말할 것도 없고, 소음·소양도 실제로는 하나의 방향성, 양화되고 음화되어 나간다는 의미가 있다. 즉, 현상 세계에서는 음, 양의 조화가 완전히 이루어져 실제로는 존재할 수 없는 상태이지만 이러한 상태를 지향한다. 그래서 팔괘라는 삼층, 삼단이 되어 비로소 사물을 표현할 수 있는 것이지만, 어떻게 보면 안정된 상태도 아니고 새롭게 생성된 것도 아니다. 어떻게 보면 상하의 효 사이사이에 깃들어 있는 것이고, 마치 양의兩儀 사이에서 이 여섯 개가 태어난 것과도 같은 것이다. 그래서 앞에서 부모와 장남, 장녀의 비유로 개념을 설명한 것이고, 이것은 생성되는 원리로서의 육기라고 말할 수 있다.

기氣란 이와 같은 원리에서 태어난 만물의 에너지의 흐름을 뜻하며, 그래서 육기가 된다. 통상적으로 우리가 여기에 각각 오행을 붙여 설명하기도 하지만, 이것은 설명상 유사점일 뿐이고 실제로 오행과는 상관없다. 단지 그런 뜻을 가지고 있다는 것일 뿐, 오행과 육기는 엄연히 다른 것이다. 통상 오행에서 육기가 나오는 것처럼 설명하지만 그것은 틀린 이론이고, 육기라는 것은 바로 풍·한·습의 과·불급에서 나온다. 그것은 바로 음·양의 조화의 상태에 따라 셋으로 나누어지는 현상을 나타내는데, 사실은 이것을 하늘(天機)의 원리라고 보아야 한다. 하늘의 원리가 땅에 비춰진 것이 육기이고, 땅의 원리가 하늘에 비친 것은 오운五運이라 한다. 오행이란 이를 설명하기 위한 개념으로서, 흐름을 잠깐 멈추어 놓고 단면을 잘라서 정적으로 삼라만상의 기氣의 상호작용 상관관계를 오행으로서 철학적으로 보는 것이지만, 실제로는 오행이 돌아가고 있어서 오운이라 한다.

그러니까 오행이란 개념은 굳이 따지자면 후천팔괘의 개념이다. 그리고 후천팔괘도에서 건乾이라는 것을 기준으로 놓고 볼 때, 오행은 팔괘의 생갱生更하는 순서이다. 이 순서라는 것도 고정불변의 순서는 아니다. 그러니까 선천팔괘 그림을 봐도 건을 중심으로 변하게 된다. 그래서 삼단의 괘가 나타내는 것은 만물의 이치 그리고 기氣와 질質이다. 이치에 따라 방향의 흐름인 기가 나타나고, 거기에 따라 어떤 물질·형질이 나타난다. 그래서 팔괘의 삼단으로 효가 구성되었을 때 이를 현실 세계라고 설명한다. 이것이 삼단의 정精·기氣·신神, 천天·지地·인人의 원리다. 천天·지地·인人은 사람뿐 아니라 우주를 구성하고 있는 만물을 나타내는 것이고, 불교에서는 인因·연緣·과果라 하여 각기 용어는 틀리지만 사실은 동일한 의미를 갖는다. 따라서 음양의 개념을 음입자, 양입자 식의 독립된 개체로 보지 말아야 하는데, 이러한 데서 오류가 발생한다. 음적이라는 것도 상대적으로 양에 비해 음적인 뜻이다. 결국 우리 몸은 앞에서 언급한 바와 같이 육체가 구성되기 전에도 실제로 기氣로 이루어져 있다. 사실은 혼魂도 다른 더 상위 차원의 미세한 정묘 에너지와 유사한 기氣와 식識인 것이다. 육체보다 더 정밀한 파동을 가지고 있을 뿐이지, 그것이 전혀 존재하지 않는 것은 아니다. 바로 그 상위 차원의 기氣의 구성이 우리 육체에 대응되는 곳이 경락이다. 앞에서 설명한 바와 같이 우리 몸의 12개 경락이 이 상위 차원이 기氣에서 나온 것이고, 이 경락에 대응하여 오장육부가 형성되는 것이다. 우리는 오장육부에 의해서 경락이 형성된다고 잘못 알고 있지만 실제로는 경락에 의해서 오장육부가 생긴다는 것을 알아야 한다. 또한 그것이 우리가 기氣 수련을 하는 기본 원리이기도 하다. 예를 들면, 간에 문제가 생겼다거나 장에 문제가 생겼다고 할 때 그곳을 치료하지 않고 거기에 해당되는 경락의 기의 흐름을 원활히 하게 되면 육체의 세포 조직들이 변화하면서 치료가 된다. 여기서부터 동양의학이나 기공 수련들이 출발하는 것이다. 물론 그것보다 한 단계 더 높은 단계인 신神(식신識神·원신元神), 즉 정신精神(영혼靈魂: 원신元神/영靈·식신識神/혼魂) 기능이 기를 조절하니까 육체까지도 이에 따라 조절된다. 이 장의 뒤에서 이 精·氣·神에 대하여 좀 더 깊이 이해하기 위하여 보다 체계적으로 설명할 것이다.

137

사상의학과 체질론

사상의학의 유래

사상의학은 동무東武 이제마李濟馬(1837~1899)가 『동의수세보원東醫壽世保元』(1894)을 집필하면서 생겨났으니 동무가 창시한 의학이다. 보통 한의학의 체질론은 음양오행, 오운육기, 음양삼극이나 태극太極, 음양陰陽, 사상四象, 팔괘八卦의 주역의 원리에서 나왔다. 사상의학의 원전 『동의수세보원』은 비록 이전의 중국의 『수세보원壽世保元』을 바탕으로 나왔으나, 사상의학은 동무가 비록 무인이지만 유학, 성리학을 기본 바탕 사상으로 가진 유학자로서 인간의 타고난 심성心性이 체질을 결정한다고 본 성리학의 심성론적 체질의학이다. 즉, 인간의 모든 심신의 질병은 타고난 심성心性, 즉 사단四端(인의예지仁義禮智)에 따라 희노애락喜怒哀樂의 성정性情의 지배를 받고, 이에 따라 성격性格, 기질, 체질(장부의 허실)이 결정된다고 보는 체질의학이다. 따라서 이제마의 사상의학은 오히려 타고난 육신의 체질이 근본이라기보다는 타고난 심성心性·체성體性이 인간의 심신의 질병, 길흉화복을 결정한다고 보는 유학 사상과 전통 동의학을 결합한 의학이다. 그래서 사상의학은 기존의 음양오행·오운육기·음양삼극론(장부의 경락의 유주와 허실, 상한론, 병인병기론)과는 잘 맞지 않고, 기존 한의학의 주역의 팔괘와 음양오행, 육기이론에서 나온 중국의 팔상체질론과도 다른 동무 이제마의 독특한 유학의 사단四端심성론적 체성體性의학이다.

사상체질론四象体質論

90년대까지만 해도 우리나라의 한의학은 동무 이제마의『동의수세보원』을 바탕으로 한 사상체질의학에 빠져 있었다 해도 과언이 아니다. 그래서 사상의학이 우리 동의학을 비과학적이라는 오명과 함께 후퇴시켰다고 보는 전문가도 많다. 요즘은 〈표 3-3〉과 같이 8체질을 비롯한 여러 체질론이 나와 있지만, 이제 체질은 일부 섭식 체질론자들을 제외하고는 별로 중요시하지 않고 있다. 현재의 우리 동의학(한의학)은 우리 전통 한의학인 허준의 동의보감의 전통을 제대로 계승하는 동의학이 아니다. 이제는 진맥도 보조적이거나 잘 잡지도 않고, 서양의학의 검진 장비에 의존한다. 그리고 한의사의 성향에 따라 사상체질 판단을 통해 사상 처방 공식에 의해 처방한다. 아니면 이제는 아예 체질을 묻지도 않고 판별하지도 않으며 획일적으로 생약 가루 약 처방을 하고 일부 침치료와 뜸, 부항치료와 함께 서양적 물리치료에 전념하다시피 하고 있는 실태이다. 그렇다 보니 점차로 우리 동의학의 정체성이 상실되어 가고 있는 게 현실이므로, 저자가 긍정적으로 보면서도 비판적으로 보는 사상의학체질론을 여기서 상세하게 다룰 필요는 없다고 본다. 하지만 몸의 사상체질과 육장육부의 대사 기능과 섭식과 기질·성격과 관련된 기초 원리는 상식적으로 알아 두는 게 치유자들에게 어느 정도 필요하기에 기초 개념만 요약하여 소개하였다.

앞에서 언급한 바와 같이 사상의학四象醫學의 사상체질이 주역周易의 사상四象 명칭을 쓴다고 해서 중국 주역의 음양오행체질이나 팔상八象체질과 직접 연관되는 것은 아니

〈표 3-3〉 사상·8체질 의학

사상의학	과도기 8체질의학	현 8체질의학
태양인 (폐대간소: 폐>간)	태양인 장질 (폐>비>심>신>간)	금양 (좌와 동)
	태양인 부질 (대장>방광>위>소장>담)	금음 (좌와 동)
소양인 (비대신소: 비>신)	소양인 장질 (비>심>간>폐>신)	토양 (좌와 동)
	소양인 부질 (비>대장>소장>담>방광)	토음 (좌와 동)
태음인 (간대폐소: 간>폐)	태음인 장질 (간>심>신>비>폐)	목양 (간>신>심>비>폐)
	태음인 부질 (담>소장>방광>위>대장)	목음 (담>소장>위>방광>대장)
소음인 (신대비소: 신>비)	소음인 장질 (신>간>폐>심>비)	수양 (신>폐>간>심>비)
	소음인 부질 (방광>담>대장>소장>위)	수음 (방광>담>소장>대장>위)

다. 동무가 한의사가 아니다 보니 경락의 기氣를 잘 모르고, 침뜸의 기치료의 원리와
는 맞지 않으며, 십이정경十二五經 기경팔맥奇經八脈의 유주와 몸과 육장육부의 장부의
경락의 흐름이나 장부의 허실과도 제대로 맞지 않는다. 그래서 정기신론, 특히 기氣의
학, 기氣치유와는 별개의 심성心性결정론적이며 심신心身통합의학적 체질론이다. 오히
려 그는 〈표 3-4〉에서 보듯이 사람의 체형, 장부 허실과 기질, 성격, 성품과 연관시
켜서 체질을 몸身·마음心·일事·물物과 그의 유학 사상의 사단四端(인의예지仁義禮智)의
사원四元 구조와 심성心性, 성격, 칠정七情, 기질氣質의 관계와 심心·소장小腸을 제외한
사장四臟 사부四腑의 허실, 대소의 체질과의 연관성을 사상체질론으로 정립한 것이다.
　그래서 이제마의 사상체질론에서는 체질별로 외모도 독특하고, 장부의 허실이나
대소도 다르고, 성격도 다르고, 기질도 다르고, 심성도 다르고, 타고난 재주와 능력도
결정론적으로 다르다고 본다. 게다가 타고난 혈액형이 변하지 않듯이 타고난 체질도
불변의 법칙을 따라 불변이라고 본다. 따라서 〈표 3-4〉와 같이 체질별로 좋고 나쁜

품성, 성격, 기질, 음식이 분명하고,『동의수세보원』에서 그는 약 처방도 달라야 하고 섞어서 처방해서는 안 된다고 본다.

그러나 문제는 전통적으로 중국의 주역의 원리에 따른 8상체질론이나 오늘날의 8체질, 24체질, 64체질론 등 다양한 체질론에서 보듯이 사람의 체질은 명확하게 사상으로 구분할 수 없다는 것이다. 그리고 체질이 복합적인 사람이 많아서 한의사들도 동일인의 체질을 달리 판정하는 경우가 많은 것을 보면, 사람의 체질은 전형적인 사상四象의 체질이 아닌 경우가 더 많다. 그러므로 각 체질마다 잠재적이거나 발현된 음양오행, 음양삼극(육기)의 체질 특성이 복잡하게 다르거나 중간적이거나 혼합되어 있다고 보아야 한다. 그래서 한의사들도 사상체질 약물치료 처방을 시행착오적으로 내리는 게 다반사이다. 그렇다 보니 오히려 약, 침 등이 맞지 않는 경우 부작용까지 있어서 한의학은 비과학적이라고 인식하게 되면서, 최근 20년 사이에 점차로 나이 든 세대를 제외하고는 한의학을 거의 외면하게 된 것이다.

하지만 최소한 몸의 항상성을 회복하고자 하는 자연치유에서는 체질, 기질, 성격 등을 고려해야 하므로 사상체질은 자연의학적 치료치유, 섭식치유, 몸치유, 감각치유, 감정·성격 치유 등에서 절대적은 아니지만 유용하다. 즉, 무차별적 섭식, 치료치유보다는 체질의 판별과 체질에 따른 장부 허실과 음식, 기질, 성격 등을 사상의학이나 8체질의학 등에 따라 고려하는 게 유용하다. 물론 성격은 체질적 성격보다는 서양의 에니어그램이나 융, 마이어브릭 성격검사 등이 더 유용하지만, 그런 테스트가 가용치 않을 때는 체질별 성격을 참고하는 것도 유용하다.

앞에서 강조했듯이 체질은 사람마다 전형적인 사상체질은 드물고, 8체질론이나 8상체질론에서 24체질론, 64체질론이 서로 다르듯이 사람마다 사상에다 내면 외면의 음양의 체질이 조금씩 다르다. 그래서 의사들이 서로 다르게 말하거나 동일 환자도 시간이 많이 지나면 다르게 말하기도 한다. 심지어 이제마조차도 환자의 체질을 외모와 기질, 칠정, 성격 등을 보고 어렵게 판별했다는 사례 등을 보면 사상체질 자체가 절대적이지 않고 성향적 체질 판별임을 잘 알 수 있게 한다. 설사 사상체질이 어느 정도 맞는다고 해도 정확한 판정 기준이 없는 것이다. 그래서 오늘날도 체질 판단에 한의사들이나 체질 감별 전문가들별로 다음과 같이 다양한 체질 판별 방법이 사용되고 있다.

〈표 3-4〉 사상체질표

	태양인	소양인	태음인	소음인
상징적 동물	용의 성품	말의 성품	소의 성품	당나귀의 성품
오장육부의 특징	폐가 크고 간이 작다.	비장이 크고 신장이 작다.	간이 크고 폐가 작다.	신장이 크고 비장이 작다.
성격 및 장단점	단기膽氣. 착상이 기발하고 슬기로운 데가 있지만, 지나치게 독선적이고 비타협적이다.	예기銳氣. 날카롭고 사나우며 남을 항상 경계한다. 성격이 밝고 명랑하며 추진력이 뛰어나다. 비판적이며 감정을 숨기지 못한다. 모든 일에 대해 체념이 빠르다. 또 지나치게 영리해서 경박해 보이기도 하며, 화를 잘 낸다.	포부가 크고 포용력이 있는 반면, 물질적 욕심이 강하고 속마음을 헤아리기 어렵다.	소교小巧. 여성적인 성향으로 섬세하고 치밀하다. 사색적이고 온화한 대신, 무기력하고 결단력이 약하다.
품성과 체형	용모와 체구가 단정하고 알씬하다. 얼굴은 하관이 빠르고, 뒷덜미 쪽의 살이 많다.	상체가 발달하고 이마와 뒤통수가 튀어나왔다. 하지만 뼈가 가늘고, 걸을 때는 자세가 바르지만 안정감이 없다.	신중하고 당당하다. 피부는 약하지만 근육과 뼈대의 발육 상태가 좋다. 얼굴은 원형이나 타원형에 가깝고, 비만한 사람이 많다.	온순하고 침착하다. 자세가 앞으로 굽었고, 근육이 비교적 약하며 뼈가 굵다.
기질	자존심이 강하고, 감상적이다. 마음이 자주 바깥으로 영웅 기질이다. 전체형, 발명가, 전략가, 혁명가	사무원, 장사꾼, 군인	비교적 소심한 편이다. 호걸형, 낙천가, 사업가	걱정이 많다. 종교인, 교육자, 지사형
행동과 태도	재능은 뛰어나지만, 의욕 과잉으로 주위 사람들과 화합하지 못한다.	지는 것을 싫어하며, 한시도 안정되어 있지 않다.	언행이 조심스럽고 태도가 중후하며, 경박하지 않다. 체 내도 온은 편이고 소극적이고 집념도 강하다.	치밀하고 정돈된 환경과 청결한 것을 좋아한다. 반면, 활동을 꺼리고 소극적이어서 혼자 있는 것을 즐긴다.
발병률이 높은 질병	상기上氣(현기증), 안질, 다리가 약함, 소화 불량(신트림), 아물 중독증	만성 신장 기능 부진, 이로증易老症, 음부 탈, 상습 요통, 생기능장애, 정력 부족, 방광 요도 질환	고혈압, 중풍, 천식, 만성 기관지염, 심장병, 신경성 심장병, 대장 및 맹장 질환(장티푸스), 간경화증, 교 질환	위하수증, 위산과당증, 위한증(주위 타는 병), 상습 복통, 급만성 위염
입맛에 맞는 약재	오가피, 목과, 교맥, 송화 등	숙지황, 구기자, 산수유, 시호, 박하 등	녹용, 매문동, 마황, 대황, 갈근 등	인삼, 부자, 소렴, 계피, 과두 등
입맛에 맞는 음식	메밀, 포도, 조개, 배주, 기위 등	돼지고기, 해삼, 녹두, 참외 등	쇠고기, 무, 콩, 다시마, 칩쌀 등	개고기, 닭고기, 양고기, 당근, 양배추, 과, 생강 등
지방 기질	—	경기도, 평안도, 전라도	경상도, 함경도, 제주도	—
비율	1만 명당 한두 명이 비율로, 아주 드물다.	—	—	—

- **설문지 이용법**: 체질 관련 성격, 감정정서, 심성, 기질, 외모, 체형, 병증 등을 사상 체질 분류검사 설문지에 담아 PC용 프로그램으로 분석 평가하여 진단지표를 제공하는 방법이 있다. 이 방법은 객관적 지표로 체질을 분류하므로 객관적인 지표를 제공하지만, 작성하는 데 작성자의 편견과 모호한 이해로 잘못 작성될 수도 있고 일반 한의원에서 작성하기엔 시공간의 제약도 있다.

- **지문검사법**: 지문검사 장비는 동무가 함경도 출신이라 사상의학 연구가 활발한 북한에서 개발한 것을 들여와 쓰고 있는 것이다. 그러나 사상체질을 지문 형태에 따라 분류한 것이 과연 성격, 기질, 심성, 장부의 허실 관계를 제대로 반영하는가의 신뢰도 문제가 있어서 정확하다고 보기 어렵다. 보조적 수단으로 다른 판정과 함께 써야 할 것이다.

- **체간측정법**: 대체로 사상체질별로 외모를 뚜렷하게 구별할 수 있는 경우도 있지만 모호한 경우가 많아 외모만으로는 판별하기 어렵고 틀리기 쉽다. 예컨대, 소음성은 '△삼각형'으로 상체가 왜소하고 둔부와 하체가 발달되었다거나, 소양성은 '▽역삼각형'으로 상체가 발달되어 있거나 둔부와 하체가 왜소하다거나, 태음성은 '▭ 아래가 넓은 사각형'으로 몸의 골격이 굵고 둥글고 배와 하체가 비대하게 많이 발달되어 있으나, 태양성은 '▢ 위가 넓은 사각형'으로 거대하지만 반대로 상체가 더 발달된 체형이라고 보는 것이다. 그래서 뼈와 골격의 구조를 보거나 눈코귀입의 크기와 모양으로 판별하는 방법도 쓰이고 있다. 두개골 각 부위와 어깨·가슴·배·엉덩이들의 관계로 보는 법도 개발되었으나, 신체 구조의 외형만으로 체질별 마음, 심성, 감정, 기질 등을 관계 지을 수 있는가의 신뢰성에 문제가 있다.

- **오링검사법**: 체질 판정에 가장 보편적으로 사용되는 방법이 오링테스트이다. 그 방법은 오른손의 엄지와 약지를 이용해 O형의 링을 만들고 왼손에 체질별로 독특한 식품을 들면, 다른 사람이 O링을 벌릴 때 쉽게 풀리는가 풀기 어려운가를 판별해 판정하는 방법이다. 원리는 근육운동학 이론에서 나온 것으로 자기에게 이로운 물체나 약재, 음식재 등은 기를 받아들여 오링 완력을 강하게 하나, 해로운 것들은 힘이 빠지는 원리를 이용한 검사법이다. 측정에 여러 가지 재료가 쓰

이지만 보통 〈표 3-5〉와 같이 체질별로 반응이 뚜렷한 오이, 당근, 감자, 무가 쓰이고 있다. 때로는 체질별로 더 강한 반응 차이가 있는 약재나 식재를 이용하기도 한다. 그러나 이것도 환자의 몸 상태에 따라 다르게 반응할 수 있다는 한계가 있다.

〈표 3-5〉 사상체질 판별을 위한 오링테스트 검사

식품＼체질	태양인	소양인	태음인	소음인
오이	○	○	○	×
당근	×	×	○	×
감자	○	×	○	○
무	×	○	○	○

결론적으로, 치유자들은 사상이나 다른 8상, 8체질 등도 공부해 두면 유용하다. 그러나 체성에 바탕을 둔 사상체질은, 역으로 개인의 심성, 성격, 칠정, 기질은 동일한 부모로부터 유전적으로 받은 혈액형, 성격 유형, 체질 하나하나가 같아도 다르고, 같은 혈액형, 체질, 성격의 성향이 유사한 면이 있을 뿐이다. 각각이 동등한 것도 개별적인 것도 아니고, 카르마와 인연에 의해 타고난 개개인의 오운육기·근기·심성, 유전적 혈액형·체질·기질의 복합성 때문에, 유사 성향을 발견할 수 있다고 해서 그 측면을 결정론적으로 동일시하는 우를 범해서는 안 된다. 다만, 체질론은 체질을 제대로 알고 체질에 맞는 섭식을 하거나—체질에 따른 성격·기질·심리적 특성을 다른 심리·성격 검사법과 함께하여 통합적 판단 참고 자료로 하여—치유대상자, 내담자의 심신의 병리장애 특성을 이해하는 데 도움을 줄 수 있지만, 절대적인 기준은 아니다. 특히 섭식건강, 자연의학적 심신치유에는 상당히 도움을 주나 무조건 기계적 판별법을 쓰지 말고 여러 판별을 종합하여 판정하여 유용한 참고 자료로 쓰는 것이 바람직하다.

143

사상인의 체질별 특성

사상의학적으로 체질별 신체나 기질상의 특성이 외모로는 뚜렷하지 않은 경우도 적지 않지만, 앞에서 언급했듯이 일반적으로 전형적인 사상인의 체형이나 기상의 성향은 어느 정도 얘기할 수 있다.

- 소음인은 삼각형 체형으로, 허리 아래 엉덩이와 하체가 건실하게 발달되어 있으나 전반적으로 체격이 작고 왜소하고 약해 보인다. 신대비소腎大脾小한 체질이어서 음유한 기운은 강한데 양강한 기운은 약하다. 비뇨생식기 쪽은 강하고 소화기 쪽은 약하다. 몸가짐은 수그리고 조심스레 걷는 사람이 많다. 여성인 경우 자궁이 발달되어 아이를 잘 낳는 편이다.

- 소양인은 일반적으로 역삼각형 체형으로, 상체가 발달되어 가슴이 충실하고 옆구리가 긴 편이나 엉덩이 아래 하체 발달은 빈약한 편이고, 비대신소脾大腎小한 체질이어서 양강한 기운은 강하나 음유한 기운은 약하다. 상체가 발달하여 소화기 쪽은 강하고 비뇨생식기 쪽은 약하다. 몸가짐은 민첩해서 걸음걸이가 날래고, 상체를 흔들며 먼 곳을 보며 걸으나 행동이 경솔해 보이기도 한다.

- 태음인은 아래가 넓은 사각형 체형으로, 목덜미 기세는 약한 편이나 대개 배가 나오고 살이 찌고 뚱뚱하며 자세가 굳건하고 전반적으로 체격이 건실하다. 간대폐소肝大肺小한 체질이어서 끌어들이는 힘은 강하지만 뿜어내는 힘이 약해 피로 회복이나 해독 능력은 강하나 호흡기 쪽은 약하다. 몸가짐은 발걸음이 무겁고 잘 움직이려 하지 않고 허리를 흔들기도 한다.

- 태양인은 위가 넓은 역사각형 체형으로, 가슴 윗부분이 발달되어 보통 가분수 모양에 용모가 뚜렷하고 덩치가 크고 긴 편이나 하체가 약하고 폐대간소肺大肝小한 체질이어서 뿜어내는 힘은 강하나 끌어들이는 기운은 약하다. 상체가 발달하였으나 하체가 약해 몸가짐은 오래 걷거나 서 있기 힘들고 발걸음이 가벼우나 불안해 보인다. 여성의 경우 허리가 빈약하여 자궁의 발달이 약해 임신이 어려운 편이다.

사상인의 기질·성격·심성의 특성

- 소음인은 어감이 조용하고 온순하며 우아한 느낌을 주고, 말을 조곤조곤 잘하나 뜻이 통하지 않으면 말을 삼킨다. 소음인은 입, 미각이 발달하여 감각 정보를 직접 맛을 보고 확인해야 직성이 풀린다. 소음인의 세상은 지방地方, 즉 지역적·국소적이다. 대인 관계는 거처居處 중심인지라 사람을 넓게 사귀지도 않고 남을 잘 오해한다. 오래된 상흔도 오래 묻어 두고 꼬투리를 끄집어내 현재와 연결하고, 이해득실을 따지는 경향이 많아 교류하는 친구는 넓지 않으나 깊게 사귄다. 도량 度量이 있고 방략放略이 뛰어난 자가 많다.

- 소양인은 목소리 어감이 맑고 낭랑하고 기운이 좋으나 스트레스를 받으면 감정 조절을 못 한다. 눈이 발달해 눈으로 사물의 정보를 더 잘 판단하고 눈치가 있다는 말을 듣는다. 소양인의 세상(천기天機)은 세회世會적이고, 만남 소통에 밝아 의리파가 많고 감성적·즉흥적으로 일을 처리하는 편이다. 인사人事, 즉 사회적 모임, 대인 관계 면에서는 교우交友로 희생 정신과 봉사 정신이 투철하지만, 자신의 실속을 챙기는 데 관심이 없어 자신이나 가족에게는 소홀한 편이다. 경륜經綸의 재주와 위의威儀가 있는 자가 많다.

- 태음인은 말이 적으며 어감이 웅장하기도 하지만 무겁게 가라앉는 편이고, 말을 하면 좀처럼 고집을 꺾지 않는 편이다. 코의 후각이 발달하여 감각 정보의 종합 판단력이 높은 편이다. 태음인의 세상은 인륜人倫형으로 사람의 도리를, 인습, 규범, 윤리를 중시한다. 인사, 대인 관계는 당여黨與로 무리를 지어 끼리끼리만 어울리는 성향이 있다. 행검行檢의 재주와 재간才幹이 있는 자가 많다.

- 태양인은 말이 많고 급하나 항상 자신의 직관 판단을 믿기에 말에 힘이 들어가고 억지도 부린다. 귀의 감각이 발달해 소리로 사물을 분별 판단하는 게 뛰어나나 오히려 잘못하는 경우도 많다. 태양인의 세상은 천시天時에 밝아 직관으로 세상을 살아간다. 주책의 재주가 있어 상황의 판단력, 파악 능력과 식견識見이 뛰어난 자가 많다.

삼극의학과 음양삼극승강론[6]

음양삼극승강론陰陽三極昇降論

음양론은 동양 사상에서 가장 근간이 되는 이론이다. 모든 사물, 사건, 즉 현상계를 음과 양의 상대적인 관점에서 관찰하고 파악하는 이론으로, 동양학문의 특징이자 중요한 수단이라고 할 수 있다. 특히 동의학에서 음양이론은 오행이론에 앞서는 가장 큰 기둥이요 대들보인 것이다. 음양론은 대단히 광범위하여 변화하는 모든 것이 다 음양론의 대상이 된다. 크다 또는 작다고 하는 정적인 면부터 차다 또는 덥다 등의 에너지 변화상까지도 음양론으로 설명이 가능하다. 그런데 우리 민족의 고유한 사상 체계라고 할 수 있는 천부경에서는 우주 만물과 생명의 변화 법칙을 이 음양으로부터 더 나아가 다시 삼극三極 원리에 의해 설명하고 있다. 천부경의 핵심이 되는 삼극三極 사상은 음양론과는 다른 별개의 개념이거나 음양론을 대신하는 새로운 이론이 아니다. 음양 삼극이란 모든 것에 넓고 포괄적으로 적용되는 음양론을 더욱 발전시켜서 대자연, 생태계, 생명체의 성주괴공成住壞空, 생주이멸生住離滅의 역동적 변환·순환의 중심이 되는 기氣의 극성極性의 변화와 순환 원리를 밝히는 것이다. 즉, 외기外氣인 기후나 내기內氣인 인체 생명기生命氣의 기상氣象에 따라서 풍도·온도·습도의 삼극三極의 기氣의 변화 원리에 따라 보다 구체적으로 기氣의 역동적 변화·순환 관계를 밝히는 것이다. 물론, 일반 생명체나 인간 생명의 존재 법칙과 생로병사의 원리를 이해하는 데 가장 근본이 되는 다차원 생명기氣로서의 삼극三極은 앞에서 설명한 精·氣·神의 삼보이다. 그러나 여기서는 인체의 경락장부의 생명기의 역동적 유주와 상생相生의 원리를 육기六氣의 승강에 바탕을 둔 삼극론三極論에 국한하여 설명할 것이다.

삼극이 없는 음양이론은 마치 입체인 물체를 평면도를 만들어서 2차원적으로 관찰하는 것과도 같아서 각각의 문제에 있어서는 음양으로 비교가 가능하나, 다른 문제와

---

6) 이 부분은 오수일의 『三極醫學』 강론을 참고하여 기술하였다.

혼재해 있을 때에는 이 음양과 저 음양이 어떻게 다르고 차이가 나는지를 명확히 파악하기 어렵다는 점이 가장 큰 문제가 된다. 음양론은 한 직선상에서 한 점(0점)을 중심으로 서로 반대 방향의 힘을 나타내는 방법이라 볼 수 있다. 삼극론은 한 점을 중심으로 전후, 좌우, 상하로 작용하는 음양을 각기 나눠 보는 방법이라고 할 수 있다. 그러므로 공간에 있는 한 점을 x, y, z 축의 각각의 좌표로서 표시하듯 특정한 사물이나 자연 현상, 보다 구체적으로는 자연의 외기外氣와 인체의 내기內氣를 풍도·온도·습도의 삼극에 의해 명확하게 나타낼 수 있는 것이다. 실제로, 이러한 이론은 알게 모르게 이미 동양학문에서 사용해 왔으나 이에 대한 명확한 이해가 부족하였던 관계로, 유명무실한 여러 가지 잡설에 묻혀서 올바로 사용되지 못해 왔다. 또한 이로 인하여 동의학을 비롯한 동양학문의 발전이 제대로 이루어지지 못하기도 하였다.

그간 동의학에서 지나치게 음양오행설에 의존하고, 근래에 와서는 사상체질론에 의존하여 병인·병기의 진단과 치료를 해 오고 있는 데 문제가 있다. 그중에 음양오행론은 삼라만상 원소의 기질과 속성을 오행으로 배속하여 그 상호작용·상관관계, 특히 오장육부의 기능의 지속적 생장과 '견제·균형'을 위한 상생/상극相生/相克, 이상 상태인 상승/상모相乘/相侮, 병적 현상인 오사五邪를 밝히는 변증론법辨證論法적 원리로서는 매우 유용하다. 하지만 음양오행론은 정精·기氣·신神의 다차원적 기氣의 역동적 생명 체계로 구성된 인체의 육장육부의 복잡한 대사 관계와 12정경·기경팔맥으로 되어 있는 경락의 복잡한 기氣의 역동적 유주와 순환 관계를 밝히고, 이에 따라 병인·병기의 원인을 진단하고 문제를 치유할 수 있는 수단이 되지는 못하고 있다.

이같이 오행과 장부의 기氣 사이의 정태적 상호작용 관계를 원리적으로만 설명하는 오행설과는 달리, 오수일의 『삼극의학』은 기氣의 역동적 변화·순환 관계를 밝히는 상위의 기본 원리라고 할 수 있다. 따라서 동양의학에서도 음양삼극이론의 명확한 이해가 기초된다면, 기존의 시대와 학파 그리고 다른 여러 가지 학설도 단숨에 정리가 될 것이다. 더 나아가 현재의 이론적이고 철학적인 의학에서 구체적이고 이론과 실제가 부합되는 의학으로 뛰어오를 것이다. 현재의 동양의학은 이론이 마치 귀에 걸면 귀걸이 코에 걸면 코걸이 식이어서 각자의 이론들이 그럴듯하나 서로 모순되고, 이론과 실제가 부합되지 않고 수많은 설이 혼잡하게 얽혀 있다. 이는 바로 음양삼극론과 같은

147

입체적인 사고를 통하여 인체의 육음六淫·육기六氣를 사실 그대로 보지 못하고 음양오행 등의 이론만을 가지고 평면적으로 그 그림자만을 봄으로써 생긴 결과이다. 여기서는 우리 고유의 사상이라고 할 수 있는 천부경의 삼극三極이론을 동양의학의 운기학설에 바탕을 두고 연구하여 체계화시킨 오수일의 『삼극의학』의 음양삼극승강론을 그대로 요약함으로써 경락·장부의 기의 유주와 병인·병기의 원리를 밝힐 것이다.

모든 동양학문에서는 음양을 우주 구성의 기본 이치로 본다. 이 음양관에서는 소우주인 생명체를 비롯한 우주의 모든 현상이 가장 이상적인 상태에 있을 때를 '수승화강水昇火降', 즉 '음승양강陰昇陽降'이라고 표현한다. 이는 음은 위로 올라가고 양은 아래로 내려가는 동적인 에너지 상태를 말하는 것이다. 그런데 삼극이론에서는 이런 통합적인 의미에서 한 걸음 더 나아가서 모든 상태를 3가지 측면에서 각각의 음양승강을 관찰한다. 삼극이란 글자 그대로 3가지 다른 극성을 말하는데, 기후 에너지·지기地氣·인체기人体氣의 관점에서 볼 때 풍·한·습의 삼기의 극성이 이에 해당한다. 이를 현대적으로 표현하면 풍도·온도·습도라고 할 수 있고, 인체에서는 풍도대사·온도대사·습도대사로 표현할 수 있다. 삼극이론은 기존의 육기六氣이론에 가장 가깝다고 할 수 있다. 〈표 3-6〉에서 보여 주듯이 육기는 풍한서습조화風寒暑濕燥火의 6가지 기운을 말하고, 궐음厥陰·소음少陰·태음太陰·소양少陽·양명陽明·태양太陽이라는 이름을 가지고 있다. 그러므로 음양승강이론은 육기六氣에 있어서도 똑같이 적용이 되는데, 이를 '음양삼극승강'이라고 한다. 이를 팔괘八卦, 육기六氣와의 대응 관계로 나타내면 〈표 3-6〉과 같이 된다.

148

〈표 3-6〉 陰陽三極昇降六氣 원리

八卦	兌(☱)	離(☲)	震(☳)	巽(☴)	坎(☵)	艮(☶)
六氣	太陰	少陰	厥陰	少陽	太陽	陽明
六淫	濕	暑	風	火	寒	燥
三極昇降	습도 過(濕)	온도 過(熱)	풍도 過 (음풍)	풍도 不及 (양풍)	온도 不及 (冷)	습도 不及 (燥)

음승양강을 셋으로 분류하면 온도에서는 소음승小陰昇[과過: 열熱(서暑)]·태양太陽[불급不及: 냉冷(한寒)], 풍도에서는 궐음승厥陰昇[과過: 음풍陰風(풍風)] 소양강小陽降[불급不及: 양풍陽風(화火)], 습도에서는 태음승太陰昇(과過: 습濕), 양명강陽明降(불급不及: 조燥)이 되는 것이다. 이 세 가지 풍도·온도·습도가 상호 보조를 맞추어 음승양강의 조화된 상태를 유지하려고 하는 것이야말로 생명력이 최고조를 발휘하는 상태이며, 이는 곧 동양의학의 생리관이자 치료 원리라고 할 수 있다. 이러한 육기六氣의 승강은 인체 내에서 경락으로 나타난다. 인체의 잉태부터 오장육부의 형성, 탄생, 발육 및 모든 현상은 삼극三極, 즉 육기六氣의 승강인 경락의 기에 의해 이루어지는 것이다. 육체의 정기는 기氣에 의하여 생성되고 또 기氣의 지배를 받으며 기氣는 신神(의식·마음·정신)의 지배를 받는 정精·기氣·신神의 상하 관계가 인체의 기본 원리이기 때문이다. 그러므로 음양삼극승강이 완전하게 조화된 상태로 이루어져야만 잉태부터 인체의 모든 기능이 완전하게 수행되는 것이다. 만약 어떠한 이유로 말미암아 음양삼극승강에 이상이 초래되면 기능적 또는 기질적인 이상이 나타나게 된다. 음양삼극승강 원리의 보다 완전한 이해를 위해서는 삼극, 즉 풍風·한寒·습濕의 기본 원리에 대하여 깊은 이해가 필요하다.

동양의학에서 풍·한·습이라는 말은 외부로부터 사기邪氣가 인체에 침범하여 병을 일으키는 경우, 이들 사기邪氣를 풍·한·습의 3가지로 분류하여 풍한습風寒濕 삼기三氣라고 일컬어 왔다. 그리고 육기六氣이론에서는 풍한서습조화風寒暑濕燥火의 6가지 기후 조건에 궐음厥陰·소음小陰·태음太陰·소양小陽·양명陽明·태양太陽이라는 고유한 이름을 붙여서 주로 육음六淫, 즉 외부로부터 인체에 나쁜 영향을 주어 질병을 초래케 하는 비정상적인 기후 조건을 논할 때 사용해 왔다. 그 외에도 12경락(정경)의 이름에 이 육기六氣의 명칭을 붙이거나 또 일부 운기의학을 하는 사람들은 질병이 발생한 당시의 기후를 오운육기五運六氣적으로 풀어내거나 심지어는 환자의 생년월일의 간지를 이용하여 체질을 감별하고 병의 원인, 증상, 처방을 유추하는 등에 육기이론을 사용해 오고 있다.

그러나 이러한 기존의 풍한습風寒濕 삼기三氣나 육기六氣이론은 동의학의 원리라는 면에서는 주된 흐름이 되지 못하고 병인의 보조적인 유추 작업이나 특수한 운기의학 등의 분야에서만 적용되어 왔다. 이는 과거 현인들의 훌륭한 학설이나 연구가 후진들에 의하여 올바로 쓰이거나 연구되지 못하고 업둥이 취급을 받고 있다는 것을 단적으로 보여 주는 것이다. 과거 풍한습風寒濕 삼기三氣이론이나 육기六氣이론을 연구했던 현인들은 이들 이론을 단순히 현재와 같은 수준이 아닌 보다 근원적이고 주된 원리로서 인식했을 것이다. 동의학 이론의 가장 근간이라고 할 수 있는 12경락의 명칭에 이 육기六氣의 고유한 이름들이 붙어 있는 것을 보면 미루어 짐작할 수 있다. 또 한 가지 중요한 사실은 우리 민족이 '일一(태극太極)'과 '이二(음양陰陽)'를 기본 바탕으로 하고 실제 운용상에서는 삼극三極 원리를 주된 원리로 해 왔다는 사실이다. 우리 민족의 최고 경전 중의 하나인 『천부경天符經』을 보면 "일시무시일一始無始一, 석삼극析三極, 무진본無盡本…"이라고 하였다. 이 글의 의미는 일의 이치가 곧 우주삼라만상의 기본 원리이나 이것이 현상계에 나타날 때에는 삼극三極, 즉 삼三을 기본으로 하여 나타난다는 것을 뜻하는 것이다. 물론 삼극三極을 현상계에 나타내기 위해서는 음양의 원리가 근간이 되고 있다. 그러나 기존의 이론들과 같이 음양만을 가지고 모든 현상을 설명할 경우, 모든 현상을 한 평면상에서 논하게 되어서 서로 비교하기에 큰 어려움이 발생한다.

그런데 삼극三極이론에서는 모든 현상을 일단 풍·한·습, 즉 풍도·온도·습도라는 3가지 면으로 나눈 다음 그 안에서 각각의 음양을 논하게 되므로, 모든 것이 일목요연하게 정리가 되고 또 각각의 기준에 따른 비교 검토가 용이해지는 것이다. 예를 들면, 기존의 음양이론에서는 온도상의 음양인 차다(한寒), 덥다(열熱)와 습도상의 음양인 습하다(습濕), 메마르다(조燥)를 상호 비교할 수 없는데도 불구하고, 필요에 따라 적당히 같이 쓰거나 또 애매하게 구분해 왔다. 특히 생리나 병리 그리고 본초학을 연구하는 분야에서는 이러한 혼란상이 이루 헤아릴 수 없을 정도로 심하다. 그러나 음양이론만으로는 이러한 것들이 귀에 걸면 귀걸이 코에 걸면 코걸이 식으로 적당히 들어맞아서 마치 논리적인 것처럼 보이므로, 이러한 모순을 쉽게 발견하기도 어렵거니와 시정하기는 더더욱 어려웠다. 병을 고쳐도 왜 나았는지를 명확히 모르고, 낫지 않을 경우 왜 낫지 않았는지를 원리적으로 명백히 알지 못하여서 학문의 발달을 기대하기 어려운 것이 현실이다.

실제로 과거 2~300년간의 오랜 기간 동안 동양의학은 발전보다는 퇴보 일로에 있었다고 보아도 과언이 아닐 것이다. 최근에 들어와서 서양의학의 이론이나 진단법 등에 힘입어 약간의 발전이 있는 듯하나, 이는 겉으로 드러나는 기교상의 발전일 뿐 그원리적인 측면에서 본다면 오히려 동양의학의 원리는 퇴보하다 못해 점점 사라져서 서양의학에 흡수되고 있는 것이다. 이미 중국은 '양진한치洋診漢治'라는 늪에 깊숙이 빠져들어 있고, 일본은 불완전한 의학인 상한론에 발이 묶여 있는 상태이다. 현재 세계적으로 한의학이 알려지고 있는데, 이는 일부 침구술이나 한약의 효능이 우수하기 때문이다. 그러나 이들 침구를 보면 대증요법이요, 양진한치의 범위를 넘지 못하고 있고, 한약의 효능도 무슨 약이 무슨 암에 100% 효과가 있다는 식의 서양약학의 생약으로 전락해 가고 있다. 이런 식으로 더 나아가면 침구는 서양의학의 물리요법으로, 한약은 생약학으로 흡수될 것이 분명하다. 이러한 때에 오수일 선생은 우리나라의 민족과학인 천부경의 삼극三極이론을 도입하여 운기의학의 육기이론과 결합함으로써 음양삼극승강론으로 체계화시켰다. 따라서 음양삼극론을 따라 그동안 모호했던 동양의학의 모든 부분을 명백히 밝힌다면, 동양의학은 글자 그대로 모순 없는 명실상부한 세계의학으로 발돋움할 수 있을 것이다.

151

무엇보다도 삼극三極이론은 이들을 각각의 기준에 따라 분류하여 다시 음양이론으로 설명하므로, 복잡하게 얽힌 구이론들이 명확히 구분되고 또 쉬워지는 것이다. 삼극三極은 인체나 기후 외에도 모든 현상계에 적용되는 이론이다. 그러나 이를 인체와 인체를 둘러싼 대기 변화에 한정하고 볼 때에는 풍한습風寒濕으로 표현되고, 이를 현대적으로는 풍도·온도·습도로, 또 인체 내에서는 풍도대사·온도대사·습도대사로 나타난다. 즉, 인체 내의 여러 가지 대사 과정을 보면 이들은 크게 세 가지로 구분하여 풍도대사, 온도대사, 습도대사로 분류할 수 있다. 풍도대사는 압력의 과·불급에 따른 차이를 이용한 기혈 순환 체계를, 온도대사는 생체 유지 및 종족 번식을 위한 온도 조절 체계를, 습도대사는 대사 과정을 정상적으로 유지시키기 위한 영양, 수분 조절 체계를 말한다. 오장육부에 있어서는 폐·대장·비·위가 습도대사 조절기구로, 심·소장·신장·방광은 온도대사 조절기구로, 심포·삼초·간·담은 풍도대사 조절기구에 속하고, 각 장기와 연결된 12경락들도 삼극三極대사 조절기구에 속하게 된다. 이들 오장육부와 경락들이 삼극三極대사에 어떤 식으로 관여하고 기능하는지는 심신치유의 상식의 범위를 넘어서는 내용이므로 기술하지 않을 것이다(좀 더 상세한 내용을 알고자 하는 독자는 오수일의 『삼극의학』을 참조하기 바람). 그러나 기준이 없는 평면적인 기존의 음양론이나 정태적인 오행이론만으로 인체의 생리·병리를 논하기에는 인체의 복잡성이나 다양성이 너무 크다고 말할 수 있다.

경락장부론經絡臟腑論

그동안 경락經絡은 막연히 내부 장부臟腑 기능의 외부 반응점의 연장선이나 장부臟腑의 에너지가 외부로 순환되는 통로 정도로 인식되어 왔다. 즉, 오장육부五臟六腑에 소속되는 부속기관 정도로 알려져 온 것이다. 그러나 기공 훈련이나 내관 등을 통해서 얻어진 통찰력으로 관찰되는 경락은 단순히 오장육부五臟六腑의 부속기관이 아니고 오히려 장부臟腑를 형성하고 또 그 기능을 유지시켜 주는 모母기관이라 할 수 있다. 즉, 경락經絡은 장부臟腑의 원형原型이자 모체母體인 것이다. 경락經絡 중에서도 12정경은 장부, 즉 6장 6부를 형성시켰고 또 장부臟腑가 정상적인 기능을 영위할 수 있도록 조정해 주는 역할을 하는 장부臟腑의 상위 중추 역할을 한다. 그리고 장부臟腑를 통해서 섭취한 외부의 에너지(청기精氣) 중에서 정화된 기氣를 모아서 기경팔맥奇經八脈으로 보내 줌으로써 백魄의 기氣를 강화시키는 일도 더불어 하고 있다.

그러므로 경락經絡은 장부臟腑를 포함한 육체와 정신을 연결하는 연결 고리 역할을 하는 매우 중요한 위치에 있다고 할 수 있으며 동양의학의 가장 중심 개념이 된다. 기존의 동양의학 이론들은 생리·병리, 진단·치료 등 대부분의 분야에서 경락經絡보다는 오장육부五臟六腑가 중심이 되어서 형성되어 있고 임상적으로도 그러하다. 물론 상한론의 육경병증은 경락經絡 원리를 바탕으로 이루어져 있다. 그러나 장중경 이래로 육경병증이론은 발전이 되지 않고 원상태의 유지에만 급급해 왔으며, 그 결과 기형적인 의학 형태를 낳게 되었다. 그 외에 침구 분야는 경락經絡이론의 고유 분야임에도 불구하고 12정경이나 기경팔맥奇經八脈의 원리와 오장육부五臟六腑이론이 혼재되어서 오행과 육기가 뒤섞이는 등 갈피를 잡지 못하고 있다. 이런 상황에서는 경험적인 일시적 처방만이 득세하게 되고, 올바른 의학의 발전은 기대하기 어려운 것이다.

삼극의학에서 보는 경락장부經絡臟腑의 관계를 알아보면 다음과 같다.

첫째, 경락經絡은 장부臟腑의 모체母體이다.

둘째, 경락經絡, 특히 12정경과 장부臟腑는 완전히 대응한다.

셋째, 그러므로 장부臟腑는 오장육부五臟六腑가 아닌 육장육부六臟六腑가 된다.

넷째, 경락經絡과 장부臟腑는 음양삼극승강陰陽三極昇降 원리에 따라서 영위된다.

이상과 같은 결론을 토대로 보면 기존의 오장육부五臟六腑 및 오행 중심으로 이루어진 생리·병리, 진단·치료 체계도 삼극의학에서는 12경락과 육장육부六臟六腑 및 음양삼극승강陰陽三極昇降 원리 중심으로 바뀌게 된다. 12경락 중심으로 생리·병리, 진단·치료 등의 체계가 이루어지면, 그간 난해하게 여겨지던 각종 난제들과 각자 의견을 달리해 왔던 이론들이 일목요연하게 정리가 되는 것을 볼 수 있다. 그리고 일면 복잡하게 보였던 이론들이 정리가 되어 아주 단순해지고 상호 비교가 용이해져서, 동의학의 연구와 공부가 실로 쉽고 흥미로워지고 연구의 속도나 깊이가 더욱 깊어지게 되는 것이다.

153

병인병기론病因病機論

병인病因은 글자 그대로 병을 일으키는 원인을 말한다. 그러나 임상에서나 실제 생활 속에서 똑같은 병인이 있을 경우, 어떤 사람은 병이 발생하지만 또 어떤 사람은 병이 발생하지 않는다. 그러므로 병인은 병을 일으킬 수 있는 원인이라고 해야 맞을 것이다.

병인이 될 수 있는 것은 무수히 많다. 그러나 이들을 분류해 보면 내인에 의한 내상內傷과 외인에 의한 외감外感, 외상外傷의 세 가지로 나눌 수 있다. 이 중에서 내상은 다시 칠정상七情傷, 음식상飲食傷, 노권상勞倦傷, 운동부적運動不適 등으로 분류할 수 있는데, 이들은 모두 양생養生의 부조라고 말할 수 있다. 병인을 이렇게 분류하였지만, 외상과 같은 경우를 제외하고 외감으로 인한 병은 단독으로는 발생하기 어렵다. 반드시 칠정상, 음식상, 노권상 등의 내상이 바탕이 되고, 그 위에 외감이 발생하는 것이 병이 생기는 이치인 것이다. 내상으로 인하여 정기가 손상되지 않으면 아무리 강한 사기가 외부로부터 외감되어 온다고 해도 사기가 정기를 침범할 수 없다는 '사불범정邪不犯正'의 이치대로 절대로 병에 걸리지 않는 것이다. (실제로 깊이 궁구하면 외상도 외감과 마찬가지로 내상이 그 바탕이 되지만 여기서는 제외한다.) 그러면 이들 병인들에 대하여 자세히 알아보자.

외감은 순수한 대기 변화 현상인 육기六氣에 감응하여 병이 발생하는 경우와 이러한 육기 변화의 산물인 사기邪氣에 감응하여 병이 발생하는 경우 두 가지로 나눌 수 있다. 물론 방사능 피폭이나 고자기장, 고전압 등에 노출되어서 발병하는 경우도 외감에 해당되지만, 그러한 것은 특수한 예에 해당된다. 이러한 특수한 경우조차도 육기의 외감에 준하여 치료가 가능하고 또 사기의 침입에 의한 병도 반드시 대기 변화인 육기 변화와 그 맥을 같이하므로 육기에 의한 외감이 외적인 병인의 주류가 된다. 외감은 그동안 풍한서습조화風寒暑濕燥火의 6가지 육기에 의한 감염이라고 알아 왔다. 물론 六氣가 외감의 근본인 것은 틀림이 없으나 삼극의학에서는 육기를 이와는 조금 다르게 보고 있다. 삼극의학에서는 육기를 궐음·소음·태음·소양·양명·태양의 여섯 가지 기운이 대기 변화상에 나타날 때에는 '음풍陰風·서暑(열熱)·습濕·양풍陽風·조燥·한寒(냉冷)'의 여섯 가지로 본다. 이 중에서 서暑·습濕·조燥·한寒 4가지는 기존의 육기와 동일하지만 陰風·陽風 이 두 가지는 기존의 이론과 전혀 다르다. 지금까지는 풍風을 한가지로 묶어서 보아 왔고 또 화火는 소양小陽을 상화相火라고 하여 소음군화少陰君火와 상대적인 개념으로 취급했다. 이는 오행이론과 육기이론이 구분되지 못하고 혼재되어 사용되고 있는 일례라고 할 수 있다. 육기는 오행과는 전혀 다른 원리 체계로서, 이를 섞어서 사용하는 것은 서로 짝이 맞지 않는 내용과 껍질을 억지로 끼워 맞추는 것과 같은 것이다. 그런데 우주에는 음보다 양이 많다는 등의 궤변으로 火를 군화君火, 상화相火의 둘로 나누는 억지이론이 나오게 된 것이다. 소우주라고 하는 인체에서는 음양조화陰陽調和, 수승화강水昇火降을 부르짖는 사람들이 어찌 대우주에서는 음양이 균형이 깨져서 양이 음보다 더 많다고 말하는지 알 수 없다.

삼극의학에서는 이러한 애매모호한 이론을 위한 이론을 과감히 부수어 버리고 실제 현상과 이론이 일치된 연구를 목표로 하고 있다. 우선 대기 중 기후 변화의 요소를 살펴보도록 하자. 대기 중 기후 변화의 요소는 온도·습도·풍도의 3가지 요인이 복합적으로 작용하고 있음을 알 수 있다. 이들 온도·습도·풍도는 각각 음양론의 상대적 개념으로 한寒·열熱과 조燥·습濕 그리고 '고기압高氣壓·저기압低氣壓', 즉 양풍陽風·음풍陰風으로 이루어진다. 일반적으로 그동안 '풍風'이라고 알고 사용해 왔던 것은 음풍과 양풍 간의 교류 현상인 바람, 즉 풍을 그 현상만 보고 미처 그 이치까지는 연구되지 못한 것을 후세 사람들이 더욱 연구하지 못하고 그대로 사용해 온 발전되지 못한 개념인 것이다. 삼극의학에서는 이렇게 분화되지 못하고 현상만을 다루던 '풍'의 개념을 근원적으로 '음풍'과 '양풍'의 작용이라고 밝혔으며, 비로소 명실상부한 '육기六氣'이론을 완성시켰다고 할 수 있다.

병인으로서의 외감은 바로 이들 '육기'의 작용에 인체가 적응하지 못할 때에 비로소 형성되는 것이다. 과거에는 '육음六淫'이라고 하여 기후, 즉 육기가 비정상적인 변화를 나타내는 것을 외감의 원인으로 보아 왔다. 그러나 정상적인 기후 변화라고 할지라도 인체가 그 변화에 적응하지 못하고 체내의 육기, 즉 12경락의 흐름에 이상을 초래한다면 이미 외감이라고 할 수 있다. 그러므로 외감으로서의 육기는 항상 외감의 주체인 인체의 체내 육기와 연결하여 연구되어야 할 것이다. 이 '한·열, 조·습, 음풍·양풍'의 육기는 인체의 경락에 영향을 줌으로써 병인으로 작용하게 된다. 외부의 육기가 과도하게 편중되거나 인체 경락의 기능이 부분적으로 약하게 된 경우 외부의 육기에 감응이 되는 것이 외감이다. 그러면 외부의 육기와 그와 감응하는 인체의 경락과의 연관성을 살펴보도록 하자. 외부의 한기, 즉 냉기는 인체의 수족 태양경, 열기는 수족 소음경, 조기는 수족 양명경, 습기는 수족 태음경, 음풍은 수족 궐음경, 양풍은 수족 소양경에 각각 작용한다. 그런데 이런 일차적인 작용만 하는 것이 아니고 한기는 수족 태양경을 통하여 수족 소음경까지 영향을 미치게 되는 이차적인 작용도 하게 된다. 그러므로 반드시 이러한 일차, 이차적 작용까지를 살펴야 한다. 이들 관계를 정리하면 다음 [그림 3-3]과 같다(보다 상세한 원리는 오수일의 『삼극의학』을 참조하기 바람).

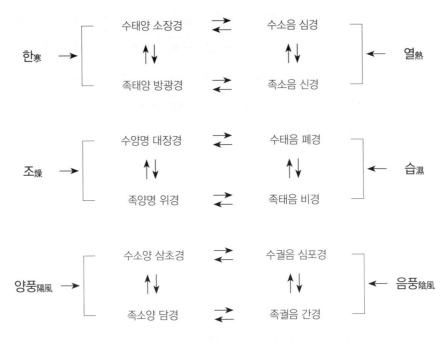

수태양 소장경 ⇄ 수소음 심경
한寒 →
족태양 방광경 ⇄ 족소음 신경
← 열熱

수양명 대장경 ⇄ 수태음 폐경
조燥 →
족양명 위경 ⇄ 족태음 비경
← 습濕

수소양 삼초경 ⇄ 수궐음 심포경
양풍陽風 →
족소양 담경 ⇄ 족궐음 간경
← 음풍陰風

[그림 3-3] 외부 육기와 감응하는 인체 경락의 연관성

　기존의 외감에 대한 연구로는 장중경의 상한론을 그 대표적인 예로 들 수 있다. 이는 동양의학의 대단한 전기가 될 뻔한 아주 중요한 사실이다. 그러나 12경락의 고유한 기능과 특징 또 외부 육기에 대한 이해가 완전치 못한 탓으로 육경병증六經病症이론이 명확히 경락을 기초로 한 것인지도 확실히 하지 못하였다. 그로 말미암아 후세의 수많은 오해를 불러일으켰으며, 후인들 역시 투철한 연구를 통해 상한론의 육경병증이론을 발전시키는 것은 고사하고 자구적 해석에만 매달려 오히려 장중경시대만도 못한 수준에 머물러 있는 것이 현 실정이다. 기존의 이론만이라도 잘 활용한다면 운용하는 중요한 뼈대가 될 수 있었음에도 불구하고, 급성 전염성 질환을 치료하는 처방을 그대로 내상 만성질환에까지도 사용하고 있으니 이는 동양의학의 대강령이라고 할 수 있는 허실虛實이론까지도 도외시하고 있는 것이다. 만약 삼극의학에서 재정리한 12경락이론을 토대로 상한론의 육경병증이론을 다시 정립한다면, 반드시 동양의학의 중요한 토대가 될 수 있을 것이다.

정기신 치유·수련 원리

정기신精氣神의 원리

지금까지 앞에서 보여 준 바와 같이 동북아, 특히 우리 전통 환단 사상과 동의학/중의학의 원리는 의역동원醫易同源 사상에서 보듯이 주역팔괘의 음양오행론·음양삼극론의 경락의 기(12정경·기경팔맥), 오운육기 사상과 도가의 기 수련 정精·기氣·신神의 원리를 바탕으로 하고 있다. 즉, 동북아의 심신전일의학과 심신 수련에서는 예전부터 인간의 생명에서 氣의 중요성을 인식하고서 인간의 생명은 정기신精氣神, 또는 우리 환단 사상에서는 심기신心氣身, 성명정性命精으로 이루어져 있다고 볼 정도로 모든 의학과 수련에서 기氣의 중요성과 기氣를 중심으로 한 정기신精氣神의 원리를 강조하고 있다. 기氣의 원리는 단순하지 않으나 정기신精氣神의 기본 개념은 단순하다.

정精이란 통상적인 의미대로 물질적인 질료로 구성되어 있는 (신경생리학의 대상이 되는) 신체, 즉 육신肉身을 의미하고, 기氣는 물질적 정기精氣의 정묘한 (생체 전기·자기·양자, 생체 분자 수준의 물질) 에너지도 포함하지만 주로 생명원기元氣(선천 원기, 후천 원기)를 의미한다. 모든 생명체는 기氣가 소진되거나 빠져나가거나 완전히 막히면 다른 뇌·장기·육신이 멀쩡해도 죽는다. 왜 그런가를 알려면 기氣에 대해 제대로 알아야 한다.

기氣는 너무나 다양한 의미를 내포하고 있고, 그 대상과 용도에 따라 개념과 정의가 다르다. 심지어 기氣 관련 문헌과 기氣 전문가들 사이에서도 특정한 기氣의 범주에 대한 개념과 정의를 달리하고 있다. 여기서는 기氣의 과학적 접근에 대한 논의에 앞서, 먼저 기氣의 원리를 알아본 후 우주에 편재한 모든 기氣 중에서 인간 생명의 정精·기氣·신神 중 온생명 에너지로서의 생명의 핵심인, 전통 지혜(전통 의학, 전통 수련)의 기氣에 대해서만 고찰할 것이다.

기氣는 먼저 기氣의 원리에 대한 올바른 이해로부터 시작해야 한다. 그러나 기氣의 원리는 기氣철학의 주제인데다 기氣의 문헌학적, 철학적 고찰은 매우 관념적인 내용이

157

므로 여기서 다루지 않을 것이다. 다만, 생명기의 올바른 이해를 위해서는 기氣의 원리에 대한 모든 것을 내포하고 있는 도가道家의 기氣 사상만은 언급하지 않을 수 없다. 노자老子의 『도덕경道德經』 제 42장 '도화道化' 편에서 "도생일道生─ 하고 일생이─生二 하며, 이생삼二生三 하고 삼생만물三生萬物 하며 만물萬物은 '부음이포양負陰而抱陽' 하며 '충기이위화沖氣以爲和'라."라고 하는 이 함축된 글에 담은 뜻을 음미해 보면, 우주와 인간 생명의 근본은 도道라 하고, 이 도道가 미분화된 혼돈 에너지인 일기─氣, 즉 태극太極을 낳고, 일기─氣는 회전하여 음양─양의兩儀의 이기二氣를 낳고, 다시 이기二氣와 양극의 대치성이 서로 호응하면서 얽히고설키는 목화토금수木火土金水 오행五行의 상생상극相生相克 가운데 중화성이 되는 삼기三氣인 충기沖氣, 즉 화기和氣가 생기고, 이 삼기三氣에서 만물과 생명체가 생기는데, 만물은 음陰을 등에 지고 양陽을 안아 충기沖氣로서 화합한다. 이 원문에서 삼기三氣란 것은 만물과 생명체가 형성되기 위해서는 음기陰氣를 업고 양기陽氣를 안아서 충기沖氣로서 화생해야 한다는 것이다. 다만, 기氣의 원리는 도道에서 나온 미분화된 일기─氣인 태극에서 나온 음양오행陰陽五行의 기氣는 우주 만물의 역동적인 에너지 자체이며, 우주는 이러한 기氣로 충만해 있다. 음양오행陰陽五行과 오운육기五運六氣의 역동적 변화와 충기沖氣의 화합 작용으로 만물의 성주괴공成住壞空과 생명체의 생주이멸生住離滅이 순환됨을 알 수 있다.

따라서 원래 넓은 의미에서 일기─氣인 태극에서 분화되어 나온 모든 기氣는 역동적 에너지로서, 우주에 편재한 모든 물질기氣는 물론 모든 생명체의 초자연적 생명 에너지까지 전부 망라하고 있음을 알 수 있다. 여기서는 온우주와 대자연에 편재한 모든 기氣 중에서 물질기氣는 제외하고, 우리 모두의 관심사인 생명의 근원(원동력)이 되는 생명 에너지로서의 기氣에 대해서만 논의할 것이다. 그런데 이 생명기氣는 통념적으로는 인체의 경락을 따라 흐르는 한의학/동의학에서 말하는 기氣를 의미한다. 여기서는 보다 넓고 포괄적인 의미에서의 온생명기와의 구분을 위하여 통상적인 기氣를 생체내기生体內氣 또는 생명원기元氣라고 일컬을 것이다. 그러므로 이 절의 주제인 기氣의 과학적 대상으로서의 가능성을 알아보기 위하여 보다 넓은 의미에서 생명체를 형성하고 유지·활동케 하는 모든 기氣로서─육신의 기氣인 정기精氣, 감정·충동·상념·의지 같은 의식의 기氣인 심기心氣, 예지·직관·창조·자비·정신력 같은 정신의 기氣인 혼기魂

氣·영기靈氣를 모두 포함하는―온생명 에너지로서의 기氣에 역점을 두고, 이러한 온생명기氣의 실체를 알기 위한 정신과학적·의식심리학적 접근 가능성에 대하여 알아볼 것이다.

동양에서는 예전부터 인체를 생명조직의 장場으로서의 기氣의 장場으로 이루어진 소우주로 이해해 왔다. 도가道家에서는 인간의 몸이 정精·기氣·신神으로 이루어져 있다고 본다. 말하자면, 원리로서의 원신元神(진아眞我, 진여眞如, 자성自性, 영광靈光, …)과 선천원기先天元氣가 부모의 정기精氣인 원정元精에 스며들어 성장하면서 후천지기後天之氣인 정기精氣와 생기生氣, 신기神氣(마음, 식심識心: 백魄, 혼魂, 정신)를 발육·성장시키며 이합집산離合集散의 생명 사이클을 반복하게 된다고 보고 있다.

여기서 유의할 점은 도가道家에서는 정동, 본능의 의식과 연관되는 신경세포에 붙어 있는 식識인 백魄(body soul)과 예지, 직관, 창조, 정신과 관계되는 혼魂(spiritual soul)을 모두 신神으로 지칭하고 있다는 것이다. 이와 같이 도가에서는 생명원기元氣인 기氣와 구별하여 신神이라고 포괄적으로 총칭하고 있으나, 사실은 원신元神을 제외하고는 모두 기氣인 것이다. 힌두교의 베단타심리학과 밀교가 아닌 현교로서의 신지학神智學에서는 원리로서의 신神에 해당하는 진아眞我, 전일자全一者(모나드)를 제외하고 그 아래의 의식, 상념, 직관, 정신 모두를 에너지인 기氣로 보았고, 탄트라불교에서도 유사한 관점을 보인다. 하지만 선禪불교와 대승불교는 유식唯識으로서의 모든 의식과 진여眞如·자성自性을 포함하는 마음心으로서 인간의 존재성을 설명하는 유심교唯心敎이기 때문에 기氣의 개념을 직접적으로 사용하지는 않고 있다. 그러나 여기서는 힌두교의 베단타심리학, 탄트라불교심리학, 초개인(자아초월)심리학 같은 영원의 심리학perennial psychology에 대한 의식정신 과학적 개념에 따라서, 자연의 기氣 중에 생명원기元氣인 프라나Prana 경락의 기氣·생체원기元氣 그리고 염력念力·텔레파시·투시력·투청과 같은 ESP 현상과 특이공능功能 같은 초능력의 기氣와 감정·상념의 기氣인 마음의 기氣와 예지·직관·창조·정신의 혼기魂氣, 정신기精神氣 등을 모두 통칭하여 생명조직장의 생성·유지·활동에 필수적인 온생명기氣로서 다룰 것이다.

동의학에서의 정기신精氣神 · 혼백론魂魄論

현대의 몸맘영BMS과 유사한 불교의 삼보三寶(화신化身·보신報身·법신法身)와는 달리, 동양의학에서 세 가지 보배라고 하면 바로 정精·기氣·신神을 말하는 것이다. 정精· 기氣·신神은 인체의 생명 원리를 구성하는 기본 요소이자 전부이기 때문에 세 가지 보물, 삼보라고 말하는 것이다.

통상 정精이라고 하면 좁게는 호르몬 등 내분비 계통을 말하지만, 넓게는 물질, 즉 육체를 구성하는 물질적인 요소를 총칭하는 것이다. 그러므로 정精은 곧 우리 육체 자체라고 할 수 있다. 그리고 기氣는 생명원기生命元氣로서 이 물질적인 육체, 즉 정精을 움직이고 조절하는 상위의 생명 에너지적인 측면을 말하는 것이다. 기氣는 정精의 상위 차원(에테르界, 공간기계, 자유 에너지장)의 생명 에너지 체계로서 정精의 모든 것을 조절하는 역할을 한다. 또 정精은 기氣의 지배를 받고 있으면서 (후천 원元)기氣를 계속적으로 유지시키도록 정精의 정묘한 (질료) 에너지를 공급하고 있다. 즉, 기氣를 살리고 있는 것이다. 정精과 기氣의 관계가 이렇듯 상호 보완적이라면 기氣와 신神의 관계도 또한 마찬가지라고 할 수 있다. 신神은 혼적·정신적(식신識神)인 기능과 영적(원신元神)인 기능 체계를 다 말한다고 할 수 있다. 인간의 의식과 무의식·초의식(양자의식)의 활동이 바로 식신識神이라고 할 수 있는데, 이는 인체의 기氣를 조절하는 상위 홀론의 작용인作用因으로서 조정자 역할을 한다. 신神은 기氣의 활동을 (상위의 홀론으로서 홀라키적으로) 조정 지배하지만, 다시 기氣로부터 정묘한 (질료) 에너지를 얻어서 생명 활동을 영위한다.

이들 정精·기氣·신神은 인체의 생명 원리를 크게 (홀라키적으로) 대분大分한 것으로, 이들은 기능이나 위치에 따라서 다시 세분화할 수 있다. 정精은 잉태 당시부터 가지고 있는 선천의 정精과 태어나서 수곡收穀의 정精으로부터 획득한 후천의 精이 있으며, 이는 다시 오장五臟의 정精으로 구분된다. 오장의 정精은 다시 인체 전반을 구성하는 물질의 기초가 되는 것이다. 그리고 기氣에는 인체가 잉태되는 순간부터 인체를 조정하는 선천의 원기元氣가 있으며, 수곡收穀의 정기精氣와 호흡呼吸의 기氣를 바탕으로 이루어진 후천의 기氣가 포함되어 있다. 이 후천의 기氣에는 선천의 기氣가 들어 있다. 후천의 기氣는 선천의 기氣의 도움을 받아서 경락을 유행하며 여러 가지 종류의 기능을 수행하는데, (중의학/동의학에서는) 그 위치와 기능에 따라서 각기 다른 명칭을 부여하였다.

신神은 동의학에서는 일반적으로 혼魂·신神·의意·백魄·지志로 나누어서 각기 오장에 소속되는 것으로 알려져 왔다. 그러나 대개는 이론적인 차원에 그쳤으며, 실제 생리나 병리적인 작용이나 기타 학문적으로 중요한 가치가 부여되지는 않았다. 그러나 홀라키적으로 정精은 기氣의 지배적 작용을 받고 기氣는 신神의 지배적 작용을 받는다. 이러한 하향 인과下向因果적 측면으로 보면, 신神은 인체 생명력 발현의 가장 상위의 영혼, 정신, 심의식心意識의 주체로서 인체 생명에서 가장 중요한 위치에 있다고 보아야 할 것이다. 특히 모든 병의 근원은 (큰 의미의) 마음에 있다는 동서고금의 주장과 같이, 질병의 근원은 동서를 막론하고 마음, 즉 신神(영靈·혼魂, 심心·의意·식識)의 영역에서 찾아야 할 것이다. 그렇다면 그동안 기존 한의학에서의 구태의연한 오행적 분류의 기초나 임상에서는 그다지 중요하지 않게 여겨 왔던 환원주의적이고 피상적인 신神의 개념에서 탈피하여 신神에 대한 전통지혜(영속종교·영속철학·영속수행)와 현대 심리학·자아초월심리학, 명상·영성 수련과 상통하는 보다 근본적인 이해가 필요하다.

전통적으로 도가/선도 수련에서는 신神을 원신元神과 식신識神으로 구분하는데, 보편적인 동서양의 전통지혜에 맞게 설명하자면 원신元神은 영靈에 해당하고, 식신識神은 혼魂·심心·백魄(정情)을 포괄하는 의미이다. 반면에 한의학에서는 통상 신神(정신), 의지意志, 혼魂, 백魄의 4부분으로 분류할 수 있다고 본다. 동의학에서 의지는 현대 서양심리학에서 논하는 현재(전면frontal)의식(심心, 통상적 의미의 마음mental)을 이에 해당되는 개념으로 보지만, 보다 정확하게는 원래 의지는 魂識의 발현이고 불교의 말나식(7식)에 해당한다. 그러한 사량식·의지식의 발현이 의식(표층의식, 오구의식)이다. 우리의 일반적인 사유 활동을 포괄적으로 의지라고 보고 있는데, 이때 감정적인 부분은 제외한다. 혼魂의 영역은 정신 활동의 대부분을 차지한다고 할 만큼 그 범위가 넓은데, 우리의 잠재의식(무의식·초의식)이나 본능, 습관, 감정들이 그 범주에 속한다고 본다. 그리고 백魄은 혼魂과 기氣의 중간 매체라고 할 수 있는데, 동양의학에서 다루는 (상위의) 선천先天의 원기元氣가 바로 이것에 해당된다고 본다. [그러나 동의학에서 백魄은 하위의 멘탈체를 포함한 아스트랄체로서 상위 아스트랄체인 상념체(심체心体)와 하위 아스트랄체인 감정정서체(정체情体)를 포괄적으로 모호하게 인식하고 있다. 보다 정확하게

161

는 백魄은 하위 아스트랄 식識·기氣로서 식識은 감정·정서·본능을 일컫는 것이고 그 기氣는 선천先天의 원기元氣이다.] 그러므로 백魄에 대한 이해야말로 가장 중요한 부분이라고 할 수 있다.

앞에서 동의학에서 보는 정精·기氣·신神의 개념과 종류를 영속심리학과 현대 심리학에 맞게 약간 수정 보완하여 개괄적으로 진술하였다. 원래 동북아의 정기신 수련과 동의학에서 신神은 원신元神(영靈, spirit)보다는 식신識神의 주체인 혼魂을 중시하고, 선천先天의 원기元氣로서 백魄을 중시한다. 정精·기氣·신神은 인체 생명을 구성하는 요소이고, 정精·기氣·신神은 곧 인체 생명의 총체적인 면에서의 심신 그 자체라고 본다. 그리고 정精은 기氣의, 기氣는 신神의 지배를 받아서 생명 활동을 영위하므로 신神은 심신의 가장 상위 중추라고 말할 수 있다고 본다. 그러나 정精과 기氣와 신神은 비록 다른 차원의 개념이라고 하지만 이들의 경계는 칼로 자른 듯 명확하지는 않으며, (켄 월버의 의식의 스펙트럼적으로) 점이적漸移的인 부분을 상호 공통으로 가지고 있다는 것을 잘 인지해야만 한다. 인체뿐 아니라 이 우주는 (신과학이나 양자역학적으로 보아도) 단속적인 요소들이 결합되었다기보다는 연속선상에 있는 스펙트럼적 여러 차원의 (파동적) 요소들이 복합적으로 생명의 그물망으로 구성되어 있는 것이기 때문이다.

또 정신으로서의 신神은 다시 생명의 근본인 신神(영)과 인간의 의식적인 면을 나타내는 의지意志 그리고 생명 활동의 근간이 되고 무의식의 수준에 해당되는 혼魂과 정신과 기의 중간 단계라고 할 수 있는 백魄으로 구분된다. 신神과 혼魂, 의지意志에 의하여 어떠한 방향이 주어지면 이는 백魄을 통하여 기氣의 단계로 이행되며, 이 과정은 선천先天의 (원元)기氣가 후천의 기氣를 조절함으로써 수행된다. 그리고 기氣는 '정精'에게 상위의 생명 기氣 에너지를 통해 정精(육체)을 지원·조정하여 육체가 생명 활동을 원활히 유지해 나가도록 한다. 기氣가 완전히 빠져나가거나 사라지면, 육체는 멀쩡해도 생명을 멈추게 된다. 이러한 정精·기氣·신神의 피라미드식(홀라키) 체계는 동양의학의 "칠정七情에 의하여 기가 움직인다."라는 말이나 "만병은 마음에서 온다." "마음에 집착이 없이 고요하면 모든 병이 낫는다." 등의 동서고금의 경구와도 상통하는 것이다. 동양의학에서는 단순히 어떠한 병에 어떠한 치료법이 유효하다는 등의 근시안적인 이해만을 할 것이 아니고 이러한 정·기·신의 체계를 기초로 정신과 기, 기와 육체 간의 관계를 잘 이해하여 육체뿐만 아니고 정신을 고침으로써, 육신의 치료는 물론이고 정신을 치료하고 나아가서는 인류를 치료하는 그러한 의학으로 발전해 나아가야 할 것이다.

앞에서 정精·기氣·신神의 체계와 그 중요성에 대하여 알아보았다. 여기서는 그중에서도 가장 중요하면서도 그동안 이해가 소홀했던 혼백魂魄에 대하여 간략하게 알아볼 것이다. 동양에서 혼백魂魄은 의사가 아닌 일반인들도 오랫동안 일상적으로 사용해 온 개념 중의 하나다. 우리말의 '혼이 났다, 혼(얼)이 빠졌군, 혼비백산魂飛魄散, 넋 없이, 넋 놓고, 넋이 나갔다, 넋이라도 있고 없고' 등의 표현에서 혼백魂魄이라는 말이 일상적으로 쓰여 왔다. 요즘에는 이러한 말의 의미를 깊이 생각하지 않고 사용하는 경우가 대부분이지만, 이러한 말이 성립되는 과정에서는 분명히 동양적인 과학관 및 자연관이 작용하였음에 틀림이 없다. 기공이나 명상 수행을 오래 한 사람들 중에는 이 혼백魂魄의 존재를 보거나 느낄 수 있다는 것을 체험한 사람들 또한 적지 않다. 그러므로 이들 존재는 단순히 관념적인 것이 아니다. 비록 현대의 정밀한 전자(양자)기계적 장치로도 아직 명백히 확인할 수는 없다고 할지라도 치유자라면 누구나 더더욱 이들의 개념과 존재에 대한 온전한 이해에 힘써야 할 것이다. (물론 당연히 혼백魂魄은 초물질적인 정신의 기, 정묘한 기氣 에너지이므로 물질적 양자파동인 소립자, 전자기, 전자, 빛의 양자파동 이용 장치로는 직접적인 측정이 불가능하다.)

그러면 혼백魂魄의 동의학적 측면에서의 개념부터 알아보도록 하자. 동의학에서는 혼魂은 양陽이요 백魄은 음陰인 상대적인 개념으로 본다. 혼魂은 우리 생명의 근원이고 백魄은 혼魂에 의하여 음陰적인 기운, 즉 지기地氣(물질적인 에너지)를 질료로 하여 응결되어서 형성된 것이기 때문이다. (이것은 저자의 관점이 아니고 동의학의 환원주의적 오류이다.) 여기서 혼魂이라고 하는 것은 정신精神, 의지意志, 심心(식신識神)을 합친 개념이다. 컴퓨터와 비교하면 혼魂(정신精神, 의지意志, 심心)은 초월모(T/W)로서 시스템 제어 기능을 갖는 것이다. 그 아래 마음(전오식前五識, 육식六識, 표층의식)은 무른모(S/W)에 해당되고, 정精은 굳은모(H/W)에 해당되며 백魄과 기氣는 전기적인 내부 신호, 에너지 웨어(E/W)에 해당된다고 유비적으로 말할 수 있다. (백魄은 칠정七情의 기氣로서 리비도적 욕망의 본능·충동의 기氣이므로 순수 E/W는 아니다.) 인간이 모체 내에서 잉태될 때에 부모는 정精, 즉 물질적인 기초만을 제공한다. 이때 영적인 세계에 있던 (영靈)혼魂[7]이 精에 깃들게 된다. 이것을 내경內經에서는 '양정상박 위지신兩精相搏 爲之神'이라고 표현했다. 내경에서 말하는 신神은 혼魂, 의지意志를 포함한 정신적인 존재를 일컫는 것이다. 그리고 수정란에 깃든 혼은 이미 수정란 배아가 가지고 있는 백魄을 자신의 속성에 맞게 변화시키게 된다.

백魄은 비록 영적인 차원에 닿아 있기는 하지만, 그 속성은 음적인 물질적인 정묘한 에너지로 지기地氣에 속한다고 보았다. [그러나 영속 철학·심리학적으로 백魄은 하위 아스트랄계의 기氣와 식識으로, 그 질료인 기氣는 공간기(에테르계)이고 경락의 원기元氣는 정묘한(반半물질적) 지기地氣인 것이다.] 이 백魄이 가지고 있는 에너지 순환 체계가 바로 경락이다. 물론 최초의 경락은 성숙한 인체의 경락과 같은 복잡한 형태를 띠지는 않지만, 태아의 성장과 더불어 백魄은 성장하면서 혼魂의 특성에 맞는 경락체계를 완성시키게 된다. 그리고 경락의 성장 발달에 따라서 물질적인 오장육부 및 제기관들이 형성 발육된다. 그러므로 경락체계, 즉 12정경과 기경팔맥奇經八脈은 백체魄体의 에너지 순환 체계라고 말할 수 있다. 그리고 그 형성 및 기능은 혼魂의 절대적인 영향력 아래에 있다. 따라서 인체 외부로부터 강력한 기의 영향이나 육체적 충격들을 받아서 경락에 이상이 생기는 특수한 경우를 제외하고, 경락의 이상은 혼魂의 단계에서의 이상으로 말미암아 발생하는 것이 대부분이다. 그러면 백魄이 비록 음적이고 넓은 의미의 지기地氣인 성기星氣(아스트랄), 공간기空間氣에 속하여도, 육체적인 차원에서 보면 일반적인 물질적 기에 비해 (상위 차원의) 상대적으로 매우 순수한 기라고 할 수 있다. 또 우리가 먹고 숨쉬는 것을 통하여 얻은 기를 '후천後天의 원기元氣'라고 한다면, 백魄은 '선천先天의 기氣'라고 말할 수 있다. 백魄은 인체가 형성되기 이전에 이미 갖추어져서, 혼魂의 조절에 따라서 육체를 형성하고 유지해 가는 육체의 원형原型의 (소위 에테르복체라는 형상기체形相氣体의) 역할을 한다. 이는 마치 주물을 뜰 때 쓰는 주형, 즉 틀과도 같은 역할을 인체에서 하는데, 백魄이라는 틀에 맞춰서 육체가 형성되는 것이다. 또 우리

---

7) 현실주의적 인식이 강한 동북아 삼국, 중국·한국·일본에서는 영靈(spirit)이 아닌 혼魂(soul)을 生命의 근본 주체로 보고, 오히려 영靈은 심령心靈으로 하위적 정신 주체로 본다. 그 이유는 혼魂을 심心의 주체로 보기에 靈은 보거나 느낄 수 없지만, 혼은 생명력生命力 발현의 주체로서 쉽게 느끼고 알 수 있기 때문이다.

몸에 외부적으로나 내부적으로 손상이 오면 백魄이라는 틀에 맞춰서 회복되는 것이다. 피부에 크게 상처가 나거나 종기가 나도 나으면서 다시 원래의 피부만큼 살이 차오르는 것을 볼 수 있는데, 이것이 백魄의 역할인 것이다.

일반적으로 동서양의 자연요법들에서는 자연치유력, 생명력 등에 의해 우리 몸이 형성되어 유지되고 또 치료되는 힘의 원천을 일컫는다. 이 자연치유력이야말로 동양의학에서는 (선천先天) 원기元氣로서의 백魄인 것이다. 물론 이 백魄 역시 상위의 에너지체이므로 육신을 통해서 흡입되는 기氣, 즉 후천의 기氣로부터 어느 정도는 에너지를 취하여 그 자신을 유지해 나간다. 그리고 백魄의 기가 약해지거나 반대로 육체가 갑자기 손상되면 백魄은 육신에서 분리된다. 이러한 현상이 바로 죽음이다. 물론 백魄이 육신에서 분리된다는 것은 백魄이 매개가 되어 육신과 결합되어 있던 혼魂이 당연히 먼저 육신과 분리되는 것이다. 이러한 현상을 혼魂이 나간다거나 명줄이 끊어졌다고 표현하는데, 죽음 후에 혼魂은 영적인 세계로 돌아가고 백魄은 흩어져서 지기로 귀속된다. 이를 '혼비백산魂飛魄散'이라고 표현한다. 서양의 신지학神智學이나 심령학에서는 기氣를 '에테르체(Etheric body)'라고 하고 백魄은 '성기체(Astral body)'라고 하며 혼魂은 '정신체(Mental body)'라고 한다. 그리고 명줄은 혼줄이라고도 하는데 서양에서는 은줄, 즉 실버코드Silver cord라고 말한다. 이것은 백魄과 혼魂이 결합된 연결 부위를 가리키는 것으로서 살아 있는 사람이 어떤 사고나 수련 등으로 혼魂이 몸을 떠날 때에는 한없이 길게 늘어나기도 하지만 완전히 죽을 때에는 혼魂, 백魄의 연결이 끊어지므로 혼줄이 끊어진다. 그러므로 명줄이라고 표현하는 것이다.

다시, 백魄과 경락經絡과의 관계를 자세히 살펴보자. 경락은 백魄의 에너지 순환 체계라고 했는데 그 질료 에너지는 크게 둘로 나뉜다. 음식과 호흡을 통하여 흡수 생성된 후천의 정精의 기운과 고도로 정미한 후천의 공간기가 바로 그것이다. 후천의 기운은 정精과 기氣가 결합되어 중탁重濁한 성질을 띠고 있으며 12경락을 중심으로 순환한다. 물론 이들은 다시 청탁淸濁에 따라서 경맥 내부와 외부를 순환하는 기氣로 구분된다. 그리고 그중에서도 맑은 부분은 기경팔맥奇經八脈으로 흘러 들어가서 선천의 원기元氣와 합류가 된다. 그러므로 경청輕淸한 기氣는 기경팔맥을 중심으로 순환한다.

이상과 같이 혼魂과 백魄은 우리의 정신과 경락 활동까지를 포괄하는 인체 생명의 중요한 부분을 차지하고 있다. 이제까지는 막연하게 불리어 왔고 실제적인 가치를 인정받지 못해 왔지만, 이제는 이들 개념과 기능을 더욱더 자세히 이해함으로써 이제까지의 동의학의 한계를 뛰어넘는 디딤돌이 되어야 할 것이다.

전통지혜의 靈魂에 대한 온전한 이해

동의학이나 도가/선도 수련하는 사람들 중에서도 정精·기氣·신神의 신神의 존재적 주체인, 즉 원신元神인 영靈과 식신識神인 혼魂에 대한 온전한 이해를 하는 사람은 많지 않다. 물론 오늘날 영혼에 대한 온전한 이해는 치유자나 전문가나 학자나 성직자조차도 제대로 아는 사람이 많지 않다. 그러나 동서양의 전통지혜와 현대·심층 자아초월 심리학, 정신과학을 상보적으로 통합한 참나, 영혼, 영, 혼, 심혼에 대한 온전한 이해와 앎은 현대적 심신치유와 의식의 변용과 영적 성장에 결정적으로 중요하다. 그렇지만 영과 혼은 문자적 이해만으로는 알 수 없는 것이다. 원래 영과 혼은 명상·영성·수련·수행을 하거나 영적 직관을 타고나야 쉽게 느끼고 온전하게 알 수 있는 것이다. 더구나 영과 혼에 대해, 특히 전통지혜나 현대 정신과학적으로 제대로 아는 사람은 찾아보기 쉽지 않다. 통합적 영과 영성에 대해서는 대표저자의 책『상보적 통합』의 통합영성 부분에 상세히 소개되어 있기에 여기서는 먼저 영靈과 혼魂에 대한 핵심 원리의 요점만 전통지혜의 현대적 해석과 함께 간략하게 소개할 것이다.

영靈과 혼魂은 인간을 비롯한 고등 생명체의 참생명의 존재적 '자기'로서의 주체이다. 영靈의 바탕, 본성인 참나(진아眞我, 무아, 참자기, 자성自性)는 무생무사無生無死이고 유일자唯一者(유일신)의 본래면목本來面目이며 여여如如한 진여자성眞如自性이다. 영혼은 전변윤회轉變輪廻의 주체로서 영靈의 자성自性(영광靈光)은 청정하나 영체靈體는 전변윤회 과정에 염오染汚되어 무명무지無明無知, 몽매미혹夢昧迷惑에 빠지게 된다. 영靈에는 겁생劫生의 모든 정보(종자식種子識)가 저장 갈무리되고 생生과 생生에 따라 성장 퇴화하며 변화한다. 영靈은 우주 생명의 대하大河에서 영원히 무無/음陰과 유有/양陽의 세계를 우주의 성주괴공成住壞空, 생주이멸生住離滅, 생로병사生老病死의 법칙과 섭리에 따라 끝없이 반복 순환한다. 즉, 영靈은 생명의 현상(+)세계, 실상세계(−)를 전변하며 오고 간다.

반면에 혼魂은 영靈의 생명 발현의 몸(외체外體)으로 매 생生마다 발현 종자식種子識(심층 무의식)과 함께 성장 변화한다. 하지만 새로운 생生의 시작 단계에서 혼의 전생前生 각 인혼식魂識(무의식)은 영의 종자식(심층무의식)에 각인훈습薰習되어 사라진다.

영혼은 몸을 가지면 새로운 생명으로 발현하나 한 생生에서는 [그림 3-4]에서 보여 주듯이, 심체心体·정체情体(아스트랄체, 백체魄体)와 기체氣体(에테르체, 생명 에너지체) 의 작용인作用因으로서 뇌체腦體·신체身體에 의존하며 생명력을 유지 발현한다. 이것이 바로 생명홀라키의 영원의 본성, 특성임을 깨우쳐야 한다. 영靈은 생명의 조건에 따라 무수한 생명 파동을 오고가나 그 본성은 비개체적이다. 반면에 혼魂은 영靈의 외체外體 로서 영혼의 명命이 다하여 생명이 사라지면 신체와 백체魄體에서 분리되어 영혼으로 (정상적으로는 백회를 통해) 몸을 빠져나가게 된다. 먼저 기氣가 허공으로 사라지고, 백魄 은 신체에서 서서히 분리되어 기氣·백魄의 기는 허공에 흩어져 일부는 지기地氣로 돌 아가게 된다. 혼魂은 (중음계中陰界를 통과하여) 다른 존재로 태어나기 전에 (정상적으 로는) 전생의 혼식魂識(무의식)은 영靈의 종자식으로 훈습되어 사라진다. 다른 생生으로 태어나면 영靈의 외체로 다시 그 생의 인연에 의해 발현 성장하기 시작한다. 그러나 원怨이나 한恨이나 집착, 탐욕이 많은 혼은 갑작스레 죽으면 다른 곳으로 가지 못하고 중음계에 떠돌며 다른 생명체에 달라붙어 기생寄生하려 한다.

요컨대, 불멸不滅의 주체인 영靈과 그 생명력 발현 외체인 혼魂과는 달리, 한 생生 동 안 생성된 생명기능체인 심체心体, 백체魄體(감정정서체), 기체氣體, 신체身體는 한 생生의 마감과 함께 사라진다. 다만, 심체心体와 정체情体, 즉 심心과 백魄의 질료인 아스트랄체 는 화장을 하지 않고 매장을 하면 서서히 분해된다.

[그림 3-4]에서 보듯이 영靈은 성性의 주체로서 심心·의意·식識의 정보(지知, 리理) 를 혼魂·심心·뇌腦를 통해 발현한다. 반면에 혼魂은 명命의 주체로서 백魄(심心·정精)· 기氣·의意(행行)를 뇌腦와 신身을 통해 발현한다.

이와 같이 성명性命으로 발현된 영적 존재로서의 인간은 온우주 발현의 절대 주체 인 절대영Spirit(활동 중의 영Spirit-in-Action)과 마찬가지로, 생명의 주체인 영靈의 바탕/본 성/자성인 참나로부터 홀론홀라키적으로 발현한 다차원의 생명장의 주체이다. 〈표 2-1〉에서 보여 주듯이, 이러한 불변의 영속철학적 원리는 모든 동서양의 전통지혜,

167

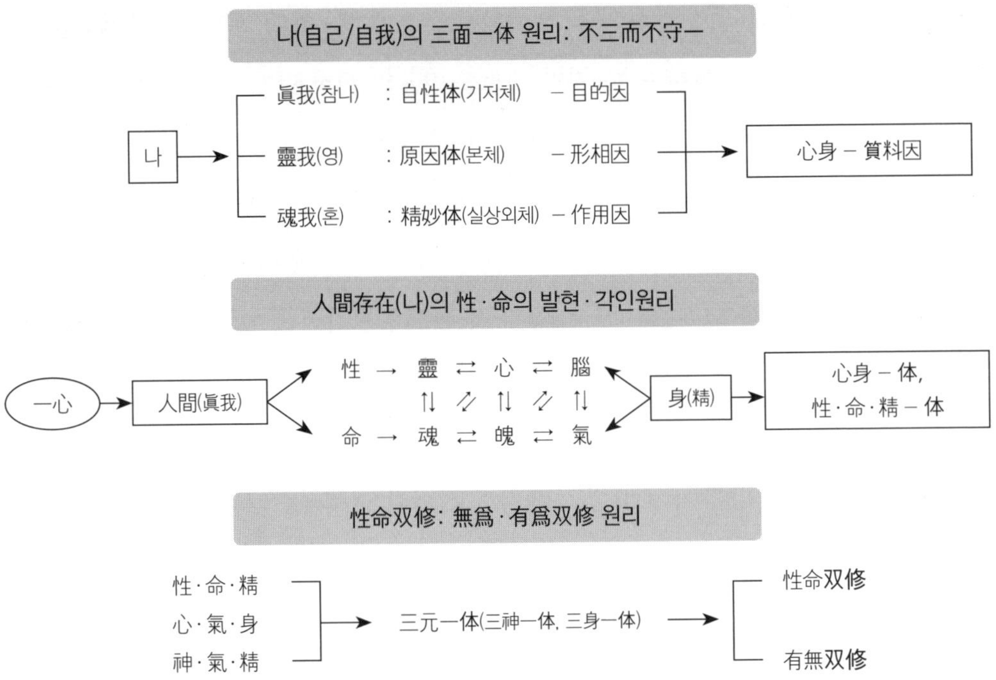

[그림 3-4] 性命의 발현 원리

현대 생명과학, 발달·자아초월 심리학, 뇌·인지 과학, 정신물리학, 양자파동장이론에서 똑같이 밝히고 있다. 따라서 영적 존재인 인간의 생명은 구조화된 의식識과 자기의 단계적 발현에 대해, 그리고 그 각 수준(신身, 기氣, 백魄/정情, 심心, 혼魂, 영靈)에 상응하는 각 차원의 생명장 파동(기氣·식識)의 체體·계界·몸·장場에 대해 통합統合·통전統全·통섭通涉·통관通觀적으로 이해해야 비로소 온전하게 이해할 수 있다.

생명양자장 파동의 주체로서 개체성과 전체성의 양면성을 가진 영靈의 본성은 온우주 내에, [그림 3-5]에서 보듯이 무한위계의 영으로 온우주 내에 가득 찬 온우주의 절대영의 진여/자성·본성·본래 면목이지만 생명세계로 나투는 본성을 가진 영은 개체적 측면도 갖는다. 그러므로 영식靈識의 존재적 구조 측면에서 보면, [그림 3-6]에서 보여 주듯이, 궁극의 기저 식識으로서의 비이원의 무아無我/참나의 자성체體와 생명파동의 모든 정보(식識,지知,리理)를 카르마 종자식으로 갈무리하는 원인식(아뢰야식, 8식, 심층무의식)으로서의 영靈의 반개체半個體적 본체로서의 이중구조적 본성을 지님을 알 수 있다. 그리고 생사의 고통을 느끼는 혼魂을 가진 생명으로 발현할 때 혼은 영의 외체이다. 이와 같이 혼은 정묘식/실상식인 생명력 발현의 존재적 주체로서의 자아식自我識(아상我相, 말나식, 7식, 무의식)의 체体가 있기 때문에 영靈은 삼중三重구조적 본성을 갖는다.

영靈은 하등/하위의 단세포 생명 정영精靈에서 인간 같은 고등 생명의 영靈과 [그림 3-4]와 같이 천상천계天上天界의 육신의 몸을 갖지 않은 고급 영에 이르기까지 당연히 무한위계로 무한 온우주 내에 무한으로 존재한다. 온우주는 하등 생명에서 고등 생명이 생물학적으로 진화하여 [그림 3-5]의 인간 영혼같이 영적으로 진화된 존재로 발현할수록 [그림 3-4]에서 보여 주듯이 더 얕은 깊이의 하등 영靈의 세계를 내포하며 초월하는 더 깊은 고등 영靈의 세계에 이르는 생명홀라키적 영의 세계, 무한 온우주, 양자우주임을 쉽게 이해할 수 있다.

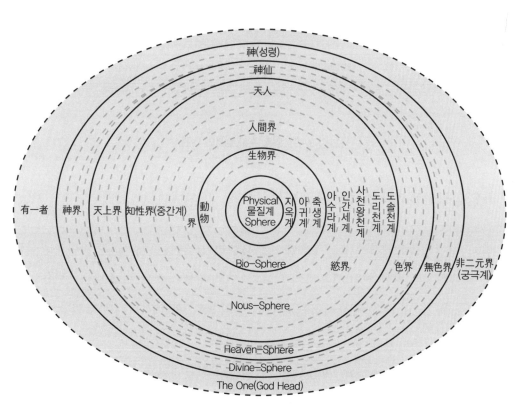

[그림 3-5] 人間 存在의 靈的位相

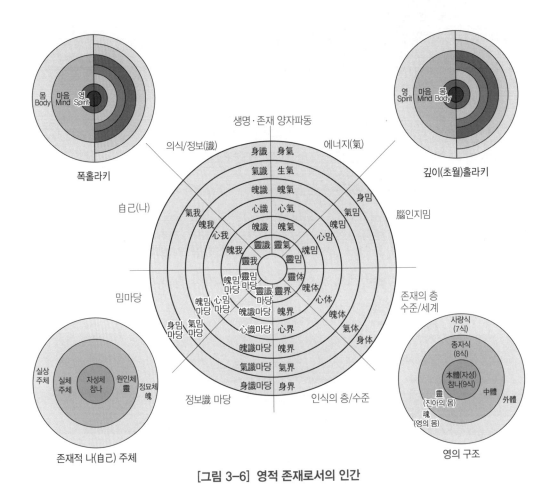

[그림 3-6] 영적 존재로서의 인간

서양심리학에서의 암묵적 혼魂의 심리학

먼저, 서양심리학에서는 혼魂이란 용어를 융심리학의 심혼(psyche)과 자아초월심리학을 제외하고는 거의 직접 사용하지 않는다. 그러나 암묵적으로 '존재적·실존적 주체로서의 자기', 즉 혼을 중요시하는 대표적 심리학은, 웬만큼 심리학을 아는 사람이면 누구나 다 알고 있듯이, 그 원조를 Psyche(심혼)와 개인무의식·그림자, 집단무의식·원형의식을 중시하는 융(Jung, C. G.)의 분석심리학에서 찾을 수 있다. 하지만 매슬로(Maslow, A. H.)의 '존재의 심리학'에서도 일부 찾을 수 있다. 그러나 대표적인 혼의 심리학은, 비록 본인들은 혼이라 일컫지 않지만 아들러(Adler, A)의 개인심리학과 프랑클(Frankl, V. E.)의 실존심리학, 아사지올리(Assagioli, R.)의 자아초월심리학이다.

한마디로, 아들러의 심리학은 열등감의 극복, 개인의 권력 의지, 용기, 자기수용/자기결정성을 중시한다. 이에 따라 목적론적 심리학으로서 열등감의 극복을 통한(혼의) 의지와 용기의 심리학적 발달을 중시하는 개인심리학이다. 여기서 나온 아들러의 심리치료는 오늘날도 주요 심리치료법으로 널리 사용되고 있다.

또한 프랑클의 심리학은 자신의 아우슈비츠 수용소의 극한 상황에서의 생존 과정에서 깨달은 삶의 의미에 바탕을 두고 나온 실존심리학이다. 즉, 어떤 극한적 실존 상황의 삶의 의미를 깨닫고 찾고자 하는 (혼의) 의지를 중시하는 실존심리학이다. 이에 따라 개인의 자유의지의 잠재력의 발현을 중시하며 의지의 자유, 의미의 의지, 삶의 의미를 추구하는 그의 로고테라피(의미치료)는 오늘날도 주요 실존심리치료법으로 사용되고 있다.

반면에 아사지올리의 심리학은 자아·자기의 성장을 통한 자아초월을 지향하는 자아초월심리학이다. 개인의 의지의 단계적 성장을 위한 의지의 작용과 자아초월의 의지 실현을 추구하는 (혼의) 의지의 심리학으로, 영혼의 심리학으로도 일컬어진다. 자아초월심리학으로서의 그의 정신통합 Psycho Synthesis는 통합적 자기의 성장 발달과 자아초월을 추구하는 심리치료로 오늘날까지도 자아초월심리치료의 주요 요법으로 주목받고 있다.

171

그러나 여기에서는—물론 서양에서도 그리스시대부터 전통지혜의 영속 종교·철학에서 정신/혼, 심혼psyche/soul을 중시해 왔지만—전통적으로 주로 현실적 삶을 중시하는 우리 동북아 한중일 삼국에서 정신적 생명 주체로 여겨 온 '혼'을 (서양심리학 심리치료에서 인지의 발달과 상호하여 형성 발달된 인식의 주체로서의 '자기'보다는) 심신치유에서 가장 중시해야 한다는 것을 보여 줄 것이다. 왜냐하면 거의 모든 고통받고 불행한 사람의 문제는 모두 (존재적·실존적 자기의 주체인) 혼의 위축과 비정상의 문제이고 근본 문제이기 때문이다. 그래서 실존적·혼적 자기심리학인 혼의 심리학과 혼의 치유魂癒에 대해 강조하는 것이다.

혼의 심리학과 자기

대부분의 사람은 혼을 막연하게 정신과 유사한 관념적 의미로 이해하거나 영혼이나 혼의 실체를 인정하지 않거나 혼이 무엇인지 제대로 알지 못하는 게 보통이다. 그러나 치유자가 내담자를 제대로 치유하려면 소양자우주로서의, 영적 존재로서의 인간에 대한 이해는 물론이고 혼과 (서양심리학에서의) 자기의 관계를 명확하게 구분해야 하고, 영의 외체外体로서 생명력 발현의 존재적 주체로서의 심층적 자기인 혼과의 관계를 제대로 이해해야 한다.

혼은 자기심리학에서 말하는 개인의 성장 과정에서 인지적 성장 단계에 상응하여 단계적으로—대상과 구분되는 자기됨selfhood의 몸·정동·정서·심적·정신적 자기동일시와 탈동일시를 거치며—형성된 자아나 심리 기능적 자기와는 구분되는 존재적

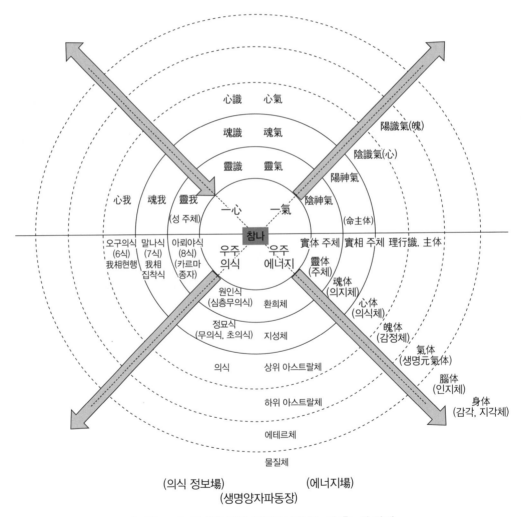

[그림 3-7] 존재적 생명 주체로서의 영靈과 혼魂의 관계

자기로서 생명력의 발현을 위한 의지(욕망)의 주체이다. 즉, 모든 신身·뇌腦(지知, 정情, 의意)·기氣(본능)·백魄(넋, 정情정동, 성정, 감정, 정서)·심心(의식, 이념, 사고) 현상의 발현의(작용인으로서의) 원인인 생명 존재의 실상實相 주체이다.

물론 태어난 후 자기의 성장 발달 과정에, 그리고 성장 후에도 (개인은 존재적 자기가 누구인지 모르기 때문에) 혼의 자아동일시의 자기투영 본성으로 인해—혼은 (서양심리학의 '자기'와 같이) 어느 단계의 심리 기능적 '자기'를 자아정체성으로 오인하기 때문에—인간의 모든 고통과 불행이 생겨난다. 그래서 보통의 사람은 '나'란 주체는 막연하게 알고 있으나 종교적으로는 그 주체가 죽은 후 다른 세계로 가거나 다시 태어나는 존재를 영혼이라고 믿거나 아는 사람이 대부분이다. 그러나 지금까지 상술한 생명 홀라키의 영적·혼적 주체로서의 인간, 그리고 존재적 생명 주체로서의 영과 혼의 관계에 대하여 [그림 3-6] [그림 3-7]에서 홀라키 그림으로 요약하여 상세하게 보여 주고 있지만, 앞에서 설명한 영혼, 참나가 무엇인지, 영과 혼의 관계가 무엇인지를 온전하게 아는 사람은 드물다. 그렇다 보니 심리·마음치료, 심신치유 전문가들도 혼의 존재를 모르는 경우가 많다. 서양심리학의 심혼·의지의 심리학자들인 융, 아들러, 프랑클, 아사지올리 같은 위대한 심리학자·정신의학자들과는 달리 심적·정신적·실존적 자기 정도로 인식하는 데 그치고 있다.

그래서 성장 과정에서 어느 인지적 단계에서의 혼의 자아동일시의 자기투영인 심리학적 '자기'는 근접 자기의 자아동일시와 원격 자기의 탈동일시를 거치며 여러 단계의 자아(신아身我 〉 기아氣我 〉 정아情我 〉 심아心我 〉 심혼아心魂我)로 동일시 인식이 변하나, 실제 심리적 사건에서는 모든 원격 자기를 모두 자아의 일부로서의 자기로 인식한다. 그래서 개인에 따라 혼의 존재적 자기동일시와 탈동일시 훈련이 어느 한쪽이거나 단계적으로 필요하다. 예컨대, 혼이 위축되어 자기정체성이 상실되거나 자존감이 없는 개인의 경우에는 혼의 강건한 긍정적인 실존적·정신적 자아동일시를 회복시켜 주는 훈련이 절대적으로 필요하지만, 페르소나적 자아/에고가 강하고 사회적 위치와 신분을 자기와 동일시하는 잘못된 심적 자아동일시에 갇혀 있는 개인의 경우에는 탈동일시 훈련이 필요하다. 어느 경우나 혼이 강건한 실존적·정신적 수준의 자아를 회복하면, 소아적 집착의 혼을 넘어 대혼으로서 실존적 자아의 탈동일시(탈중심화, 방하착, 항복기심降伏其心, 무아無我) 수련이 필요한 단계가 오게 된다.

따라서 혼의 다음과 같은 특성에 유의하여 혼유魂癒(혼의 치유)를 해야 한다.

- 존재적 실체자기實體自己인 영靈과 존재적 실상자기實相自己인 혼魂을 각성하여 깨어나지 못하면 생명生命의 홀라키 원리에 의해 가아假我인 심心~신身에 끌려다니고 시달리는 인식의 전도를 초래한다.
- 영靈이 먼저 깨어나지 않으면 혼魂은 스스로 깨어날 수 없다. (영靈이 깨어나서 혼魂을 각성覺醒시켜야 한다.)
- 주체主體로서의 영과 혼의 존재를 모르면, 심心·의意·식識은 밖으로 향하고 혼식魂識의 무의식의 그림자와 뇌腦에 각인된 표층의식意識의 밈식識을 실재實在로 착각하게 된다.
- 혼식魂識(무의식)과 뇌腦의 밈식識(표층의식)은 상의상수相依相隨, 훈습·각인의 관계이나 결정적인 순간 혼魂의 의지意志와 무의식이 발현하면 뇌腦의 오감 인지과정과 밈식識은 무력화되고 혼식魂識이 지배할 수 있다.
- 혼식과 뇌식腦識은 억압하면 할수록 부정적 방어기제와 스트레스와 신경증을 더욱 악화시키며, 이로 인한 그림자, 장애, 콤플렉스, 트라우마가 모든 삶의 고통, 불행의 원인이 된다.
- 각성된 깨어 있는 영靈이 혼魂을 각성하게 하고 주시하기, 메타자각(초자각)의 바라보기, 알아차림을 통해 혼기魂氣(리비도 욕망 추동, 의지意志, 신명神明)를 바로잡아야 한다.
- 영靈에 각인된 모든 카르마와 억압된 혼식魂識(무의식)은 잘못 각인된 인지로 인한 상흔의 그림자(기표記表, 기의起義)일 뿐임을 깨닫게 해야 한다.

무엇보다 이 시대의 진정한 치유자·수행자는 참나·참자기自己로서의 자성自性의 비개체적 영靈과 원인체로서의 카르마 개체적 영靈과 실상체로서의 혼魂 사이의, [그림 3-7]과 같이, 다음과 같은 삼중三重의 다른 세 가지 차원적인 존재적 특성(불삼이불수일不三而不守一)을 직관적·(수행)체험적으로 알아야 한다.

- 자기自己의 본체로서 참나(아트만, 일심一心/공空/절대영/우주심/브라흐만…)는 개체적 영식靈識을 자성自性에 따라 주재하는 영의 기저식(본성, 자성)이다.
- 自己의 원인체인 영은 생명 파동生命波動·영파靈波의 양면성을 갖는 비개체적 무아無我적 주체로서, 동시에 개체적 카르마/종자식의 주체로서 혼체魂体(혼식魂識·혼기魂氣)를 주관한다.
- 自己의 실상체인 혼은 하나의 생生의 생명으로 존재하는 동안 (유식학의 아뢰야식과 그 종자식의 현현을 동일시로 전식轉識하는 말나식의 관계와도 같이) 영의 집행 대리자적 동일시로 현상적 자기인 심心·백魄(정情)·기氣·신身과 인지 생성 변환체인 뇌腦의 작용인作用因으로 생명력을 발현한다.

동양전통지혜의 심신치유와 정신 수련, 깨달음 수행을 위한 기공/요가/명상 수련·수행의 원리와 실제 수련기법들은 너무나 다양하고 광범위하므로『통합심신치유학: 이론』편에서 상세하게 다룰 내용이 아니다. 이 장에서 상세하게 다룬 동의학의 심신치유원리와 정精·기氣·신神 혼백魂魄의 수련 원리에 따른 전일적 심신치유(신身·기氣·심心, 정精·기氣·신神)와 깨달음/영성 수행을 위한 중국의 도교와 우리 전통 선도의 다양한 기공 수련·정기신 수련 그리고 불교의 선 수행, 힌두교의 요가명상 수행의 상세한 실제 내용은 이 책에 동반하는『통합심신치유학: 실제』편에서 상세하게 다루고 있다.

통합심신치유학 [이론] 편

통합심신치유학 · 이론 편

제 4 장

현대 통합심신치유이론

통합심신치유학 [이론] 편

통전적 통합심신치유

일반적으로 통합이라고 주장하는 많은 경우 서로 다른 것들을 함께 모아 놓았으나, 마치 그냥 구슬을 모아 놓듯이 모아 놓기만 하면 통합인 것으로 착각하고 있는 경우가 많다. 그러나 진정한 의미의 통합이란 통합의 모든 요소가 퍼즐의 조각을 맞추듯 온전하게 맞추어져 온전한 조망·시각·관점을 가져야 한다는 의미이다. 말하자면, 최소한 켄 윌버의 오차원(온수준, 온분면, 온계통, 온상태, 온유형) AQAL 통합 패러다임과 같이, 이론적·원리적·논리적·이성적으로 공감이 가는 통합적 조망을 가진 통합의 패러다임에 의해 온전하게 통합해야 한다는 의미이다. 더 나아가 다양성 속의 통일된 모습으로 구슬을 꿰듯 또는 여러 겹의 온우주적 만달라의 융단을 짜듯 모두 씨줄날줄로 연결시켜야 진정한 통전적 통합(holistic integral)이라 말할 수 있다. 그러나, 예컨대 그냥 말만 전일적/전인적(holistic)이라 하면서 여러 가지 몸과 마음의 이론·가설과 관계되는 다양한 이론·사상을 모아 놓고 더미를 만들기만 하면 그게 심신통합인 것으로 착각, 오해, 오인하는 전문가, 학자가 의외로 많다는 게 문제이다.

179

다른 분야도 문제지만, 특히 심신치료치유 분야 학자나 전문가들 중 일부는 심신치유원리에 대해 막연히 동서양의 전통 의학과 마찬가지로 전일적/전인적이라고 말만 하면서 심신통합의학이라고 주장하고 있다. 하지만 심신통합이란 말은 심신일원론적인 의미로 사용하면서도 은연중에 몸학적·신체심리학적·정신신경면역학적·뇌신경과학적 미묘한 환원주의나 거친 환원주의로 설명하고 있는 경우가 대부분이다. 더구나 제3장에서 고찰한 바와 같이 우리 기질, 체질에 맞는 동북아의 중의학이나 우리 동의학 특유의 '정기신精氣神' 치유의 전일적 치유원리를 제대로 응용하는 진정한 전일적 심신치유 이론이나 실제를 찾아보기 어렵다. 그리고 이러한 전통 의학의 지혜들이 현대의 정신역동적 심층 대상관계 발달심리학, 자기/자아 발달심리학과, 현대 과학(생명과학, 뇌과학, 인지과학)·신과학·신의학(에너지의학, 양자파동의학)·정신과학과 서로 어떻게 연관되는가에 대해서 제대로 고찰한 이론이나 연구를 찾아보기도 힘들다. 더구나 전통과 현대의 상보적 통합심신치유원리에 대해서 제대로 된 이해나 해석을 찾아보기는 더욱 힘들다. 오히려 이들 중에는 많은 경우, 일원론, 전일주의, 전인주의라고 주장하면서 켄 윌버가 지적하는 거친 또는 미묘한 환원주의의 인지 오류, 즉 전초오류(Pre-/Trans-Fallacy: PTF)에 갇힌 왜곡된 심신통합치유담론인 경우가 많다는 게 문제이다.

너무 당연한 말이지만 일반적으로 현대 서양의학의 의료적 검진·치료가 필요한 질병이나, 특히 뇌기능 병변장애·퇴화나 신체 병리장애의 경우, 서양의 첨단 의료 장비에 의한 검진·진단 평가와 전문적 치료가 필수적이다. 하지만 현대 의학이 제대로 다루지 못하는 분야는 정신의학의 정신심리치료 분야이다. 특히 위급한 질병 상태가 아닌 아건강/반건강 상태의 심인성 심신병리장애로 인한 치료치유는 상담심리치료로 근본 치료·치유가 되는 경우는 드물다. 근본 치유를 위해서는 내담자나 치유대상자에게 최적의 전문적·통합적 심신통합치유가 필수적이다. 그러나 오늘날 현대인의 심신의 복합적 병리·장애 증후군의 근본 치유를 위한 심신치유는 특정한 심리치료나 자연치유, 소마·기공·요가 치유, 감정정서치유, 마음·의식·인문 치유, 명상치유 등의 어느 한 분야의 치료적 치유에 의해 근본 치유가 되는 게 아니다.

그러므로 적절한 현대 심리치료나 자연의학적·보완대체의학적·심신통합의학적 모든 심신치유와 함께 내담자나 치유대상자의 심신 상태, (가치밈의식의) 의식장애 상태, 병리장애 정도, 성격·기질·체질 등을 고려한 단계적, 유위·무위의 통합적 심신통합치유를 하는 게 바람직하다. 그런 의미에서 자연의학, 심신통합의학, 신의학(에너지의학·양자의학·파동의학)을 모두 홀라키적으로 포괄하는 홀론의학으로서의 통합심신치유학이 현대의 온전한 심신통합치유적 접근에 필수적이다. 왜냐하면 신체적 건강의 경우, 앞으로 올 AI·VR·AR·GST·BNR·QDM 시대에 머지않아 신의학의 양자의학적 검진치료에 의해 100% 정확한 검진과 신체 질병·유전병의 치료가 가능하게 되고, 신의학적 심신 치료·치유도 AI/VR/AR의 도움으로 치료·치유 효과가 양자도약하게 될 것이기 때문이다.

오늘날, 특히 앞으로 올 AI 중심의 신의학·양자의학 시대에는 자연의학, 통합의학에서의 보완대체의학, 심신통합의학, 신의학의 치유요법이나 치유기법들은 거의 대동소이하게 될 것이다. 하지만 개개인의 근기, 기질·성격, 지배적(가치밈) 의식의 수준과 상태나 심신의 병리장애 상태에 따라 치유원리나 치유기제에서 강조하는 단계적 치유요법의 기법과 그 방점은 현저하게 다를 수밖에 없다. 이를테면, 자연의학에서는 자연치유력, 항상성, 자기재생, 자기방어(면역력)기제, 몸맘(BMS)하나 원리, 상향 인과적 소마치유원리를 중시하고, 심신의 의학적 처치, 의약·항생제 의존 치유가 아닌 자연치유를 강조한다. 그래서 자연치유에서는 전통 민간요법, 약초·허브요법, 섭식섭생영양요법, 소마운동치유, 이완치유, 기공요가, 기치료, 수기치료, 도인술, 오감(색채, 소리, 방향, 미각, 접촉)치유, 에너지치유, 파동치유, 감정정서(미술, 음악, 웃음)치유, 명상치유, 혼유, 심령치유 등의 거의 모든 보완대체의학의 치유를 망라한다. 결국 이는 심리치료·치유를 포함하면 심신통합의학의 치유법과 같게 되고, 그래서 더 나아가 신의학적 치유, 양자파동치유, 양자의식치유를 포함하면 홀론의학적 모든 통합심신치유를 포괄하는 게 된다.

하지만 많은 자연치유의 경우, 내담자/치유대상자가 자신의 가치믿의식장애·불건강 상태, 성격장애 증후군에 대한 무지, 타고난 유전적 체질·기질·성격이나 성장 과정에 취약해진 병리장애적 심신 등에 무지한 채로 자신에게 맞지 않는, 치유자가 권하는 자연요법을 무조건 따른다면 문제가 생길 수 있다. 그 경우, 치유보다는 오히려 치유저항력을 약화시키거나 부작용을 가져올 수도 있다. 자연치유의 치유원리는 단순하고 명확하다. 하지만 각 치유법의 치유효과와 그 장단점 한계에 대해, 자신의 체질·기질·성격·취약부에 적합하고 맞는지에 대해 잘 인지하는 인지 능력이 치유 전문가의 치유나 개인의 자기치유에서 필수적이지만 제대로 모르는 경우가 대부분이다.

재래적 의미의 통합의학은 동양의 전통 의학과 현대 서양의학의 상보적·통합적 치유를 추구한다. 그렇지만 실제 심신치유는 검진과 치료치유 과정에서 주로 서양의학을 받아들이면서, 동서양의 보완대체의학적 치유는 보조적으로 받아들이고 있는 게 문제이다. 하지만 보완대체의학 자체는 위에서 설명한 바와 같이 자연의학적 심신치유법, 심신치유원리와 대동소이하다. 여기서 말하는 통합의학적 심신치유학은 환원주의나 심신이원론이 아닌 진정한 전일적 심신통합의학/생활습관의학으로서 현대 동서양의 모든 자연의학·기능의학적 몸치료치유, 기치료치유, 감정정서치료치유, 스트레스치유, 심리치료, 혼치유 등 모든 수준의 유위적 심신치유를 망라하는 통합적 심신치유를 의미한다. 더 나아가 윌버의 AQAL 사분면(의식, 뇌인지·행동, 사회적, 문화적) 통합치료치유를 망라하는 ILP와, 마음챙김을 중심으로 한 MBSR 같은 심신통합치유, 모든 무위적 명상치료치유, 영적 치료치유를 포괄한다. 따라서 통합심신치유학에서는 예비적 심신치유 단계에서 일반 치유, 고급 치유 단계에 이르기까지 내담자/치유대상자의 영적·혼적·심적·정서적·본능적 의식, 무의식의 상태와 이에 상응하는 병리장애적 상태에 적합한 단계적 통합심신치유를 적용한다. 그러나 종래의 자연의학·통합의학은 앞에서 언급한 바와 같이 대체로 개개인의 정신/혼의(위축, 비정상, 중독, 피로) 상태와 뇌의(인지, 성능) 상태에 따른 다양한 병리장애 문제에 적합한 최적 치료·치유법을 선택하여 치료치유를 하는 게 아니다. 그러므로 내담자/치유대상자의 정신(영혼), 심리, 감정정서 본능의 비정상 상태에 대한 인지적 무지로 인해 부적절한 치유법을 적용하여 치료치유하는 치유자의 한계와 오류의 문제는 여전히 남아 있게 된다.

보다 근본적인 차원에서 보면, 앞의 제3장에서 고찰한 바와 같이 모든 사람은 태어날 때부터 체질론적으로 강하고 취약한 장부가 정해져 있다. 그래서 사상체질의학적으로 보거나, (12정경의 6장 6부, 음양육기, 승강순환의 풍체질·냉체질·습체질) 음양삼극체질론의 삼극의학적으로 보거나 간에 모두 다르게 마련이다. 이에 따라 신체의 병리는 단순 스트레스 현상의 해소 차원에서는 쉽게 다룰 수 없는 에너지의학·氣의학·양자파동의학적 다차원 생명장 에너지와 의식의 복잡계적 신체화에 의한 병리적 생체생리 현상이다. 그러므로 신체의 신경·내분비·면역, 대사·순환기 등 모든 계통의 장애들이 다차원의 생체생명장 파동의 (에너지)기氣와 (정보)식識에 의해 복합적·복잡계적으로 작용함으로써 상향·하향 인과의 신身·기氣·심心의 병리기제가 더 심화되거나 반대로 상향(신身→심心)·하향(심心→신身) 치유와 자연치유력·자기치유력의 회복탄력성에 의해 항상성이 회복되기도 한다. 더구나 억압무의식의 병리장애와 정신(혼魂)의 위축·장애에서 비롯된 심인성心因性 병리장애의 경우, 심기신心氣身의 하향·상향 인과의 병리기제가 심화되면 극심한 스트레스 반응, 생체 기능 퇴화, 체내 중독물마저도 개인별로 천양지차이다. 물론 보통 사람들 중에 평균치 사람들의 경우는 우선적으로 스트레스 관리, 심신이완치유, 몸작업치유도 비록 일시적인 치유일 수 있어도 매우 중요한 것은 사실이다.

하지만 심신의 병리장애의 이와 같은 다차원의 복합성·복잡성으로 인하여 개개인의 경우 근본 치유는 개개인의 심신병리장애의 상태, 체질·기질·성격에 맞는 올바른 온전한 치유기제의 발현이 있어야만 가능하다. 특히 대부분 사람의 경우, 정도의 차이는 있지만 마음의 스트레스 관리, 이완 조절도 중요하지만 이런 것은 일시적인 치유에 지나지 않는다. 왜냐하면 시간이 지나고 팍팍한 현실 상황으로 되돌아오면 곧 다시 스트레스를 받기 때문이다. 그러므로 혼(생명력 발현의 존재적 주체로서의 자기)의 다양한 탁기나 위축으로 인한 다양한 심신병리장애의 근원적 치유가 보다 더 근본적인 문제인 것이다.

결국 모든 것은 생명력 발현의 주체인 혼과 그 발현체(인지·정서·행동 생성 변환체)인 뇌의 인지 기능과 성능의 문제이다. 또한 이러한 혼병·혼장애를 치유하여 혼을 되살리는 혼유魂癒(혼의 치유)기제는 보다 더 근본적으로 심신의 치유와 건강 기제가 발현 회복되게 하는 치유기제이다. 그러므로 심신치유에서 혼유기제는 가장 핵심적인 치유기제가 된다. 혼유기제는 모든 치유기제의 근본 바탕이므로 이 책에 동반하는 『통합심신치유학: 치유기제』편에서 본격적으로 다루었다.

심신치유에서 내적 병리장애와 스트레스 문제 간의 근본 차이에 대한 쉬운 이해는 마치 속이 골병든 과일 같은 심신에 대한 비유이다. 즉, 혼적·심적·감정정서적·본능적 마음, 무의식의 온갖 병리장애기제 상태의 심신을 속이 골병든(성정이 불안하고 심기心氣가 허하고 신경·내분비·면역계가 교란되고 약화된) 사람의 심신이라고 비유해 보면 쉽게 이해할 수 있다. 이런 상태의 심신은 약간만 내외부의 (스트에스원의) 자극을 받아도 (회복탄력성이 없어) 터지고 더욱 더 상하고 악화되는 것과도 같다. 그래서 스트레스치유는 일시적 진통제 처방을 받는 것과 같아서 시간이 지나고 자극을 다시 받으면 원래 골병든 심신 상태로 되돌아간다. 따라서 치료·치유의 근본은 심인성 스트레스의 근본 원인인 혼·자기·무의식의 병리장애를 근본적으로 치유하여 항상성과 자기치유 능력을 회복시키는 자기·마음·혼의 치유기제의 발현이 핵심이다. 마찬가지로 생리적 병리기전도 신경생리학적으로 다양한 내외인으로 인해 취약해진 신경·내분비·면역계NEI뿐만 아니라 열 가지 주요 기관 계통들의 복합적 병리기전을 에너지치유, 기공·기 치유 등에 의해 치료기전으로 전환시키는 일이 스트레스기전보다 근

183

본적으로 더 중요하고 스트레스기제를 치유기제로 전환하기 위해서도 기본적으로 반드시 필요한 것이다.

따라서 통합심신치유학에서는 통합스트레스의학의 PNI/PNEI뿐 아니라 통합신경생리학적 모든 주요 기관 계통들의 치유기전, 에너지의학적 생체 매트릭스 치유기제, 동의학의 정기신의 음양오행·음양삼극(육기)적 치유기제, 기氣치유기제, 신의학(에너지의학·양자의학·파동의학)의 치유기제에 대한 온전한 이해가 중요하다. 뿐만 아니라 정신의학·대상관계론의 정신역동적 자기발달 병리장애와 내인성 스트레스와의 상향·하향, 내적·외적 홀라키의 인과관계의 이해에 의한 근본 치유를 위한 단계적·과정적 치유기제를 제대로 발현해야 통합심신치유를 온전하게 실현할 수 있다는 원리도 알아야 한다.

심신치유와 의식치유

일반적으로 보통의 인간은 [그림 4–1]에서 보여 주는 바와 같은 자아·인성·영성의 성장 발달 과정에서, 축복받은 영적으로 깨어 있는 소수를 제외하고는 다음과 같은, 즉

- 개개인의 특수한 개인적 삶의 조건과 사회적·국가적·세계적 삶의 환경 조건장애
- 인지·자기·가치·정서·도덕성·영성 등의 수많은 의식 발달 계통의 정체성 혼란, 억압무의식, 투사, 부정적 방어기제, 콤플렉스, 트라우마의 발달장애
- 지배적인 사회적 실존의식·가치의식, 인식·사고·관념, 자기(정체성, 욕구, 도덕성…)의식에서 나온 (병리장애 증후군의) 의식 상태에 갇히고 고착화되어 굳어진 '인지·의식·사고의 틀(스키마)' 장애
- 성장 과정에서 분열·고착·퇴행, 해리, 투사, 왜곡 등 장애적 다면적 인성발달 장애

등 다양한 장애 증후군으로 인해, 의식·무의식의 구조와 틀이 굳어질 수밖에 없다. 왜냐하면 일반적으로 개개인은 30대 이상의 성인이 되면 인지知와 사회적 생존

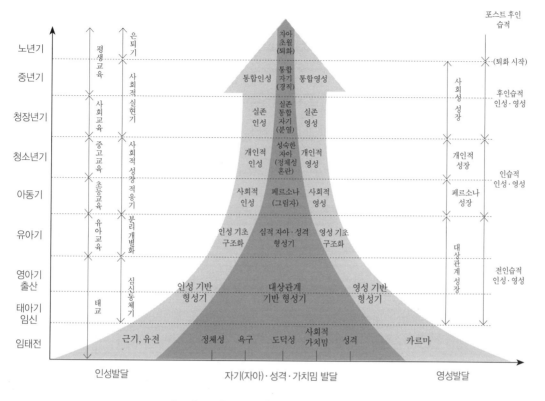

[그림 4-1] 자아·인성·영성의 발달 과정

185

력·적응력·성취 능력은 계속 발달하지만, 10대 후반에 신체적 성장판이 닫히듯 깨어 있지 않는 한 의식이나 영적 성장은 멈추고 인지認知와 의식의 틀이 굳어지는 경우가 대부분이기 때문이다. 그래서 내담자·치유대상자들에게 약동하는 생명력·잠재 능력이 발현하고 창의적 사고가 나오도록 영감을 불어넣는 근본 심신치유와 자기치유 능력을 발현하게 하려면, 먼저 그들의 굳어진 '의식'의 틀 속에 갇힌 자기와 의식의 자발적 변화(전환, 개선, 개혁, 변용)를 이끌어 내는 의식의 자기치유self-healing를 유도하는 단계적 심신치유를 하는 게 필수적이다.

반면에 아무리 좋은 기존의 심신치유 이론과 실제, 실제적 치유기술(skill)이라도, 일반적으로 심신치유에 의해 현재의 병리장애적으로 굳어지거나 닫힌 심신과 의식 상태를 치유기제의 발현에 의해 긍정적 열린 의식으로 전환(변환)시키고 의식의 근본적 변화를 이끌어 내려고 하는 데 치유의 중점을 두지는 않는다. 그런 까닭에, 설사 내담자·치유대상자들이 일시적으로 특정 치유법에 '산뜻'하게 공감을 느끼고서 치유자가 이끄는 대로 되려고 하는 의지로 '작심作心'을 할 수는 있겠지만, 며칠이나 길어야 몇 주 지나지 않아 원상태로 돌아간다. 근본 치유는 그들에게 '자기치유'에 의한 의식의 깨어남(알아차림, 마음챙김, 주시, 성찰)과 이에 따른 근본적인 의식의 변화 없이는 안 되기 때문이다. 보다 전문적으로 말하자면, 의식역학의 법칙, 의식 변화(변화·변용)의 법칙, 의식 에너지 변화 원리에 따라 치유기제가 발현하지 않으면 의식·무의식의 병리장애적 관성력inertia force과 타성惰氣으로 인해 자기 원래의 닫히거나 갇혀 있는 의식·심리·인성·사고의 틀과 패턴 속으로 되돌아가게 되기 때문이다.

치유자들이 이러한 인간의 몸과 마음을 지배하는 인간의식의 의식역학적·의식 과학적 원리를 이해하고서 치유하기 위해서는, 먼저 [그림 4-1]에 수반하는, 다음과 같은 인간 존재의 현실과 인간의 마음·의식의 원리와 법칙에 대한 인식을 공유해야 한다.

- 인간은 이 지구상에서 유일하게 분명한 '자기의식과 이성·지성'을 가진 고도의 이지적·심적·실존적·영성적 의식을 가진 경이로운 존재로서 생물학적으로는 포유류·유인원과 거의 차이가 없다. 하지만 인간은 대뇌(신피질)의 진화와 함께 초생물학적 밈Meme의 학습 인지 능력의 폭발적 진화로 인해 고도의 지적 인지밈 능력의 진화가 초래한 고도 과학기술 문명을 누리고 있는 특이하고 신비한 영적 존재이다.

- 반면에 전지구적으로 소수를 제외한 대부분의 인간은 가진 자·지배자들의 광기와 폭압적 착취 지배 구도가 초래하는 전쟁·기아·폭력·인재·감시·지배·박탈 그리고 자연재해, 천재지변 등의 삶의 환경과 개인의 삶의 조건으로 인해 고통받는다. 그리고 개인의 삶의 조건의 성장 과정에 각인된 불안·공포·스트레스·강박·우울·자살 충동·분노·화 등과 같은 수많은 고통을 야기하는 의식·무의식의 장애·콤플렉스·트라우마 등으로 인해서도 고통받는다.

- 진정한 의미에서 행복하거나 안락하거나 평등하거나 만족스러운 삶을 누리는 사람들은, 정도의 차이는 크지만 소수의 깨어 있고 지혜로운 사람들과 일부 상위 의식 계층을 제외하고는 극소수에 지나지 않는다. 그리고 이런 사람들은 좋은 지도

자와 좋은 자연환경, 높은 시민의식을 가진 소수의 국가를 제외하고는 거의 없다고 해도 과언이 아니다. 일부 선진국과 행복지수가 높은 소수의 국가들을 제외한 지구상의 대다수의 사람들은 열악한 생존·사회환경, 수많은 질병·질환·장애나 미병未病 상태의 만성 생활습관병 등으로 인해 삶과 생존의 고통과 불안과 생사의 공포 '의식'에서 벗어나지 못하고 있는 것이 현실이다.

- 그것은 인류의 문명화의 빛(밝은 면bright side)과 함께 고도 과학기술 문명사회가 되어서도 벗어나지 못하고 멈추지 않는 그림자(어두운 면dark side)로서 고대 인류에서 현생 인류에 이르기까지 대다수가 안고 있는 문제이다. 특히 보통 사람의 경우 정도의 차이는 크지만 대부분이 안고 있는—생존 본능, 투쟁, 권력, 탐욕, 이기심, 소유 집착, 중독 본능에서 벗어나지 못하고 있는—인류의 병리장애적 가치밈의식의 문제이다.

- 인간도 원초적 생존 욕망을 가진 동물적 존재로서 '생명력 발현'과 '쾌락 추구'가 인간의 원초적인 가치 추구적 본능이다. 하지만 인간은 태어나서 영유아기의 전개인적 성장 발달 과정, 즉 대상관계의 성장 발달 과정에서 청소년기의 개인적 '자기'의식의 성장 발달에 이르기까지, 단계적으로 신체적 자아에서, 리비도적(기적氣的)·감정적 자아, 개념적·심적 자아, 페르소나적·사회적 자아, 실존적 자아 정체성이 차례로 생겨나는 성장 발달적 본성을 가진 혼적·영적 존재이다.

- 어느 인간이든지 성장 과정에서—생물학적 (생리적, 원초적) 본능의식(충동, 성적 리비도)의 장애로부터, 전개인적 대상관계의 발달 과정에서 표층적·심층적 자기·의식·무의식(병적·미성숙 방어기제, 억압무의식, 그림자, 콤플렉스, 트라우마 등)의 발달장애, 개인적·사회적 자기(성격, 페르소나, 도덕성, 대인 관계, 정서 등)의 발달장애, 이로 인한 심적·혼적·실존적·영적 발달장애에 이르기까지—정도의 차이는 크지만 병리장애 증후군이 COEX화되어 생긴다. 이는 성장 후 어느 정도는 누구나 피할 수 없는 사회적 환경과 일상적 삶 속에서 겪는 스트레스, 고통, 불행의 내면적 원인이다.

- 이러한 모든 의식·무의식의 문제는 근본적으로 대상관계의 성장 발달 과정에 자기·자아를 형성하는 인지의 오류(잘못 각인된 오각인 인지)와 이에 수반하는 뇌

와 혼의 지知·정情·의意·행行 문제이다. 즉, 그 작용인作用因으로서의 혼과, 인류의 대뇌신피질의 인지(밈)의 진화와 함께 이에 따른 포유류 뇌인 대뇌변연계의 감정정서와 파충류 뇌인 뇌간의 본능 충동의 생명력 발현과 생명 보존을 위한 연동기제와 혼과 뇌의 상의상수相依相隨 관계가 초래한 (지·정·의·행의) 부조화로 인해 생기는 문제이다. 이는 개인의 성장 발달 단계에 따라 정도의 차이는 크지만, 필연적으로 수반되는 문제인 것이다. 이러한 인지·감정정서·행동, 의식·무의식의 장애는 모두 선천적(카르마, 명리命理) 근기와 생득적·유전적 소인과 대상관계와 환경적 조건, 성장 과정의 인지 능력(각인 오류와 부정확성)의 차이가 초래한 고통과 불행의 원인에 대한 보통 인간들의 인지적 무지의 정도에 따라 문제를 더욱 심각하게 만든다.

- 이와 같이 인간은 성장 과정에서 삶의 조건과 성장 환경, 개인의 타고난 기질·성격·근기根器·카르마(업장業障) 등으로 인해―정체성의 혼란, 이상심리, 트라우마, 콤플렉스, 그림자·억압무의식 등이 복잡하게 얽혀서 생겨나는―사회적 삶에 적응하기 위한 자기방호수단인 수많은 부정적 방어기제를 형성하면서 성장한다. 특히 사춘기에는 심리사회적 불안 문제와 실존 문제가 복합적으로 작용하여 '세계 내에 던져진 현존재'로서의 실존적 불안에까지 빠지며 어려운 성장기를 거쳐 성인이 된다.

- 그 결과, 자기성찰적 삶을 살며 계속 성장 발달하는 소수의 깨어 있는 성인成人들을 제외하고, 대부분은 심리적·행동적·사회적·문화적 의식의 문제와 실존적 의식의 문제가 무의식의 장애와 부정적 방어기제, 고착·퇴행, 업장무의식과 함께 어느 특수한 자기만의 '왜곡된 인지의식의 틀(인지스키마, 의식의 돔dome)' 속에 갇히거나, 사회적 성취 능력과는 무관하게 이상異狀심리나 내면적 심적 장애를 지니고 살아가기 쉽다.

- 오늘날과 같은 위험사회, 불안 증폭사회, 폭력사회, 물질 중독사회, ICT 감시사회, 피로사회, 계층 고착사회에서 타고난 근기가 뛰어나고 성장 과정에 축복을 받은 소수의 사람들을 제외하고는, 정도의 차이는 있지만 대부분의 사람은 어느 정도 의식적이거나 무의식적으로 장애의식을 갖거나 부정적 방어기제의 무의식

의 틀에 갇히게 되어 의식이나 영적 성장을 멈추는 경우가 허다하다.

- 앞에서 언급한 보편적 인간의 다양하고 복잡한 본능적·심리적·실존적 문제로 인해, 자기성찰적으로 지성적 삶을 살고 있거나 심오한 종교적 귀의심·믿음을 갖고 영성적으로 살거나 깨어서 명상 수련을 하며 진정한 자유 속에 살고 있거나 명상·영성 수행을 하며 깨어서 자유롭고 지혜롭게 살고 있는 사람은 지극히 드물다. 그래서 선성善性과 영성이 발현되어 있는 소수의 사람들을 제외하고, 정도의 차이는 크지만 삶은 행복하지 않고 고통스럽기 마련이다. 심한 경우, 스트레스와 피해망상, 강박, 집착 등으로 인해 망상·두려움·공황장애, 우울증, 반사회적 심리장애, 자기애·경계선 장애, 분노조절장애 등이 한계에 이르러 반사회적으로 공격적·파괴적이 되기 쉽다. 그래서 피해망상이나 정신신경장애, 자기정체성의 상실과 무의식의 장애와 실존병리장애 등으로 인한 영성 상실, 혼의 위축·피로, 비정상 상태가 극심해지게 된다. 그 결과, 생존을 위협할 정도의 삶의 질 상실 등이 초래한 자존감의 상실로 인한 반사회적 조현병장애, 양극성장애, 조울증으로 인해 자살 충동 등에 이르기까지도 한다.

- 이는 소수를 제외한 대다수의 사람이, 정도의 차이는 크지만 정신신경장애 수준은 아니라도 경미하지만 어느 정도의 장애심, 신경증적 스트레스, 분노·화, 억압무의식의 부정적 방어기제, 강박·망상·고착·퇴행, 실존적 우울장애 증후군 등을 겪고 있다고 보아야 한다.
- 그런 상태에서 인지와 의식이 자기기만의 왜곡된 '틀(스키마)'에 갇히거나 고착, 퇴행되어 있어서 성장이 멈추고 자신의 모든 문제를 투사하거나, 부정적이거나 미성숙한 강한 방어기제로 된 인지의식의 틀 속에 갇혀 살게 된다. 아니면 반대로 경제적 생존 문제와 함께 삶의 질이 바닥에 떨어진 경우, 자존감을 상실하고서 하루하루 생존을 위해 힘겹게 살아가는 사람이 적지 않다.

오늘날 정도의 차이는 있지만, 앞에서 고찰한 이러한 다양한 정신심리장애 현상은 대다수의 사람이 갖고 있는 몸(신身·뇌腦·기氣)과 마음(지知·정情·의意)과 정신(혼魂·영靈), '의식·무의식·심층무의식(카르마)'의 병리장애 증후군의 문제인 것이다.

반면에 모든 개인이나 조직·기업·단체가 지향하는 것은 '현재 자신의 상황·조건의 한계를 뛰어넘는 인지적 잠재 능력과 창의성의 발현을 위한 의식의 '변화'와 '지혜의 추구'이다. 그래서 이를 위해서는 학교·사회 교육 제도나 문화가 보통 사람들로 하여금 치유, 상담, 코칭, 멘토링, 컨설팅, 명상·영성 교육 수련, 지도 등을 받고자 하는 의지나 희망을 가지게 해야 한다. 따라서 고도로 복잡하고 전문화된 현대사회에서는 앞으로 반드시 성장 과정의 어릴 때부터 노후 세대에 이르기까지 이러한 상담, 치유, 코칭, 멘토링, 명상, 영성 수련·교육 문화가 조성되도록 해야 한다. 그런데 결국 모든 치유, 상담, 코칭, 교육의 문제는, 먼저 초기 치유과정에서 유위적·방편적 인지학습·의식 훈련 같은 심신치유기제를 통해 온전한 자아(혼)를 어느 정도 회복시키는 치유기제의 발현이 가능한 유위적 심신치유가 우선적인 관건이다. 이와 같은 유위적 심신치유를 통하여 건강한 혼(생명력 발현 욕망의 존재적 주체로서의 자기)을 어느 정도 회복하게 하는 문제가 우선이다. 그런 후에는 마음챙김 알아차림, 통찰명상과 같은 무위적 고급 심신치유와 그 치유기제의 발현에 의해 자기치유가 가능한 인간 의식·영성이 2층의식 이상으로 성장, 변화함으로써, 이를 통한 창조적 잠재력과 진정한 깨어 있는 웰라이프의 실현을 가능하게 만드는 문제로 귀결된다.

통합심신치유의 기본 원리

앞에서 인간의 몸맘영과 인간의식과 심신치유의 문제에 대한 개관적 고찰에서 보았듯이, 여기서 '의식'이란 모든 존재·생명체의 의식이 아닌 인간의 의식으로만 국한시킨 것이다. 그렇지만 수십 종의 인간의식의 범주 중에 일부만 언급한다 해도—생리적 신체의식, 뇌인지(知·情·意)의식, 생물적(동물적 리비도) 본능의식, 감정·정서적 의식, 심적·정신적 의식, 관념·신념·이념적 의식, 믿음·신앙 종교적 의식, 실존의식, 영성의식, 자아초월의식·초의식… 에서 궁극의 순수의식에 이르기까지—다양한 수준, 다양한 분면, 다양한 계통, 다양한 상태, 다양한 유형의 의식이 있다. 그것도 표층의식, 전의식(잠재의식)·무의식·심층무의식(집단무의식)·기저무의식, 또는 켄 윌버가 말하는 무의식 유형들(기저무의식·원시무의식·각인무의식·침잠무의식·창발무의식·억압된 창발무의식)에 이르기까지 너무나 복잡하고 다양한 의식·무의식 범주에 대해 다 언급할 수는 없다. 이는 인간 존재의 모든 것, 선천적·생득적 본성과 후천적 성장(사회·문화, 자연) 환경에 의해 만들어지는 사회적 인간의 페르소나·인성·성품·성격·기질 등이 모두 의식·무의식의 문제라는 의미인 것이다. 그리고 우주 안의 모든 존재는 파동으로서 에너지(기氣)와 정보(심心·의意·식識, 리理·지知)를 갖고 있고 이 에너지와 정보(지능, 지성, 의식)는 동전의 앞뒤같이 분리할 수 없는 존재의 양면이다. 그러므로 의식의 문제는 곧 의식 에너지의 문제이고 또한 다양한 수준의 기(에너지)의 문제가 되기도 한다. 그러므로 인간의식의 모든 문제는 치유와 수행의 대상이다. 이치유·수행의 이론과 실제는 통합심신치유와 통합생활 수련, 통합영성 수련으로, 양자의식치유와 에너지치유(양자파동 에너지치유)로 구분하여 뒤에서 보다 전문적으로 논하게 될 것이다. 하지만 여기서는 개관적으로 정의적 개념만 우선 간략하게 언급하였다.

한마디로, 심신치유의 근본은 내담자/치유대상자의 인지적 무지와 감정정서적으로 오각인된 의식을 알아차리고(인지적으로 자각하고) 긍정적 자기자애의식으로 '깨어나게' 하는 데 있다. 이는 우선 외면으로만 향하던 개인의 의식을 내면으로 향하게 하고, (인지적 자각 훈련이 되면 점차적으로) 자기의 내면의 무의식에 의한 의식의 흐름, 소위 '내면의 목소리'나 외부의 자극에 대한 반응/대응을 간섭 없이 수용적으로 알아차리는 마음챙김 능력이 생기게 한다. 더 나아가 고급 심신치유의 자기치유 단계가 되면 내면의 무의식에 의해 솟구치는 욕동·번뇌·감정·스트레스·망상 등의 흐름이나 외부의 자극에 대한 (혼魂·뇌腦·신체身體의) 자동 반응 의식에 대해 그 작동 원리와 잘못 각인된 의식·무의식의 황당한 기표記表·기의記意의 홀로그램(온그림, 공상空像, 공식空識) 바탕을 성찰적으로 통찰하는 각성적 자각의 주시의식으로 깨어나게 한다.

각성적 자각은 외면의 오감의 감각을 통해 들어오는 외부의 정보를 감지·인지·지각하는 알아차림과 내면 무의식의 충동적·의지적·조건반사적 흐름으로 인한 심신의 반응을 감지하여 알아차리고 주시하는 초자각(메타자각)의식이다. 즉, 깨어서 주시하는 의식이 곧 깨어 있는 알아차림 주시의식이고 근본의식, 순수의식이라고도 일컫는 기저의식(참나의식)이다. 단계적 인지자각 훈련을 거치면서 이러한 깨어 있는 진정한 알아차림 주시의식(사띠Sati , 念, 자각/초자각)이 생기기 시작하면 누구나 자기치유의 길로 나아갈 수 있다. 이와 같은 자기치유를 통해 몸·마음·영혼의 온수준에 걸친 온전한 건강의 회복과 일상 속에서 자신에게 맞는 웰라이프, 즉 (건강하며 행복하고 소유적 삶과 존재적 삶이 조화와 균형을 이룬 영성이 개화된 깨어 있는) 좋은 삶을 추구할 수 있다. 이렇게 되면 의식의 변화와 영적 성장을 가져올 수 있는 단계적 의식치유 중심의 실천·실행·수련·수행을 통해 통합적인 자기치유적 삶을 실현할 수 있다. 모든 통합심신치유는 이러한 자기치유력을 발현할 수 있는 의식 훈련·수련의 문제이다. 이를 위해서는 『통합심신치유학: 치유기제』편에서 상술하고 있는 바와 같이, 위축된 (자기) 혼을 되살려 어느 정도 자존감(자기자애, 삶의 의미, 신념, 용기, 의지력 등)을 회복할 수 있는 인지학습 치유기제 발현 훈련, 다양한 유위적 방편의 일반 의식치유·심신치유기제 훈련을 개개인의 의식 수준과 혼의 상태에 맞게 단계적으로 실행하고 훈련하는 문제로 귀결된다. 이러한 단계적 치유기제가 어느 정도 발현되면 자기치유를 할 수 있는 마음챙김에 기반한 몸·기(에너지)·정(감정)·마음·혼·영 홀라키 전체의 유위·무위적 상향 인과·하향 인과 치유 프로그램인, 『통합심신치유학: 실제』편에 상술되어 있는 MBSR, ILP, IQHLP와 같은 통합심신치유 수련에 의해 온건강의 회복과 영적 성장을 온전하게 실현할 수 있다.

AQAL적 통합심신치유이론

상담가·치유자들에게는 내담자/치유대상자들의 세대(아동, 청소년, 성인, 노인)나 대상 분야(심신치료치유, 중독치료치유, 정신·심리장애 상담, 진로·비즈니스 상담, 자녀·부부 갈등·폭력 문제, 웰라이프·웰다잉·건강 관리 상담 등)에 따라, 전문 분야는 다르지만 정신건강 전문의나 심리치료사가 아니더라도 심리치료치유에 대한 식견과 치유·건강 전문가로서 신체적·정서적·사회적·정신적·영적 건강, 즉 온건강 전반에 대해 광범위한 의미에서의 심신치유 전문가로서의 능력이 요구된다. 즉, 단순한 힐링으로서의 심신치유를 넘어서는 전문적인 통합적 심신치료치유에 대한 전문 식견 그리고 통합적 치유요법·치유원리·치유기제를 체득한 후 내담자/치유대상자로 하여금 유위적 치유기제를 발현시키고 유위·무위적 자기치유를 유도할 수 있는 능력이 요구된다.

따라서 지금까지 강조해 온 것을 다시 전문적으로 언급하자면, 오늘날 건강관리사, 상담치유사, 회복치유사, 치유코치 등의 심신치유 전문가들은—서양의 심리치료 외에 소마운동, 기공/요가 치유, 자연치유, 뇌파치유, 파동치유, 혼유魂癒(혼의 치유), 의식치유(이념 중독치유, 독서치유, 인문치유, 그림책읽기치유…), 최면치유 그리고 다양한 자연치유·보완대체의학적 심신치유 등과 같은—전통 자연치유와 현대 심리치료와 현대 심신치유와 심신치유기제 발현기예技藝 전반에 대해 심신치유 전문가로서 폭넓은 식견을 가져야 한다. 나아가 현대 에너지의학적 통합에너지치유와 양자의학·파동의학적 양자심신치유에 대해서도 최소한 그 원리 정도는 알고 있어야 한다. 치유자는 인간의 심신, 즉 몸맘영BMS(심기신心氣身, 성명정性命精, 정기신精氣神)에 대한 삼원일체三元—体적 온전한 이해와 그 치유기제에 대해서도 그 원리 정도는 알아야 한다.

더 나아가 전통지혜(영속심리학, 영속의학, 영속수행)와 현대 심리학과 양자파동의학에 상응하여 몸맘영BMS을 보다 세분화시킨 신身·기氣·정情(백魄)·심心·혼魂·영靈의 육원일체六元—体적 다차원의 생명체, 즉 신체身体·기체氣体(에너지체)·정체情体(감정체)·심체心体·혼체魂体·영체靈体를 온전하게 이해해야 한다. 특히 인간의 생명은 다차원의 생명장 양자파동으로서 에너지氣와 정보識(인지지능, 의식·무의식·초의식)로 다차원의 생명장의 양자파동적으로 이해하는 정도는 되어야 한다. 또한 모든 심리치료·심신치유·심신치유기제를 관통하는 인체 생명장 홀라키의 신과학적·심층심리과학학적·영속심리학적·영속의학(전인의학)적·양자역학적·양자과학적 원리와 이에 따른 상향 인과上向因果·하향 인과下向因果의 생명홀라키적 장애기제와 치유기제를 명료하게 이해해야 한다. 그래야만 치유자는 모든 심리치료법, 심신치유요법을 올바른 심신(BMS, 심기신心氣身, 정기신精氣身)의 삼원일체三元—体/육원일체六元—体 치료치유원리에 입각하여 통합적 심신치유기제와 함께 보다 심오하게 적용할 수 있다.

통합심신치유원리에 대해서는 이미 제1장에서 개관하였다. 제1장에서 강조한 바와 같이, 통합심신치유는 치유대상자의 현재의 상태에 적합한 단계적·통합적 최적의 심신치유법을 통해 치유기제를 발현시켜서 어느 정도 건강한 자아를 회복시킨 후, 온건강을 회복하는 자기치유 능력을 갖도록 치유하는 일체의 단계적 치유과정을 일컫는다. 따라서 이 절에서는, 먼저 이를 위해 켄 윌버의 AQAL 통합적 심신치유의 이론과 실제 모델에 대하여 고찰하였다.

온건강과 통합심신치유

우리의 심신은 다수준의 에너지氣와 정보識의 양면성을 지닌 몸(크게 구분하여 조대체粗大体·정묘체精妙体·원인체原因体)으로, 다차원의 복잡계적 복합생명체인 에너지체氣体·정보체識体이다. 그러므로 모든 심신치유는 곧 에너지치유와 마음(의식)치유를 동시에 의미한다. 따라서 모든 치유요법은 '심신쌍유心身双癒(성명쌍유性命双癒)'라야 한다. 하지만 어떤 요법은 마음(심기心氣, 의식 에너지) 중심의 '심주신종心主身從'치유 또는 몸(身氣, 몸 에너지) 중심의 '신주심종身主心從'치유의 차이만 있을 뿐이다. 그래서 심신통합치유요법이란 곧 심신홀라키의 병리장애 수준들에서의 에너지·의식의 통합치유법을 의미한다. 그리고 심신치유를 한마디로 정의하자면, 심신이 전문의의 치료가 필요한 정도로 불건강한 질병 상태는 아니지만 온전한 건강 상태도 아니고 다양한 아건강/반半건강 (미병)상태의 사람들이나 정신과 전문의를 찾아도 다 약물치료 외에는 근본 치료를 할 수 없는 다양한 정신·심인성 병리장애 증후군으로 고통받는 사람들이 참힐링의 근본 치유와 자기치유를 통해 온건강을 회복하도록 돕는 것이다. 따라서 그 과정은 처음에는 건강전문의·상담치료사·심신치유 전문가·전문 힐러의 치료·치유 프로그램이나 기법에 의한 상담·멘토링이나 훈련·코칭 과정에 의해 치유를 받으며 치유기법을 습득한 다음, 나중에는 전문가의 도움 없이 '자기치유'에 의해 온건강 상태를 회복하고 웰빙이나 웰라이프를 추구하도록 진행된다.

그렇다면 통합적 에너지 치유·의식치유로서의 심신치유의 궁극적인 목표인 '온건강'이란 무엇인가부터 먼저 이해할 필요가 있다. 현재 세계보건기구WHO에서도 전일적 건강holistic health을 바람직한 건강으로 보고, 비록 완전한 정의는 아니지만 건강이란 단지 질병이 없는 심신의 상태가 아니라 신체적·정신적·사회적으로 완전한 웰빙 상태를 추구하는 것으로 정의하고 있다. WHO의 건강 정의에 '사회적 건강'이 포함되어 있는 것이 특이하다고 느낄 수 있다. 하지만 개인은 사회로부터 독립하여 삶을 영위할 수 없고, 사회적 웰라이프를 위해 건강한 대인 관계와 사회적 삶에의 적응이 원활해야만 온전한 건강의 실현이 가능하기 때문에 사회적 건강도 중요하다. 이를 위해서는 사회적 삶에 잘 적응하는 개인의 노력도 필요하지만, 이를 가능하게 하는 필요조건으로 정의롭고 평등하고 공정한 정치·경제·사회 제도, 기회 균등의 전인교육 제도, 온전한 보건의료 제도·환경, 그리고 안정된 사회 안전망이 있어야 개인의 사회적 건강이 실현될 수 있다.

온건강이란 WHO의 건강 정의를 넘어서, 온전한 통전적intigral-holistic(통합적·전일적) 건강을 의미하기 위해 저자가 정의한 용어이다. 따라서 (켄 윌버의 AQAL 통합 패러다임과 유사하게) 다차원 생명체(신체·기체·정체·심체·혼체·영체)의 온수준의 전일적 건강과 뒤의 〈표 4-2〉와 같은 BPSC(Bio-Psycho-Socio-Cultural) 사분면 모델에서의 신체적 건강, 마음 건강(정신적·영적 건강), 사회적 건강, 문화적(정서적·윤리적) 건강을 모두 포괄하는 '온전한 통전적' 건강 개념으로 정의한 것이다. 이와 같은 온건강의 정의에서 유의할 점은, WHO에서 인정은 하지만 아직 규범적 건강 정의에는 없는 영적 건강 그리고 문화적 건강도 포함시킨 온전한 건강의 모든 차원과 측면을 모두 다 포괄하고 있다는 것이다.

영적 건강의 중요성은 뒤에서 심도 있게 논의하겠지만, 문화적 건강이 중요한 이유는 자명하다. 오늘날과 같은 IT시대 스마트 모바일 기기들은 게임·음악·컴퓨터·SNS·인터넷 지식 정보 검색 기능 등이 모두 통융(통합·융합)되어 있어서 어릴 때부터 스마트폰·게임기 등 각종 모바일 기기에 중독되기 쉬운 문화 환경 속에 노출되어 있다. 이러한 IT 문화의 그늘은, 잔인성·폭력성·자폐성·정서장애·인성장애 또는 타인에 대한 무고·음해 등의 파괴적 언어폭력 같은 비윤리적 행위나 도박·음란·자살 사이트 같은 유해 사이트들로 인해 신체적·정서적·정신적 건강을 해치기 쉽다. 이를 예방하기 위해서는 공동체 내의 건전한 상호 존중·소통·참여·나눔·봉사 활동을 통한 건전한 공동체의식의 함양과 건강한 정서와 윤리의식의 창달 등 문화적 건강의 증진도 매우 중요한 건강 요소임을 쉽게 알 수 있다.

뒤에서 설명할 켄 윌버의 AQAL(All Quadrant All Level) 통합 패러다임의 홀론/홀라키적 온수준·온분면에 따르면, 통전적intigral-holistic(통합적·전일적) 온건강의 어느 한 요소의 상실은 전체적 불건강이나 아건강 상태로 확산된다. 그래서 온건강을 회복하기 위한 통합에너지치유·의식치유적 심신치유는 모든 수준의, 모든 분면의 건강 요소의 상의상관성과 이에 상응하는 불건강/아건강 요소들에 대한 심신치유의 문제가 되기 마련이다. 이와 같이 통합심신치유학에서는 온건강과 통합에너지치유·의식치유적 심신치유를 동전의 앞뒤 같은 '양면성'의 짝으로 인식한다. 그런 까닭에 온건강의 회복을 목표로 하는 통합심신치유를 전통지혜의 영속철학·영속심리학·영속의학, 현대의 켄 윌버의 통합심리학, 그리고 현대 신과학·신물리학·양자과학·신생명과학·신의학의 심층과학·정신과학적 원리에 의해 모두 통전적으로 통합하는 치유과학적 새로운 통합치유 패러다임 모델을 제시하였다.

온우주의 생명·존재·의식에 대해 동서양의 전통지혜에서 똑같이 말해 주고 있는 [그림 4-2]와 같은 존재의 대사슬(Great Chain of Being)/존재의 대둥지(Great Nest of Being)는 켄 윌버의 온우주론(Kosmology)의 홀론/홀라키적(Holon/Holarchy) 원리, 제2장의 몸과 마음의 관계에서 상술한 심층유기체적 온생명* 원리, 온생명기(온생명 에너지) 원리, 다중생명그물 원리 그리고 현대 양자물리학·우주과학, 신과학, 신생물학의 패러다임과 원리에 의해 완벽하게 현대적으로 해석할 수 있다. 이러한 전통지혜와 현대 신과학의 전일적 통합·통전·통섭 패러다임의 원리를 이해하고 나면, 인간의 생명은 영성(불성, 신성)이 내재되어 있고 '영靈·Spirit(온우주의식Kosmic Consciousness, 공空/일심一心, 브라흐만)'의 현현인 다차원의 생명장場, 생체양자 포텐셜 에너지장으로 몸/체體를 이루고 있다는 현대 정신과학적 원리를 보다 쉽게 이해할 수 있다.

* 여기서 온생명은 크게는 온우주의 생명 세계를 일컫고 적게는 가이아 생태 지구를 일컫는 말이다. 개체적으로는 물질적 생명만이 아닌 몸·氣·마음·영혼을 가진 생명이란 뜻으로, 포괄적이고 보편적이면서 깊은 의미의 생명을 일컫는다. 프리죠프 카프라(Capra, F.)의 『생명의 그물The Web of Life』에서 온생명 세계를 유기체적 시스템으로 보고, 그래서 모든 생명이 그물망처럼 엮여 연결되어 있는 상호 의존적 존재의 세계임을 상징하기 위해 사용하는 신과학 용어이다.

제2장에서 이미 상세하게 고찰한 바와 같이 인간의 생명은 동서양의 영속철학·영속심리학, 전통지혜에서는 일반적으로 몸·마음·영혼으로 또는 신체·생명기氣·마음·혼·영으로 또는 좀 더 줄여서 몸·마음(심신心身)으로 일컬어지기도 한다. 이것을 생명홀라키로서 생명의 체体(몸, 시스템), 식識(정묘식·원인식: 의식, 무의식, 초의식), 기氣(정묘 에너지subtle energy)의 생명장場(field), 생명 에너지장으로 표현하면, [그림 4-2]와 같이 육체(정기精氣, 생체 에너지)·기체氣体(생명원기生命元氣)·심체心体(감정체 포함 시 정기情氣·심기心氣)·혼체魂体(혼기魂氣)·영체靈体(영기靈氣)로 된 우리의 생명을 유지하는 온생명체 식識(정보)·기氣(에너지)의 홀라키로 되는 것이다. 따라서 생명 홀론·홀라키라는 개념 속에 온건강과 그 회복을 위한 치유요법의 중요한 원리가 모두 내재되어 있다. 다시 말해, 홀라키로서 온생명체는 하위의 홀론에 의존하기에(생명 유지에 가장 중요한) 하위 생명기체氣体에, 특히 (기체에 의해 발현되었지만) 그 바탕 기초인 신체에 문제가 생기면 그 위의 모든 체体는 온전한 건강 상태의 발현이 어렵다는 것이다. 또한 그중에 어느 한 수준의 체体(식識·기氣)·장場에 문제나 장애가 생기면 생명홀라키 원리에 의해, 즉 상향上向(Bottom-Up) 인과 및 하향下向(Top-Down) 인과 원리에 의해 다른 수준의 장場(식識·기氣)에 문제가 생긴다. 이는 [그림 4-3]의 온건강 이상異狀 악순환

197

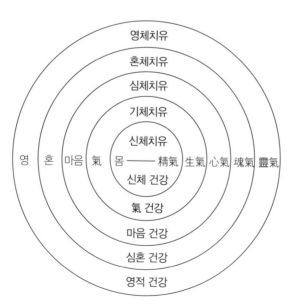

[그림 4-2] 존재의 대사슬의 온수준치유의 홀론홀라키 원리

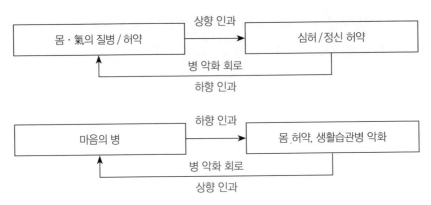

[그림 4-3] 온건강 異狀 악순환 上向·下向 因果道

상향·하향 인과도에서 보여 주듯이 온수준의 병리장애의 악순환 문제로 확대 심화된다. 이는 온건강의 측면에서 매우 중요한 원리인 것이다.

한편, '영적 건강spiritual health'이란 일반적으로 말하는 정신건강mental health과는 달리 보다 더 포괄적이며 깊고 상위적인 건강을 의미한다. 특히 아래로는 영적 장애(심령 장애, 망상, 빙의, 광기장애, 탁사기濁邪氣 침입장애)와 (반사회적 사이코패스 인성의) 영성 장애와 관련 있는 정신병의 치료치유 그리고 위로는 영적 무지몽매로부터 깨어나게 하는 심층적 정신건강으로 '온건강'의 최상위적 건강이다. 영적 건강을 이해하려면, 먼저 우리 인간 존재가 전일적/홀라키적 존재, 영적 존재임을 인식하는 것이 전제되어야 한다. 우리 인간이 영적 존재임은 이미 동서양의 전통지혜의 '영속철학perennial philosophy' '영속종교perennial religion'라고 일컬어지는 전통 철학/종교 사상에서 명확하게 밝히고 있다.

앞에서 언급한 바와 같이 인간 존재는 전일적·홀라키적 존재이므로 영(8식, 아뢰야식)은 홀라키의 최상위로서 보다 아래 수준들에 대한 전체로서 모든 아래 수준 몸·기氣·정情·심心·혼(정신, 7식, 말나식)을 에너지氣와 정보識 면에서 모두 초월하고 내포하고 있다. 따라서 영적 건강은 하위적 수준의 건강에 의존하지만 작인agency으로서의 홀라키적 특성상 하위적 수준들의 건강을 지배하는 작용인으로서의 기능을 하게 된다. 뿐만 아니라, 온건강에서 영적 건강의 이와 같은 홀라키적 특성은 '하향 인과'와 '상향 인과'의 원리에 의해서도 쉽게 이해할 수 있다. 즉, 온건강은 누구나 "건전한 '영' 안에 건전한 정신(마음)이 있고 건전한 정신 안에 건전한 신체가 있다(Sound Body in Sound Mind in Sound Spirit)."라는 하향 인과 원리와, 역으로 "건전한 신체에 건전한 정신이 깃들고 건전한 정신에 건전한 '영'이 깃든다(Sound Spirit in Sound Mind in Sound Body)."라는 상향 인과의 원리로부터도 쉽게 알 수 있다.

이와 같이 온건강과 건강한 신체는 건전한 마음, 정신 그리고 영적 건강에 의해 촉진되고 지속될 수는 있으나 건강한 신체가 반드시 건강한 마음이나 건강한 정신, 영을 가져오지는 않는다. 즉, 육체의 건강이 마음의 건강, 정신건강의 필요조건은 될 수 있으나 충분조건은 아닌 것이다. 육체의 장애자가 오히려 영성이 뛰어나고 영적 건강이 넘칠 수 있지만, 섭생이나 운동에 의해 육체적 건강이 우수한 사람이 삶의 조건과 환경의 급격한 충격에 의해 심적 장애, 정신장애, 영적 장애를 갖게 되면 곧 육체의 건강을 잃고 만다는 사실에서도 쉽게 알 수 있다. 물론 상향 인과 원리에 의해 온건강을 위해서는 심적/정신적 장애가 있는 경우 운동·소마나 기공·요가 수련 같은 것을 통한 신체(생체 매트릭스의 생체生体 에너지와 생체 정보 활성화·조화·항상성 유지) 단련에 의해 정서적/심적 건강, 정신건강을 강화시킬 수 있다.

영적 건강을 위한 영적 치유에서 중요한 사실은 정서적·심적·정신적·영적으로 장애가 있는 사람의 경우에 단순한 육체적 장애와는 달리, 모든 비육체적인 심적·정신적 기氣(에너지)·식識(정보: 인지지능, 감정정서, 본능 충동)의 장애는 이에 대응하는 뇌와 육신의 (신체화) 장애로 나타나게 된다는 것이다. 그리고 역으로 신경증(정신신경장애), 자폐증, 정신분열증(조현병), 경계선장애, 강박증, 공포증, 우울증 등의 정신병리적 장애 현상이나 이상심리적 장애 현상의 근본 원인은 심층무의식층의 무의식 에너지의 억압, 고착이나 병적 장애 상태에서 비롯되는 것이다. 서양의 정신역동적 심층심리학에서의 이러한 병리적 억압무의식 에너지는, 곧 불교의 유식학唯識學적으로 보면 7식(말나식) 무의식의 장애와 8식(업식業識, 아뢰야식) 심층무의식의 업장業障을 의미한다. 말하자면, 프로이트(Freud, S.)의 무의식(에고, 이드)과 융Jung의 집단무의식 그리고 워쉬본(Washburn, M.)의 '역동적 기저Dynamic Ground' 무의식 에너지의 개념을 상보적·통합적으로 이해해야 한다. 위에서 언급한 모든 장애와 병리 현상은 심층 심혼의 병적 무의식 에너지氣와 정보識(의식, 무의식, 본능 리비도)의 문제임을 쉽게 이해할 수 있다. 나아가 동서양의 의식심리학을 비교하면 현대 심리학의 무의식, 심층무의식은 곧 유식唯識의 7식, 8식에 대응하고, 7식은 혼식魂識에 대응하고, 8식은 영식靈識에 대응한다. 다시 말해, 이것은 곧 인간의 정신체, 즉 혼체魂体나 영체靈体에 각인된 무의식이나 기저/심층 무의식에 이상異狀이 있어서 그것이 하향 인과에 의해 표층(의식) 심리홀라키의 충동본능기제, 정서적 기제, 심적 기제로 작용하여 심적·정신적 장애가 일어난다는 것이다. 그 결과, 심층의식·무의식과 뇌에 의해 발현된 표층 뇌인지식識·신체 각인식識의 상응성에 의해 뇌와 신체의 장애까지도 일어난다. 말하자면, 이것은 하향 인과적으로 정신적 무의식의 장애, 영적 심층 기저무의식의 장애, 즉 혼의 위축이나 혼체(말나식)의 이상異狀으로 인한 심혼적·정신적psychic 장애나 빙의/신들림과 같은 영적 장애나 영체의 심층무의식의 이상異狀(아뢰야식의 업장業障)의 심화로 인한 영적 장애가 근본 원인인 것이다.

요컨대, 영적 에너지치유에 앞서서 상향 인과에 의해 몸에서 혼에 이르는 각 수준의 병리장애를 완화 치유시키는 기본·일반 치유기제의 단계적 발현과 함께 각 수준의 병리장애에 대한 최적의 치유를 해야 한다. 심리치료적으로는 하위 수준의 장애에 대

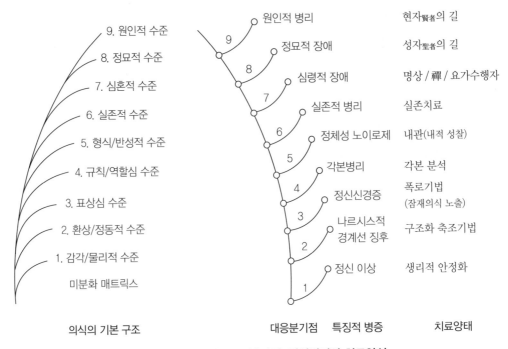

[그림 4-4] 의식의 구조, 분기점, 정신병리와 치료양식

출처: 조효남·안희영 공역(2017).

한 [그림 4-4]와 같은 켄 윌버의 의식의 병리스펙트럼spectrum of pathology[조효남·안희영 공역, 『의식의 변용』(4장, 5장; 학지사, 2017)]에 대응하는 각 수준의 의식·에너지 치료양 식인 정신의학적 치료나 심리치료와 같은 아래 단계의 치료를 통해 정신/심리장애를 어느 정도 먼저 치료해야 한다. 또한 정신 이상이나 빙의 같은 사기邪氣에 오염된 경우 에는 정신의학적 치료보다는 빙의치료나 퇴마술(엑소시즘)에 의한 영적 장애치료를 병행하여 영적 장애에서 벗어나게 해야 한다. 그런 다음에 '하향 인과'의 원리에 의해 영성 수련이나 명상/참선 수련을 통해 영적 건강을 회복하고 온건강을 심화시켜 나가 야 하는 것이다.

켄 윌버의 AQAL 통합심신치유 모델

켄 윌버의 AQAL 통합 패러다임

인간의식의 연구와 트랜스퍼스널transpersonal(자아초월, 초개인)심리학, 통합철학·통 합심리학, 통합영성 분야의 대이론가, 거대 담론가로서 20여 권의 방대한 저서에 나 타난 윌버의 철학·심리학·과학·종교·영성·사회학·인류학·문화·예술 등의 사 상은 모두 다 존재와 인식(앎)의 온수준·온분면·온계통(라인)·온상태·온유형의 AQAL Matrix 모델이라고 일컫는 통합모델을 기본으로 하고 있다. 오늘날 가장 탁월 한 통합이론으로 인정받고 있는 윌버의 통합심리학의 핵심 사상인 AQAL Matrix 통 합모델은 이미 국내에 대부분이 번역된 이십여 권이 넘는 그의 저서들에 널리 소개되 어 있다. 그리고 조효남 저자의 『상보적 통합-켄 윌버 사상의 온전한 이해, 비판 그리 고 응용』에 상세하게 소개되어 있으므로 여기서는 정의적 개념만을 설명 없이 언급 하였다.

먼저, 그의 AQAL Matrix에서 온수준all-level은 '영속철학'에서 나온 [그림 4-2]와 같 은 '존재의 대사슬에 대한 사물(물질) → 생명 → 마음 → 혼 → 영으로 이어지는 윌버 의 존재의 홀라키도, 또는 [그림 2-1]과 같은 휴스톤 스미스(Smith, H., 1985)의 지상 계(몸) → 중간계(마음) → 천상계(혼) → 절대계(영)와 같은 존재의 대둥지로 간략하게

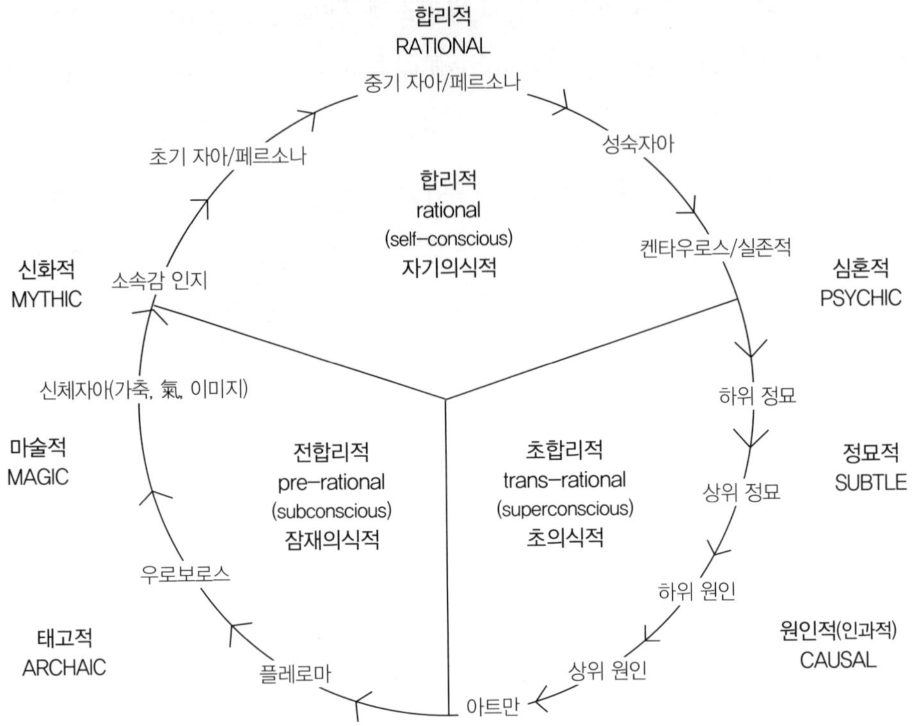

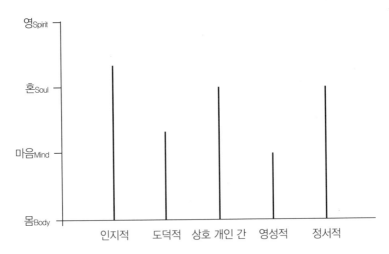

[그림 4-5] 의식의 스펙트럼 7계층 기본 구조와 상세 발달도(윌버모델Ⅱ)

출처: 조효남, 『상보적 통합』; Wilber, 『Atman Project』(1981).

[그림 4-6] 다양한 의식 발달 계층의 심리도(Psychograph, 윌버모델Ⅱ)

출처: 조효남, 『상보적 통합』; Wilber, 『Integral Psychology』(2008).

〈표 4-1〉 사분면도

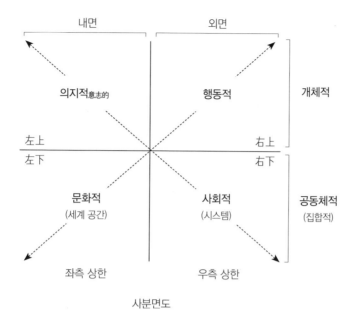

사분면도

a) 삼대 가치의 분화/온우주의 네 코너

	내적Interior (좌측 경로) 주관적	외적EXterior (우측 경로) 객관적
개체적 Individual	진실성 truthfulness 진지성 sincerity 성실성 integrity 믿음성 trustwarthiness (나)	진리 truth 대응성 comespondence 표상성 representation 명제성 propositional (그것)
집합적 Collective	(우리) 정당성 justification 문화적 적응cultural fit 상호 이해 mutual understanding 창의성 rightness	(그것들) 기능적 적응functional fit 시스템이론 그물systems theory web 구조적 기능주의 structurall−functional 사회 시스템 망social systems mesh
	상호 주관적 Intersubjective	상호 객관적 Interobjective

b) 진리의 사분면

출처: 조효남 역(2006: 13).

나타낼 수 있다. 이것은 [그림 4-5]와 같이 윌버가 발달심리학적으로 '의식의 스펙트럼'이라고 일컫는 존재론적·인식론적으로 보는 인간의식의 성장·발달·진화의 온수준으로 세분화할 수 있다. 이 '온수준'과 함께 그의 독특한 통합관점인 〈표 4-1〉과 같은 진리의 사분면 또는 온우주Kosmos의 네 코너라고 일컫는 온우주 내 모든 존재(홀론)의 개체적·내면적(주관적, 의식적, 의지적), 개체적·외면적(객관적, 행동적, 과학적), 집합적·내면적(상호 주관적, 문화적, 도덕적), 집합적·외면적(상호 객관적, 사회적, 시스템적) 차원을 모두 통합하는 것이 온분면all-quadrants이다. 그래서 사분면은 근대 정신의 최상인 삼대 가치권(과학·도덕·예술, 나·우리·그것, 진眞·선善·미美…)의 사분면적(내면적·외면적·개인적·집합적) 차별화의 측면을 나타내는 통합모델이다. 그리고 인간의식의 다양한 발달 라인의 모든 조류를 다 포괄하는 [그림 4-6]과 같은 인지·자기·도덕·영성·감정·가치의 온라인all-lines, 또한 인간의식의 모든 상태(깨어 있는, 꿈꾸는, 잠자는 정상의식 상태나 명상·트랜스 같은 변성의식 상태 등)를 망라하는 온상태all-state 그리고 모든 인간의식의 상이한 남녀·성격 유형이나 패턴이나 기질을 다 포섭하는 온유형all-types의 통합이 그의 AQAL Matrix 메타이론의 기본 바탕이다.

204

AQAL 통합심신치유 모델

앞에서 간략하게 고찰한 온건강의 통합적·정신과학적 원리에 따른 온건강과 온건강적 삶을 구현하기 위한 통합심신치유의 기본 틀(framework)은 켄 윌버의 AQAL 통합 패러다임에 따라 온건강을 위한 통합심신치유 모델로 [그림 4-7]의 통합모델에 바탕을 두고 [그림 4-8]과 같이 자연스레 유도할 수 있다.

1. 온수준 심신치유 모델

앞에서 이미 언급한 바와 같이, 전통지혜의 정수인 영속철학에 의하면 인간의 온생명은 [그림 4-2]를 좀 더 세분화한 〈표 2-1〉과 같이 신·기·백(정)·심·혼·영으로 전일적 홀론·홀라키 구조로 되어 있다. 이는 더 단순화하면 몸·마음·영혼

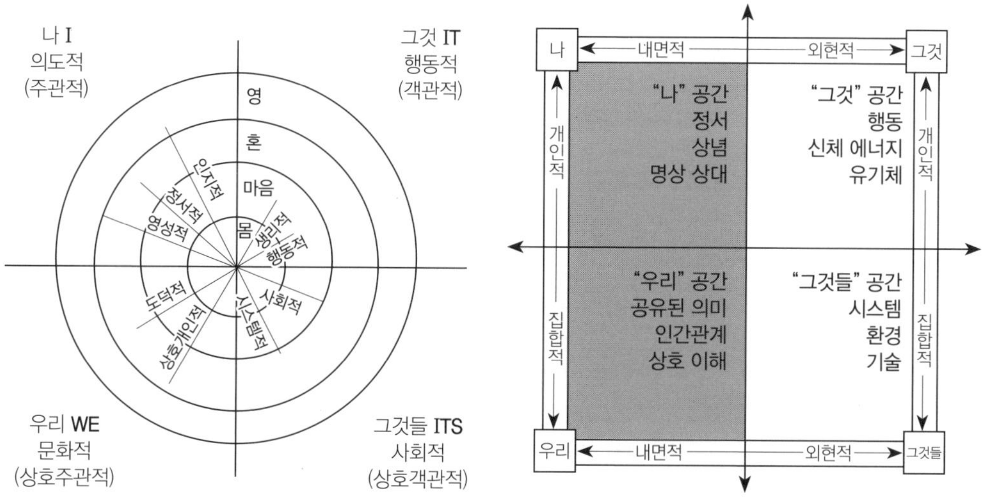

[그림 4-7] 온수준·온분면·온계통 홀라키적 심리도 통합모델(윌버모델Ⅳ)

출처: 안희영·조효남 공역, 『켄 윌버의 ILP』.

205

BMS(Body·Mind·Spirit)으로, 좀 더 단순화하면 통상 몸身·마음心으로 일컬어지고, 그 래서 일반적으로 심신의 건강이나 심신치유로 일컬어지고 있다. [그림 4-2]는 인간의 온생명과 온생명기(정기精氣·생기生氣·심기心氣·혼기魂氣·영기靈氣)는 하위 수준에 의존 하지만 그것을 내포하고 초월하는 홀론·홀라키 구조임을 보여 준다. 그러므로 온수 준의 온건강(신체 건강↔기氣 건강↔마음 건강↔심혼 건강↔영적 건강)과 온수준의 심신 에너지치유[신체기(몸)身氣치유↔원(기)元氣치유↔심기(감정+마음)心氣치유↔혼기魂氣 (정신)치유↔영기靈氣치유]도 홀론·홀라키의 원리에 따른다. 즉, 상위 수준은 하위 수 준에 의존하지만 그것을 초월하며 작인作因하며 변화시키고, 하위 수준은 상위 수준에 영향을 주고 그것을 변화시키는 상향 인과적Bottom-Up·하향 인과적Top-Down 동시 작 용, 순환 작용 원리를 따른다. 이와 함께 상호 의존적으로 영향을 주며 상보적으로 상 호 통합하고 일체화되어 작용하는 상의상자相依相資, 상즉상입相卽相入하는 신과학(화엄 법성계)의 원리와 양자장/생명장의 파동 원리를 따르고 있다. 이와 같은 온수준의 온 건강과 통합심신치유의 홀론·홀라키 원리는 상호 의존·상호작용·선순환적 통합심 신치유, 즉 실제 통합치유에 적용할 수 있는 온수준 심신치유의 기본 원리가 된다.

〈표 4-2〉 온건강과 통합심신치유의 BPSC 사분면 통합모델

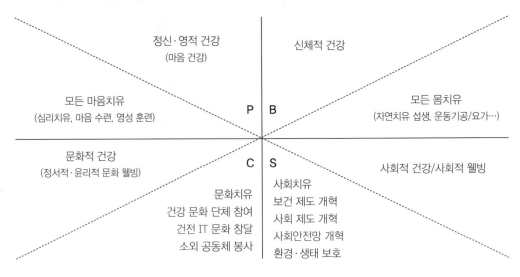

정신·영적 건강 (마음 건강)	신체적 건강
모든 마음치유 (심리치유, 마음 수련, 영성 훈련)	모든 몸치유 (자연치유 섭생, 운동기공/요가…)

P B

문화적 건강 (정서적·윤리적 문화 웰빙)	사회적 건강/사회적 웰빙

C S

문화치유
건강 문화 단체 참여
건전 IT 문화 창달
소외 공동체 봉사

사회치유
보건 제도 개혁
사회 제도 개혁
사회안전망 개혁
환경·생태 보호

2. 온분면 심신치유 모델

온분면의 온건강과 통합심신치유에 대해서는 BPSC_{Bio-Psycho-Socio-Cultural} 모델로 〈표 4-2〉와 같이 나타낼 수 있다. 〈표 4-2〉의 사분면에서 BPS 부분은 WHO의 건강 정의에 해당한다. 여기에다 앞에서 이미 설명한 바 있는 문화적 건강의 중요성을 고려하여 정서적·윤리적 문화 웰빙을 추구하는 분면을 추가하여 켄 윌버의 온분면(사분면) 모델에 상응하도록 만든 것이다. 물론 WHO에서는 아직 채택하지 못하고 있기는 하지만, 온수준의 건강에서 좌상분면의 가장 최상위 건강인 영적 건강도 포함시키고 있다는 점을 유의해야 한다.

여기서 통합심신치유 모델에서 포함하는 심신치유법들이 모두 다―동서양의 보완대체의학·자연의학의 치유법들이나 생물학·생리학적 요법들이나 몸 중심의 에너지 요법들이나 심신통합의학, 신의학(에너지의학·양자의학·파동의학)적 요법들이거나 간에―온수준에서 사분면의 각 분면에 후술할 온계통(라인)적 온건강에 이르기까지 모두 포함하는 통합심신치유법으로 [그림 4-8]과 같이 나타낼 수 있다.

여기서 중요한 점은 온분면/사분면의 각 분면의 건강법·심신치유요법은 서로 별개의 건강법이나, 치유요법이 아닌 모든 건강·치유 수준에서의 각 분면은 상호작용하

면서 동시에 상응하는 것들이다. 어느 한 분면이 없이는 다른 분면도 성립할 수 없고, 각 분면은 시계 방향·역시계 방향으로 동시에 상호 의존·상호작용한다는 것을 이해하는 것이 중요하다. 예컨대, 모든 신체적 에너지 치유·치료는 조대체粗大体(육체)·정묘체精妙体(심체·혼체)·원인체原因体(영체)의 온수준에서 각 수준의 몸(체体)의 건강/장애 상태에 따라 모두 이루어져야 한다. 이러한 치유는 상응하는 내면의 마음·혼·영 각 수준에 영향을 미치고 변화시킨다. 그리고 앞에서 언급한 하향·상향 인과 원리로 상호작용한다. 이를테면, 우상분면의 신체적 치유는 우하분면의 사회적 건강의 교육·제도·환경에 영향을 주고 받는다. 또한 사회적 보건·환경 제도·교육은 상응하는 좌하분면의 문화적 건강, 문화적 치유에 영향을 주고받는다. 그리고 그것은 좌상분면의 개인의 내면의 심적·정신적·영적 건강, 치유를 변화시키고 그것에 영향을 받는다. 따라서 어느 방향으로든지 돌아가며 동시에 서로에게 영향을 주고받고 변화시키며 변화하게 된다.

3. 온계통/온라인 심신치유 모델

이미 앞에서 언급한 것처럼, 온계통 심신치유란 [그림 4-8]의 각 분면의 화살표에서 보여 주는 바와 같이 통합심신치유 모델에서는 온수준과 온분면에 걸친 동서양의 모든 검증된 전통 및 현대의 심신치유기법들을 모두 망라한다. [그림 4-8]에 극히 일부만 예시한 것과 같이 모든 치유계통은 그 각각의 수준과 분면에 상응하도록 포함시켜야 하는 것이다.

그러므로 무수한 심신치유법이 모두 다—몸·마음·정신(혼)·영적 수준의 치유의 어느 수준에 초점을 맞추는 치유계통인가에 따라, 그리고 (우상분면의) 신체적 에너지 치유 중심 계통인가, (좌상분면의) 마음·정신·영적 의식치유 중심 계통인가, (우하분면의) 사회적 적응 교육·훈련·치유 중심 계통인가, (좌하분면의) 공동체 건강 문화·종교·윤리, 공동체 참여·봉사 문화적 치유 중심 계통인가에 따라—모든 수준의 모든 분면의 모든 계통의 치유법으로 고려되어야 한다. 예를 들면, (좌상분면의) 모든 심신치유법과 마음챙김 명상을 비롯한 다양한 명상치유와 마음·영성 훈련, 심신치유(웃

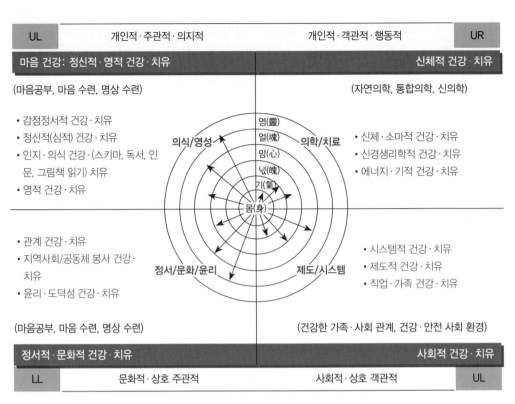

UL	개인적·주관적·의지적	개인적·객관적·행동적	UR
마음 건강: 정신적·영적 건강·치유		신체적 건강·치유	

(마음공부, 마음 수련, 명상 수련)

- 감정정서적 건강·치유
- 정신적(심적) 건강·치유
- 인지·의식 건강·(스키마, 독서, 인문, 그림책 읽기) 치유
- 영적 건강·치유

(자연의학, 통합의학, 신의학)

- 신체·소마적 건강·치유
- 신경생리학적 건강·치유
- 에너지·기적 건강·치유

- 관계 건강·치유
- 지역사회/공동체 봉사 건강·치유
- 윤리·도덕성 건강·치유

- 시스템적 건강·치유
- 제도적 건강·치유
- 직업·가족 건강·치유

(마음공부, 마음 수련, 명상 수련)

(건강한 가족·사회 관계, 건강·안전 사회 환경)

정서적·문화적 건강·치유		사회적 건강·치유	
LL	문화적·상호 주관적	사회적·상호 객관적	UL

[그림 4-8] AQAL 온건강/통합치유 패러다임

208

음치유, 미술·음악·예술 치유, 기치유, 요가치유, 마인드컨트롤, 명상치유, 종교 활동 등)와 (우상분면의) 몸 중심 치유법과 자연치유법들(Body Works요법, 운동, 영양 섭식, 바이오피드백·이완자율 훈련, 오감치유, 아로마치유 등)은 물론이고 동서양의 자연의학적 치유(아유르베다, 니시의학…), 전통적 건강요법, 현대적 요법들 중에 생물학적 요법, 수기·신체 요법, 에너지의학요법, 양자의학요법 등 (우상분면의) 제반 심신통합의학적 요법 계통들을 모두 망라하는 모든 치유법이 온계통 치유 모델인 것이다. 물론 이러한 다양한 특정 수준 중심이나 특정 분면 중심의 요법들 중에 후술할 특정 개인의 건강/불건강의 상태, 기질·체질·성격 유형들을 고려하여 최적의 요법들을 통합적으로 선별하여 최적의 프로그램으로 개발하여 적용하려면 앞으로 보다 더 구체적이고 실제적인 연구가 이루어져야 할 것이다. 따라서 기존의 MBSR, ILP와 같은 치유 프로그램들을 통합심신치유학에서 제시하는 통합치유 패러다임 모델에 따라 보완·확장하는 연구도 이루어져야 할 것이다.

4. 온유형 심신치유 모델

앞에서 이미 간략하게 언급한 바와 같이, 통합심신치유 모델에서 온건강의 회복을 위해 심신치유법을 적용할 경우 상담·치료·치유·건강·보건 전문가들은 내담자의 체질·기질·성격 유형과 남녀의 성별 유형 등에 따라 온수준·온분면·온계통의 통합적 심신치유법의 적용 과정에서 유형별로 개인차를 고려하여 최적의 심신치유 적용기법을 유형별 지침으로 개발해야 한다. 그래야 개인도 자신의 체질·기질·성격에 맞는 심신치유 계통/라인을 선택하여 온수준·온분면·온계통에서의 통합적 치유법을 일상생활 속에서 적용할 수 있을 것이다. 이와 같이 개인의 유형을 고려한 통합심신치유기법들은 지금껏 체계적으로 연구된 바가 거의 없다. 그래서 현 단계에서는 앞으로 통합심신치유를 연구하는 전문가, 연구자들에게 개인의 성격·체질·기질·성별 등을 체계적으로 고려한 수많은 응용연구 개발의 필요성을 제기하는 데 의미를 두고 있다. 이러한 유형별 심신치유연구에서는 우선 개인의 체질(사상체질, 8체질, 64체질 등), 성격 유형(융 성격 유형, Myer-Briggs 성격 유형, 에니어그램 성격 유형 등)에 맞는 치유법들과 그 조합치유 프로그램의 치유효과에 관한 상호 연관성, 유의성 등에 대한 기초 연구가 선행되어야 할 것이다.

5. 온상태 심신치유 모델

온상태의 심신치유란, 심신의 치유는 개인의 건강 상태나 심신의 스트레스/장애의 정도와 상태에 따라 치료와 치유의 수준·분면·계통이 달라야 한다는 것이다. 다시 말해, 각 수준의 심신 건강 상태, 즉 몸·마음(정신) 건강과 영적 건강 상태의 스펙트럼이─거의 완전한 온건강 상태에서 보통 건강/유사 건강 상태, 아건강/반半건강 상태, 병약한 건강 상태, 급만성 질병의 불건강 상태에 이르기까지─전스펙트럼에 대한 올바른 평가가 선행되어야 그 수준의 건강 상태에 알맞은 치료나 치유 방법을 AQAL 통합적으로 적용할 수 있다.

온건강과 심신치유에서 특이한 경우는, 여기서 강조하는 온건강의 최상위적 건강인 영적 건강의 문제이다. 다른 수준의 건강, 즉 신체적·정서적·정신적 건강의 경우에는, 심신치유 전문가들이 심신의 건강 상태나 심리장애의 상태를 비교적 쉽게 파악할 수 있고 거기에 따른 적절한 치료나 치유를 상담·지도·권유할 수 있다. 하지만 일반적으로 영적 건강의 회복을 의미하는 영적 건강의 경우에는, 명상치유, 명상영성 수련에 의해 영적인 무지무명에서 벗어나 영적으로 깨어나 성장하게 하는 것이 목표이다. 그러나 영적 이상異狀 상태의 영적 건강은 일반 치유자가 다룰 수 없는 영역이다. 왜냐하면 영적인 건강은 빙의, 광기狂氣와 같은 사기邪氣의 침범에 의한 정신 이상인 경우나 심한 정신질환인 경우에는 치유자의 치유대상이 아니라 정신의학적 치료, 전문 퇴마·빙의 치료의 대상이기 때문이다.

오늘날 '피로사회/위험사회'적 현실 속에서 살아가는 일반인은 다양한 일상적 스트레스와 번아웃 상태로 인해 온전한 건강이나 행복한 삶을 누리기 어렵다. 대개의 경우, 이로 인한 대사 증후군 같은 만성 생활습관병에 시달리며 아건강sub-health 상태에서 건강을 잃기 쉬운 불안한 삶을 살기 마련이다. 누구에게나 일상생활 속에서 온건강을 회복하기 위한 치유와 웰라이프를 추구하는 삶의 '실천practice'이 필요하다. 그러므로 구도와 깨달음을 목표로 수행하는 출가자/성직자가 아닌 일반인에게 있어서 생활 속의 '수련修'은 온건강과 웰라이프를 위한 '실천/실행行'이고 그것이 무엇이든 곧 '치유healing'를 일차적인 목표로 하는 것이다. 일상생활에서 자기돌봄으로서의 심신 수련(훈련, 단련)의 실천, 실행은 '치료'가 아닌 '치유'이지만 개인차가 있게 마련이다. 하지만 치료와 치유를 통해 온건강이 어느 정도 회복되면 치유를 넘어서 존재(실존)적으로 의미 있는 삶, 웰라이프를 추구하고, 궁극적으로는 '자아초월' '초의식' 수준의 영성의 발현과 사랑과 자비를 실천하는 헌신의 길, 깨달음을 향한 깨어 있는 삶을 추구할 수 있다.

이러한 측면에서 기존의 통합변형 수련 ITP(Integral Transformation Practice)를 확장하여 모듈화된 통합적 생활 수련 프로그램으로 개발한 켄 윌버(Ken Wilber)의 『통합생활 수련 ILPIntegral Life Practice』(안희영·조효남, 2013, 학지사)는 '치유'가 주목적이 아니다. ILP는 주로 기본적으로 일상생활 속에서 의식·영성의 성장 진화와 '깨달음'과 '깨어 있는' 삶을 목표로 하는 AQAL 통합수련 기법과 도구로서 현대적 의미에서 가장 유연하고 포괄적이며 종합적인 통합수련 프로그램이다. 윌버의 ILP는 [그림 4-9(a)] [그

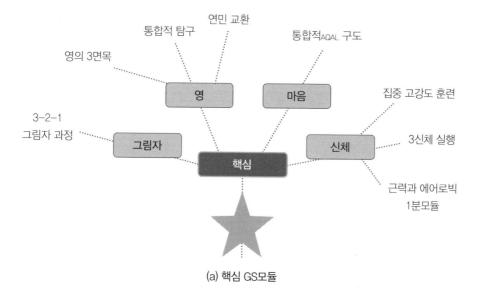

(a) 핵심 GS모듈

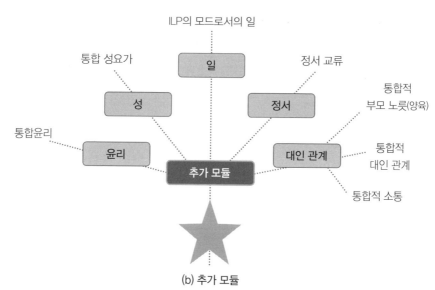

(b) 추가 모듈

[그림 4-9] ILP모듈군(Wilber et al., 2008)

림 4-10과 같이 '금과옥조(Gold Star:GS) 수련'이라고 일컫는 4개의 핵심 모듈과 [그림 4-9(b)] [그림 4-10]과 같은 중요한 추가 모듈들로 된 두 가지 모듈군으로 구성되어 있다.

윌버는 [그림 4-9(a)] [그림 4-10]과 같은 네 개의 핵심 모듈들을 금과옥조GS 수련 모듈로서 가장 중요시하고 있다. 윌버는 "그것들은 우리 존재의 네 가지 기본 차원, 즉 몸·마음·영·그림자에 관계되기 때문이다."라고 언명하고 있다. 특히 마음모듈은 그의 AQAL Matrix 통합 패러다임에 대한 학습을 통한 앎을 기본으로 하는 온우주·인간·의식에 대한 깨우침을 위한 핵심 수련이라고 강조한다. 신체·마음·영 모듈은 전통 수련에도 있는 것이지만 이것들을 현대화한 것이다. '그림자'모듈은 개인의 억압된 무의식이 투사된 그림자의 치유를 위한 모듈로 전통 수련에는 없는 것으로 가장 중요한 모듈이라고 강조하고 있다. 하지만 그림자모듈에서 Wilber는 투사하여 타자화(2, 3인칭)된 그림자를 1인칭(내 것me)으로 재소유하는 과정인 3→2→1 그림자 작업만을 핵심 GS 심리 치료/치유법으로 강조하고 있다. 그 외의 다른 그림자 심리치유는 [그림 4-10]의 그림자모듈에서 보듯이 본문에서는 언급이 없는 예술치료를 비롯해 몇 가지 치유를 언급하는 선에서 그치고 있다.

네 가지 핵심 모듈 외에 월버는 중요한 추가 모듈들로 ILP Matrix의 [그림 4-9]와 [그림 4-10]에서 보듯이 통합윤리, 통합 성(性)요가, 일, 정서 교류, 통합적 양육, 통합적 대인 관계, 통합적 소통 등을 일상 속에서의 부가적 수련 요소로 강조하고 있다. 그는 개인이 자신에게 중요하다고 느끼는 요소를 몇 가지 취하여 매일 1분이나 10분 내에서 집중 수련하되, 자신이 원하는 다른 수련모듈들을 언제든지 추가할 것을 권장한다. 월버는 모듈형 수련으로서의 ILP의 중요한 특징을 다음과 같이 강조하고 있다.

"① 교차 훈련을 통해 효과를 극대화한다. ② 자신에게 적합한 모듈형 수련이 가능하다. ③ 1분에서 10분까지 시간의 여유에 따라 스케일 조정이 가능하다. ④ 자신의 삶의 스타일에 맞춘 맞춤형 수련이 가능하다 ⑤ 탈모스트모던 현대적 삶을 위한 탈종교적 수련의 정수만 뽑아 놓은 수련이다. ⑥ AQAL 통합적 수련이다."

그러나 [그림 4-10]에서 보듯이, 월버의 ILP는 특히 네 가지 GS 핵심 모듈의 신체모듈에는 섭식·요가·기공·무술·스포츠/댄스 등의 다양한 신체 수련이 포함되어 있지만 '심리치유'는 그림자모듈로만 포함되어 있다. 더구나 마음모듈과 영모듈은 AQAL 알아차림 위주의 마음공부, AQAL 통합적 영성 수련 위주로 수준 높은 명상/참선 수련을 포함하고 있는 어디까지나 마음 영성 수련 지향적 통합수련모듈들이다. 그리고 추가 보조 수련모듈들도 월버가 중요시 하는 의식·영성의 성장 발달을 위한 통합적 삶(생활) 수련의 도구상자(tool kit)이다. 한마디로, 월버의 ILP는 치유와 온건강을 위한 통

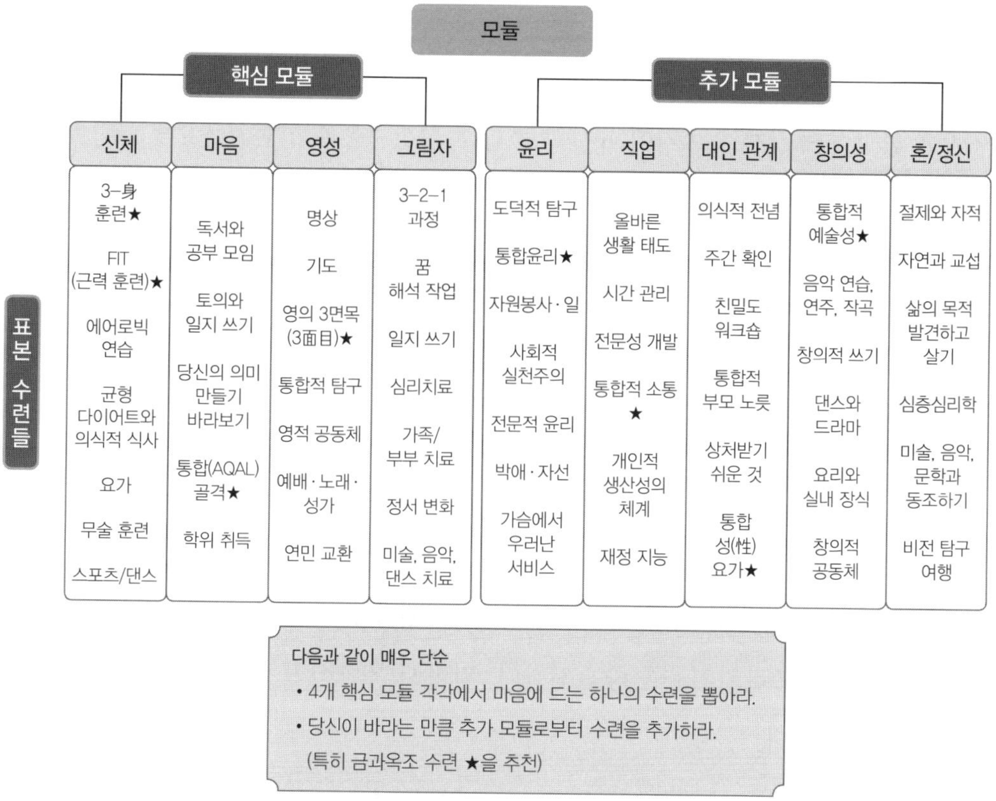

모듈

핵심 모듈 | 추가 모듈

신체	마음	영성	그림자	윤리	직업	대인 관계	창의성	혼/정신
3-身 훈련★	독서와 공부 모임	명상	3-2-1 과정	도덕적 탐구	올바른 생활 태도	의식적 전념	통합적 예술성★	절제와 자적
FIT (근력 훈련)★	토의와 일지 쓰기	기도	꿈 해석 작업	통합윤리★	시간 관리	주간 확인	음악 연습, 연주, 작곡	자연과 교섭
에어로빅 연습	당신의 의미 만들기 바라보기	영의 3면목 (3面目)★	일지 쓰기	자원봉사·일	전문성 개발	친밀도 워크숍	창의적 쓰기	삶의 목적 발견하고 살기
균형 다이어트와 의식적 식사	통합(AQAL) 골격★	통합적 탐구	심리치료	사회적 실천주의	통합적 소통★	통합적 부모 노릇	댄스와 드라마	심층심리학
요가	학위 취득	영적 공동체	가족/ 부부 치료	전문적 윤리	개인적 생산성의 체계	상처받기 쉬운 것	요리와 실내 장식	미술, 음악, 문학과 동조하기
무술 훈련		예배·노래·성가	정서 변화	박애·자선	재정 지능	통합 성(性) 요가★	창의적 공동체	비전 탐구 여행
스포츠/댄스		연민 교환	미술, 음악, 댄스 치료	가슴에서 우러난 서비스				

표본 수련들

다음과 같이 매우 단순
• 4개 핵심 모듈 각각에서 마음에 드는 하나의 수련을 뽑아라.
• 당신이 바라는 만큼 추가 모듈로부터 수련을 추가하라.
(특히 금과옥조 수련 ★을 추천)

[그림 4-10] 통합적 생활 매트릭스ILP Matrix(Wilber et al., 2008)

전적 통합치유 모델로서는 충분하지 않다. 윌버의 ILP는 어디까지나 ITP를 모듈화한 깨어 있는 삶을 위한 의식과 영성의 성장 발달을 위한 AQAL 통합적 수련 모델이다.

이 책에서 저자들이 제시하는 [그림 1-1]과 같은 진정한 통합심신치유학 이론이 되기 위해서는 이 장의 다음 절에서 저자들이 강조하는 현대 신의학적 심신통합치유와 마음챙김 기반 심신통합치유 그리고 제5장에서 제시하고 있는 통합양자심신치유를 상보적·통섭적으로 포함해야 한다.

AQAL 통합적 통합심신치유원리 요약

[그림 1-1]에서 보여 주는 통합심신치유학에서는 현대적인 개념의 온건강의 의미와 이에 따른 자연의학적·통합의학적 심신통합의학의 제반 치유원리를 모두 포함하면서 켄 윌버의 AQAL 통합모델에 따르는 현대적이고 체계적인 통합심신치유 이론과

실제 그리고 치유기제를 강조한다.

　치료치유요법 측면에서는 자연의학·보완대체의학과 통합심신치유학 모두 심신을 통합된 전일적 유기체로 보기에 유사한 통합적 심신치유와 심신치유요법들을 포함하고 있다. 하지만 대체로 자연의학의 자연치유와 통합의학의 보완대체의학치유는 몸의 자연치유력을 중심으로 섭생치유, 오감치유, 소마·운동, 요가·기공 치유 등을 위주로 한 심신치유 같은(정서·마음치유, 명상치유 등도 마음의 자연적 심신치유로 포함하지만) 몸·기 중심의 상향 인과적 치유를 더 강조하고 있다.

　반면에 심신통합치유는 통합스트레스의학에서 보듯이 심신의 스트레스, 심적 장애와 몸의 스트레스로 인한 스트레스기제 중심의 심신통합치유, 전일적·전인적 치유를, 즉 하향 인과적 치유를 더 강조한다. 그러나 통합심신치유학에서는 양쪽의 치유원리를 상보적으로 통합하는 AQAL적 통합심신치유로서 통전적 상향·하향 인과적 홀론의학적 통합홀라키치유를 중요시한다. 따라서 통합심신치유학에서는 다음과 같은 원리를 강조한다.

214

- 진정한 의미의 통합의학, 심신통합의학의 통합적 심신치유는 심신의 병리장애 상태로부터 온건강(신체적·정서적·정신적·사회적·영적 건강)의 회복을 위한 켄 월버의 AQAL 통합적 온전한 통합심신치유를 의미한다.

- 생명력의 온전한 발현을 위한 몸맘영(신체·기체·백체·심체·혼체·영체)의 성性·명命·정精의 합일과 조화를 중요시한다.

- 치유범주별 치유요법은 신체 중심 치유요법·에너지 중심 치유요법·감정정서 중심 치유요법·마음/스트레스 중심 치유요법·혼 중심 치유요법·영 중심 치유요법으로 구분할 수 있지만, 이는 AQAL 통합치유의 온수준치유이다.

- 물론 신체의 만성 생활습관병/대사 증후군 질환, 반건강, 아건강 상태의 기본 치유는 상식적으로 주기적 건강검진치료, 적절한 운동, 올바른 섭생이 중요하다. 하지만 이러한 신체적 건강 회복치유는 통합심신치유에서 지배적 주요 치유요법이 아니다. 오히려 신체적 건강 회복은 생명이 홀라키적(포월체적) 다차원 생명체다 보니 보다 근본적인 치유인 소마·기공·요가 치유, 감정정서치유, 스트레스마

음지유, 정신치유(혼의 지유魂癒) 등이 없이는 신체 수준의 치유만으로 근본 치유가 안 된다. 하향 인과의 원리에 따른 정신심리장애, 스트레스, 분노화 조절장애 등으로 인해 신체 건강은 쉽게 사라진다. 그러므로 온건강의 회복이 가능한 각 수준, 각 분면, 각 계통, 각 유형, 각 상태의 통합적 치유가 통합심신치유의 절대적 전제 조건이다.

- 홀라키(포월체)로서 생명체의 신체 바로 위 생명기체의 장애병리(기장애, 기허, 리비도·충동 장애)의 치유원리는 육장육부·근골피육의 기의 오행·오운육기와 음양삼극승강의 조화와 유주이다. 그러므로 생명원기양생치유는 도인導引양생기공 수련과 삼조三調(조신調身·조식調息·조심調心)의 의념意念·의수意守·의관意觀(내관內觀, 존상存想)이기 때문에 기유주의 양생 수련의 실행과 마음챙김·자각/알아차림의 의식화·체화가 핵심 치유이다.

- 테라피적 치료와 건강 회복치료는 전문가에 의한 넓은 의미의 테라피적 치유 therapeutic healing, 즉 치료적 치유이다. 이 치유원리를 습득 후 스스로 하는 치유를 자기치유라 한다. 그러므로 단순한 음악·미술·예술·공연·강연·유희 등으로 인한 스트레스 해소·기분 전환·공감·교감 힐링은 반드시 필요하고 유익한 치유이다. 하지만 전문치료적 치유 없이는 일시적 공감·교감적 힐링치유에 불과한 것이 되기 쉽다.

215

현대 신의학적 심신통합치유원리

일반적으로 다차원의 물리적·비물리적 에너지와 양자파동 에너지(기氣)·정보(식識·지知·리理) 중심의 새로운 신의학(에너지의학·파동의학·양자의학) 분야의 전문가들을 제외하고는 에너지테라피나 에너지치유요법, 양자파동의학적 심신치유요법이란 일반 심신치유 전문가들에게는 비교적 생소한 용어일 수밖에 없다. 그렇다고 일부 치유 전문가들이 오해하듯이, 신의학적 치유요법이란 에너지의학에서의 전기자기 에너지, 전자기파, 미세(자기·전류) 에너지 발생 장치나 검사·조사 장비에 의한 진단·치료법이나 양자·파동의학에서의 양자파동 생성 기기를 이용한 파동 정보치유요법만을 의미하는 것은 물론 아니다.

한마디로, 현대 의학의 외과적 수술이나 질병치료 같은 기계론적 의료 행위와 생화학·약리학적인 모든 의약·약물 치료법을 제외하고는 모두가 에너지·양자파동 테라피라 말할 수 있다. 즉, 자연의학, 통합의학/보완대체의학적(전통과 현대의 자연치유, 민간 치유요법을 포함한) 모든 요법과 심신통합의학이나 통합스트레스의학의 심신치유, 심리치료, 명상치유를 포함하는 치료치유법들에서부터—양자역학의 양자파동장에 바탕을 둔 양자의학의 양자파동조사·전사轉寫요법들에, 그리고 파동역학의 일반 파동장에 바탕을 둔—파동의학의 초심리학적 파동요법들에 이르기까지 모든 치료치유요법들이 모두 근본적으로는 에너지테라피 또는 양자파동 에너지·양자의식 치유요법이라 해도 과언이 아니다.

따라서 에너지·양자·파동치유란 좁은 의미의 에너지의학·양자의학·파동의학적 에너지치유 외에도, 일반적으로 인체의 몸(신체, 생체) 중심의 각종 생체 에너지를 활성화하고 조화롭게 항상성을 유지시키기 위한 치유요법들—이를테면 섭식치유요법, 천연식물 자연치유요법, 다양한 소마·운동·춤 치유요법, 물리치료요법, 기능의학치료, 수기치유요법(정골·안마·마사지…), 경락 자극(침술, 전기자극)치유요법, 온열(뜸, 찜질)치유요법, 도인양생기공/요가치유 요법, 진동·소리·음악 요법, 미술·색채 치유요법, 향기치유요법, 치유적 접촉·레이키·기 치유요법 등—다양한 치료치유요법을 포함하여 모든 생체 에너지·기 에너지·의식(심신) 에너지·파동치유요법을 모두 망라하는 의미로 이해해야 한다. 그래서 자연의학·통합의학(보완대체의학), 심신통합의학의 모든 치료치유법 중에 에너지테라피 원리에 의해 치료치유하는 공인된 에너지 치료치유, 양자·파동 치료치유요법만 해도 수백 가지가 넘는다.

따라서 이와 같이 거의 모든 에너지 수준과 양식mode의 전문가치료치유나 자기치유가 모두 에너지·양자파동 치유이므로 온수준의 대표적 에너지·양자파동 치료치유의 일부는 다음과 같이 요약할 수 있다.

• 전통 서양의학의 뉴턴적, 기계론적 수술, 질병치료를 제외한 모든 치료요법(사실

은 이들도 엄밀한 의미에서는 에너지치료법임.)

- 생화학적·약리학적인 모든 의약·약물 치료법을 제외한 모든 천연 약초·약물 치유요법

- 전통과 현대의 모든 자연치유·민간 치유요법을 포함한 모든 보완대체의학적 치유요법

- 에너지의학·양자파동의학적 장치·기기 이용요법: 모든 전기·자기, 전자기파·미세 에너지, 공간기 에너지·파동 발생 유도 장치·장비·기기를 이용한 요법들, 동종요법, 양자파동 정보 조사·전사에 의한 양자파동치유요법 등

- 파동의학적 파동치유요법: 수정파동요법, 바이오파동요법, 차크라파동요법

- 소마/기공/요가 심신치유

- 오감치료법: 색채치료, 소리치료, 아로마치료, 무도치료

- 기氣치유요법, 레이키치료

- 정동·감정 치유요법

- 심유心癒(마음치유): 스트레스·심기心氣 치유요법

- 심령心靈·주력 치유呪力治癒: 망상·환각 등 심령장애치유요법

- 혼유魂癒: 혼기(장애, 위축) 치유요법, 정신력 강화 훈련

- 영유靈癒: 영적 탁기·사기邪氣·빙의 치유, 퇴마 치유요법

최근에 (생체·생명·양자·의식 파동) 에너지치유 중심의 신의학인 에너지의학·파동의학·양자의학의 발전으로 인해, 앞에서 언급한 일반적 의미의 모든 에너지요법의 생체전기·자기 에너지적, 양자·파동 에너지적 치유원리가 속속 밝혀지고 있다. 그래서 최근 에너지의학에서는 인체의 생체 전기·자기와 전자기파나 미세 에너지의 측정·발생 장치와 진단·치유 기기의 발전과 더불어 에너지의학과 에너지치유는 물리적·생리적 생체 에너지요법의 수준을 넘어서 여러 수준의 미세(정묘) 에너지치유의 원리를 밝히고 있다. 일반적으로 최근까지 에너지치유는 전기·자기 에너지, 미세 자기·전기 에너지치유요법들 위주의 에너지 의학으로만 이해하고 있다. 그러나 오래전부터 에너지의학은 생체 매트릭스 내를 흐르는 기氣 에너지 체계를 규명하려는 노력

과 함께 침요법·경혈 자극요법을 비롯한 소마·수기·기공·요가 등 기氣의학·기氣치유의 다양한 요법을 에너지의학의 새로운 범주로 포함시키고 있다. 이에 따라 경락의 기氣 순환 회로의 시스템 과학적 원리와 그 효과 등을 과학적·의학적으로 밝히는 쪽으로 나아가고 있다.

반면에 최근에 양자의학에서는 소립자 양자뿐 아니라 인체의 생체 분자·세포·생체 조직·기관 등도 모두 복합 생체양자장으로서 각각 고유의 양자파동을 갖는다고 보고 있다. 그래서 모든 에너지치유요법·심신치유요법을 양자의학적 양자파동 에너지치유요법, 파동 정보 전사·조사 치유요법 등으로 확장하고 통합하는 쪽으로 나아가고 있다. 하지만 강길전의『양자의학』과 같이 국내 일부 양자의학 관련 자료에서는 인체, 즉 인간의 생명체를 물질적 육체나 마음의 다른 차원의(서로 분리된 심신이원론적 심신의 구분은 아니지만) 단순히 신체(생체)·기체氣体(에너지체)·심체(정보체)로 분리 구분하고 있다. 그러나 이러한 다른 수준으로서의 신체·에너지체·정보체의 구분과는 달리, 이 세 가지 몸(체体)은 각각 차원적으로는 다른 수준이지만 포월체(홀라키)적으로 하나인 다차원의 복합생명양자장이다. 따라서 동양의 전통적인 정精·기氣·신神(신身·기氣·심心)에서 보듯이 전일적이며 홀라키적으로 '삼원일체三元一体'적인 근본적으로 하나의 몸(일체一体)으로서의 생명체로 보는 것과 유사하게 볼 수 있다. 즉, 서로 긴밀하게 겹겹이 엮어 짜인 융단같이 복잡계적 복합 양자장으로서 분리할 수 없는 하나의 생명체로 되어 있는 다차원의 생명 파동장으로 보아야 한다. 그러므로 이들 일부 양자의학 관련 자료는 데이비드 봄의 직관적 양자론만이 아니라 이 책의 제5장에서 보여 줄 통합적 양자이론과 통합양자장 원리에 의해 양자의학의 다차원의 생명장 원리를 설명했더라면 보다 체계적으로 설명할 수 있었을 것이다. 여기에다 앞의 제2장 5절에서와 같이 온우주와 온생명의 홀론·홀라키 원리에 의해 신과학적으로 양자의학적 에너지치유·양자심신치유를 설명했더라면 통전적 양자과학적으로 보다 더 잘 설명할 수도 있었을 것이다.

반면에 리차드 거버(Gerber, R.)의『파동의학』(2001)에서는 몸·마음·영혼BMS의 온 수준에 걸친 신지학적·정신물리학적 일반 파동이론에 따르는 차크라 에너지장들과 이에 상응하는 수준의 에너지치유를 그의 파동의학의 기본 바탕으로 하고 있어서 이 책의 통합氣 패러다임의 온수준 생명기와 본질적으로 유사하다. 하지만 거버의 파동의학은 저자가 강조하는 모든 수준의 심신치유를 포괄하지도 않고 다차원의 생명장 에너지의 통합에너지치유 관점이나 통합양자론적 양자파동 에너지치유 관점에서 체계적인 통전적 고찰을 하고 있는 것도 아니다.

최근의 파동의학·양자의학에서는—(육체의 치유를 위한) 모든 운동요법·영양/섭식 요법·수기/정골 요법·자연치유요법 등과 (에너지체/氣体의 치유를 위한) 다양한 전기·자기·전자기파 양자파동 발생·조사照射·전사轉寫 장치를 이용한 에너지·파동 치유요법과 (심체의 치유를 위한) 감정·정서치유·마음치유 요법, 나아가 레이키치유·심령치유·초심리학적 치유요법 등을 모두 망라하는—보완대체의학적·통합의학적 심신치유요법들을 모두 다 파동 에너지·정보를 함유하는 다차원의 양자장 파동의 근본원리에 의거하여 설명하고 있다. 따라서 최근의 에너지의학·파동의학·양자의학은 —물질·생체 에너지, 물리적 에너지와 그리고 오늘날 어느 정도 체계적으로 밝히고 있는 경락 (생명원元) 기氣에너지·공간기(자유 에너지, 에테르 에너지) 수준을 제외하고는—더 상위의 의식 에너지치유에 대해서는 원리적으로나 양자과학적으로나 임상의학적으로 아직은 치유원리의 체계가 미성숙한 단계에 있다. 그래서 아직까지 신의학은 (별다른 신과학적·기과학적 원리의 설명 없이) 물질 에너지와 물질 양자파동, 氣 에너지와 의식 에너지를 모두 다 양자파동의 에너지·정보 전달의 개념으로 단순화시켜서 포괄적·종합적으로 다루는 정도에 머물고 있다.

전통적으로 에너지의학에서는—그동안 주로 다루어 온 에너지, 즉 생체 분자·세포·조직·장기·기관 같은 인체 각 부분의 다중 생체 매트릭스 연속체 구조 내에 흐르는 여러 수준의 에너지인—생리적 생체 에너지, 생체 전자기·전기·자기 에너지와 정보 전달 위주의 미세 (자기) 에너지의 작용 기전과 그 치유기제를 체계적으로 밝히는데 주력해 왔다. 최근에는 더 나아가 양자장 파동 에너지라고도 일컫는 모든 확인 가능한 물리적veritable 에너지 외에, 생체 에너지와 미세 전자기 에너지에 직접 민감하게 상호작용하는 상위적 기氣 에너지의 존재와 그 작용 기전을 체계적으로 밝히려고 노력하고 있다. 즉, 인체의 모세혈관이나 림프관에 따라 흐르는 경락 에너지라고도 일컫는 氣 에너지의 회로 체계는 아직 그 원리와 속성을 명확하게 과학적으로 입증하지

못하고 있다. 하지만 인체 내에서의 경락을 따라 흐르는 (생명원元) 기氣와 생체 자기
장·전기장 에너지와의 밀접한 상관 작용을 어느 정도 규명하고 있다. 그 외에도 에너
지의학에서는 공간기를 유도 발생시키는 다양한 장치 등을 이용하여 생체의 미세자
기·전기와 생체 에너지를 진단·치료하는 등, 기의 존재와 과학적·의학적 치료효과
를 인정하고 있다. 그래서 에너지의학에서는 생체 내 공간기氣 에너지의 발현 같은 추
정 가능한 비물리적putative 에너지까지를 모두 포함하여 다루고 있다. 하지만 아직은
물리적인 모든 오감(빛, 소리, 냄새, 맛, 접촉) 에너지에 의한 에너지치유요법들 그리고
전자기파·양자파동 발생·조사 장치 등과 관련되는 의료적 진단과 에너지 치료·치
유요법들이 신의학적 에너지치유의 통상적인 범주이고 영역이다.

반면에 에너지의학과는 달리 거버의 『파동의학Vibrational Medicine』에서는, 앞에서 언
급한 바와 같이 아인슈타인 패러다임적으로 양(+)의 실세계와 음(−)의 에테르 공간
氣 세계의 존재를 받아들이고 있다. 그리고 상대적 시공간의 모든 물질적·물리적·초
물리적 의식 에너지의 파동의 특성과 간섭·동조·공명·변조 등의 정보 파동 특성에
의해 일반 파동역학적으로 설명하고 있다. 이러한 일반화된 정신물리학, 의식역학적
파동 원리에 따라 여러 수준의 파동 에너지장으로서의 인체의 생체 분자·세포·생체
조직·기관, 각 수준 부위의 이상異狀 교란을 동조·공명에 의해 조화파로 전환시키는
각종 파동치유요법들과 에테르(기氣, 경락) 에너지요법, 정신물리학·정신과학esoteric
science, 초심리학(ESP, PK, 염력, 초의식…)의 뉴에이지요법들까지도 모두 망라하여 다
루고 있다.

반면에 양자파동의학에서는 거의 모든 에너지요법을 양자파동 에너지·정보의 변
환·해석, 조사·전사 요법에 의해 설명하고 있다. 즉, 인체의 원자·생체 분자·세포·
기관… 등의 복합 양자장에 대한 다양한 양자파동 에너지·정보 전달, 동조·공명 요
법으로 보고서 모든 치료치유요법의 원리를 양자장 파동 원리적으로 설명하고 있다.

최근에 특히 파동의학·양자의학에서는 더 상위의 의식(마음, 정신, 영혼) 에너지 치
료·치유요법들의 심신 또는 몸맘얼영BMSS 상관성을 더욱 강조하는 경향이 있다. 이
와 같이 에너지 중심의 신의학 에너지치유의 패러다임이 상위의 '(양자)의식 에너지'
로 확장되는 과정에 있으므로 에너지·파동 치유의 원리에 대한 인식의 근본적 전환

이 필요하다.

무엇보다도 세 가지 신의학의 치유원리를 포함하면서 통전적으로 통합하는 통합양자파동 에너지·의식 치유에서는, 제5장에서 상술하고 있는 바와 같이 존재의 파동으로서 온우주의 일반 (양자)장 파동과 생명체의 생명장 파동의 홀론·홀라키 원리를 모든 통합적·통전적 양자파동치유의 기본 원리로 강조하고 있다.

특히 통합심신치유학에서는 켄 윌버의 AQAL-ILP적 통합심신치유를 넘어 양자에너지·양자의식 파동으로서의 유위무위 통합심신치유원리를 기본적으로 중요시한다. 또한 통합심신치유학에서는 '신묘막측'하고 현묘한 인간의 생명과 그 생명을 유지 발현하는 생명체는 다차원의 생명 에너지氣·정보識의 생명장場/체体/몸의 복잡계적·형태형성장의 홀라키로 구성되어 있다는 원리를 비롯하여 이제는 보편화되어 있는 신과학의 원리들을 중요시하고 있다.

전통적으로 동양에서는 이미 우주 만물과 생명 세계 그리고 모든 개개의 생명은 ─오늘날 신과학·신의학(에너지의학·파동의학·양자의학)·통합양자론·양자과학에서 말하는─에너지·정보에 해당하는 다차원의 기氣·식識 또는 기氣·리理(지知)의 양면성을 갖고 있다고 보았다. 그래서 제3장에서 설명한 그 변화(역易)의 법칙(음양오행陰陽五行·오운육기五運六氣, 음양삼극승강陰陽三極 昇降, 생生·주住·이離·멸滅, 성成·주住·괴壞·공空…)을 따른다고 보았던 것이다. 앞에서 여러 번 강조한 바와 같이, 동양의 전통지혜에서는 인간의 경우 여러 차원/수준의 에너지·정보(기氣·식識)의 장場/체体로 이루어진 생명체生命体로 보았다. 즉, 보편적으로는 신체身体(육체)·기체氣体(생명원기체生命元氣体)·정체情体(백체魄体, 감정체)·심체心体(마음, 상념·지적知的의식체)·혼체魂体(정묘체)·영체靈体(원인체)로 구분하고 있다. 좀 더 간략하게는 물질 에너지(정기精氣), 기氣 에너지(원기元氣), 의식(심心·의意·식識)에너지(신기神氣)의 체体/身(몸)으로서 정精·기氣·신神(신身·기氣·심心, 정精·명命·성性, 화신化身·보신報身·법신法身)으로 구분하고 있는 것이다.

이와 같이 동양의 전통지혜에서 말하는 하나의 生命의 유지 발현을 위한 체体를 이루는 생명체生命体의 통전적 삼원일체三元一体의 원리는, 결국 양자원리적으로 다차원의 홀론·홀라키적 생명장生命場(생명生命양자 포텐셜 에너지장場)으로 설명할 수 있다.

즉, 이는 생명이 다차원의 복잡계적 에너지·정보의 장場으로 되어 있다는 현대 신과학·의식역학·양자과학과 일치하는 원리인 것이다. 이들 각 수준은 서로 어느 한쪽으로 환원되거나 승화될 수 없는 상의相依·상관相關, 상즉相卽·상입相入, 상생相生·상자相資, 상극相克·상승相乘으로 상호작용·상호 의존하며 침투되어 있다. 그래서 생명은 이들 각 수준의 균형과 조화 속에 성장 유지하거나 서로 교란 충돌하는 관계 속에 생·노·병·사, 성·주·괴·공의 끊임없는 생명 사이클, 생명 파동을 지속하면서 유有(양陽 +)와 무無(음陰−)의 세계를 오가는 존재인 것이다.

따라서 이 책에서 지속적으로 강조해 왔듯이 진정한 통합심신치유는—홀론의학의 홀론·홀라키 치유원리에 따라 생체 물질 에너지(정기精氣) 수준에서, 생명기生命氣 에너지(원기元氣) 수준, 의식(심心·의意·식識) 에너지(신기神氣) 수준에 이르기까지 모든 수준의 에너지(기氣)와 정보(식識·지知·리理...)를 모두 하향下向(Top-Down) 인과因果, 상향上向(Bottom-up) 인과因果의 쌍방향 인과 작용, 지배 법칙을 모두 고려하는 통합심신치유학으로 발전되어야 할 것이다.

앞으로 통합심신치유는 양자과학이 선도하는 융복합 과학기술과 신의학의 발전에 상응하는 통합의학, 홀론의학, 에너지의학·파동의학·양자의학의 발달에 따라서 양자·나노 진단·치유요법의 진보와 함께 자연스레 발전하게 될 것이다. 그러나 아무리 양자파동의학적 에너지·파동 치유요법들과 다양한 자연치유적 에너지·파동 치유요법들이 발전하여도 몸·마음·영혼BMS의 전스펙트럼에 걸친 통합심신치유에 대한 명확하고 올바른 심층과학적, 일반 파동역학적, 의식역학적 정신과학의 원리 이해와 함께 발전해야 한다. 이에 따른 통합적 조망/관점/시각이 없이는 온전한 건강(온건강)의 회복을 위한 온전한 통합심신치유를 알 수 없다. 그래서 자칫하면 어느 한 수준이나 차원이나 계통의 에너지나 의식치유에 편향되기 쉽다.

통상 좁은 의미에서 '에너지' 치유란 개개의 에너지요법에 의한 치유를 의미한다. 그러나 오늘날 '에너지'의 개념은 물리적·물질적 에너지나 물리·화학적 생체 에너지나 자기·전기·전자기파(빛) 같은 에너지나 방사능 에너지를 포함한 다양한 종류의 양자파동 에너지만을 의미하는 게 아니다. 오히려 최근에는 에너지치료 중심의 에너지의학·파동의학·양자의학에서도 물리적 에너지(운동 에너지, 전자기 에너지, 오감五

感 에너지, 즉 색色, 소리聲, 향기香, 맛味, 접촉觸 에너지 등)의 치유를 기본으로 다룬다. 그리고 물질적 생체·양자파동 에너지 수준을 넘어 미세 에너지subtle energy라고도 하는 기氣 에너지와 그 위의 (다차원의 생명장生命場 에너지로서의) 다차원의 정묘의식 에너지 (정기情氣·심기心氣·혼기魂氣·영기靈氣)들이 상호 의존적, 상의상관적으로 서로 다차원의(양자) 의식 에너지 홀라키 장으로 구조화되어 있다는 것을 알고 모든 홀라키 수준의 통합적 에너지·의식 치유를 하고 있다. 하지만 아직은 기존의 치료치유요법들이 통합치유적 접근을 제대로 하지 못하고 있어서 다만 상응하는 각 수준의 관련 요법들을 모두 에너지·의식 치유에 포함시키고 있다. 그리고 앞에서 이미 언급한 바와 같이, '심신치유'가 곧 '심신의 의식 에너지치유'이다. 그러므로 이 책에서는 켄 윌버의 AQAL 매트릭스 통합모델에 따라, 그리고 저자들이 이미 앞에서 제시한 온건강 통합 심신치유 모델에 따라 상응하는 통합에너지·의식 치유요법과 자기치유적 통합에너지·의식치유에 대한 통합모델을 제5장에서 제시하였다.

앞에서 언급한 바와 같이 오늘날 에너지의학·파동의학·양자의학은 생체 매트릭스 에너지 체계, 양자장·양자파동 원리에 의해 치료·치유기제를 설명함으로써 모든 자연치유·보완대체의학·통합의학의 치료·치유원리를 밝히는 데 있어서 지대한 공헌을 하고 있다. 하지만 이 의학들이 밝히고 있는 일부 인식의 오류와 한계에 대해서는 간과하는 경향이 있다. 통합심신치유학적 관점에서 현재의 에너지·양자파동 중심의 신의학 에너지·파동 치유요법들의 탁월성과 한계에 대해, 그리고 그 허실에 대해 여기서 상세하게 다루지는 않을 것이다. 하지만 현재 수준에서 그 긍정적·부정적 측면은 분명하게 이해하고 인식해야 한다.

먼저, 에너지의학에서는 인체를 에너지체로 보고서 다양한 생체 에너지, 물리적 에너지, 전기·자기·양자 에너지, 氣 에너지가 흐르는 생체 매트릭스 시스템으로서 진단·치료·치유의 의학적 원리와 효과를 설명하고 있다. 하지만 많은 경우, 아직 생체 미세 전기·자기와 밀접하지만 그와는 다른 氣 에너지 원리와 경락의 치유기전에 대해서는 체계적으로 이해하지 못하고 있다. 특히 그보다 더 상위의 정묘의식 에너지 (의식·무의식·초의식 에너지, 마음·혼·영에너지)에 대해서는 인정하지 않거나 심신이 원론적으로 이해하거나 환원주의적으로 인식하는 치료 전문가·치유자가 아직도 많이 있다. 따라서 물질양자 에너지에서 기氣 에너지(생명기生命氣), 마음 에너지(심기心氣), 혼 에너지(혼기魂氣), 영 에너지(영기靈氣)에 이르는 온생명의 홀론·홀라키적 통전적(통합적·전일적) 원리를 모르다 보니 모든 에너지를 기氣 수준이나 물질 에너지 수준으로 환원하여 치유원리와 치유기제를 설명하는 경향이 있다.

　마찬가지로, 양자파동의학과 파동요법에서는 모든 존재하는 것을 '파동'(진동)으로 보고, 보다 근본적으로는 양자 수준의 '파동'으로 보고서 생명 파동(에너지·정보)의 다차원적 질과 깊이의 차이를 무시하고 물질양자 수준으로 환원하여 설명하는 전문가도 많다. 즉, 환원할 수 없는 다양한 의식의 수준을 무시하고서 단순한 홀로그램적 부분 전체의 비국소성 원리로만 설명하면서 양자파동 안에 모든 전체 생명 정보가 다 들어 있고, 그래서 물질양자파동으로 환원하여 그 정보만으로 모든 것을 치유할 수 있다고 보면서 파동치유요법의 치유기제를 설명하려는 경향이 있다.

　대체로 파동의학과 양자의학은 명칭만 다를 뿐 동일하다고 일반적으로 인식하고 있다. 그래서 양자의학 관련 도서들에서 보면 양자·파동 의학을 양자역학의 양자장 파동 에너지·정보로 설명하는 것은 동일하다. 하지만 저자들마다 그 범주와 치료·치유 기전/기제의 원리 설명이 전문가에 따라 서로 다른 면도 적지 않다. 이를테면, 일부 양자의학에서는 인체를 육체(신체身体)·에너지체(기체氣体)·정보체(심체心体)로 구분하고 있다. 하지만 이는 양자장 파동의 에너지(기氣)·정보(식識)의 양면성을 각각 다른 체体(시스템)으로 보면서 위계적으로 구분하지 않는 범주 오류를 범하고 있는 것이다. 이러한 오류는 온생명장의 홀론홀라키적 위계인 동양의 정精·기氣·신神이나 신身·기氣·심心과도 다른 것이고, 서양의 몸·맘·영BMS과도 다른 것이다. 한마디로, 물질기(정기精氣) 양자장은 물질 수준에서 에너지·정보를 갖고 있다. 위의 생명기(원기元氣) 양자장은 더 높은 수준의 에너지·정보를 갖고 있다. 그보다 위의 식심識心기(신기神氣) 초양자장은 더 높은 수준의 에너지·정보를 갖고 있는 것이다. 따라서 이러한 생명장의 에너지氣와 정보識를 홀론·홀라키 원리적으로 인식하지 않고, 이들을 물질양자파동장의 에너지氣와 정보心에 담긴, 즉 같은 수준의 다른 '체体'로 범주 오류적으로 설명하거나 환원시켜 설명하는 오류를 범해서는 안 되는 것이다.

　따라서 파동의학과 양자의학에서 아원자 양자장의 '파동' '양자파동' 안에 온생명장 정보(의식·무의식·초의식, 심心·의意·식識)의 모든 것을 담고 있다고 보는 환원주의적 인식이 문제이다. 이런 까닭에 오늘날 수많은 파동(정보)요법에 과학적·의학적 검증이 결핍되어 있다. 뿐만 아니라 이로 인한 이 요법들의 신뢰도의 한계와 부작용, 과대포장 위험성이 우려되는 요법들도 적지 않은 것이 현실이다.

하지만 머지않은 미래에 통합양자이론[표준양자역학·초끈(M)이론·의식 홀로그램우주론]이 공식적으로 인정되면서 다차원의 홀라키 우주·생명 세계에 대한 '양자의식'의 보편적 발현으로 인해 4/5차원의 양자문명시대가 도래할 것으로 기대된다. 이렇게 되면 양자과학이 선도하는 AI 중심의 제4차 산업혁명시대의 융복합 과학기술과 신의학의 혁명적 발전에 상응하는 고차원의 양자에너지·양자파동 치유요법들의 획기적 발전을 기대할 수 있다. 이와 함께 통합에너지의학·파동의학·양자의학의 홀론의학적 체계화가 이루어지면서 통합양자심신치유학, 홀론의학의 양자도약적 발전이 기대된다. 더 나아가, 앞으로 올 21세기에는 5차원 고도 양자문명의 시대가 되면서 양자의식이 보편화된 신인류로의 양자도약적 진화가 이루어질 것이다. 이와 함께 양자파동 진단·치료·치유기기의 상상을 초월하는 진보에 따른 고도 홀론의학의 시대, 통합양자심신치유의학의 시대가 도래할 것으로 전망된다.

따라서 제5장에서 강조하는 유위무위 통합양자심신치유는 앞에서 요약한 이러한 다차원의 양자파동(에너지·의식) 중심의 신의학의 홀라키적 에너지·의식 치유원리를 모두 포함하고 있다. 이는 현재의 양자론의 문제와 한계를 넘어서는 양자파동 에너지·양자의식 치유이다. 그러므로 현대 양자이론·양자의학의 어느 한 이론이나 파동의학이나 에너지의학에 따르는 에너지·의식 치유 패러다임이 아니다. 오히려 통합양자치유는 이러한 이론들을 홀론의학적으로 모두 포함하면서 넘어서는 것이다. 따라서 기존의 심신이원론적·생물학적 서양의학을 제외한 동양의 전일의학·자연의학적 심신치유원리에서 나온 보완대체의학과 심신통합의학을 바탕으로 하되 통합의학·심신통합의학을 넘어서는 신의학적 통합양자심신치유학으로 이해해야 한다.

다시 말해, 원래 인간의 생명은 앞에서 계속 강조해 왔듯이 생명체로서 홀론·홀라키적으로 육신(신체, 생체)·생명(기체)·마음(감정체, 심체)·얼(혼체)·영(영체)의 다차원의 생명장 구조로 되어 있다. 그래서 그 각 수준의 에너지氣·정보識의 체体/장場은

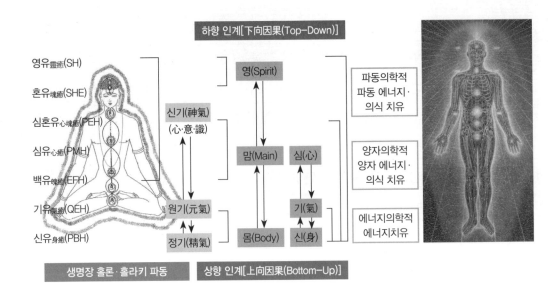

[그림 4-11] 신의학적 통합심신치유홀라키의 원리

아래 수준을 초월하면서 내포하고 의존하는 홀라키적 관계에 있는 까닭에 홀론의학적 에너지·의식 치유이다. 그러므로 신의학적 통합심신치유학에서는—인체의 모든 수준의 에너지(기氣) 측면의 치유요법과 온건강을 유지 발현하고 치유하기 위한 통전적 에너지·정보(의식意識) 전달 시스템으로서—뇌신경과학·생리학·에너지의학·양자의학·파동의학을 홀론의학적으로 모두 포괄하는 온건강의 회복을 위한 모든 종류, 모든 수준의 치유요법의 원리를 통합적으로 다루고 있다. 한마디로, 신의학적 통합양자심신치유는 모든 수준의 에너지氣 체계와 정보識(의식·무의식·초의식) 전달/체계의 발현과 그 상호작용을 홀론홀라키적 상향 인과上向因果·하향 인과下向因果 치유원리에 따라 통전적으로 접근하는 치유법이다.

한마디로 요약하면, 여기서 강조하고 있는 신의학적 통합심신치유, 통합양자심신치유의 원리는 [그림 4-11]과 같이 나타낼 수 있다. 이러한 신의학적 통합심신치유의 원리를 설명하기 위해 지금까지 다차원의 심신 에너지(기氣)와 정보(심心·의意·식識)의 (양자)파동장의 통합치유 패러다임에 대해 상술하였다. 이러한 통합치유 패러다임을 바탕으로 앞 절에서는 켄 윌버의 AQAL 통합매트릭스이론에 상응하는 통합심신치유이론을 제시하였다. 그리고 제5장에서는 통합양자이론의 양자원리(통합양자 패러다임)에서 나온 '양자의식'을 중심으로 한 홀론의학적·통전적 통합에너지·의식 치유로서의 통합양자치유이론과 통합양자파동치유의 '퀀텀 사면동역학적' 치유실행의 이론적 요결을 제시하였다.

마음챙김 기반 심신통합치유원리

들어가는 말

지난 20년 사이에 남방불교, 그중에 특히 미얀마 위빠사나 불교 수행이 서양으로 들어가 마음챙김Midfulness 또는 통찰명상Insight Meditation으로 현대화되어 심신치유와 인지행동 심리치료의 주요 기법으로 또는 타 치유요법과 병행하거나 보조적 수단으로 보편화되면서 국내로 역수입되어 들어왔다. 지난 10여 년 사이에 마음챙김은 국내에서도 현대적인 주류 명상 수련으로, 그리고 MBSR 등을 중심으로 명상심리치료 · 심신치유 수련으로서 각광을 받고 있다. 그동안 전통적으로 국내에서 명상은 불교명상, 요가명상, 선도명상 수련 위주로 해 왔다. 그중에 불교명상 수련으로는 주로 북방대승불교 중심의 전통적인 간화선 중심 참선명상 수행과 교학적 선禪 수행이며 부처의 선禪 수행인 육묘법문六妙法門(안반수의경安般守意經, 아나파나사띠수트라)에 근거한 [그림 4-12]에서 보여 주는 현대화된 명상 수련과 같은, 염念 · 지止 · 관觀 수행을 해 왔다. 그러다가 90년대 이후에는 남방 미얀마의 위빠사나 수행도 불교계에서 보편화되고 있는 추세이다. 특히 지난 10여 년 사이에 위빠사나를 초종교적으로 현대화한 마음챙김 · 통찰명상 수련에 대한 관심과 인식이 급격하게 높아지면서 보편화되었다. 이에 따라 국내 모든 분야의 영성 수련과 심리치료 · 심신치유에서 마음챙김은 가장 인기 있는 명상치유법으로 확고하게 자리 잡게 되었다. 그 결과, 인지행동 심리치료, 스트레스 이완과 감정정서치유, 기공 · 요가 · 소마 치유, 자연치유 등의 기존의 심신치유법들을 마음챙김 기반 심신치유법으로 통합한 심신통합치유가 각광을 받고 있다. 특히 이 책의 공저자인 안희영 교수는 국내의 유일한 국제공인 1급 MBSR 지도자이며 명상전문가로서 카밧진의 마음챙김 기반 정통 MBSR 심신통합치유 수련을 국내에 널리

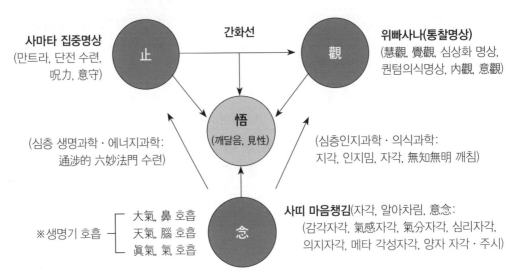

보급하는 데 주도적 역할을 해 왔다. 이제 마음챙김은 전 세계적으로 소위 제3세대 인지행동치료요법으로 확고하게 자리 잡아 왔고, MBSR 외에 MBCT, DBT, ACT 등 다른 인지행동치료법들과 함께 다양한 인지심리치료에도 도입되고 있다. 특히 MBSR은 전 세계적으로 마음챙김 기반 심신통합치유의 주류로서 국내에서도 가장 널리 알려진 심신통합치유 프로그램으로 인정받게 되었다.

좀 더 상세하게 고찰해 보면, 동양전통지혜의 명상 수련, 특히 불교 명상·수련과 요가 명상·수련의 심리치료의 보조기법으로서의 관심은 20세기 초부터 있었다. 지난 수십 년간 점차로 높아진 동양명상 수련에 대한 서양에서의 열광은 마음챙김 명상을 중심으로 오늘날 심신치유·심리치료, 정신건강·웰라이프·웰빙과 연관하여 일반화되어 있다. 무엇보다 서양에서는 위빠사나 같은 어려운 수련법을 마음챙김 명상·통찰명상으로 불교도가 아닌 타 종교의 또는 초종교적이거나 무종교적인 서구의 현대인에게 알맞게 단순화시켜서 보편화된 현대적인 명상법으로 발전시켜 왔다. 그중 1979년에 카밧진이 개발한 MBSR은 정신건강·심신치유에서의 요가·기공·소마 수련과 더불어 현대인의 스트레스 이완을 위한 체계적 심신통합수련 프로그램으로서 전 세계적으로 가장 널리 알려진 심신치유와 정신건강 수련법으로 인정받고 있다. 이와 더불어 제3세대 인지행동치료법으로서 마음챙김을 기반으로 한 MBCT(Mindfulness-Based Cognitive Therapy), DBT(Dialectic Behavior Therapy), ACT(Acceptance and Conrmitment Therapy) 등이 보편화되면서, 마음챙김 명상이나 통찰명상 수련을 의식과 영성의 성장보다는 인지행동치료적 심리치료의 병행치료 수단이거나 보조치료 수단으로서의 주요 심리치료법으로 광범위하게 받아들여지고 있다.

그러나 동양의 전통명상 수련은 어느 전통에서든 성명쌍수性命双修 · 정혜쌍수定慧双修의 계戒 · 정定 · 혜慧(삼학三學 · 팔정도八正道)와 신信 · 해解 · 행行 · 증證의 통합수행을 추구한다는 관점에서 볼 때, 오늘날 영적 성장을 위한 명상 수행은 잘못 이해되고 있는 측면이 있다고 해도 과언이 아니다. 하지만 오늘날 정신건강, 심신치유, 웰라이프를 위한 심신통합수련으로서의 현대화된 명상 수련은 기공 · 요가나 소마운동과 함께 주로 마음챙김 기반 치유명상으로 사용되고 있다. 그렇다 보니 신비 체험 · 절정 체험이 아닌 대부분 α파 상태의 이완 · 안정된 의식 상태(입정入靜)를 체험하면서 인지심리치료나 심신의 스트레스를 치유하는 보조 수단이나 주요 치료치유요법으로 주로 사용되고 있다. 그래서 사띠sati(念)의 알아차림/자각, 마음챙김을 바탕으로 사마타samata(止) 집중 훈련 수련과 위빠사나의 사념처관四念處觀을 현대적으로 해석한 통찰명상이나 마음챙김mindfulness 명상이라는 명칭으로 정신건강, 심리치료, 심신치유의 목적으로 체계화시킨 가장 보편적인 현대적 명상 수련 · 훈련법으로서 주로 서구에서 발전하였던 것이다.

이와 같이 오늘날 우리나라에 역수입되어 보편화되어 있는 '마음챙김'은 명상법으로서뿐만 아니라 심신치유, 심리치료, 리더십, 웰빙 · 웰라이프의 정신건강, 상담, 보완의학, 사회복지 등 여러 분야에서 보편적인 주요 명상 치유 · 수련 · 훈련 도구로서 사용되고 있다. 하지만 일부는 그 치유 · 치료 효과를 지나치게 과대 포장하거나 무슨 심신치유법이든지 무조건 마음챙김~치유하고 과대 포장하며 마음챙김을 오용하고 있는 것도 부인할 수 없는 현실이다. 더구나 지나치게 일반화시켜서 아직 명상 수련을 할 수 없는 장애 · 병리적 의식 수준에 고착되거나 간힌 사람들에게 성급하고 무차별하게 적용시키고 있는 경향이 있다. 그렇다 보니 오히려 심적 · 정신적으로 잠재된 병리가 있는 사람들에게는 효과가 없거나 병리장애가 악화되는 부작용이 생기기도 한다.

　무엇보다도 우주·생명·인간·영혼·마음·자기·심신(성性·명命·정精, 심心·기氣·신身, BMSBody·Mind·Spirit…)에 대한 제대로 된 이해 없이 마음챙김 명상 수행을 하는 데 문제가 있다. 더구나 억압된 무의식의 장애, 부정적 방어기제나 발달 트라우마가 있는 상태에서 기본 치유기제의 발현을 위한 오인지誤認知자각 훈련, 자기자애 훈련, 각성긍정 확언 훈련 없이, 즉 제대로 된 예비치유, 마음챙김 훈련·수련 없이 비판단적·수용적 마음챙김만을 강조하고 있다. 이를테면 마음챙김의 치유기제 요소인 의도적 자각·알아차림·주의 기울이기, 비판단, 비자동 응답, 탈중심화/탈동일시, 비개입적 수용, 자각 행위들을 강조하다 보니 마음챙김 명상·수련이 제대로 되지 못하는 경우가 허다하다. 때로는 오히려 혼이 위축되어 자존감이 약하거나 억압무의식의 장애·콤플렉스·부정적 방어기제, 트라우마, 카르마, 분노·화, 충동장애 등이 잠재되어 있거나 그런 장애가 지배적인 사람들에게는 무의식적·의식적 억압의 증가와 뇌인지의 거부·저항의 과학습으로 인해 신경증적으로 더 악화되는 수도 있다. 그런 장애가 심하지 않은 사람의 경우도 입정入定 θ파의 상태에는 들지 못하는 경우가 대부분이다.

　어쩌다 신비 체험, 절정 체험, 빛/비조나리 체험을 하면 자신이 특별한 체험을 한 것으로 오해하여 자아를 오히려 강화시키는 경우가 허다하다. 대개는 유사 입정入靜의 α파 상태만 체험하며 스트레스 완화와 심리적 안정에만 몰입을 하거나 자기도취적 자기애에 빠져드는 등 사람에 따라 다양한 반응과 오해나 착각을 불러오고 있다. 더구나 자신의 억압무의식, 심신의 장애는 치유되지 않고, 의식의 열림에 의한 성장 변화는 없이 마음챙김을 α파 이완명상 수련으로만 하면서 오히려 지속적 자아의 강화만 초래하는 사람도 적지 않다. 따라서 무위치유의 기본 전제로서 올바른 마음챙김 명상·수련을 제대로 하려면 먼저 '마음챙김'이 무엇인가에 대해 제대로 이해하고 나서 올바른 마음챙김 수련과 마음챙김 명상을 하고, 이를 바탕으로 자기치유를 위한 마음챙김 기반 심신치유의 기제를 체화해야 한다.

　이미 마음챙김은 국내에 보편화되어 있고 공저자인 안희영 교수의 다른 여러 문헌들에서 마음챙김, 마음챙김 명상, 마음챙김 심신치유에 대해 광범위하고 심원하게 다루고 있기 때문에 여기서는 마음챙김의 기본 개념과 마음챙김 기반 심신통합치유의 개요에 대해서만 간략하게 개관하였다.

마음챙김의 정의적 개념

앞에서 개관한 바와 같이, 남방불교의 위빠사나/사념처 수행과 지止·관觀 수행의 핵심인 사띠sati(念, 意念, 憶念)가 20세기 초에 서양에 'mindfulness'로 번역되어 소개되면서 다음과 같이 여러 분야에서 다목적으로 발전되어 왔다.

- 현대 서양의 보편적 명상 수련법으로
- 웰라이프/웰빙을 위한 정신건강법으로
- 스트레스, 우울증, 불안장애, 경계선장애 등의 인지·행동 장애치료를 위한 제3세대 인지행동 심리치료법으로
- 통합적 심신치유법의 핵심으로
- 리더십 훈련, 대인 관계 개선, 학습 집중력 강화, 직무 효율성 증진 등 성찰적으로 깨어 있는 삶, 학습·업무, 집중력 강화 등 다목적의 명상 훈련·수련법으로

하지만 동양에서 나왔지만 서양에서 발전되어 온, 소위 서양화된 현대적 'mindfulness' 명상 수련·훈련이 '마음챙김'으로 번역되어 국내로 역수입되어 들어오면서, 마음챙김 명상은 서양의 현대적 명상·수련법으로, 주요 또는 보조적 심리치료·심신치유기법으로 보편적으로 인식되고 있다[대표적 번역서로는 『마음챙김과 자기치유 上·下』(Kabat-Zinn 저, 장현갑 외 공역, 2017), 『처음 만나는 마음챙김 명상』(Kabat-Zinn 저, 안희영 역, 2012), 『마음챙김에 근거한 심리치료』(Baer 저, 안희영 외 공역, 2009), 『마음챙김과 심리치료』(Germer 외 공저, 김재성 외 공역, 2012), 『예술과 과학이 융합된 마음챙김』(Shapiro·Calson 공저, 안희영·이재석 공역, 2014), 『마음챙김과 정신건강』(Mace 저, 안희영 역, 2010) 외 다수가 있다].

80년대는 인도 구루들의 명상·영성 수련이 유행하다가, 특히 지난 90년대 이래 국내에서는 전통적인 불교 참선 수행, 위빠사나 수행, 요가명상 수행, 단학·선도 수련

을 비롯한 다양한 전통 수행법이 유행해 왔다. 이에 따라 그간 수많은 명상·수련서가 나오고 동서양의 명상 수련 단체들이 쏟아져 나오면서 국내에 다양한 명상 수련·수행법이 유행하게 되었다. 최근의 지난 10여 년간은 오히려 마음챙김 명상·수련이 다양한 소마운동, 기공·요가 수련 등과 더불어 정신건강, 웰빙, 심신치유법으로, 동양의 어떤 다른 전통 명상 수련보다 더 보편적인 현대적 명상 수련법으로 받아들여지고 있다. 이러한 현상의 원인은 다양한 측면에서 고찰할 수 있을 것이다. 그 주된 원인은, 마음챙김 명상 수련을 핵심으로 하는 MBSR을 비롯한 서양의 심리치료·심신통합치유법들이—누구나 하기 쉬운 소마운동, 기공·요가 등을 중심으로 신체(身)·감각(受)·마음(心) 현상의 일어나는 그대로 알아차리고 주의 기울이기 훈련과 함께—체계적으로 누구나 쉽게 할 수 있는 명상·수련법으로 통합적 프로그램을 제공하고 있기 때문이다.

하지만 마음챙김은 그 핵심인 사띠(念)의 순간순간의 알아차림과 수용적·비판단적 자각의 조작적 정의와 구성 개념에 의한 명상 수행보다는 심리치료·심신치유·정신건강·웰라이프를 위한 훈련·수련에 더 적합한 의미로 확장되어 왔다. 마음챙김의 조작적 정의와 구성 개념은 여러 학자에 의해 다양하게 제안되고 확장되어 왔지만, 그중 주요 개념으로는 다음과 같은 것들이 포함되어 있다.

- 의도적으로 현재의 순간순간에 대해 깨어 있는 알아차림/자각으로 비자동적·비판단적으로 주의 기울이기(Kabat-Zinn, 1994)
- 현재의 경험에 대한 순간순간의 수용적 알아차림(Germer, 2005)
- 현재의 내적·외적인 연속적 자각들에 대해 생겨나는 대로 평가하지 않고 그대로 바라보기(Baer, 2003)
- 모든 경험하는 사건들에 대한 고정된 지각 반응에서 벗어나 일어나고 있는 것을 있는 그대로 직면하며 받아들이기(Goleman, 1980)
- 지금 여기의 즉각적 경험을 해석하지 않고 유지하려는 주의에 대한 자기조절, 그리고 현재 순간의 경험을 호기심·개방·수용을 지향하는 태도로 이해하기(Bishop, 2000)

• 현재의 경험이나 현존하는 실재에 관한 주의와 자각을 증대시키기(Brown & Ryan, 2003)

앞에서 제시한 학자들의 마음챙김의 조작적 정의에는 Shapiro 등(2006)이 IAA 모델에서 말하는 의도(Intention)·주의(Attention)·태도(Attitude)가 내포되어 있다. 이러한 정의적 구성 개념을 바탕으로 Baer(2006)는 마음챙김의 척도로, 비자동적 반응(nonreactivity), 관찰하기(observing), 자각이 있는 행위(acting with awareness), 기술하기(describing), 경험을 비판단하기(nonjudging of experience) 등을 하위적 요인으로 제시하고 있다.

하지만 마음챙김의 기본은 어디까지나 사띠의 알아차림/자각에 의한 순간순간의 주의집중에 있지만, 마음챙김 명상의 근본은 무위적 명상으로서 단순한 알아차림·자각이 아닌 위빠사나나 통찰명상 같은 본래 불교의 사법인(고苦·무상無常·무아無我·공空), 즉 일체개고一切皆苦·제행무상諸行無常·제법무아諸法無我·오온개공五蘊皆空에 대해, 특히 '무아'에 대해 꿰뚫어 알아차리는 통찰적 자각에 있다.

반면에 오히려 서양의 모든 심리치료나 심신치유는 성장 발달 과정의 억압무의식, 콤플렉스, 트라우마 등으로 인한 자아/자기 정체성의 혼란장애로부터 벗어나 온전한 자아감, 자기됨의 정체성 회복과 자기/자아의 정상적 성장 발달을 통해 자기실현과 자기존중감(자존감)의 증진을 목적으로 발달되어 왔다. 이에 따라 마음챙김도 본래의 불교명상의 무상·무아와 공空의 도리를 깨우치기 위한 염念·지止·관觀 수행의 알아차림·자각의 원리에서 벗어나는 의미로 이해되고 있다. 그래서 불교의 '무아'와는 맞지 않고 불교명상의 원래의 목적에서 벗어난 '마음챙김mindfulness'이란 의미로 사용되고 있다. 그 결과, 주로 심리치료와 심신치유에 의한 정신건강 회복을 위한 명상 수련·훈련 도구로 발전되어 온 측면을 부인할 수 없다.

하지만 오히려 서양에서의 마음챙김 명상 수련·훈련은 불교적 관점을 벗어나 치유와 성장을 위한 무위적 고급 치유기제의 기본 전제 요건을 갖추는 방향으로 발달해 왔다. 즉, 먼저 유위有爲 수행으로 자기치유와 자아의 성장 발달을 통해 자기실현을 하고 나서, 무위無爲 수행으로 불교의 '무아無我'와 유사한 자아를 내려놓는 자아초월에 의해 영적으로 성장하는 방향으로 잘 발달해 왔다고 볼 수 있다.

그러나 불교명상 수행에서는, 고苦·무상無常·무아無我의 삼법인, 사성제四聖諦(고苦·집集·멸滅·도道), 삼학三學(계戒·정定·혜慧)/팔정도八正道를 수행을 위한 기본 교의로 내세우는 까닭에, 자칫 모든 존재하는 것은 '고苦'이고, '무아無我'인 것만을 인간 존재의 본질인 양 받아들이기 쉽다. 실제로 불교인들 중에는 모든 것을 공空·무無의 통념적인 의미로 보는 경향이 있다. 때문에 온우주와 생명, 인간, 삶의 긍정적 빛(광명, 비로자나불광)의 측면을 간과하기 쉽다. 실제로 '공空'이란 현대 양자적 의미로 설명하자면, '텅 빈'이란 의미가 아닌 양자적으로 Divine Matrix의 우주 에너지(일기—氣, 광명光明)의 우주의식(일심—心, 유식唯識)에서 나온 온우주의 실상계(이법계理法界), 현상계(사법계事法界)의 순간순간 변화하는 양자파동 에너지(기氣, 빛, 광명)와 정보(식識, 지知, 리理)로 충만한 온우주와 세계를 의미한다. 그래서 온우주의 이理·사법계事法界가 공空의 현현이고 만법유식萬法唯識의 양자파동우주라는 것이다. 그래서 양자우주 내 모든 것이 양자파동장의 요동인 양자사건의 양자파동이고 에너지(빛, 기氣)와 정보(지능, 지성, 홀로그램, 식識)는 양자파동의 양면이므로, 이는 곧 공空(무無)과 식識(유有)에 해당한다. 이것은 오온개공五蘊皆空·제행무상諸行無常·제법무아諸法無我의 일미—味의 법해法海(삼공지해三空之海)인 DMF(Divine Matrix Field, 본래면목本來面目)인 것이다. 그래서 이러한 공空(무無)·식識(유有)과 양자파동의 관계를 모른다면 불법佛法의 정신과학적 진수를 알기 어렵다. 즉, 삼공지해三空之海의 일미—味와 만법유식萬法唯識의 일심—心의 공空(무無)·식識(유有)이 동전의 앞뒤같이 자재自在하고 상대적이고 어느 한쪽 극단으로 치우치거나 배제할 수 없는 중도中道의 도道, 유일자의 도리·섭리·법성임을 정신과학적·통합양자물리학적 온전한 이해가 없이는 제대로 알기 어렵다.

실제로 인간으로 태어난 삶은 축복이고 은총인데, 다만 인간들의 무지無知·무명無明·미혹迷惑으로 인해 연기적緣起的 윤회 전생輪迴轉生의 업장業障의 번뇌로 인해 고통받고, 오탁의 세계에 빠져 허덕이는 게 모든 중생의 고통苦, 즉 일체개고—切皆苦의 원인인 것이다. 그러므로 미혹에서 벗어나고 깨어나서 자기/자아의 정체성을 올바르게 깨우치기 위해서는 먼저 자기됨을 회복하면서 온전하게 성장 발달하여 '자기실현'을 한 후에 자기를 초월하고 내려놓아야 하는 도리를 깨우쳐야 한다. 즉, 엥글러(Engler, J.)가

『의식의 변용』(Ken Wilber 외 공저, 조효남·안희영 공역, 학지사, 2017)에서 말하듯이, 'You have to be somebody before you have to be nobody'가 갖는 참뜻을 알고 깨우친다면, 현대 서양 통찰명상의 '마음챙김'이 '자기치유와 성장'을 통해 자기실현하고 자기초월을 하기 위한 유위有爲·무위쌍수無爲双修의 매우 바람직하고 온전한 고급 치유와 치유기제의 모든 요건을 다 갖추었음을 알 수 있다.

마음챙김 기반 심신통합치유

마음챙김 명상 수행은 수행의 초심자라면 명상 중에 또는 일상에서 그냥 외적인 대상에 의한 오감 자극과 뇌·신체 반응, 이로 인한 또는 이와 무관한 내적인 본능, 감정, 마음의 신경증적 스트레스와 억압무의식의 다양한 발달장애적 자극 반응 현상들을 몸(신념身念) 알아차림, 감각(쾌/불쾌) 느낌(수념受念) 알아차림의 자각 훈련으로 시작하는 단계를 거치며 나아간다. 그리하여 초보적 마음챙김 감각자각 훈련을 마음작용자각(신념心念)과 통찰적 정신작용자각(법념法念)으로 심화시켜 제반 의식 현상들이 일어나는 그대로 단순히 개입 없이 주의집중하며 알아차리는 수련을 심화해 나가야 한다. 그러나 단순한 (신身·수受·심心의) 마음챙김자각, 알아차림조차 일반인이나 초심자에게는 쉽지 않다. 하지만 마음챙김 수행이 어느 정도 이상 내공이 생긴 자기치유단계 이상의 치유자나 수행자라면, 단순한 주의하기의 마음챙김자각, 알아차림만으로는 부족하다는 것을 깨닫게 된다. 더구나 내외의 자극으로 본능적 욕구가 강렬하거나 감정정서가 뒤집히고 스트레스가 강렬하거나 혼이 위축되거나 카르마가 강하게 작동할 때는 단순한 의도적 마음챙김으로는 (신경장애가 있는 경우) 신경과민적 거부 반응만 일어나기 쉽다. 설사 심적·정신적 반응이 사라지며 α파 명상태에 들어갈 수 있어도 다음에도 조건화되면 똑같은 반응이 일어나고 마음챙김에 의한 치유와 치유기제는 쉽게 발현되지 않는다는 것을 알게 된다.

불교 수행 중심의 위빠사나보다는 그 현대적 명상 수행인 통찰명상이 필요한 이유는 단순한 마음챙김에 이러한 한계와 문제가 있기 때문이다. 마음챙김이나 통찰명상 모두 불교의 위빠사나의 신수심법身受心法의 사념처관에 바탕을 두고 있는 명상·

수행이다. 그러므로 모든 몸과 마음의 고통과 장애가 모두 분리할 수 없는 몸·본능·
감정·마음·정신의 문제이지만, 신수심처의 마음챙김은 바로 이런 몸·감각·마음
의 현상을 일어나는 그대로 통찰적으로 알아차리며 관찰하는 것이다. 그러나 법념처
는 전통적인 위빠사나의 불교 논사들의 마음관찰 수행의 결과에서 나온 담론의 산물
인 심학心學의 난해한 오위백법과 심법心法(오개五蓋, 오취온五聚蘊, 십이처十二處, 칠각지七覺
支, 사성제四聖諦)에 의한 육체와 마음과 정신의 아집我執, 법집法執으로 인한 고苦와 번뇌
의 근본 본성, 속성의 관찰은 불교학자나 불교 수행자에게는 가치가 있다. 하지만 과
학적 마인드를 가진 현대인들은 이를 현대 심층심리학과 현대 정신과학에 의해 해석
하여 모든 담마의 원리를 통찰하게 하는 게 바람직하다. 이를테면, 조셉 골드스타인
(Goldstein, J.)은 『Mindfulness』에서 위빠사나의 사념처의 불교적 해석에 바탕을 둔
현대적 마음챙김을 말하고 있다. 그러나 현대 정신과학적 해석 없이 불교적 교학의
심법을 서구적 담론으로만 설명하고 있기 때문에 불교인이 아닌 현대인들은 고리타
분하고 난해하여 받아들이기 어렵다. 오히려 마음과 정신에 대한 현대적 통찰명상에
서는 임상과 실험과 경험심리과학으로 발달해 온 발달심리학, 정신역동 심층심리학,
이상심리학, 전통 불교심리학을 포함하는 자아초월심리학에서 나온 마음의 의식·무
의식·심층무의식의 전통지혜 및 현대적 해석을 현대 정신과학에 의해 통합적으로 상
보적·통섭적으로 해석하는 게 바람직하다. 이와 같이 현대 정신과학(신과학, 양자파동
역학, 의식역학, 정신동역학)적, 심층 정신·심리학적 통찰에 따라 통찰적으로 알아차리
며 주시하면, 인간의 마음의 고통과 번뇌의 원인인 억압무의식의 병리장애·이상심리
를 현대 의식·심리과학·뇌인지과학적으로 환허幻虛의 오각인誤刻印 홀로그램 공상식
空像識으로 훨씬 더 과학적으로 알 수 있다.

현대적 통찰명상에서 통찰적 주시란, 몸마음정신BMS의 작용인으로서의 주체인 정
신(자아, 혼, 영)의 현대 심층심리학(억압무의식, 심층 카르마 무의식, 초의식, 양자의식)의
속성, 상태에 따른 심의식心意識의 작용의 뿌리와 원인을 알아차리고 각관覺觀(그 마음
뿌리의 무無·공空·환幻을 각성적 자각, 깨우침으로 주시, 관찰)하는 것이다. 예컨대, 심신
의 스트레스나 분노·화, 혼의 위축, 자존감 상실, 이상심리, 강박 등이 생기면 단순히
이로 인한 몸의 행위나 감각이나 마음의 작용 현상이 일어난 것을 알아차리는 게 아니

다. 그런 현상의 속성 뿌리인 억압무의식, 콤플렉스, 트라우마, 혼의 위축, 자존감 상실, 자아집착, 카르마의 작용 때문임을 인지과학, 정신동역학, 양자파동역학, 의식역학적으로 실제가 아닌 홀로그램(온그림, 공상空像, 공상空相)식識 파동의 속성을 통찰적으로 알아차리고 깨닫는 것이다.

물론 이런 전문적인 심층심리학적 의미와 인간 존재와 정신(혼, 영)과 그 작용인作用因을 모르는 사람은 그냥 단순히 자신의 이기적 본능, 자기중심적 언행, 습관적 사고방식, 중독 상태의 자동 인지·의식 반응 등에서 나온 뇌의 내외의 자극에 대한 연쇄적·연상적 인지에 의한 지知·정情·의意·행行으로 인해 나타나는 몸과 마음의 표층 현상을 확실하게 비판단적으로 자각, 수용하며 바라보는 것이다. 하지만 이렇게 되면 뇌를 통해 나타나는 몸과 마음의 작용 현상의 원인적 뿌리를 주시적·통찰적으로 알아차리고 관찰하지는 못하는 것이다.

그러나 통찰적 마음챙김에 의한 심신치유를 제대로 하여 양자도약적 치유가 일어나게 하려면 통찰적 알아차림으로 모든 마음 현상의 뿌리를 꿰뚫어 주시하는 관찰을 해야 한다.

이렇게 하려면 불교도가 아닌 수행자는 불교의 청정도론이나 유식학에 의한 심법의 이해보다는 현대 정신역동적 심층심리학적 발달장애, 이상심리학적 마음의 작용 법칙과 뇌인지과학, 인지심리학과의 상의상관관계를 제대로 알고 깨우치도록 마음공부를 온전하게 해야 한다.

현대적으로 말하면, 이 책의 제2장에서 강조한 인간의 몸과 마음과 정신(영혼)BMS에 대한 전통적, 현대적, 인간과학적, 심층생명과학적, 뇌신경과학적, 신과학적, 에너지역학·의학적, 통합양자파동역학·의학적 기본 원리를 통찰적으로 알아야 한다. 그러므로 자기 치유자와 수행자는 해오解悟적 앎을 위해 끊임없이 학습하고, 이에 따라 모든 몸·기·넋·맘·얼·영의 현상의 작용인作用因, 즉 뿌리를 통찰적으로 주시 관찰해야 한다. 이렇게 하여 몸과 마음과 정신의 어느 부위(몸기넋맘얼영)에 대한 집중 치유요법이라도 모두 온전한 통찰적 마음챙김을 해야만 삼신일체三身—體적 근본 치유를 할 수 있는 것이다.

실제로 심신치유에서 통찰적 마음챙김은 무위의 고급 치유이다. 하지만 제5장 4절의 유위무위 통합심신치유모듈에 열거된 모든 종류의 유위적 심신치유에 마음챙김의 알아차림(자각, 의념)을 조금이라도 제대로 적용하면, 모든 치유가 무위적 유위의 심신치유로 되면서 일시적인 힐링치유가 아닌 근본 치료적 치유가 되도록 촉진하게 된다. 나아가, 심신통합치유로 심화되면서 마음챙김 수련도 되고 마음챙김의 치유기제도 발현되어 자기치유의 능력이 생긴다.

이와 같이 모든 심신의 스트레스, 장애를 마음챙김을 중심으로 통합적으로 치유하는 대표적인 심신통합치유 프로그램이 세계적으로 가장 널리 알려진 카밧진의 MBSR이다. 물론 최근에는 켄 윌버도 한계는 있지만 마음챙김 기반 통합명상을 중시하여 기존의 AQAL-ILP심신통합치유에 마음챙김에 기반한 명상과 수련을 강조하고 있다.

이 책의 공동저자인 안희영은 국내 유일의 국제공인 MBSR 지도자로서 『통합심신치유학: 실제』편에서 상세하게 보여 주고 있는 MBSR 심신통합치유를 주로 지도하고 있는 마음챙김 명상 지도자이다. 반면에 조효남은 수십 년간 도가명상기공 수련과 불교 참선 수행 경험을 바탕으로 주요 통합치유 수행인 BMS(신기심身氣心, 정기신精氣神)의 통합치유 수련을 위한 마음챙김(자각) 기반 심신통합기공치유를 중요시하고 있다. 『통합심신치유학: 실제』편에서 상술하고 있는 양생도인기공치유를 통찰적 마음챙김(의념意念, 의수意守, 의관意觀) 기공을 통해 정精·기氣·신神의 통합심신치유와 수행을 하도록 지도하고 있다.

물론 이 『통합심신치유학: 실제』편에서는 다음에 나오는 제5장의 유위무위 통합양자심신치유에서 양자의식, 양자자각(메타자각, 각성적 주시적 자각)을 기반으로 하는 유위무위 통합심신치유 프로그램을 보여 주고 있다. 즉, 치유자들이 모든 심신통합치유를 홀라키적으로 포괄하는 모든 대상의 통합심신치유 프로그램으로 만들어 적용할 수 있도록 하는 전형적인 프로토 타입 통합심신치유 프로그램 모델을 보여 주고 있다.

따라서 통합심신치유는 유위무위의 기존의 모든 심신치유에서 마음챙김, 자각이 있는 유위치유인가 아닌가에 따라 치유효과, 치유기제 발현이 현저하게 달라진다. 결국 '모든 길은 로마로'라는 말과 같이 모든 치유는 통찰적 마음챙김으로 되어야 근본치유, 유위·무위치유에 의한 자기치유와 성장이 가능하다는 것을 모든 치유자와 자기치유자는 깨달아야 한다는 것을 강조하고 싶다.

통합심신치유학 • 이론 편

제 5 장

통합양자심신치유

통합심신치유학 [이론] 편

통합양자론 개관

들어가는 말

이 장의 통합양자심신치유이론은 앞으로 올 AI시대의 통합양자론과 양자 패러다임에 기반한 현대 통합심신치유이론으로서 양자도약적 퀀텀치유 모델로 제시한 것이다. 그러므로 양자심신치유 현재 단계의 실용적 심신치유이론을 모두 양자에너지와 양자의식의 원리에 의해 설명하며 포함하고 넘어서는 통합홀론의학적 심신치유이론이라고 말할 수 있다. 그래서 양자론이나 양자과학의 깊은 이론을 필요로 하지 않는 초오감적 의식인 양자의식을 기반으로 하는 유위무위 통합심신치유이론이며, 누구나 쉽게 이해할 수 있는 최신의 이 시대적 통합심신치유 이론 및 실제의 치유 프로그램 모델이다.

20세기 초 '3대 과학혁명(양자/물질, DNA/생명, 반도체/컴퓨터)'으로 인해 지난 100년 사이에 고도 산업사회화되면서 과학기술과 문명은 가히 양자도약적으로, 혁명적으로 변화해 왔다. 그 결과, DNA와 반도체의 발견도 양자물리학으로부터 비롯되었듯이 양자물리학은 현대의 모든 과학기술혁명의 근간이 되어 왔다. 20세기 양자물리학(양자론·상대론)의 등장은 과학기술뿐 아니라 탈근대의 모든 학문과 포스트모던 사상 그리고 인지人知의 거의 모든 분야의 패러다임을 (결정론적·실재적 대상 세계의 절대 시공간의) 뉴턴 패러다임에서 (확률론적·양자적 사건의 상대적 시공간의) 양자 패러다임으로 바꾸어 놓았다. 물론 이러한 양자물리학(양자역학, 양자천체물리학)과 양자과학(양자생물학, 에너지의학, 양자의학, 후성유전학 등) 자체도 아직 '모든 것의 이론'까지는 멀었지만, 지난 100년간 여러 단계의 획기적 변화를 거치면서 눈부시게 발전해 왔다.

더구나 오늘날 첨단 양자역학, 양자천체물리학, 양자과학이 밝히고 있는 온우주와 생명 세계의 신비는 단지 물질적·물리적 세계만이 아니다. 오히려 4차원 초공간 hyperspace 그리고 초물질적 의식 에너지(精妙氣, subtle energy)와 양자 정보/지능/지성 (의식意識)을 가진 몸·맘·영BMS을 모두 포괄하는 다차원의 생명장(생체 포텐셜 양자장)

241

의 존재를 인정하면서 양자우주의 의식과 신비를 밝히는 데 도전하고 있을 정도에 이르렀다. 이에 따라 양자·상대성 원리에서 나온 양자 패러다임과, 이에서 나온 신과학·정신물리학(의식역학)·정신과학 패러다임은 양자파동으로서의 양자우주와 생명세계와 인간 세계의 '모든 것'을 '양자사건'으로 밝히고 있다. 이에 따라 양자적 신비와 양자적 의식을 상징적으로 의미하는 '양자/퀀텀'이라는 접두어가 양자의학, 양자에너지의학, 양자심리학, 양자심리치료, 양자사회, 양자자기, 양자생물학, 퀀텀터치, 퀀텀코칭 등과 같은 용어로 이미 널리 사용되고 있다. 하지만 아직 앞에서 언급한 용어들과 관계되면서 이것들을 포월包越하는 '양자치유' '양자심신치유quantum body-mind healing'에 대한 심층적·체계적 연구 논문이나 문헌들은 국내에서는 거의 찾아볼 수 없다. 외국에서도 (앞의 제4장에서 언급한 바와 같이) 양자파동 발생 조사·전사 기기를 이용한 양자파동의학적 양자치료 기술은 많이 나오고 있으나, 양자심신치유는 아직 실용 단계는 아니고 양자치유 가설 및 이론의 개념 정립 단계에 머물러 있다.

따라서 여기서는 현대 첨단 양자역학·양자과학의 양자원리와 양자 패러다임을 바탕으로 하는 '양자파동 에너지·정보'와 '양자의식'의 양자원리적 관점에서, 동양의 전일적 전통 의학과 생명과학적 자연의학(영속의학perennial medicine)과 현대 통합의학, 양자의학, 에너지의학, 양자심리치료 모두를 양자파동 에너지 치료/치유와 양자의식치유에 의해 융합·통합·통섭·통전하는 '통관적omnijective 양자심신치유'의 개념과 원리에 따른 홀라키적 고급 치유 모델과 그 치유기제에 대한 이론과 실제를 제시하였다.

양자치유라는 주제와 직접 관련되는 문헌으로, 양자의학·파동의학적 양자파동 발생·조사·전사 기기를 이용한 양자파동 에너지 치료/치유와 관련된 외국 문헌은 많이 있다. 하지만 국내에서는 양자의학의 문헌이라고 하기에는 지나치게 주관적이고 편향된 강길전의 『양자의학』이 거의 유일한 반면, 양자의식 중심의 양자심리 치료/치유에 관련된 연구 논문이나 문헌은 한국정신과학학회에서 발표된 논문은 상당수 있지만, 그 외 학회에서는 찾아볼 수 없다. 국외에는 온라인 유튜브 등에 많이 나와 있지만 관련 전문 학술지에서 검증받은 논문은 양자의식·양자심리치료에 관한 한 아직도 많지 않다. 하지만 양자의식·양자심리치료에 관한 국외의 거의 유일한 관련 문헌으로는 민델(Mindel, A.)의 『양자심리학Quantum Mind』과 『양자심리치료Quantum Mind and

Healing』가 있다. 세계적인 과정 지향 심리치료의 대가이면서, 특히 드림바디dream body 프로세스 워크를 중심으로 하는 그의 양자심리치료적 접근은 이 책의 통전적 양자의식 중심의 '양자심신치유'와는 여러 면에서 다르다. 민델과는 달리 필자는 온생명장(다차원 생체양자 포텐셜장)의 의식의 스펙트럼을 조대체·정묘체·원인체의 양자의식 스펙트럼으로 체계화하여—민델과 같은 드림바디 프로세스 워크 중심도 아니고 일반 '심리치료'만도 아닌—전통지혜와 현대 통합심리학과 양자역학·신과학을 통전적으로 통합·통섭하는 통합심신치유로서 제시하였다. 따라서 저자는 멘델과는 달리 보편적이며 일반적인 양자심신치유의 개념과 원리, 그 통합모형이론과 통합치유기제를 제시했다는 면에서 근본적으로 민델과는 차이가 있다. 민델의 두 책에서 말하는 '양자원리'와 양자 패러다임만은, 통합양자론적이 아니라는 점을 제외하고는 당연히 본 양자치유 교재의 양자원리와 양자 패러다임 면에서는 유사하다.

이 장에서는, 먼저 양자물리학의 통합양자론의 관점에서 기초 개념의 간략한 고찰에 따르는 양자원리·양자 패러다임에 대해 요약하였다. 이어서 양자치유에 대한 정의적 개념의 간략한 고찰과 함께 양자심신치유원리에 따른 양자·파동의학적 양자파동 에너지치유에 대해 에너지치유를 중심으로 간략하게 고찰하였다. 그리고 나서 이 AI양자문명시대의 양자사회에서 적합한 고급 심신치유인 양자의식 중심의 양자심신치유 모델을 제시하고 양자치유 모델과 그 치유기제에 대해 다루었다. 이를 위해, 먼저 전통지혜(영속철학·영속심리학·영속의학)의 생명과 기氣에 대한 현대 양자역학, 신과학, 정신과학적 해석 원리를 제시하였다. 이와 함께 이에 상응하는 통합양자 패러다임에 따라 다차원의 생체양자장/생명장의 홀론·홀라키적 기(에너지)와 의식(정보)을 통전적으로 포괄하는 초오감적·초감각적·초의식적 '양자의식'의 핵심 원리를 제시하였다. 다음에는, 이러한 '양자의식' 중심의 양자심신치유의 정의적 개념과 기본 원리를 '통전적 통합심신치유' 모델로서 제시하고, 이에 따라 양자심신치유에서 가장 중요한 퀀텀사면동역학적 양자치유(Quantum Tetra-dynamics Quantum Healing Transformation: QTQHT) 모델과 모듈형 유위무위 통합심신치유 프로그램 모델을 제시하였다.

통합양자론

19세기 말까지는 뉴턴 물리학이 결정론적·원자론적·환원주의적 실재론, 이원론적·구조주의적 인식론, 절대적 4차원 시간·공간의 존재론적 원리에 의해 과학기술·철학·심리학·사회·문화·예술 등 인지人知의 모든 분야의 근대적 인식론·존재론·가치관·세계관을 지배하였다.

하지만 20세기 초에 플랭크와 아인슈타인의 작용양자·광양자 개념으로 시작하여, 보어, 하이젠베르크, 슈뢰딩거 등에 의해 기초이론이 확립된 양자역학은 미치오 가쿠가 말하는 3대 과학(양자/물질, DNA/생명, 컴퓨터/정보)혁명을 이끌어 내었다. 또한 아인슈타인의 상대성 원리와 함께 양자(천체)물리학으로 발전하면서 과학기술의 혁명뿐 아니라, 다시 한번 인지人知의 모든 분야에서 뉴턴적 세계관을 뒤엎는 인간의식과 세계관의 코페르니쿠스적 전환과 혁명적 변화를 가져왔다.

이와 같이 20세기 초에 확립된 양자물리학이 전자기파(빛)와 전자의 입자/파동 이중성의 원리를 밝혀 아원자 세계의 신비가 살짝 드러나게 되면서부터, 초기의 플랭크, 하이젠베르크, 보어, 슈뢰딩거 등 수많은 위대한 물리학자가 밝혀낸 상상을 초월하는 아원자 양자 세계의 신비를 보여 주는 법칙에 대해 이제는 웬만한 지식인이라면 거의 누구나 들어서 어느 정도는 알고 있다. 이를테면, 양자의 파동과 입자의 양면성(보어의 상보성 원리, 드브로이의 이중성 원리), 양자의 운동량과 위치의 불확정성 원리(하이젠베르크), 양자중첩 원리와 파동함수의 붕괴 원리, 양자의 비분리적 비국소성/양자 얽힘 원리(EPR 역설, 벨의 정리) 등은 대표적인 아원자 양자 세계의 법칙이다. 더욱 놀라운 양자의 신비는 단순한 이중슬릿 시험에 대한 다양한 해석이 명확하게 보여 주고 있다. 양자는 관측 장치의 광자에 의한 교란뿐 아니라 관찰자의 의도/의식에 대응하여 '의식' 있게 반응하고 이는 '참여적 관찰자 효과'로 일컬어진다. 즉, 양자상태는 관측 전에는 '양자중첩' 상태로 원래의 모습을 알 수 없고, 관측을 하면 관측 전 파동상태의 양자는 관찰자 의도를 비웃듯이 에너지氣와 정보識(지능)를 갖고서 의식 있는 대응을 하며 불확정적으로 입자적 상태의 어느 한 면만 보여 주는 패턴화된 반응을 한다. 이와 같이 모든 양자운동이 입자/파동 이중성과 불확정성과 의식(정보, 지능) 있는 반응을 보이며 상호 비국소적으로 시간과 공간을 넘어 연결되어 있다는 사실을 발견하게 되자 초기 양자물리학계는 큰 충격에 빠졌고, 이 이중슬릿 시험이 보여 주는 참여적 관찰자 원리에 대한 다양한 해석으로 오랫동안 논쟁하였다.

게다가 20세기 초에 양자역학과 거의 동시에 아인슈타인이 특수 상대성 원리(1905)·일반 상대성 원리(1915)를 10년의 격차로 발표하면서 빛의 속도의 관측자 불변성과 시공간의 비분리적 상대성, 질량과 에너지의 등가성과 중력을 비롯한 네 가지 기본(상호작용) 힘을 시공간의 왜곡과 변화로 표현하는 게 가능하게 되었다. 더구나 일반 상대성 원리가 개기일식 시 태양(중력장)에 의한 별빛의 편이와 굴절(중력렌즈효과)의 관측으로 입증되자, 그 원리를 제대로 이해 못 하는 전 세계의 일반 지식인들조차도 충격적 놀라움으로 상대성 원리를 받아들였다. 곧이어 양자천체물리학의 빅뱅이론이 나왔고, 이에 따라 빅뱅 직후 대칭의 자발적 붕괴로 인해 네 가지 기본 힘(중력, 강력, 약력, 전자기력)의 분리와 함께 급팽창하는 우주의 기본 입자들이 생겨나고, 3분쯤 지나면서 수소와 헬륨의 원자핵이 형성된 후, 38만 년이 지나자 전자가 양성자에 포획되면서 별의 진화가 시작되었다는 별과 은하의 진화와 소멸 그리고 생명의 탄생과 우주 진화의 기본 원리가 밝혀지게 되면서 20세기 인류는 우주와 자연에 대한 과학적 신비에 빠져들게 되었다. 그 결과, 뉴턴의 물리학에 의해 이해되던 절대적 시공간의 우주와 자연에 대한 인식은 사라졌다. 따라서 과정적이고 상대적이며 분리할 수 없고 전체적이며 의식 있고 살아 있는 자연의 신비와 마주하게 되면서 뉴턴적 세계관은 붕괴되었고, 양자상대론적, 불확정적, 양자사건적, 과정적 세계관으로 대체되어 갔다. (물론 21세기가 되어서도 아직도 뉴턴적 세계관의 주술에서 벗어나지 못하고 있는 다윈주의적 진화생물학·진화심리학·진화인문학을 비롯한 수많은 뉴턴적 과학주의자가 여러 분야에서 지식 생태계를 지배하고 있다.)

동시에 20세기 중반을 지나면서 과학기술혁명의 가속화는 물론이고 양자물리학·양자천체물리학 자체가 급격하게 발전하면서 이에 영향을 받은 포스트모던(탈근대) 사상의 본격화와 함께 비결정론적·과정적·구성주의적·상대론적·전일적 자기조직하는 신과학적 우주관의 등장으로 온우주와 생명 세계에 대한 인식론·존재론·세계관을 완전히 뒤집어 놓았다. 이와 함께 의식 있는 '양자적 사건'으로서의 역동적으로

245

살아 있는 자연과 온우주의 신비에 눈을 뜨면서 신시대(뉴에이지) 사상, 신과학 사상
이 우주 자연과 생명 세계, 생태 세계와 인간의 몸·마음·영혼에 대한 전일적이며 깊
이 있는 생태 생명 사상으로 나타났다. 반면에 극단적 포스트모더니즘과 뉴턴주의적
다원주의 진화론자들을 중심으로 한 과학주의자와 유물론자들에 의해 의식이 평원화
되면서, 20세기는 포스트모던 사상의 혼돈 속으로 빠져들게 되었다.

그러다가 20세기 중후반으로 오면서 양자물리학과 양자천체물리학은 더욱 눈부시
게 발전하게 되고, 아인슈타인의 '통일장이론'의 꿈을 실현하는 것은 아직도 이루어지
지 않고 있지만 획기적인 새로운 양자물리학이론이 무수히 나왔다. 그중에 전자기와
특수 상대성이론을 결합한 파인만(Feyman, R.) 등에 의한 양자전기역학QED이 나오고,
이어서 경입자 가속 충돌 실험과 함께 수많은 입자 물리학자의 노력에 힘입어 쿼크와
기본 입자들의 발견으로 중력을 제외한 세 가지 기본 힘을 통일한 게이지이론, 양자색
역학, 초대칭 양자장이론 등이 나오고, 아인슈타인의 상대성이론과 양자이론을 바탕
으로 양자천체물리학과 빅뱅인플레이션이론 등이 획기적으로 발전되면서 점차로 양
자역학이론은 표준입자 물리학으로 정립되어 갔다.

더 나아가, 중력이 거의 무한대고 빛조차도 탈출할 수 없는 블랙홀의 발견과 함께
블랙홀·웜홀 이론 등이 발전하면서 다시 중력과 다른 세 가지 기본 힘을 통일하는 이
론의 필요성이 강력하게 대두되었다. 호킹(Hawking, S.)에 의한 블랙홀이론의 선도적
연구와 함께, 지난 30년 이래 칼루자(Kaluza, T.)·클라인(Klein, O)의 초공간Hyperspace
이론과 칼라비(Calabi, E.)·야우(Yau, S. T.)의 숨겨진 6차원 초공간 수축이론이 나오
면서, 네 가지 상호작용력인 중력·전자기력·약력·강력을 통일시킨 10차원의 초끈
(슈퍼스트링)이론이 등장하였다. 이에 힘입어 수많은 초끈이론이 나왔지만 오히려 초
끈이론의 다양성에 회의가 생겨 시들해지다가 위턴(Wheaton, E.)이 숨겨진 6차원 기
하적 공간과 5차원 초공간을 포함한 11차원 초끈이론을 제안하면서 진동하는 초끈
(M, 브레인, 막)이론으로 통일되었고, 이제 초끈이론은 가장 선단의 신주류적 양자물
리학이론으로 부상하게 되었다. 브레인 초끈(M)이론 같은 첨단 양자물리학이 초차
원의 숨겨진 기하적 공간과 5차원 초공간hyperspace의 존재를 인정하게 되면서, 이러
한 '진동하는 다양한 차원의 브레인 초끈'이라는 가설에 기초하여 네 가지 힘을 포함

한 아인슈타인의 중력장 텐서 방정식의 특수해가 구해지게 되었던 것이다. 이에 따라 그간 풀리지 않던 양자적 무한우주의 의문들이 다중거품우주·평행우주·다차원우주 (megaverse·hyperverse·zenoverse)가 비록 가설적이지만 위계적/홀라키적 무한우주에 대한 최선단의 양자이론으로 받아들여지고 있다. 아직은 실험주의적·과학주의적 표준입자 물리학자들은 받아들이지 않고 있지만, 수년 내에 중력자의 존재가 밝혀지면 신주류 양자물리학으로 자리 잡게 될 것이다.

여기에다 비확률론적 숨은 변수이론을 지지하며 죽을 때까지 양자론을 인정하지 않았던 아인슈타인과 같은 계열의 실재론적·직관적 물리학자인 데이비드 봄은, 양자 우주를 다차원의 슈퍼의식 홀로그램으로 보는 '홀로그램우주' 가설과 함께 숨은 변수 이론(내포 질서·외연 질서), 다차원 양자장·초양자장 이론, 비국소적 양자우주의 전일 적 법칙을 홀로무브먼트·홀로노미 가설에 의해, 다차원의 양자우주를 직관적으로 설 명하고 있다. 그래서 점차로 이러한 최선단의 양자천체물리학의 가설과 양자사상들 이 점점 더 공감과 설득력을 얻어 가고 있다.

따라서 이제는 [그림 5-1]과 같은 통합양자론적 다양한 차원의 양자론의 해석 버전 을 통전적으로 이해한다면, 표준입자 물리학적 양자론의 초차원적·다세계적·다가 능성 양자 세계의 전향적 해석을 받아들이고 다차원의 의식 홀로그램우주와 11차원 의 초공간(영적 차원)을 포함하는 양자물리학은 더 이상 물질적 양자 세계·양자우주 의 원리만을 다루는 게 아니라는 사실을 알 수 있다. 이제 양자론의 통합적·심층적 해석은 다차원의 깊이를 가진 우주, 즉 몸·마음·영(물질·생명 에너지·마음·혼·영)에 대응하는 다차원의 의식 스펙트럼의 우주와 다차원의 생명장 우주를 통합양자론적 양자 패러다임의 통관적通觀的 원리에 의해 정신물리학·정신과학적으로 설명하고 있 다. 이에 따라 자연스레 다차원의 의식을 가진 우주, 즉 다차원의 의식 홀로그램의 생 명 세계와 자연 현상계의 양자우주를 양자상대성 패러다임과 홀로그램·홀론홀라키 패러다임에 의해 설명하고 있고, 더 나아가 초양자장·영점장 가설들에 의해 태극, 공 空, 일기一氣 등에 유사한 개념을 언급하는 수준에 이르고 있다. 무엇보다 반가운 현상 은, 최근에는 표준양자이론을 넘어 브레인 초끈(M)이론 같은 첨단이론이나 홀로그램 우주·홀론/홀라키 우주 같은 유력한 가설들을 현재 인지人知의 수준에서 가장 설득력 있는 전향적인 통합적 양자이론과 양자해석 사상으로 받아들이는 열린 의식을 가진 양자물리학자나 양자사상가들이 점점 더 많아지는 추세에 있다는 것이다.

다시 요약하자면, 오늘날 대중적으로 널리 읽히고 있는 『블립What the bleep do we know!?』같이 인터넷상에서 영화로도 볼 수 있는 양자역학과 의식에 관한 재미있고 흥미 있는 책이나 『디바인 매트릭스Divine Matrix』같이 매트릭스적 양자우주의 신비에 관한 기초적 양자사상 교양 도서 외에, 대부분의 양자물리학 교양서(『엘러건트 유니버스』, 『멀티유니버스』, 『슈퍼스트링』, 『평행우주』, 『숨겨진 우주』, 『초공간』, 『퀀텀스토리』; 『최종 이론의 꿈』 등), 그리고 데이비드 봄의 직관적 첨단물리학 사상을 담고 있는 교양서적들 (『전체와 접힌 질서』, 『홀로그램우주』 등)에서 말하는 우주는 다차원의 파동(에너지氣와 정보識)의 세계라는 인식이 높아지고 있다.

그래서 봄에 의하면, 초양자장에서 출현한 이러한 양자파동 수준의 모든 양자장은 초끈장에서 복합생명양자장에 이르기까지 다차원의 의식 홀로그램의 하위적 부분(홀론홀라키)이고 그래서 다차원의 에너지氣와 정보識를 갖고 있다는 것이다. 게다가 초끈(M)이론에 의하면 우주의 모든 기본 힘과 관련된 기본 입자와 매개입자들은 다양한 차원의 브레인 초끈의 우주 교향곡 같은 우아한 진동으로 인해 생겨났다고 보는 것이다. 뿐만 아니라 우리가 보는 실체와 같아 보이는 물질우주, 생명우주, 의식우주의 모든 것이 실재가 아닌 순간순간 명멸하는 홀로그램 공상空像에 불과한 환허幻虛의 형상 세계라는 것이다. 그리고 모든 양자장 수준에서 온우주가 하나로 전숲운동holomovement하는ー다차원의 형태형성적 인과장因果場으로, 다차원의 의식 홀로그램으로, 홀론/홀라키적으로ー전일적으로 연결되어 있는 '양자사건'이라는 것이다. 이와 같은 온우주는 우리의 오감으로 인지하는 시간·공간이 분리된 4차원적 인식의 우주가 아니라, 양자의식적 수준에서 시공간의 5차원적 인식이 우주의 본모습인 것이다. 이것을 더 일반화시키면 기하적 초공간을 넘어 다차원의 의식 세계를 포함하는 11차원의 우주가 큰 우주의 실상實相이라는 것이다.

더구나 더욱 놀라운 사실은 이러한 양자상대성 패러다임이 통관적通觀的으로 적시하는 우주·자연·생명 세계의 삼원일체三元一體적 원리와 생명의 삼신三身(몸·맘·영BMS: 조대체粗大体·정묘체精妙体·원인체原因体)일체적 원리는, 칼 야스퍼스가 말하는

2,500년 전 인류의 영성의 개화기인 기축시대基軸時代(Axial Age) 이래 동서양의 모든 영속종교·영속철학·영속심리학·영속의학이 가르치는 온우주와 생명 세계의 존재와 인식의 원리와 동일하다는 것이다. 다시 말하자면, 오늘날 양자물리학·양자과학(양자생물학·후성유전학·에너지의학·양자의학…)·신과학은 단지 물리적 세계만이 아니라 정신과학적으로 몸·마음·영혼BMS의 온수준의 주관적·객관적 인식의 세계 그리고 궁극의 실재에 대해 전통지혜에서 밝히는 진리와 동일한 원리를 통전적·통섭적通涉的·통관적·정신과학적으로 밝히고 있다는 것이다. 다른 말로는, 현대 양자과학은 '의식'과 '마음'을 물질을 넘어서는 보다 근본적인 실재로 받아들이고 있다는 것이다. 한마디로 말해, 오늘날 아직도 양자물리학을 물질세계의 원리로만 이해하는 물리학자나 지식인들은 우주의 고차원적·초물리적 신비를 어느 정도 밝히고 있는 초끈(M)이론 같은 신주류 양자물리학의 원리와 봄의 직관적 양자론 같은 전향적 양자상대성 패러다임을 [그림 5-1]과 같은 통합양자론으로 제대로 이해하지 못하고 있거나, 실험·관측되지 않은 것이기에 받아들이지 않고 있거나 또는 유물론적·환원주의적·과학주의적 논리와 의식에 빠져 있는 사람들이라 해도 과언이 아니다.

249

통합양자 패러다임

인체 생명의 양자치유원리에 대해 제대로 이해하려면 다차원의 생명장으로서 인체의 생체양자장·초양자장의 원리에 대한 올바른 이해가 중요하다. 이는 무엇보다 양자원리와 양자 패러다임에 대한 심층적·통전적 온전한 이해가 있어야만 가능하다. 여기서는 통합양자론의 관점에서 본 양자원리와 양자 패러다임에 대해 간략하게 요점만 개관하였다.

지난 115년 동안 양자물리학(양자론·상대론, 입자 물리학, 양자천체물리학)은 위에서 간략하게 개관한 바와 같이 수많은 천재 석학에 의해 상상을 초월할 정도로 눈부시게 발전해 왔다. 그 결과, 과학기술과 현대 문명 그리고 정치·경제·사회·문화·의료·환경·예술 등 인지人知의 모든 분야를 급격하게 변화시켜 왔다. 따라서 그 덕분에 지금 우리는 21세기 초에 이미 융복합 양자과학기술혁명이 주도하는 초고도 정보화시대로 진입하면서 하루하루 새로운 기술과 정보가 쏟아져 나오고 있는—인터넷 포털·구글·SNS가 구비된 스마트폰 하나로 모든 전문 지식과 기술 그리고 모든 분야의 정보에 접근할 수 있는, 3D프린팅 기술 하나로 모든 것을 만들어 낼 수 있는, 드론과 지능형 로봇 같은 인공지능·자동화·스마트 융복합 양자과학기술이 이끌고 있는—초연결 양자정보화사회에 살고 있다. 한마디로, '양자이론'과 다른 한 축인 상대성이론에서 나온 양자물리학의 '양자원리'와 양자 패러다임으로 인해 지금은 극미시의 양자세계에서 극거시의 양자우주에, 그리고 물질세계에서 초물질적 의식 세계, 궁극의 영적 세계에 이르기까지 인지人知의 거의 모든 분야에서 코페르니쿠스적 전환이 일어나고 있다고 말할 수 있다.

따라서 당연히 인간의 생체/생명체와 생명에 대한 이해도 종래의 진화생물학, 분자생물학, 생리학, 약리학, 뇌신경과학, 인지과학, 기계론적 인체의학 등의 원리를 '양자' 수준에서 새롭게 이해하고 규명해야 하는 시대가 왔다. 이제는 양자생물학, 후성유전학, 양자생리학, 양자에너지의학, 양자의학, 양자파동치료, 양자심리 치료/치유 등에 의해 기존 학문·기술의 패러다임을 뒤엎거나 넘어서는 단계에 이르고 있다. 그 결과, 인체 생명과 관련된 모든 학문 분야를 양자 패러다임에 의해 새롭게 인식하거나 해석하면서 양자도약적·양자혁명적으로 변화하고 있는 전환기에 있다고 말해도 과언이 아니다. 특히 인체, 생명체, 생명과 관련된 의학/치료, 심신 치료/치유에 대한 양자원리는 다차원의 인체 생명장, 생체양자장·초양자장에 대한 올바른 이해가 없으면 불가능하다. 그런 까닭에 어느 특정한 주류나 비주류 양자이론·양자원리의 해석에만 의존해서는 온전한 이해와 설명이 불가능하다는 것이 자명하다.

따라서 규명해야 할 '양자 미스테리'가 여전히 너무나 많이 남아 있고 아직은 'GUT'나 'TOE'가 완성되지 않은 상황에서 양자이론 자체가 불완전하고 불확실성을 필연적으로 내포하고 있다. 때문에 어느 특정한 양자원리에 대한 특정한 학파나 사조의 해석에 국한되지 말아야 한다는 것이다. 그래서 어느 이론이나 해석이라도 실험적으로 오류라는 게 입증되기 전에는 수리적·직관적으로 발견한 추론적 원리나 가설이 완전한 오류일 수는 없다. 그렇기 때문에 항상 보다 나은 보다 진보적 해석만이 있다는 것을 인정하지 않을 수 없는 것이다. 그렇다면 양자론은 어느 특정한 고전적이거나 진보적인 이론·해석, 주류나 비주류 이론·해석에만 의존할 것이 아니라 통합양자론에 의해 아직 오류가 검증되지 않고 가설 단계에 있는 모든 수리적·직관적, 고전적·진보적 해석을 모두 통합적으로 해석하는 통합양자론의 통합양자원리와 이에 따른 양자 패러다임에 의한 이해가 필연적이고 바람직하다는 것을 알 수 있다.

그런데 이미 앞에서도 지적했듯이, 현재 국내에 나와 있는 양자의학적 양자심신치유에 대한 거의 유일한 전문 도서이지만 지나치게 주관적이고 편향된 내용으로 가득 찬 강길전의『양자의학』(2013)에서 보면, 양자론/양자원리에 대한 코펜하겐 학파의 양자원리들―예컨대, 관찰자 효과, 측정 이전 상태의 입자의 비존재성, 불확정성 원리, 상보성 원리, 확률파동·파동방정식의 해, 파동함수의 붕괴 등―에 대한 고전적 코펜하겐 학파의 확률양자론의 해석에 '수많은 미스테리'가 산재되어 있어서 문제가 있고, 학문으로서 체계가 갖추어져 있지 않고 심지어 오류가 분명하다고 단정하고 있다. 그런 이유로 인해 코펜하겐 학파의 고전적(비실재론적·확률양자론적) 양자론 해석은 인체와 같은 거시 체계를 설명할 수 없는 까닭에 양자의학적 응용 측면에서는 무용지물이라고 확언하고 있다. 그래서 그 대안으로 봄의 양자론―봄의 '숨겨진 질서(『전체와 접힌 질서Wholeness and the Implicate Order』)' 같은 직관적·숨겨진 변수 이론의 양자론, 특히 그의 스칼라 양자 포텐셜장/아하르느프-봄 효과, 초양자장 가설, 전체와 부분의 전일적 원리를 설명하는 다차원의 홀로그램우주론 가설 등―이 양자의학에 적합하다고 보아 왔다. 그래서 봄의 양자론에 대한 그 자신의 이해와 해석에 따라 그것을 양자의학의 신체/생체 양자파동장, 氣 에너지의 초양자파동장, 정보체로서 마음의 초양자파동장 원리로 적용하여 양자의학적 심신의 질병 진단·치료·치유에 대해 설명하고 있다.

아직도 주류 양자물리학자들에게 거의 인정받지 못하고 있는 봄의 양자론은, 특히 그의 홀로그램 양자우주 가설과 다차원의 양자 포텐셜장·초양자장 가설 등은 저자도 가장 좋아하는 양자가설·양자원리·양자 패러다임이다. 하지만 아직은 양자론의 직관적 가설이고 전향적 해석일 뿐이다. 더구나 봄의 양자론/양자가설만이 생명체/생체의 양자적 신비 해석에 적합하다고 보거나 코펜하겐적 확률양자론 해석을 오류로 간주하여 봄의 양자론으로 국한해 버린다는 것은, 그가 말하는 양자의학의 보편성과

251

타당성을 인정받을 수 없게 만드는 것과도 같다. 무엇보다도 지난 100여 년 사이에 수많은 양자론·상대성이론에서 나온 물리학·양자물리학의 발견들과 함께 양자 세계의 신비와 양자원리를 심오하게 설명하는, 상상을 초월하는 다양한 발전을 해 온 현대의 양자론을 조금이라도 외면해서는 안 된다. 그렇게 하고서 인체 생명의 양자적 신비와 다차원 생명장의 양자적 원리와 양자적 패러다임을 이해하거나 설명하려는 것은 무모한 시도에 불과한 것이다.

현대 표준입자 물리학, 양자천체물리학의 양자이론에서의 주옥 같은 다양한 직관적·수리적 심오한 이론과 가설들에 대한 전향적 심오한 해석들은 양자의학뿐 아니라 양자치유·양자심신치유 원리의 올바른 이해를 위해 매우 중요하다. 물론 양자의학과 양자심신 치료/치유 기제의 원리를 설명하기 위해 특정한 이론이나 가설을 주로 사용하는 것은 저자의 주관적 관점이므로 존중되어야 한다. 특히 데이비드 봄의 양자론과 양자가설은 양자의학과 다차원 생명체의 양자치유와 그 양자적 치유원리를 이해하기 위해 필수적이다. 하지만 표준입자 물리학, 양자천체물리학의 수리물리학에 바탕을 둔 다세계적·다차원적·다수준적 양자 세계의 해석, 영점장, 블랙홀, 웜홀, 미니블랙홀 등 양자우주의 해석들은 모두 존중되어야 한다. 그리고, 예컨대 로저 펜로즈(Penrose, R.)의 의식과 마음에 대한 수리물리학적 심오한 해석들에서 보듯이, 의식·마음·정신과 영적 차원에 대한 전향적 양자론의 해석은 훨씬 더 깊은 통찰력으로 생명장 양자장의 원리와 양자심신치유를 이해하고 설명하기 위해 반드시 필요한 것이다.

물론 앞에서 이미 언급하였듯이 여기에다 더하여 아직 실험적으로 검증되지 않은 이론적 가설 단계에 있지만 최근에 신주류 양자물리학으로 부상하고 있는, 중력을 포함한 네 개의 기본 상호작용력과 아인슈타인의 특수·일반 상대성이론을 표준입자 물리학의 양자론과 통합시킨 초끈(M)이론은, 초공간을 통한 초차원의 양자파동 에너지와 정보의 전달 원리를 이해하기 위해 매우 중요한 신주류 양자역학이다. 더구나 온 우주와 양자우주의 본질과 다차원의 생명장·생명 세계의 초차원적 양자원리와 양자 신비를 알기 위해서는 반드시 포함시켜야 하는 필수적 양자론이다. 머지않아 초끈(M)이론은—4차원 시공간의 우리 브레인우주를 넘어 다른 우주/세계로 통하는 닫힌 끈으로서의 상호작용력인 중력입자의 존재가 수년 내에 실험적으로 관측되면—이론적 가설 단계를 넘어 초기 단계의 T.O.E로서 표준입자 물리학과 통합될 전망이다. 그러므로 신주류 양자물리학으로서 초끈이론은 다차원적·초차원적 생명 현상과 영적 차원을 포함하는 생명 원리를 이해하기 위해, 그리고 궁극의 초양자장으로서 DMF의 이해에도 필수적인 양자론이라는 사실을 강조하고 싶다.

따라서 현대 양자물리학 이론과 가설의 스펙트럼은 매우 다양하고 아직도 완전한 T.O.E를 향해 계속 발전하는 단계에 있다는 것은 사실이다. 하지만 다차원의 생명체·생명장에 대한 온전하고 심오한 이해와 이를 바탕으로 양자치유·양자심신치유를 올바르게 이해하고 적용하려면 통합양자론의 이해가 필수적으로 중요하다. 따라서 여기서 양자치유를 설명하기 위해 이미 널리 알려져 있는, 그러나 너무나 방대한 양자이론에 대해 수리물리학적으로 다시 요약할 수도 또한 그럴 필요도 없지만, [그림 5-1]과 같은 세 가지 통합양자론의 일부 주요 열쇠말만 언급하면 다음과 같다.

- ■ 표준입자 물리학
- • 비실재론: 확률실재론(코펜하겐 학파, 보아, 하이젠베르크…)
- • 실재론: 확률비실재론(슈뢰딩거, 플랭크, 드브로이…)
- • 중력을 제외한 세 가지 상호작용력의 통합: 게이지이론, 양·밀즈 방정식, GUT
- • 양자천체물리학: 영점장, 무한다중우주, 블랙홀, 웜홀…

- ■ 초끈(M)이론
- • 네 가지 상호작용력 통합: 중력장 텐서 방정식(11차원의 시공간, 초공간)
- • 중력자 존재 미입증, 이론/가설 단계
- • 수년 내 중력자 검출 시, 신주류 양자론으로 부상 기대
- • 양자천체물리학: 무한홀라키우주

- ■ 숨겨진 변수(질서)이론
- • 비확률적 실재론(아인슈타인, 데이비드 봄…): 접힌(내포) 질서와 드러난 (외연) 질서, 슈퍼홀로그램우주, 직관적 가설

- 다차원의 양자 포텐셜장, 초양자장
- 양자천체물리학: 다차원의 의식 홀로그램우주
- 다차원의 생명장이론, 양자의학에 적합

[그림 5-1] 통합양자론

254

⟨표 5-1⟩ 생명氣 생명장 스펙트럼과 온수준의 온건강과 통합심신치유

기氣subtle energy	의식의 수준	건강 수준	심신치유 수준
1. 조대祖大 물리적 기氣 수준/장場(P-field)	1. 감각운동적Senscry-motor	신체 건강	신체치유
2. 에테르/역동적 생명 기 수준/장 (L-field 1, Bio field 1)	2. 약동적 생명력elan-Vital	氣 건강	氣치유
3. 아스트랄Astral/감정 기/장 (L-field 2, Bio field 2)	3. 감정-성적Emotional-Sexual	정서 건강	정서치유
4. 정신Psychic 1/심적Mental 기/장 (T-field 1, M-field)	4. 심적/정신적Mental	마음 건강	마음치유
5. 정신Psychic 2/혼Soul 기/장 (T-field 2, S-field)	5. 상위 심적/혼적Higher Mental	혼적 건강	정신치유
6. 원인Causal/영 기氣/場 (C-field)	6. 대심적Over Mental/대혼적 Over Soul	영적 건강	영적 치유
7. 비이원	7. 초심적Super Mental/'영적'		

통합양자심신치유 모델

지금까지 양자원리와 양자 패러다임을 통합양자론적 해석을 바탕으로 간략하게 요약·고찰하였다. 이러한 통합양자 패러다임을 바탕으로 양자·파동의학적 양자파동 에너지치유에 대해 이 절에서는 통합양자이론의 양자원리에서 나온 '양자의식'을 중심으로 한 통합홀론의학적 통전적 통합에너지·의식 치유로서의 양자심신치유의 이론 모형과 통합양자심신치유의 원리와 '퀀텀사면동역학적 양자치유QTQHT(Quantum Tetra–dynamics Quantum–Heading Transformation)' 모형 및 그 실행 요결에 대해 제시하였다.

통합양자심신치유 모델과 양자치유기제

양자의식

저자가 정의하는 양자의식이란, 인간의 오감에서 나온 인지와 인식에 의해 형성된 의식이 아닌, 앞에서 기술한 양자원리와 양자 패러다임을 따르는 다차원의 초오감적·고감각적·초감각적 인지·인식에 의한 다차원 생체양자장(생명장)의 정묘한 에너지氣와 정보識의 파동인 여러 수준의 초물질적, 초의식적 정묘식精妙識·원인식原因識의 발현을 일컫는다. 따라서 〈표 5-1〉과 같은 생명장 기氣·식識에서 물질기氣 이상의 모든 수준의 생명기와 의식 에너지(작용 상태의 의식파)는 모든 안팎의 대상에 대해—각성적, 의지적, 의도적, 카르마적, 원형적 의식파·염파念波에 의해—의식적·무의식적으로 작용하는 다양한 수준의 초양자장의 양자의식과 양자의식 에너지이다. 그래서 이러한 초오감적·초물질적· 초의식적 의식파인 (생명기파生命氣波·백기파魄氣波·심기파心氣波·혼기파魂氣波·영기파靈氣波의) 각 수준의 해당 식識의 발현이 양자의식이다.

그중에 깨어 있는 마음챙김, 알아차림, (각성) 주시의식을 '깨어 있는(자각 상태에서 알아차리고 주시하는) 양자의식'이라고 일컫는다. 물론 무의식적·초의식적으로 이러한 양자의식 수준의 의식이 발현되어 작용하는 것도 양자의식, 즉 무의식적·초의식적 양

255

자의식이다. 이러한 모든 양자사고의 바탕이 되는 근본 양자의식은 참나(진아眞我)인 양자자기quantum self의 주시하는 알아차림 의식이다. 이는 순수한 DMF의 원인의식, 온 우주의식의 주시의식으로서의 발현을 언급하는 말이다. 말하자면, 오감의식에 빠지거나 몰입되지 않고 모든 대상(영식靈識/아뢰야식의 카르마 업장식業障識과 혼식魂識/말나식의 모든 억압무의식/장애식의 발현까지도 포함하는 것)을 깨어 있는 주시의식으로 알아차리는 상태가 (초오감적·고감각적·초감각적·직관적·초의식적 의식으로) 깨어 있는 양자의식이 발현되어 있는 상태이다. 따라서 양자의식을 제대로 이해하려면 먼저 오감의식과 양자의식의 구분 그리고 양자사고/양자사유에 대한 올바른 인식부터 선행되어야 한다.

일반적으로 인간은 대상에 대한 오감을 통해 뇌의 인지과정을 거쳐 (인지밈에 의해) 형성되는 인식, 즉 오감(지각, 감지, 자각)인식을 실재로 착각한다. 이 오감인식은 이미 각인된 이미지·상징·언어로 개념화된 의식·무의식 정보와 결합되어 새롭게(인지밈으로) 개념화된 관념으로 새로운 오감의식을 만들어 낸다. 이 오감의식을 현상 세계, 대상 세계에 대한 실재의 인식이나 조망의 전부라고 믿는다. 즉, 육안에 의해 들어온 경험/체험적 인지 데이터를 상징적·언어적, 분별적·이지적·이성적 심안에 의한 판단에 따라 받아들임으로써 이것을 오감에 의한 내면적·외면적 현상 세계의 실재 인식으로 보는 것이다. 대체로 초오감적 미시나 극미시의 양자 세계에 대한 참여적 관찰자 의도나, 또는 고감각적·초감각적 지각의 초의식적 체험이나 직관에 의한 의식적·무의식적 인지에 대해 아는 사람들은 극소수이다. 거의 대부분의 사람은 인간 중심적·상징적·언어적 인지, 인식과 관념·의식을 형성하는 오감에 의한 감각적·지각적 오감의식이 인간의식의 전부인 것으로 알고 있다. 더구나 알아차리며 깨어 있지 않는 한 일반적으로 인간은 육안(조대粗大의식)에 의한 뉴턴 물리학적 실재 인식에 의해 형성된 실재관·세계관만을 실재로 (착각) 인식하는 오감의식에 갇히게 된다. 애초에 육안(뇌신경계)에 의해 형성된 오감 인지는 오감인식화되고 이 인식이 기존 심안(의식·무의식)의 인식과 결합하여 관념화되고 오감의식화된다. 봄과 민델은 이를 일상적 실재(Ordinary Consensus Reality)라고 일컫는다.

이러한 오감의식과는 달리 양자의식이란, 오감을 넘어서는 모든 인지·인식에서 나온 의지·의도, 의식·무의식·초의식으로, 직관적·고감각적·초감각적 인지(염력, 초상 현상, 비조나리, 환각, 꿈 …등) 같은 초오감적 인지에서 나온 모든 의식·무의식의 발현을 의미한다. 이것은 양자 차원, 플랭크 상수 차원에서 생명장의 모든 수준의 식識(정보, 지능, 지성)과 기氣(에너지, 빛, 광명)로 작용하는 일체의 (의意)식識 에너지를 일컫는 것이다. 이것은 앞에서 언급한 모든 수준의 정묘체精妙体(기체氣体·백체魄体·심체心体·혼체魂体)와 원인체原因体(영체靈体, 자성체自性体)의 식識(정보, 지능, 지성)의 발현이다. 이것이 그 수준의 기氣에 의해 작용하면 그 수준의 양자의식 에너지(양자의식기量子意識氣)가 된다.

그중에 최상위의 양자의식은 원인체(영체靈体, 자성체自性体)의 식識이고, 이것은 봄과 민델의 비일상적 실재(Nonordinary Consensus Reality:NCR)의 '침묵의 힘(그들이 모호하게 정의하고 있는 초의식의 힘)'과 유사한 것으로 깨어 있는 원인의식이 곧 알아차림의식, 주시의식이다. 또한 이것은 깊은 꿈 없는 잠속에서도 (우리 몸과 같이 100조 개 정도의 단위 생명·세포로 구성된) 생명체가 생명을 지속하게 하는 힘이고, 원인의식으로서 가장 근본 수준의 '양자의식'이다. 이러한 '양자의식'은 생명을 발현시키고 유지하게 하는 영적 근본식이다. 또한 이것은 유기체로서 생명체양자장의 생명 유지 기능을 심心·백魄·기氣·신身 일체로 통합생리학·정신신경면역학적으로 뇌와 6장 6부를 하나로 지속적 항상성을 갖고서 기능하게 하는 작용인作用因으로서의 영적·혼적 의식이기도하다. 그렇다면 앞에서 언급한 바와 같이 생명체 전체의 플랭크 시공간의 영점장 차원에서 비국소적으로 각 차원/수준의 양자의식에 상의상관적으로 동조·간섭하며 생명양자장의 다차원의 양자의식 에너지(식識·기氣)로 직접 작용하는 모든 수준의 정묘식精妙識과 원인식原因識이 곧 양자의식인 것이다. 특히 이 중에 생명력의 의지를 발현하는 자기自己(자아自我)의식으로서 상위의 정묘식精妙識인 혼식魂識(말나식, 무의식)과 모든 수준의 의식을 발현시키고 주시하고 알아차리는 생명 존재의 주체의 근본식識이며 원인식原因識인 영식靈識(아뢰야식, 심층무의식)과 자성식自性識(아말라식, 기저식)이 가장 중요한 근본 양자의식이다.

반면에 이러한 양자의식과는 달리, 오감의식은 양자 수준에서 보면 환허幻虛의 홀로그램(공상空像, 공상空相)인 현상 세계의 대상을 상징과 언어에 의해 실재로 인식하는 육

257

안에 바탕을 둔 심안에서 나온 의식이다. 그러므로 이것은 우리가 현상 세계에 대한 올바른 기능적 인식과 이해를 위해 반드시 필요한 의식이지만, 내면과 외면에 대한 이러한 오감의식은 실재에 대한 실상의식이 아니고 인간의 오감 한계 내에서 주체의 언어적 인식이 반영된 세계인식이다.

따라서 초오감적 양자의식에 의한 양자우주의 실상에 대한 올바른 인식을 위해서는 홀로그램우주, 홀론·홀라키 우주와 생명 세계·인간에 대한 통전적·통관적 올바른 인식이 필요하다. 물론 이를 위해서는 양자의식과 오감의식이 균형 있고 조화롭게 작용해야 한다. 그렇지만 일반적으로 인간은 오감의식에 빠져 있고 중독되어 있어서 오감에 의해 인지되는 세계만을 실재로 인식하고, 이에 따른 인간 중심적 (부정확하고 불확실하고 잘못 각인 된 경우가 대부분인) 오감의식을 실재의식으로 착각하고 사는 데서 모든 병리와 장애와 스트레스가 생겨나게 된다. 그래서 보통의 인간은 심신의 모든 심인성 장애·질병·스트레스 그리고 신체와 건강에 대한 잘못된 인식과 집착에서 나오는 신체장애·질병에 시달리며 살고 있는 것이다. 그러므로 오감의식의 허상과 그 한계를 인식하는 양자자기(DMF의 순수의식의 자성, 참나/진아)의 깨어 있는 양자의식의 주시와 알아차림에 의한 온우주와 생명 세계, 생명과 인간의 실상과 본성에 대한 올바른 인식이 중요하다.

양자적 사고

앞에서 기술한 양자의식을 올바르게 의식화하기 위해서는 앞에서 언급한 바와 같은 통합양자장 원리와 통합양자 패러다임에 대한 단순한 지식만이 아닌, 이에 대한 올바른 이해(앎)를 바탕으로 양자적 사고를 심화·체화시키는 정관靜觀(관상contemplation)을 실천해야 한다. 이를 위한 통합양자 패러다임에 따른 양자적 사고의 기초는 다음과 같이 요약할 수 있다.

- 관찰자(관찰 주체, 관찰 도구)와 관찰 대상 사이에는 양자 수준에서 상호 신호(정보, 의식) 교환과 상호 침투성·무경계성·전일성이 있다.

- 관찰자의 의도/의식은 양자적 사건으로서의 관찰 대상에 대해 '관찰자 효과'인 교란·간섭 작용을 일으킨다. 참여적 관찰자와 의식/지능을 가진 양자사건 사이의 비분리성으로 인해 객관과 주관의 분리가 붕괴된다.
- 양자의 입자/파동 양면성/이중성으로 인해 양자적 사건 관찰의 불확정성 원리와 (파동·입자) 상보성 원리 그리고 양자장 파동의 에너지氣 정보識의 양면성은 양자적 우주의 본질이다.
- 양자장의 비국소성·양자 얽힘, 홀로무브먼트·홀로노미, 홀로그램 원리, 홀론/홀라키 원리 등은 양자적 사건으로서의 모든 존재자의 온우주적·전일적 속성이다.
- 초끈(M)이론의 11차원 우주, 초공간 무한다중우주, 평행우주는 다차원의 생명장, 기氣·의식 세계의 존재를 입증한다.
- 홀로그램 원리, 홀론/홀라키 원리와 형태장 복잡계 원리는 모든 현상 세계의 환허幻虛의 무자성無自性(무아無我·무상無常·공성空性)과 법계실상法界實相(유기성唯氣性·유식성唯識性)의 통전적 본성을 적시한다.
- 다차원의 양자장·생명장·양자의식의 장場 원리는 전통지혜에서 밝히는 온우주와 BMS에 대한 삼원일체적, 통전적 원리와 궁극의 실재에 대한 인식과 동일하다.

259

앞에서 저자가 요약한 통합양자 패러다임에 따른 양자사고의 기초와 유사하게 디팩 초프라(Chopra, D.)는『사람은 왜 늙는가Ageless Body Timeless Mind?』에서 인간 존재의 참생명으로서의 양자적 본성에 대한 양자사고를 다음과 같이 강조하고 있다.

- 관찰자로부터 독립된 객관적 세계는 존재하지 않는다.
- 신체(생명)는 에너지氣와 정보識로 이루어져 있다.
- 몸身과 마음心은 떼 놓을 수 없는 하나이다.
- 인체의 생화학 작용은 의식의 산물이다.
- 인식이란 학습된 현상이다.
- 지능의 자극이 신체를 시시각각 새롭게 만든다.
- 분리된 개체처럼 보이는 겉모습에도 불구하고, 우리는 모두 온우주를 지배하는

지능의 패턴(순수의식)과 연결되어 있다.

- 시간은 절대적인 것이 아니다. 만물의 배후에 숨어 있는 실재는 영원하다. 이른바 시간이라는 것은 사실 계량화된 영원이다.
- 우리는 모든 변화를 초월한 변하지 않는 실재 속에 살고 있다.
- 우리는 노화와 질병과 죽음의 희생양이 아니다. 이것들은 어떤 변화에도 끄떡 않는 '보는 자'가 아니라 보이는 풍경의 일부일 뿐이다

앞에서 언급한 양자적 사고를 통전적·통섭적·통관적으로 더욱 심화한 '양자적 사유'는 다음과 같이 요약할 수 있다.

- '생명'의 생生·사死란 양자장·생명장 차원에서는 초양자장·순수의식에 의한 부負의 엔트로피의 '항상성'을 유지하기 위해 끊임없이 자기조직화·재조직화·자기갱신하는 다차원 에너지장(기장氣場)의 '기氣'와 '식識'(정보)의 끊임없이 변화하는 '생명 파동'의 모습일 뿐이다.
- 기저 생명장, 기저 양자장, Divine Matrix의 불변의 순수의식의 시각에서 보면 참생명(영혼)은 양자의식 정보장(아뢰야식, 저장식)의 변화만 있을 뿐이지 不生不滅, 無生無死이다.
- 인간 존재에 대한 심오한 양자적 사유는 전통지혜의 영속철학적 생명의 신비와 '무사無死'의 참생명의 주체인 참나로서의 양자자기적 인간에 대한 심오한 인간관과 신과학·양자과학의 생명관에 대한 통전적 해석이다.
- 양자자기에 의한 양자적 사고, 양자적 사유는 현대 신과학·양자역학/양자과학과 전통지혜 사이에 우주·생명 세계와 인간에 대한 온전한 이해를 위한 서로 회통하는 통전적·통관적 진리 인식을 보여 준다.

저자는 앞에서 요약 언급한 통합양자 패러다임에 따른 양자사고와 양자사유를 '깨어 있는 양자의식'으로 정의하고서, 이를 중심으로 하는 양자심신치유의 원리와 기본 모델과 그 치유요결에 대해여 다음 절에서 고찰하였다.

양자의식 중심의 양자심신치유

앞에서 보편적으로 정의한 양자의식을 중심으로 하는 '양자심신치유'는 아놀드 민델의 양자심리치료Quantum Mind and Healing와는 근본적으로 다른 것이다. 이미 앞에서 언급한 바와 같이, 민델의 경우 그의 『양자심리치료』에서 '양자의식'을 (비록 명료하게 보편적이거나 체계적으로 사용하고 있지는 않지만) 양자원리에 바탕을 두고 그의 주 관심사인 '드림바디워크Dream Body Works'를 중심으로 하는 과정치료를 위해 다루고 있다. 그는 꿈과 신체 증상과의 관계를 일상적 실재(CR)와 비일상적 실재(NCR)로 구분하여 양자 수준에서의 신호 교환/상호작용과 알아차림 의식, 즉 일종의 초의식 에너지인 '침묵의 힘'이란 개념에 의해, 증상에 대한 꿈꾸기, 꿈과 신체의 상관성을 중심으로 그의 과정심리치료의 원리를 설명하고 있다. 그리고 그는 양자 차원에서 알아차림이 노화 방지의 요인이 되는 원리, 양자이론이 심리 증상들에 대한 음악적 치료가 되는 방법, 공동체가 신체에 영향을 주는 이유, 건강을 증진시키는 새롭고 무독성인 삶의 방식 등에 대해 (그가 이해하는) 양자원리와 양자 패러다임에 따른 자신의 치유 경험, 직관, 주관적 관점, 자신의 관심 주제들 위주로 에세이적으로 기술하고 있다. 그의 책에는 '양자심신치유'에 대한 일반 이론이나 원리나 모형 그리고 그 실제 적용에 대한 방법·지침 같은 것은 없다.

민델과는 달리, 이 책에서는 앞에서 기술한 통합적 양자원리·양자 패러다임 그리고 신과학·정신과학 패러다임에 기초한 양자사고와 양자의식을 중심으로─전문가에 의한 치유나 자기치유에 의한 온전한 건강의 회복을 위한 심신의 사통통四通統(통합統合·통섭通涉·통전統全·통관通觀)적 치유를 포괄하는 의미의─양자/퀀텀 치유의 원리와 양자심신치유 모형과 그 치유기제의 요결에 대해 제시하고 고찰하였다.

양자심신치유의 원리

앞에서 언급한 바와 같이 양자심신치유는 '양자의식'을 중심으로 하는 사통통적 통합심신치유이다. 따라서 이는, 먼저 모든 수준·차원에서 의식적·무의식적·초의식

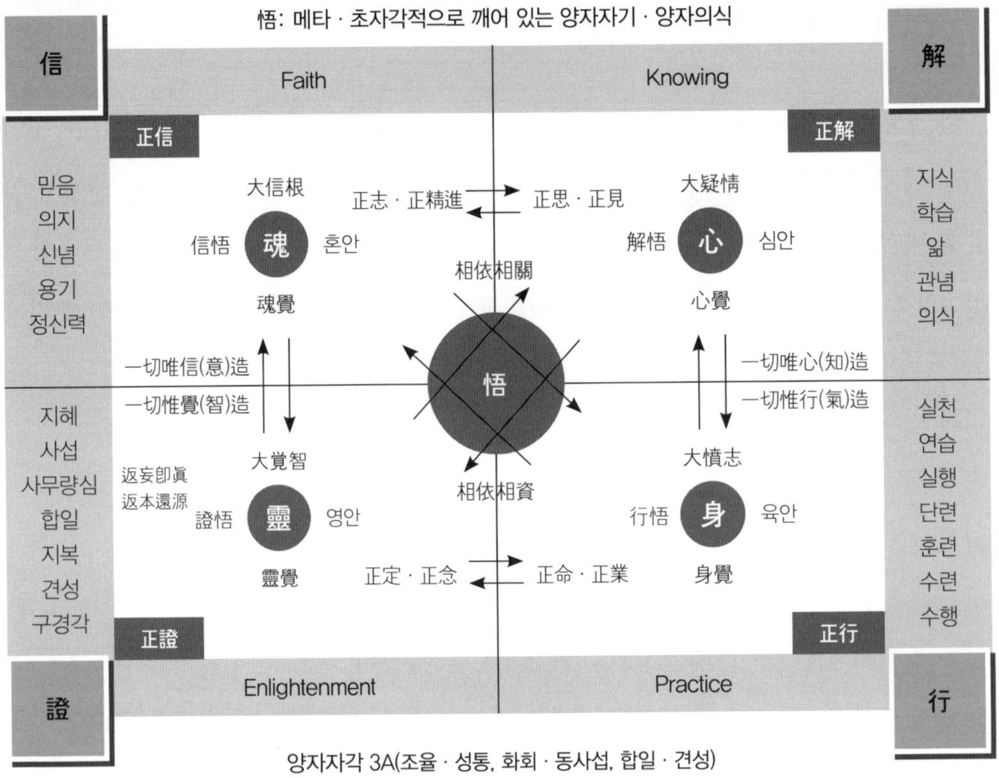

悟: 메타 · 초자각적으로 깨어 있는 양자자기 · 양자의식

| 信 | Faith | Knowing | 解 |

正信 正解

믿음
의지
신념
용기
정신력

大信根   正志 · 正精進 → 正思 · 正見   大疑情
信悟 魂 혼안   解悟 心 심안
魂覺   心覺

相依相關

悟

一切唯信(意)造   一切唯心(知)造
一切惟覺(智)造   一切惟行(氣)造

지식
학습
앎
관념
의식

지혜
사섭
사무량심
합일
지복
견성
구경각

返妄卽眞 大覚智   大慎志
返本還源 證悟 靈 영안   相依相資   行悟 身 육안
靈覺 正定 · 正念 ← 正命 · 正業 身覺

실천
연습
실행
단련
훈련
수련
수행

正證 正行

| 證 | Enlightenment | Practice | 行 |

양자자각 3A(조율 · 성통, 화회 · 동사섭, 합일 · 견성)

[그림 5-2] 퀀텀 사분면 양자심신치유과정도

적으로 작용하고 있는 양자의식의 위력을 알아차리는 게 중요하다. 그리고 나서 [그림 4-8]과 같은 켄 윌버의 평면적 AQAL Matrix 통합치유가 아닌 [그림 5-2]와 같은 QTQHT(Quantum Tetradynamics Quantum-Healing Transformation)에 의한 퀀텀사면동역학적 양자마음챙김(각성적 주시) 기반 양자도약적 통합심신치유를 통해 자기치유하고 의식의 변용과 영적 성장을 실현하려는 것이다.

이를 위해 먼저 〈표 5-1〉의 온생명장의 기氣스펙트럼도를 바탕으로, 〈표 5-2〉는 데이비드 봄의 온생명장 초양자 포텐셜장의 의미를 동양의 영속심리학 · 영속기학에 의해 일반화하여 보여 주고 있다. 이 표에서는 다수준의 온생명장 양자파동의 에너지氣와 정보識로서의 온생명기氣와 온생명식識 양자장을 다차원의 초양자장에 상응하는 다수준의 양자의식으로 구분하여 나타내고 있다. 이에 따라 양자의식은 신체 수준의 초오감적 생체양자(파동)의식, 기氣 수준의 기체양자의식, 감정 · 정서 수준의 감정체

〈표 5-2〉 온생명장 양자의식의 스펙트럼과 장애 · 치유 원리

	양자의식 수준	온생명장	온생명氣	온생명識	의식의 수준	온생명 인식	차크라 (단전)	이상 징후	치유방법	치유목표
양자의식장	물질양자의식	물질기 Physical Field (P-field)	精氣	身體識 (오감의식)	감각운동적 sensory-motor	肉眼	물라다라 (회음)	모든 질병 감염·생활습관성 질환·독성·타기 오염, 면역, 호르몬 신경 부조…	의료, 섭식, 운동…	육체 건강
조 양자의식장	생체 (에테르 수준) 양자의식	에테르/생명기장 (Etheric Field, Biofield)	生命元氣	氣識	약동적 생명력 elan-vital	氣眼	스바디스타나 (중극)	원기 소진, 6장 6부 氣 허실, 인체에너지장異常狀…	기공·요가·침뜸치료, 신체 단련…	원기왕성기의 유주·양생
	(아스트랄 수준) 심체 양자의식	아스트랄/감정장(Astral Field/-Emotional Field)	感情氣	魄識	감정-성적 emotional-sexual	魄眼	마니푸라 (신궐)	화·분노, 감정(七情) 부조 교란·불안·과민	감정치유, 예술치유, 웃음치유…	긴장·정서 순화
		상위 아스트랄/상념기장Astral Field Thought Field	心氣	心識	심적 mental	心眼	아나하타 (전중)	스트레스, 신경증, 산란심, 불안…	긍정심리, 마음·치유, NLP, CV/PA 마음공부·수련…	마음이 명온해짐
조 양자의식장	(정묘 수준) 혼적 양자의식	정신기장/심령장Mental Field/Psychic Field	神明氣	心魂識 (심령식)	상위 심적/심혼적 over mental/psychic	心靈眼	비슈다 (염천)	망상, 환상, 환각, 마장…	심신 단련, 부족치유, 심령치유…	정신이 맑아짐
		혼기장/정묘장Soul Field.Subtle Fueel	魂氣	魂識	대심적 혼적 highermental soul	魂眼	아즈나 (인당)	두려움, 위축 콤플렉스, 우울증, 정신신경증, 자존감 상실…	정신훈련, 기기훈련 정신통합, 고급 기공 수련…	혼이 살아남
기 적 의식장	(원인 수준) 영적 양자의식	영가장/원인장 Spirit Field/Causal Field	靈氣	靈識	조심적/영적 supramental/spiritual	靈眼	사하스라타 (백회)	업장, 사기 침입, 정신 이상	종교 귀의, 베이가치유, 주시 각성 훈련, 퇴마술, 참선 수련…	영이 깨어남(임아차림, 주시)
	(궁극 수준) 우주의식	비이원장/원인장 Nondiall Field/Causal Field	一氣	自性識 (一心)	참자기(眞我) real self Atman	佛眼				

(백체魄体) 양자의식, 마음 수준의 심체 양자의식, 혼 수준의 혼체 양자의식(정묘식), 영 수준의 영체 양자의식(원인식)으로 구분할 수 있다. 이 모든 양자장·초양자장의 양자 의식은 기저장Ground Field인 우주의식(Divine Matrix Field: DMF)에서 발현된 것이다.

이러한 다차원의 양자의식은 〈표 5-2〉에서 보듯이 윌버와 오로빈도의 상응하는 의식의 구조 수준과도 유사하게 상응한다. 또한 다수준의 양자의식의 발현은 상응하는 다차원의 인식의 수준(육안肉眼·기안氣眼·백안魄眼·심안心眼·심령안心靈眼·혼안魂眼·영안靈眼)으로 나타날 수 있다. 이는 윌버와 중세의 신비 사상가들이 말하는 육안·심안·영안을 양자의식의 발현에 의한 인식 수준별로 더 세분화한 것이다. 그리고 이 모든 다차원의 생명장 양자의식은 요가심리학의 차크라(동의학의 단전丹田)에 상응한다. 그러므로 각 수준은 해당 수준의 차크라/단전을 통해 그 수준의 초양자장의 양자의식화된 에너지氣·정보識와 동조교류하면서 신체의 신경계·면역계·순환계 등에 작용한다. 하지만 그 수준의 생명장 에너지氣가 교란되고 양자의식이 제대로 조화롭게 작동하지 못하게 되면, 〈표 5-2〉에서 각 수준의 전형적인 병리·장애 증상의 일부를 보여주고 있듯이 그 수준의 장애에 상응하는 증상을 보여 주게 된다.

이를테면, 유기체 복합 양자장인 육체의 모든 이상異狀 징후는 외인外因·내인內因에 의한 질병 감염이나 생활습관성 질환과 스트레스의 정신신경면역학PNI적 이상과 장애로 나타난다. 하지만 이 모든 징후는 6장 6부·근골피육의 신체적 신경·생리·면역·순환 계통의 부조와 저항력의 저하, 항상성의 상실, 생체 엔트로피의 상승을 가져온다. 보다 근본적인 수준에서 보면 [그림 4-11]에서 보여 주는 다차원 생명장의 홀론·홀라키 원리에 따른 상위의 생명장 파동 에너지氣와 정보識의 하향 인과적(Top-Down Causation) 교란 작용과 생체양자장 파동의 상향 인과적(Bottom-Up Causation) 교란 작용에 의한 악순환 병리장애기제 사이클의 ([그림 4-3]에서와 같은 악순환의) 심화深化가 문제이다. 이것이 유기체 분자장·세포장의 양자파동 교란을 가져오는 온건강 상실의 통합적 근본 원인이다. 이 모든 상하의 쌍방향 인과적 작용에서 각 수준의 무의식적 '양자의식'이 부정적으로 작용하며 아래위로 교란·간섭·동조 반응하는 까닭에 각 수준의 의식 에너지장(의식기장意識氣場)이 상하로 모두 교란되는 것이다. 또한 〈표 5-2〉에서 보여 주는 다른 각 수준 생명장의 이상 징후에 대해서도 모두 다 마찬가지로 상하향 인과 병리장애기제 사이클 원리에 의해 설명할 수 있다. 그리고 당연히 이([그림 4-3])와 정반대 방향으로 온건강을 위한 통합심신치유를 양자도약적으로 동조·조화 가속화시키는 상하향 인과의 선순환 치유기제 사이클이 있게 마련이다.

〈표 5-2〉에서 보듯이 각 수준의 이상 징후·장애·병리에 대해 기본적으로 각 수준에 적합하고 효과적인 치료 및 치유기법이 있는 것이다. 육체의 건강을 상실하면 의료, 섭식, 운동 등이 우선 필요하다. 元氣가 허하고 막히거나 탁하면 기공/요가 수련, 침뜸치료, 신체 단련 등이 필요하다. 감정정서의 부조와 화·분노의 조절이 안 되면 감정치유, 예술치유, EFT, 웃음치유 등이 우선 필요하다. 스트레스, 신경증, 산란심, 불안… 징후가 있으면 (각성) 긍정심리 마음치유, 마음챙김 명상치유, 인문치유, 마음공부 수련… 등이 우선 필요하다. 만약 심령psychic 수준의 장애 현상인 망상, 환상, 환각, 마장 등이 있으면 정신의학적 치료나 때로는 무속치료, 심령치유 등이 우선 필요할 수도 있다. 또한 혼의 위축으로 두려움, 공포, 콤플렉스, 우울증, 자존감 상실, 정신허약증 등이 있으면 정신 훈련, 극기 훈련, 정신통합, 주시 각성 훈련 등이 우선 필요할 수도 있다. 반면에 강한 업장, 탁기/사기邪氣 침입(빙의), 정신 이상 등이 있으면, 종교 귀의나 영적 각성/치유에 앞서 주력呪力치유, 레이키치료, 퇴마치료 등이 우선 필요할 수도 있다.

당연히 〈표 5-2〉와 같이 이러한 의식의 수준별 특이한 증상에 대한 상응하는 수준별 중점 치료나 치유가 필요하다. 하지만 [그림 4-11]에서 보여 주듯이 온생명장의 홀론·홀라키적 속성으로 인해 어느 한 수준의 이상異狀은 ([그림 4-3]과 같이) 부정적인 상향·하향 인과의 확산에 의해 온수준으로 증상이 파급된다. 이를 막기 위해서는, 먼저 하향 인과의 지배적 치유의식으로서 미혹·무명에 빠진 원인 수준의 초양자장 영체 양자의식을 각성의식, 주시의식으로 깨어나게 해야 한다. 그렇게 함으로써 위축되거나 정신이 나간 상태의 혼魂을, 즉 정묘 수준 초양자장 '혼체 양자의식'을 강화하고 되살리게 하는 치유가 가장 중요하다. 이와 같이 최상위의 양자의식이 완전히 깨어나서 주시하고 혼식魂識이 살아나게 되면, 하향 인과에 의해 [심혼心魂 → 심心(마음) → 백魄(정서) → 기氣(에너지) → 뇌腦 → 신체(신경생리)에 이르는] 각 수준에 초오감적·고감각적·초감각적 지각의 양자의식이 동조 발현하게 된다. 다시 상향 인과에 의해 위를 향

265

해 차례로 신체에서 혼에 이르는 선순환적으로 [그림 4-11]와 같이 온수준의 온건강을 회복하는 양자심신치유기제가 실현된다.

QTQHT 양자치유 모형과 의식의 치유·변용 과정

앞에서 언급한 바와 같이, 통관적 양자의식은 [그림 4-8]과 같은 켄 윌버의 AQAL Matrix적 통합심신치유에는 없지만 당연히 온수준 온분면을 관통하는 중심 의식이다. 그중에 최상위의 깨어 있는 영적 양자의식의 알아차림 주시의식이 모든 수준의 양자의식의 작용인으로서의 근본 바탕이다. 하지만 이와 같이 깨어 있는 양자의식을 중심으로 통합적 양자심신치유를 양자도약적으로 실현하려면, 무엇보다도 [그림 5-2]에서 보여 주는 바와 같은 통합심신치유와 의식의 변화·변용 및 영적 성장을 위한(AQAL 사분면이 아닌) 신信·해解·행行·증證 4분면의 상의상관적·상자적相資的 과정에 대한 '앎' '깨우침'과 그 실행 요결이 바탕이 되어야 한다. [그림 5-2]는 이를 위한 동시 발생적·사면동역학적 양자심신치유와 이에 따른 양자도약적 의식의 변화·변용과 영적 성장을 함축적으로 표현하는 사면동역학적 양자치유(Quantum Tetra-dynamics Quantum Healing Transformation: QTQHT) 모형을 도해적으로 보여 주고 있다.

일반적으로 심신치유는 치유 전문가의 힐러로서의 단순 힐링, 내담자나 치유대상자에게 치유기제의 발현과 자기치유의 잠재 능력을 길러 주는 테라피적 치유 그리고 개인의 자기돌봄의 자기치유를 구분하고 있다. 하지만 여기서 양자심신치유는 어느 경우나 개인의 건강 상태와 성격·기질·체질 유형을 고려한 개인이나 자기에게 적합한 통합심신치유를, 즉 〈표 5-2〉와 같은 온수준에서의, 그리고 [그림 4-8]과 같은 온분면·온계통에서의 통합적 치유를 해야 한다는 것을 전제하고 있다. 그렇다면 양자치유 측면에서 보았을 때 [그림 5-2]의 우상분면 해解(Knowing, 앎)는 인간과 인간의식·양자의식에 대한 올바른 이해를 바탕으로, 특히 치유 전문가의 경우 온수준·온상한·온계통·온상태·온유형의 AQAL 통합치유법, 자연의학·통합의학 치유법 그리고 양자의학·양자과학·양자심신 치유법 등에 대해 폭넓게 올바르게 이해(정해正解)해야 한다는 것을 의미한다.

그리고 무엇보다 [그림 5-2]에서 보여 주듯이, 양자도약적 통합양자심신치유를 위해서는 메타분면의 양자의식(悟)인 알아차림의 성찰적 깨어 있는 주시의식이 신信·해解·행行·증證의 바탕이 되어야 함을 나타낸다. 올바른 깨어 있는 알아차림(정오正悟)의 양자의식 없이는 어떤 치유에 대한 정신正信(올바른 확신·신념), 정해正解(올바른 앎·인식), 정행正行(올바른 실천·실행), 정증正證(올바른 지혜·깨달음·각성)이 이루어지지(증득證得되지) 않기 때문이다. 그리고 [그림 5-2]의 메타분면 오悟와 함께 신信·해解·행行·증證의 사분면은 순차적 과정이 아니다. 오히려 쌍방향, 온방향의 시너지적으로 사분면의 역동적 상호 선순환의 상승 작용을 통한 양자도약적 치유효과를 가져오는 치유과정임을 보여 준다.

치유 측면에서 보면 사분면퀀텀치유QTQHT 중에 가장 중요한 것은 혼기魂氣의 발현인 신信(믿음, 자기 확신/신뢰, 신념, 용기, 정신력)의 의지가 바로 서야 하는 것이다. 하지만 오늘날과 같은 '피로사회' '위험사회' '투명사회' '폭력사회' 그리고 지나친 병리적 경쟁사회에서 보통의 사람들은 과도한 스트레스로 인해 혼魂이 피로한 상태에서 '번아웃Burn out'되거나 성장 과정의 정체성 발달장애로 인해 위축되어 고통스럽고 불행한 삶에 갇히기 쉽다. 그래서 흔히 고통을 회피하고 쾌락 보상을 위해 물질·행위 중독에 빠진 혼이 되기 쉽다. 심하면 정체성, 자존감 상실 등으로 인해 우울증, 자살 충동에 빠지는 비정상적 혼이나 극단적으로 혼이 없는 '좀비'화가 되기 쉽다. 이와 같이 온갖 스트레스와 '화'에 차 있는 삶, 우울하고 불안하고 신경증에 시달리는 삶에 지친 다양한 장애 상태에 혼이 갇힌 개인에게는 魂의 치유, 즉 혼유魂癒가 가장 시급하다. 많은 경우, 혼이 위축되어 번아웃 상태의 피로 상태에 있게 되기 쉽다. 혼이 낮은 수준의 자기(자아)집착이 심하고 죽음에 대한 두려움 불안 공포에 사로잡혀 삶에 더욱 집착하게 되거나, 반대로 자존감이 없고 우울·자살 충동(타나토스)에 사로잡히거나 영혼을 팔고 얼이 빠지는 등 혼이 위축되거나 나가 있게 되기 쉽다. 이렇게 되면 극단적인 경우 좀비가 되거나 올바른 의지·신념·확신(정신正信)의 혼안魂眼이 완전히 닫혀 혼이 몽매 미혹에 갇힌 혼맹魂盲이 된다. 또한 이렇게 되면 치유와 웰라이프와 자기성장·영적 성장을 위한 올바른 앎(정해正解)을 위한 학습·지식·관념·의식을 제대로 가질 수 있는 마음, 즉 심안心眼도 제대로 열리게 되지 않는다. 이에 따라 올바른 실천/실행/ 훈련/

단련/수련/수행(정행正行)을 할 수 있는 행동·행위의 육안肉眼도 전혀 열리지 않고, 이를 통해 올바른 각성/깨우침/깨달음이 증득(정증正證)이 되는 지혜의 눈(혜안慧眼·영안)도 전혀 열리지 않는다.

그래서 대신근大信根의 혼안이 열리게 하기 위한 혼유魂癒가 가장 먼저 선행되어야 한다. 이에 따라 올바른 앎을 통한 대의정大疑情의 심안이 열리면서 마음공부와 인지적 치유기제 학습을 통해 비로소 심유心癒가 된다. 이에 응하여 올바른 실천/실행/단련/수련을 통한 대분지大憤志의 신안身眼(육안)이 열리면서 기유氣癒·신유身癒가 되고, 점차로 혼안·심안·육안이 모두 밝아지게 된다. 이렇게 되면 자연스레 지혜가 증득되어 혜안慧眼(영안)이 열리게 되면서 영이 깨어 있게 되는 영각靈覺이 된다. 더 나아가 이러한 신유身癒·기유氣癒·심유心癒·혼유魂癒·영각靈覺은 홀론·홀라키적으로 앞에서 언급한 상하향 치유인과적이며 동시에 상호 의존적, 상호작용의 상의상관相依相關적·상의상수相依相隨적·상의상자相依相資적·상즉상입相卽相入적임을 유의해야 한다. 그리고 그 통합적 치유원리는 [그림 5-2]와 같은 양자의식의 메타분면(오悟)을 중심으로 하는 신·해·행·증의 사분면 퀀텀 치유과정에 의해 이해할 수 있다. 즉, 어느 계통의 어느 수준의 어느 상태의 병리나 장애의식이 깨어 있는 각성 양자주시의식에 의해 유위·무위적 치유요법들의 치유기제의 발현으로 의식 변화의 임계 수준에 이르게 되면 축

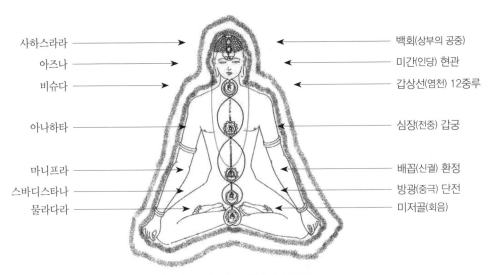

[그림 5-3] 차크라(단전) 구조도

차적·양자도약적으로 QTQHT의 온수준·온분면의 양자의식치유가 일어나게 되는 양자치유기제 원리를 설명할 수 있다.

예컨대, 하나의 전형적인 예로서 동양의 영속의학적 기氣명상치유와 서양의 에너지 명상치유에 상응하는 호흡명상(수식관數息觀, 수식관隨息觀)과 함께 퀀텀힐링에너지 심상화心像化명상(관기법貫氣法, 내관법內觀法)을 하는 경우, 온수준의 통합심신치유로서의 신信·해解·행行·증證사분면의 퀀텀사면동역학적 치유과정을 치유 전문가의 입장에서 적용한다고 해 보자. 먼저, 에너지치유명상을 지도하려면 어느 정도는 뇌와 몸의(뇌신경회로, 신경전달물질, 뇌 내 호르몬, 중추·말초-체성·자율/교감·부교감-신경

〈표 5-3〉 차크라(단전) 기능

차크라 명칭	위치	지배 원소	만트라	꽃잎 수	색	역할
물라다라 mūladhara 차크라	미저골 (회음)	지(땅)	Lam	4	황색	쿤달리니가 잠든 곳, 생식 기능을 지배, 생명의 근원
스바디스타나 svādhisthāna 차크라	방광 (중극)	수(물)	Vam	6	백색	욕망을 지배, 심신 안정의 근원
마니프라 manipūra 차크라	배꼽 (신궐)	화(불)	Ram	10	적색	소화력을 지배, 힘의 근원
아나하타 anāhata 차크라	심장 (전중)	풍(공기)	Yam	12	회색	심폐를 지배, 사랑의 근원
비슈다 visuddha 차크라	갑상선 (염천)	공 (에테르)	Ham	16	청백색	상하의 차크라를 연결, 이성의 근원
아즈나 ājñā 차크라	미간 (인당)	의식	OM	2	은백색	모든 자율신경을 지배, 지혜의 근원
사하스라라 sahaārāra 차크라	백회상부의 공중	브라흐만		1,000	투명	모든 차크라를 지배, 해탈의 근원

계, 면역계, 내분비계, 순환계 등 그리고 신경생리학적, 스트레스기전의 PNEI적) 원리에 대한 기본 이해가 필요하다. 그리고 〈표 5-3〉[그림 5-3]과 같은 각각의 7개 단전(차크라)을 통해 그 수준의 생명장 에너지氣가 교류되면서 양자PNEI적, 심층통합신경생리학적으로 서로 어떻게 관련이 되는가 등의 상호작용, 상자相資 작용에 대한 올바른 앎(심안心眼: 해오解悟)의 기본 지식이 필요하다. 이와 동시에 마음 가는 곳에 기氣가 가고 6장 6부, 근골피육에 기가 가면 정精의 생체 에너지와 정보 전달이 활성화되어, 즉 세포가 활성화되어 신체의 모든 뇌신경계·내분비계·면역계·6장 6부의 기능이 활성화된다는 원리도 알아야 한다. 그래야만 마음心이 몸을 고친다는 하향 인과적 치유원리에 대한 확신·신념을 더욱 강화시킨다(혼안魂眼: 신오信悟). 여기에 의념意念으로 적극적 심상화 명상(active imagination)과 내관內觀에 의해 백회(사하스라라)를 통해 천기天氣(성령의 빛, 대일여래大日如來광명, 원인식 DMF 양자의식 에너지, 우주 에너지, 투명광clear light)가 들어오면 뇌신경세포를 모두 정화 활성화하고 내려오면서 막히거나 왜곡된 다른 단전 중심(차크라 센터)들의 에너지氣 흐름도 3A 공명/조율·동조/조화·합일/통일(Atunement·Atonement·At-one-ment) 상태로 활성화시킨다고 상상한다.

이를테면, 〈표 5-3〉에서 보듯이 우주의식 에너지(천기天氣)가 백회(사하스라라)를 통해 들어와 모든 뇌세포의 기능을 활성화·정화淨化한다고 상상을 하면서 상단전 인당혈(아즈나) 중심에 깨어 있는 각성 양자의식(주시의식)에 집중하며 위축된 혼식을 정화시켜 살아나게 하고 약화된 혼기를 강화시키고 신명나게 한다고 적극적으로 상상한다. 그렇게 하면 혼유魂癒를 통해 혼魂이 살아나게 되고 자율신경계가 조화를 회복하게 된다. 뇌를 정화한 천기가 더 내려오면서 목·인후 부위를 정화하고 갑상선 주위 염천 단전혈(비슈다) 중심에 각성 양자의식을 집중하면서 지성과 지적 분별력이 명료해지고 내분비(신진대사) 기능과 면역계를 활성화시킨다고 적극적으로 상상한다. 그리고 더 내려오면서 가슴(심폐·심포)을 정화하고 그 아래 가슴 중단전 전중혈(아나하타) 중심(흉선)에 각성 양자의식을 집중하면서 모든 스트레스가 해소되는 심유心癒를 통해 심폐 기능과 면역 기능과 순환기를 활성화시키며 억압되거나 한恨에 찬 감정·정서의 안정을 가져오게 한다고 적극적으로 상상한다. 마찬가지로, 더 내려와 배꼽 단전 신궐혈(마니푸라) 중심에서 백유魄癒를 통해 탐진치貪瞋痴로 인한 감정·정동을 순화시키며 소화기 계통을 활성화시키고, 그 아래 기해·관원·중극혈(스바디스타나) 내 복부 중심(하단전)의 기유氣癒를 통해 욕망을 정화·제어하고 원기元氣를 양생養生 강화시킨다고 적극 상상한다. 더 내려가 마찬가지로 회음단전혈(물라다라)에서 신유身癒를 통해 정력精力·신체기력身体氣力·생명력을 강화시킨다고 적극 상상한다.

요약하여 말하자면, 백회를 통해 천기天氣가 들어오면서 일체의 단전의 지배적 양자의식과 그 수준의 양자에너지氣가 치유되고 활성화된다고 상상한다. 동시에 상응하는 신체의 모든 세포, 신경계, 내분비계, 면역계, 순환기계 등을 치유하고 6장 6부와 근골피육이 활성화된다는 의념意念의 적극적 심상화와 내관內觀을 하면, 상응하는 초양자장 에너지 센터(단전)의 기氣와 식識(정보)의 흐름이 천기天氣와 공명·동조·합일하면서 활성화되고 동시에 모든 신체 기능이 치유된다고 상상한다. 이와 같이 퀀텀힐링에너지명상을 주기적으로 심화深化하면 기유氣癒·백유魄癒·심유心癒·혼유魂癒가 되면서 동시에 혼안魂眼이 열리게 되고, 차례로 모든 수준의 치유가 상하향 인과 동시적으로 이루어지게 된다.

이러한 퀀텀에너지치유명상의 실행(신안身眼: 행오行悟)을 QTQHT의 온수준·온분면의 깨어 있는 주시의식으로 하게 되면, 신信·해解·행行의 결과로 혼안魂眼·심안心眼·신안身眼이 밝아지는 양자도약적 치유효과를 증득證得하게 된다. 이렇게 되면 온건강과 웰라이프에 대한 지혜(혜慧)가 생기게 되고(혜안慧眼/영안靈眼: 영각靈覺), 이는 다시 더욱 더 강한 신오信悟로 발현하게 된다. 또한 동시에 다시 더욱 더 깊은 신오信悟·해오解悟·행오行悟·증오證悟의 상호 상의·상관·상자 작용이 일어나도록 지속적으로 퀀텀에너지치유명상 수련을 해야(행行) 한다. 이와 같이 지속할 경우, QTQHT의 온수준·온분면에서의 온건강의 치유와 함께 양자도약적으로 더 상위의 의식과 영성의 변용과 깨달음(견성見性)까지 가능하게 된다.

유위·무위 통합심신치유

앞에서 언급한 바와 같이 동서고금의 공인되거나 검증된 모든 전일의학의 치료·치유법은 내담자/치유대상자들의 자각(각성) 상태·조건에 따라 치유효과가 있을 수 있고 치유자의 능력에 따라 치유기제가 발현될 수 있다. 그러나 대부분의 (정신심리장애로 고통받는 성인들에 대한 상담심리치료가 그렇듯이) 수백 가지의 수많은 치유요법도 치유기제가 제대로 발현되지 않아 표면적 증상의 일시적 완화나 일시적 힐링과 호전만을 보여 주고 있다. 그래서 장애 증상의 정신적·심적(의식적·무의식적)으로 경화된 COEX 상태의 정도나 깊이에 따라 몇 시간이나 며칠이 지나면 삶의 조건에 따라 도로 원상태로 되돌아가는 게 대부분이다. 그러므로 심신의 고통이나 장애 증상의 양자도약적 호전·완화와 함께, 의식의 변화(의식의 전환이나 변용)와 함께 치유기제가 발현되려면 먼저 각성적 자각 훈련이 필요하다. 그래서 성찰적 자각과 깨어 있는 각성 긍정 암시와 함께 최소한 어느 정도 (인지한계 상태 자각 훈련, 각성 긍정 훈련, 자기자애 훈련, 위축된 혼·자아·자존감·신명 살리기 훈련 등의) '기본 마음챙김(치유대상자들: 상담치유내담자·집단치유 피교육자들을 대상으로) 훈련'을 병행하며 어떤 치유법이든 실행해야 치유기제의 작동에 의한 그 치유효과의 심화와 의식의 변화가 생기게 된다.

이에 따른 치유효과는 지속적으로, 도약적·점진적으로 증상을 점점 더 완화·호전시키게 된다. 점차적으로 의식은 굳어지고 갇힌 (병리적·장애적 무의식의) 마음·정신의 경직된 COEX 상태에서 벗어나 더욱더 부드럽게 풀리면서 성장 발달을 향한 변형·변용이 일어나게 된다. 따라서 최상의 통찰적 마음챙김 기반 고급 치유기제는 기본 인지각성자각치유와 자기자애·혼유魂癒와 마음챙김의 무위치유를 기본으로 한 마음챙김 기반 방편적 유위치료가 선행되어야 비로소 자기치유를 할 수 있는 무위적 치유기제가 발현한다. 다시 말해, 일시적 증상 완화 수준의 치유가 아닌 근치根治로서의 치유는 마음챙김과 그 기제의 홀라키도 지속적으로 내공을 쌓으며 심화시켜 나가면서, 동시에 치유대상자에게 공인되거나 검증된 적절한 다른 유위치료법들도 기본 마음챙김 훈련을 기반으로 병행해야 된다는 의미이다.

최상위의 고급 치유기제 발현을 위한 (각성) 자각의식 수련은 유위·무위 수련이다. 모든 무위 수련의 핵심은 [그림 5-2]의 QTQHT와 같은 각성 양자의식 기반 마음챙김, 즉 참여적 관찰자인 양자자기의 깨어 있는 사분면 주시의식에 의한 의도적이 아닌 통찰적·즉각적 '마음관찰(또는 방편적으로 각성 주시적 두뇌관찰)'이다. 반면에 유위 수

유위무위 통합심신치유

핵심 통합치유모듈 | 부가 통합치유모듈

핵심 통합치유모듈

몸치유	기·에너지 치유	감정치유	마음치유	혼치유	영 수련
유위	**유위**	**유위**	**유위**	**유위**	**유위**
• 헬스·스포츠 • 에어로빅 • 다이어트 • **춤동작치유** • 각종 도인술 • **기능의학치유** ⋮	• **이완·방송·관기법** • **양생도인기공** • 무술기공 • 기치료 • **수면요가치유** • **하타요가치유** ⋮	• 미술·음악·예술 치료 • 댄스치료 • 웃음치료 • EFT • 자애명상 • **향기테라피** • **오감치유**	• 마음공부 • AQAL 알아차림 • 양자원리양자의식 • 독서모임 참여 • 기존 상담심리치유 • **에니어그램 자기 치유** • **인지행동치료** • 인문치유	• 신명 살리기 • 극기 훈련 • 의지력 개발 훈련 • 각성 긍정 확언 • 혼기 강화 훈련 • 각성만트라치유 • 거울명상치유	• 탈동일시 주시 훈련 • 카르마 해체 • 영적 독서 • 기도·염불·주력 • 독경·간경 • 헌신봉사·보시 실천 ⋮
무위	**무위**	**무위**	**무위**	**무위**	**무위**
• 기공·요가 체조 • 소마운동 • 무술 수련 • **식사명상치유** • **휄든크라이스치유** ⋮	• **하단전의수** • **알아차림양생 도인기공** • **마음챙김참장공** • 태극권 • **차크라힐링** • 마음챙김 요가 • 양자파동 에너지 치유	• 그림자치유 • **마음챙김 기반 감정/정서 치유** • 각성 기반 감정치유 • 한계 상태 의식치유 • 무기대 감정치유 • 재인지 및 정서 치유 ⋮	• **마음챙김 명상 위빠사나/통합명상** • 각성 기반 의식치유 • 양자의식치유 • **마음챙김 기반 인지행동치유** • **그림책 읽기·글쓰기 마음챙김 치유** • 통합양자심신치유	• 가공·요가 수련 • 종교 귀의 • 카르마 해체 • 정신 통합 • 로고 테라피 • 연민 교환 ⋮	• 마음챙김 명상 • 止·觀 명상 • 위빠사나 수련 • 관상정관 수련 • 세면목 수련

부가 통합치유모듈

자연치유	뇌과학·신경생리학 관련 치유	전통요법치유	문화적 치유	가족치유	사회적 치유
유위	**유위**	**유위**	**유위**	**유위**	**유위**
• 섭생·음식 요법 • 아로마 향기요법 • 숲치유 • 꽃원예요법 • 소리요법 ⋮	• **뇌파·뉴로피드백 치유** • 뇌인지치유 • **PNI적 스트레스 관리** • **통합스트레스의학치유** ⋮	• 생약·약초 치유 • 침, 뜸 • 해독요법 • 효소요법 • **치료도인기공**	• 윤리치유 • 공동체 참여 소통 • 봉사 자선 활동 • 대인 관계치유 • 정서치유 • **섹스테라피** • **시네마 치유 코칭** ⋮	• 부부관계 상담 • 가족관계 상담 • 자녀 양육 상담 • 가정생활 환경 개선 • 가족여행	• **회복치유력 생활 교육** • 영성교육 • 직업 정신 • 일/전문가 정신 • 리더십 훈련 • 사회 환경 개선 • 제도 개혁 참여 ⋮

• 교차 훈련을 통해 효과 극대화

• 모듈형 수련

• 기상 전, 기상 후, 취침 전 1~5분 수련, 일일 수시 수련

• 맞춤형 수련 가능

• 통합적 수련

[그림 5-4] 유위·무위 통합심신치유IQHLP 모듈

련의 핵심은 [그림 5-4]의 통합양자심신치유 수련IQHLP(Integral Quantum Healing Life Practice)모듈에서의 혼의 치유이다. 이를 위해서는 작용인으로서 혼의 주관하에 있는 마음心体·감정魄体·본능氣体·신체身体를 비롯한 모든 수준·분면·계통의 일반 치유들도 마음챙김 기반의 QTQHT의 각성적 알아차림에 의한 신信·해解·행行·증證 사분면이 바탕이 되어 상의상자적인 사면동역학적으로 사분면 동시의 수련(실천·실행·수행·훈련)으로 이루어져야 한다. 하지만 그중에 먼저 깨어 있는 각성의식(悟)에 의해 의식의 기제로서 심안이 열리기 위해서는, 무엇보다 바르게 알아야(正知) 하고 격물치지적으로 정사유正思惟·정견正見을 할 수 있어야 한다고 강조하였다.

그러므로 올바른 통합양자심신치유에서 온전한 무위·유위 수련을 위해서는 (여기서 구체적으로 제시하지는 않았지만 [그림 5-4]와 모듈에 기반한 IQHLP 프로그램의 각 주의 수행 관련 주제에 대한 앎과 깨우침이 매우 중요하다. 하지만 기본 치유기제로서 다차원의 생명장 홀라키로 발현되어 있는 인간의 '몸(soma, body, 체体)'에 대한 온전한 이해가 보다 더 중요하다. 통상적으로 현대적 의미에서 몸이란 신경생리학적 생체 조직으로서의 육체를 의미하고, 심체心体·백체魄体·기체氣体와의 상의상관관계는 정신신경생리학적·PNEI적으로 설명하고 있다. 하지만 에너지의학에서는 다중 생체 매트릭스의 에너지체로서의 신체를 몸으로 보고, 양자의학에서는 양자파동 에너지장으로서의 다차원의 몸을 신체·에너지체·정보체로 본다. 이러한 관점은 양자파동의학적인 몸의 의미와 전통지혜의 온전한 몸의 의미가 원리적으로 동일하다는 것을 말하고 있다. 즉, 전통적·심층적·양자적 의미에서 몸이란 삼원일체三元一体적인 신체Body(몸)·심체Mind(마음)·영체Spirit(정신), 즉 베단타·불교의 조대체粗大体·정묘체精妙体·원인체原因体, 전통 동의학·도가의 정精·기氣·신神, 환단선도의 심心·기氣·신身/성性·명命·정精)을 의미한다. 이는 양자의학에서 양자생명장의 다차원의 몸(체体, 장場)과 동일한 관점인 것이다.

이것을 좀 더 세분화하여 저자가 계속 강조하는, 신身·기氣·백魄·심心·혼魂·영靈의 6차원의 홀라키적 몸은 인간 존재의 생명홀라키 구조인 〈표 2-1〉의 도표에서 보여주듯이 모든 전통지혜, 현대 심리학, 현대 양자과학에서 동일하게 밝히고 있는 것이다. 이것은 곧 인간의 몸은 생명양자파동장場, 체体(몸)로서의, 다원일체多元一体(육원일체六元一体)적으로 다차원 생명양자장의 홀론·홀라키(포월체包越体), 충(sheath)·체体로서의 하나의 온전한 몸으로 이해해야 한다는 것이다. 다시 말하자면, 온전한 몸이란 일반적으로 생각하는 육체/신체를 말하는 게 아니라 심기신일체心氣身一体로서의 '체体'를 의미한다. 따라서 온우주의 다차원 존재의 양자파동 세계의 에너지氣와 정보識가 모두 다차원 생명장의 질료와 형상으로서 (상향·하향 인과로 모두 훈습 각인되어) 우리 생명의 몸(체体)을 다원일체적 생명장 홀라키로 온몸의 생명장의 항상성을 유지하려는 것으로 이해해야 한다. 이것은 심신통합치유와 그 치유기제 발현의 기본 바탕 원리를 제공한다. 그러므로 자기의 몸을 생리적 몸과 생체 분자·DNA·세포 중심의 생리 체계(신경계·내분비계·순환계·면역계 등 10개의 주요 기관 체계)로 된 육신으로만 이해하고서 마음·정신을 심신일원론적으로 환원시켜서는 안 된다. 반대로, 심신이원론적으로 마음과 몸이 상하위적으로 분리된 위계적 체계로 연결된 것으로 이해해서도 안 된다. 따라서 몸에 대한 이러한 홀라키적 온전한 이해를 바탕으로 한 온건강과 고급 치유기제의 발현을 위한 치유와 수련은 온몸의 존재적 근본 주체인 영혼에 대한 온전한 이해를 전제로 한다. 이에 따라 영이 깨어나기 위한 영의 무위적 수련과 함께 영의 외체外体로서 존재의 실상 주체인 혼을 각성시키기 위한 혼의 치유·훈련이 중요하다. 이를 가능하게 하기 위해서는 혼이 주관하는 심心(마음)·백魄(감정)·기氣(본능)·신身(생리)의 각 몸홀라키에 대한 상향·하향 인과적 유위적 통합치유·수련을 바탕으로 하는 유위·무위 쌍유双癒, 쌍수双修에 의해서만 가능하다는 것을 말해 준다.

앞의 장에서 몸에 대한 온전한 이해에 따른 몸의 온수준의 온건강 이상異狀 상태에 대하여, 홀라키 원리에 의해 온건강 이상異狀의 악순환 상향上向·하향下向 인과 회로를 나타내는 [그림 4-3]을 (〈표 5-2〉와 같은) 도표로 보여 주고 있다. 마찬가지로, 온건강과 고급 치유기제를 위한 치유·수련도 선순환 상향上向·하향下向 인과 회로로 나타낼 수 있음을 보여 준다. 하지만 보다 근본적으로는 영의 무지·무명, 혼의 몽매·미혹에 의해 카르마적 악업 순환 사이클에 빠져 있게 되면 깨어나기 전에는 빠져 나올 수 없게 된다. 이에 따라 혼이 위축되고 정신이 나가서 두려움·집착·망상이나 자존감이 비루해지고 좀비화된 삶으로 자신의 심체心体(마음)·백체魄体(감정)·기체氣体(본능)·신체身体(육체)를 교란 파장으로 몰아넣으면 선순환으로 돌아서기 더욱 어렵게 된다. 그

275

래서 영이 깨어나지 않는 한 악순환이 더욱 악화되어 온건강과 온전한 삶을 더욱 상실하게 된다. 따라서 통합양자심신치유에서는 마음(심心)·감정(백魄)·본능(기氣)·육체(신身)에 대한 통합적 유위치유 수련이 매우 중요하다. 그리고 고급 치유기제의 발현을 위한 마음챙김 명상·관상 수련에 의해 깨어 있는 양자의식으로 병리적·장애적 심체와 감정체의 교란을 조율·동조 상태로 전환하게 하는 마음챙김 (통찰적 알아차림/메타자각 주시) 무위 수련에 의한 고급 치유기제의 선순환 회복을 위한 수련도 필수적 치유 수련이다.

물론 유위적 치유·수련은 (무위적 마음챙김기반 치유로서) 깨어 있는 영에 의해 위축된 혼을 되살리는 각성에 의한 신념·의지·도전 에너지, 신명과 각성 긍정 에너지를 이입하는 제반 마음치유·감정치유·중독치유를 함으로써 일반·고급 치유기제와 온건강 기제의 발현에 의한 선순환의 회복을 양자도약적으로 가속시킬 수 있다. 그러므로 이러한 유위·무위 통합양자심신치유는 개개인의 가장 취약한 부분을 중심으로 통합적으로 상호 보완적으로 이루어져야 한다. 이러한 유위·무위 통합양자심신치유는 [그림 4-8]과 같은 AQAL 통합치유도와 ([그림 4-11]과 같은) 상향·하향 인과 통합심신치유홀라키도와 (〈표 5-1〉과 같은) 통합생명장(양자파동 에너지치유) 도표를 통해 체계적으로 보여 주고 있다.

요약하자면, 통합양자심신치유는 유위·무위 쌍수에 의한 온수준의 통합양자장 에너지·의식의 치유로서([그림 5-3] 〈표 5-3〉과 같은) 모든 상중하 7개 단전(차크라)에 상응하는 초양자장 파동 에너지와 정보의 교란에 의한 기능의 장애와, 이에 따른 각 수준의 혼魂의 원본능(원욕, 욕동, 리비도) 추동에 의한 발현장애·병리·중독의 치유를 각 수준에서의 유위·무위 치유의 상보적 적용을 통해 근본적인 치유를 가능하게 한다.

그리고 온생명장의 홀론·홀라키적 속성으로 인해 어느 한 수준의 이상異狀은 ([그림 4-3]에서 보듯이) 부정적인 상향·하향 인과의 확산에 의해 온수준으로 증상이 파급된다. 이를 막기 위해서는, 먼저 모든 고통과 불행의 원인이 영의 무지무명, 혼의 몽매미혹 탓임을 깨달아야 한다. 이는 곧 성장 과정, 삶의 과정에 각인된 인지적 착각, 오류, 부정확성으로 인한 것임을 깨닫게 하는 유위적 인지치유기제의 학습 훈련을 필요로 한다.

그런 다음, 하향 인과의 지배적 치유요법으로서 미혹·무명에 빠진 원인 수준의 초양자장 영체의 양자의식을 무위치유 수련에 의해 각성의식, 주시의식으로 깨어나게 해야 한다. 이렇게 하고 나면 다시 유위적 치유 훈련·수련으로서 위축되거나 정신이 나간 상태의 혼의 치유, 즉 정묘 수준의 초양자장 '혼체 양자의식'을 강화하고 되살리는 혼魂의 치유와 치유기제의 발현이 중요하다. 이와 같이 유위치유기제에 의해 혼魂이 살아나게 되면, 하향 인과에 의해 심혼心魂 → 심心(마음) → 백魄(감정·정서) → 기氣(본능, 에너지) → (인지 발현체로서의) 뇌腦 → (신체생리 항상성 발현체로서의) 신체에 이르는 각 수준에 초오감적·고감각적·초감각적 자각의 양자의식이 동조 발현되고, 다시 상향 인과에 의해 위를 향해 차례로 신체에서 혼에 이르는 새로운 선순환적 유위치유기제에 의해 궁극적으로 유위·무위 치유기제의 발현으로 온수준의 온건강을 회복하게 된다.

21세기는 이미 3차원 뉴턴 문명의 인간 인지人知를 능가하는 구글·빅데이터, 인공지능 AI, 증강현실 AR, 가상현실 VR, 5G 스마트 통신, 블록체인·플랫폼 기술이 이미 '현실'화된 진정한 4차 정보산업혁명, 4차원 양자문명의 시대로 양자도약적으로 진입하고 있다. 최근에 양자상대성 물리학도 중력파의 검증으로 아인슈타인의 상대성 원리가 단지 이론이 아닌 실증 단계에 도달하고 있다. 머지않아 곧 저자가 강조하는 통합양자이론[표준양자역학·초끈(M)이론·의식 홀로그램 홀라키 우주론]이 주류 양자물리학으로 공식적으로 인정될 전망이다. 이에 따라 다차원의 홀라키우주·생명 세계에 대한 '양자의식'의 보편적 발현으로 인해 4, 5차원의 양자문명 세계가 곧 도래할 것으로 기대된다.

따라서 21세기 중후반에는 모든 과학이 양자신과학으로, 모든 의학이 홀론의학과 양자신의학(에너지의학·파동의학·양자의학)으로 변하면서 현재의 심신치유, 심리치료를 포함한 몸맘얼영BMSS의 병리·장애 모두에 걸친, 즉 통합의학적 심신치유·심리치료·정신의학치료 모두 양자의학적 양자파동(양자파동 발생 장치·진단·치료, 양자파동 정보 조사·전사)치료·치유 요법으로 보편화될 전망이다.

이와 함께 현대 심리학도 양자의식 중심의 (민델의 『양자심리학 Quantum Mind』과는 전혀 다른 개념의) '양자심리학으로' 초심리학·초의식심리학·초개인(자아초월)심리학을 통합하면서 양자정신치료·양자심리치료·양자심신치유로 그 중심축이 옮겨 가게 될 전망이다. 그러나 현 단계에서는 아직도 양자의식, 양자자기, 양자마음, 양자사고, 양자사유와 같은 용어는 전문가들에게조차도 생소하다. 더구나 양자의식 기반 통합양자심신치유는 고급 심신치유기제의 기본 요건인 마음챙김의 기제가 형성되고 나서 통합양자론을 온전하게 알고 양자의식을 깨우치기 전에는 전문가들도 쉽게 적용할수 있는 고급 심신치유법이 아니다.

요약하자면, 현재의 심신치유는 당연히 양자파동, 양자장 패러다임에 모든 심신치유의 파동적 인식 원리를 두는 것이 중요하다. 그렇지만 처음부터 가까운 미래에나 실현될 양자심신치유와 같은 고급 양자치유로 하자는 게 아니다. 우선 모든 치유요법을 파동적으로 인식하면서 운동·소마·기공/요가와 같은 몸(파동) 氣 에너지를 중심으로 누구나 할 수 있는 가벼운 예비 치유부터 시작하는 단계적 치유가 중요하다. 내담자/치유대상자 개개인의 의식의 장애(갇힌 의식·무의식의 교란 경화의 정도)와 중독(물질 중독·행위 중독·감정 중독·의식 중독)의 상태와 개인의 자아·성격·인성·근기의 수준에 따른 최적의 통합치유·치료는 다르기 마련이다.

그러므로 전문가의 진단·평가에 따른 개개인에게 시급하고 적절한 인지치유, (스트레스치유, 감정치유, 중독치유 같은) 일반 치유와 그 치유기제의 발현을 통한 증상의 완화부터가 가능해야 한다. 이와 함께 의식이 어느 정도 열리면서 마음챙김을 받아들일 준비가 되어 갈 때, 마음챙김의 예비 수련인 몸과 감각 알아차림 훈련인 심신이완·관기貫氣·바디스캔, 요가·기공·소마 같은 심신치유를 마음챙김의 기초인 사띠, 알아차림, 자각, 의념意念으로 하면서 감각(수受)적 느낌을 깊숙하게 감지感知하는 마음챙김(염지관念止觀) 알아차림 능력을 점차로 심화시켜 나간다.

그런 다음, 점차로 마음챙김·염지관念止觀 명상 훈련·수련을 할 수 있게 되면 고급 치유기제로서 마음챙김 기반 통합심신치유 프로그램인 MBSR이나 ILP의 통합치유기제의 발현 그리고 이를 넘어 [그림 5-4]와 같은 IQHLP의 유위·무위 퀀텀심신치유기제를 형성할 수 있는 단계에 이르게 된다. 이러한 수준에 이르러 양자의식 기반 퀀텀 마음챙김(퀀텀자기의 퀀텀자각·각성주시) 명상 수련을 하게 되면 점차로 초감각적 지각 능력이 생기게 된다. 이와 함께 점차적으로 신비 체험, 절정 체험을 하게 되면서 오감·언어적 인지를 넘어서는 초오감적·초감각적·초의식적 세계에 눈이 뜨이게 된다. 이에 따라 자연스레 양자의식의 기제가 심화되면서 온우주가 양자파동(에너지氣, 정보識)의 양자우주일 뿐만 아니라 모든 생명체가 양자지능을 지니고 있고 경계가 없다는 것을 확철하게 깨닫게 된다. 이렇게 되면 생명홀라키가 높아질수록 퀀텀자기의 양자기억·양자카르마·양자사고·양자지성이 고도화되고, 마음챙김도 퀀텀마음챙김의 퀀텀알아차림(퀀텀자각, 깨어 있는 각성적 주시)으로 되는 최상위의 고급 치유기제가 양자도약적으로 창발하게 된다.

이와 같이 양자의식이 퀀텀사면동역학적 치유변용QTQHT에 의해 퀀텀자기(참나)의 퀀텀마음챙김, 퀀텀자각(각성 주시) 수준에 이르게 되면, 참여적 관찰자로서의 퀀텀자기의 퀀텀마음챙김 기제인 3調3A 온우주적 교감의 양자의식이 의식화되고 체화된다. 따라서 퀀텀자기(참나)·양자의식·퀀텀마음챙김기제가 여기에 이르게 되면, 깨어 있는 각성적 주시의식의 본증자각本證自覺·본증묘수本證妙修, 진속불이眞俗不二, 번뇌즉보리煩惱卽菩提의 최상의 수행기제가 실현된다.

나아가 심층무의식의 깊숙한 곳에 각인된 오래된 전생 카르마의 잔여습기가 올라와도, 구경각究竟覺의 깨달음 경지는 아니라도, 확철하게 깨어서 즐기며 무학도인無學道人의 대자유의 경지에서 노닐게 된다. 하지만 이런 경지는 도달하려는 욕심을 내는 경지가 아니라 수행의 과果로서 자연스럽게 도달하는 경지이다. 또한 이는 참여적 관찰자의 고급 양자치유기제로서의 3조調3A 온우주적 교감의 양자의식화의 자연스러운 결과로 증득되는 경지이다.

오늘날 21세기 통합양자문명시대에 상담·심리치료·심신치유·코칭·정신건강·영성 수련 지도자·전문가들은 머지않아 곧 AI·AR·VR·BC 같은 인공지능 환경을 중심으로 한 제4차 산업혁명시대의 고도로 발전된 통합적 신양자의학(에너지의학, 양자의학, 파동의학)에 의한 양자파동치료·양자심신치유를 활용하게 될 것이다. 더 나아가 전문가들의 의식이 양자의식에 눈을 뜨게 되면 2층·3층 의식으로 양자도약적으로 의식이 성장 진화하게 될 것이다. 그렇게 되면 앞으로 머지않은 장래에 AI시대의 신인류를 2층의식으로 치유성장시키기 위한 고급 심신치유 수련과 그 치유 수련 기제로서 퀀텀사면동역학적 양자치유변용QTQHT이 보편화될 것이다. 그리고 이 책에서 소개

한 기존의 모든 자연의학·통합심신치유학·신의학의 홀론의학적인 통합심신 치유·
기제를 내포하고 초월하고 심화하는 [그림 5-4]와 같은 IQHLP 프로그램의 유위·무
위 통합퀀텀심신 치유·기제를 더욱 더 의식화하고 체화하게 될 것이다.

과학사상 편집부(2002). 윌버—통합적 진리관. 현대 과학혁명의 선구자들. 경기: 범양사.

구보치하루 (2008). 통합 심신의학 (*Standard Textbook of Psychosomatic Medicine*). (박샛별, 변광호 역). 서울: 하나의학사.

김기웅 역(2010). 퀀텀브레인. Jaffrey Satinover 저. 시스테마.

김기원(1990). 생체의 신비. 탐구당.

김기현, 이성환(2002). 주역의 과학과 道. 서울: 정신세계사.

김명권 외 역(2008). 자아초월심리학과 정신의학. Bruce Scottonetal 저(1996). 서울: 학지사.

김명권, 민회준 역(2015). 켄 윌버의 모든 것의 이론 (*A Theory of Everything*). Ken Wilber 저. 서울: 학지사.

김명권, 오세준 역(2018). 통합영성 (*Integral Spirituality*). Ken Wilber 저. 서울: 학지사.

김명권, 문일경, 백지연 역(2007). 7가지 행복 명상법 (*Essential Spirituality*). Roger Walsh 저(1999). 경기: 김영사

김명권, 주혜명 역(2008). 깨달음의 심리학. John Welwood 저(2002). 서울: 학지사.

김시현 역(2008). 디바인 매트릭스 (*The Divine Matrix*). Gregg Braden 저(2007). 굿모닝미디어.

김영설, 박영배 역(2007). 에너지의학 (*Energy Medicine in Therapeutic And Human Perfermance*). James Oschman 저(2003). 경기: 군자출판사.

김옥분 역(1996). 자연치유. Andrew Weil 저(1995). 서울: 정신세계사.

김용국, 김용운(1998). 프랙탈과 카오스의 세계. 서울: 도서출판 우성.

김용운, 김용국(1998). 프랙탈과 카오스의 세계. 서울: 도서출판 우성.

김우열 역(2009). 몰입의 재발견 (*The Evolving self*). Mihaly Csikszentmihaly 저(1993). 서울: 한국경제신문.

김재성 역(2009). 마음챙김과 심리치료. Christoper Germer 저(2005). 서울: 무수.

김재성 역(2009). 명상의 정신의학. Osamu Ando 저(1999). 서울: 민족사.

김재희(1994). 신과학 산책. 서울: 김영사.

김창환(1995). 몸과 마음의 생물학. 서울: 지성사.

김철수 역(2006). 아이 투 아이 (*Eye to Eye*).Ken Wilber 저. 대원출판사.

김철수 역(2015). 켄 윌버의 아이 오브 스피릿 (Eye to Spirit). Ken Wilber 저. 서울: 학지사.

김현수, 오치선 역(1995). 의지의 작용 (*The Act of Will*). Roberto Assagioli 저. 금강출판사.

김현택, 류재욱, 이강준 역(1994). 나의 뇌 · 뇌의 나 Ⅰ, Ⅱ. Richard Restak 저. 서울: 학지사.

김형섭 역(2004). 융심리학 입문. Calvin Hall & Vermon Nordby 저(1973). 문예출판사

대한신경정신의학회 편(2017). 신경정신의학 (*Textbook of Neuropsychology*). 서울: 아이엠이즈컴퍼니.

류시화 역(1987). 우주심과 정신물리학 (*Stalking the Wild Pendulum : On the Mechanics of Consciousness*). Itzhak Bentov 저. 서울: 정신세계사.

문일경 역(2011). 통합심리치료. Andre Marquis 저(2000). 서울: 학지사.

박배식, 공하운 역(1994). 카오스—현대 과학의 대혁명. 서울: 동문사

박병윤, 정래서 외(1997). 氣와 21세기. 양문.

박병철 역(2002). 엘러건트 유니버스 (*The Elegant Universe*). Brian Greene 저(1999). 숭산.

박병철 역(2007). 평행우주 (*Parallel worlds*). Michio Kaku 저. 경기: 김영사.

박병철, 이강영 역(2014). 퀀텀스토리. Jim Beggatt 저(2011). 반니.

박상윤(1993). 진화. 서울: 전파과학사.

박인재 역(2010). 블립. William Arnts, Mark Vincente, Betsy Chase 공저(2005). 지혜의 나무.

박지명 역(1994). 자연요법 백과. Andrew Stanway 저(1992). 경기: 하남출판사

박지선 역(2017). 감각의 미래. Kara Platoni 저(2015). 전북: 흐름출판.

방건웅(2005). 氣가 세상을 움직인다 1, 2. 예언.

불교와 심리 연구원(2006). 불교와 심리. 불교와 심리 논고집, 창간호.

손병욱(1997). 사상의학의 이해 上 · 下. 서울: 한림출판.

송영진 역(2000). 베르그송의 생명과 정신의 형이상학. Henri Bergson 저. 경기: 서광사.

신경희(2016). 통합스트레스의학. 서울: 학지사.

신경희(2018). 정신신경면역학 개론. 서울: 학지사.

안희영 역(2010). 마음챙김과 정신 건강. Chris Mace 저(2008). 서울: 학지사.

안희영, 조효남(2020). 통합심신치유학: 실제 편. 서울: 학지사

안희영, 김재성, 박성현 역(2009). 마음챙김에 근거한 심리치료. Ruth Baer 저(2006). 서울: 학지사.

안희영, 백양숙 역(2011). 일상생활명상. Charles Tart 저. 서울: 학지사.

안희영, 이재석 역(2014). MBSR 워크북. Bob Stahl, Elisha Goldstein 공저(2010). 서울: 학지사.

안희영, 조효남(2020). 통합심신치유학: 실제 편. 서울: 학지사.

이규환, 양명숙 역(2013). 양자심리치료 (Quantum Mind). Arnald Mindell 저(2000). 서울: 학지사.

이균형 역(1999). 홀로그램우주 (The Holographic Universe). Micheal Talbot 저. 서울: 정신세계사.

이균형 역(2010). 사람은 왜 늙는가 (Ageless Body, Timeless Mind). Deapak Chopra 저(1993) 도서출판 휴.

이만갑(1996). 의식에 대한 사회학자의 도전. 서울: 小花 .

이성일 역(1996). 마음을 바꾸면 세상이 달라진다 (The miracle of mind power). Dan Cuter 저. 호암출판사.

이윤희 역주(1991). 參同契闡幽. 위백양(魏佰陽) 원저/주원육(朱元育) 천유. 여강출판사.

이윤희, 고성훈 역(1992). 太乙金華宗旨. 呂洞賓 저. 여강출판사.

이의영 역(1996). 차크라 (Chakra). Harish Johari 저. 경기: 하남출판사.

이정모(2008). 인지과학 (Cognitive Science). 경기: 성균관대출판부.

이정민 역(2010). 전체와 접힌 질서. David Bohm 저(1989). 시스테마.

이충웅, 방건웅, 이상만 외(1998). 과학자들이 풀어놓는 氣이야기. 양문당.

장현갑 외 역(2005). 마음챙김 명상과 자기치유 上 · 下. Jon Kabat-Zinn 저(2005). 서울: 학지사.

장현갑(2009). 마음 vs 뇌. 서울: 불광출판사

장현갑(2019). 명상이 뇌를 바꾼다. 서울: 불광출판사

장현갑(2019). 명상이 뇌를 바꾼다. 서울: 불광출판사

장현갑, 장주영 역(2010). 붓다브레인. Rick Hanson · Richard Mendius 저(2009). 서울: 불광출판사.

전창선, 어윤형(1998). 음양오행으로 가는 길. 서울: 세기사.

전현수, 김성철 역(2006). 붓다의 심리학. Mark Epstein 저(1995). 서울: 학지사.

정인석 역(2012). 고대의 지혜와 현대 과학의 융합 (Ancient Wisdom and Modern Science). Stanislav Grof 저(1993). 서울: 학지사.

정인석(2003). 역경의 심리학. 서울: 나노미디어.

정인석(2003). 트랜스퍼스널 심리학-동서의 지혜와 자기초월의 의식. 서울: 대왕사.

정인석(2008). 역경의 심리학. 서울: 나노미디어.

정창영 역(2014). 켄 윌버의 통합비전 (Integral Vision). Ken Wilber 저. 경기: 김영사.

정태연, 노현정 역(2005). 존재의 심리학. Abraham Maslon 저(1999). 서울: 문예출판사.

정형채, 이재우 역(2012). 자연은 어떻게 움직이는가? Ren Bak 저(1996). 한승

조옥경 역(2008). 켄 윌버의 통합심리학 (Integral Psychology). Ken Wilber 저. 서울: 학지사.

283

조옥경 역(2014). **영원의 철학**. Aldous Huxley 저(1994). 경기: 김영사.

조효남 역(2000/2007). **감각과 영혼의 만남** (*The Marriage of Sense and Soul*). Ken Wilber 저. 경기: 범양사.

조효남 역(2004/2015). **모든 것의 역사** (*A Brief History of Everything*). Ken Wilber 저. 대원출판사/김영사.

조효남(1997). 氣에 대한 과학적 접근의 문제. 과학 사상, 제20호, 봄. 경기: 범양사.

조효남(1997). 상보적 완전한 생명관. 과학 사상, 제23호, 겨울. 경기: 범양사.

조효남(1998). 윌버의 통합적 진리관. 과학 사상, 제27호, 겨울. 경기: 범양사.

조효남(2001). 홀리스틱 교육과 켄 윌버의 교육사상, 홀리스틱 교육연구. 한국 홀리스틱교육 실천학회 학술지, 제5집 제2호.

조효남(2002). 윌버의 통합 패러다임에 따른 공학에서의 부분과 전체. 과학 사상, 봄. 경기: 범양사.

조효남(2002). 켄 윌버의 사상의 본질. 제7회 증산도 사상 연구소 콜로키움 논고집. 발제논고.

조효남(2006). 원효의 화쟁사상과 윌버의 통합철학의 상보적 통합에 관한 연구. 불교와 심리 논고집, 창간호.

조효남(2006). 윌버의 AQAL 메트릭스 메타이론에 의한 氣스펙트럼적 統合氣論의 기초. 한국정신과학학회지, 제10권 제2호.

조효남(2006). 육안에서 심안을 넘어 영안으로 아이 돌보기, 한국생태유아교육학회. 2006 춘계학술발표회 논문집.

조효남(2006). 직지인심적 一味의 깨달음-켄 윌버 사상의 본질, 지금여기. 미내사 06 1호.

조효남(2006). 켄 윌버-자아초월 및 통합사상의 본질. 웰빙라이프. 경기: 정신세계.

조효남(2007). 相補的 통합적 生命 인식. 한국정신과학학회지, 제11권 제2호.

조효남(2008). 영적 성장을 위한 켄 윌버의 통합적 영성 수련. 새길이야기 . 서울: 도서출판 새길.

조효남(2010). **역동적 통합 변혁 리더십**. 서울: 도서출판 휴머니즘.

조효남(2011). 우주로서의 인간. 전통 지혜, 양자과학, 그리고 통합심리학에 의한 통전적 인간 이해. 미래사회와 종교성 연구원 '21세기 인간론 학술심포지엄' 2011. 11. 5~6. pp. 3-32.

조효남(2013). 통합이론과 영성: 영성에 대한 통전적 접근 제1권 제2호, 1~41. 영성과 사회복지학회.

조효남(2018). 21세기 AI시대의 정신과학적 통합명상 · 영성 수련(기조강연). 한국정신과학학회. 2018 학술대회 논문집.

조효남(2018). 깨달음과 신해행증(기조강연). 2018 추계학술대회 논문집.

조효남(2018). 몸과 마음의 심층과학적 이해(기조강연). 한국심신치유학회. 2018 한국심신치유학회 포럼 논문집.

조효남(2019). AI시대의 정신과학적 통합심신치유(기조강연). 한국정신과학학회. 2019 춘계학술대회 논문집.

조효남(2019). 명상과 정신과학의 상응성. 명상학회. 2019대한민국 명상포럼 논문집.

조효남(2019). 상보적 통합-켄 윌버 통합사상의 온전한 이해와 비판 그리고 응용. 서울: 학지사.

조효남(2019). 웰라이프와 깨달음을 위한 통합생활 수련(기조강연). 한국정신과학학회. 2019 추계학술대회 논문집.

조효남(2019). 지구촌 생명평화와 삶의 가치지향적 영성교육(기조강연). 한국요가문화협회. 제12회 요가포럼 논문집.

조효남, 안희영 역(2017). 의식의 변용 (*Transformation of Consciousness*). Ken Wilber 저. 서울: 학지사.

조효남, 안희영(2013). 통합심신치유의 통전적 패러다임 모델 : Ken Wilber의 AQAL 모델을 넘어서. 예술심리치료연구 제9권 제2호. 한국예술심리치료학회.

주석원 역(2007). 8체질의학의 원리. 서울: 도서출판 통나무.

차종환(2016). 자연의학. 서울: 도서출판 시사연.

최민자(2006). 천부경 · 삼일신고 · 참전계경. 서울: 도서출판 모시는 사람들.

최재천, 장대익 역(2005). 통섭-지식의 대통합 (*Consilience-The Unity of Knowledge*). Edward Wilson 저. 사이언스북스.

최창현(2010). 신과학 복잡계 이야기. 도서출판 종이거울.

최효선 역(1993). 야누스-혁명적 홀론이론(Janus-A Summing Up). Arthur Koestler 저. 신과학총서 39. 서울: 범양사.

한국유전자학회(1993). 유전자: 생명의 원천 (*The Second of Life*). 조셉 레빈, 데이비드 스즈키 저. 서울: 전파과학사.

한동석(2001/2005). 우주변화의 원리. 서울: 대원출판.

한자경 편집(2014). 깨달음, 궁극인가 과정인가. 서울: 운주사.

한정선 역(2001). 생명의 원리-철학적 생물학을 위한 접근 (*Prinzip leben: Ansatze zu einer philosophischen Biologie*). Hans Jonas 저. 경기: 아카넷.

황면(1997). 생명, 그 영원한 신비-종교 · 의학 · 법학에서 규명한 생명의 본질. 대흥기획.

Bak, P. (2012). 자연은 어떻게 움직이는가?: 복잡계로 설명하는 자연의 원리 (*How Nature Works: the science of self-organized criticality*). (정형채, 이재우 역). 서울: 한승. (원저는 1996년에 출판).

Barrow, J. (2011). 무한으로 가는 안내서 (*The Infinite Book*). (전대호 역). 서울: 해나무. (원저는 2005년에 출판).

Bentov, I. (1987). 우주심과 정신물리학 (*Stalking the Wild Pendulum*). (류시화 역). 서울: 정신세계사. (원저는 1976년에 출판).

Beck, D. , & Cowan, C. (1996). *Spiral Dynamics*. Blackwell Pub.

Beck, D., Edward, D., & Cowan, C. (2000). *Spiral Dynamics-Mastering values, leadership and change*. Blackwell.

Bentov, I. (1988). *Stalking the Wild Pendulum-On the Mechanics of Consciousness*. Inner Traditions.

Capra, F. (1999). 생명의 그물 (*The Web of Life*). (김동광, 김용정 역). 서울: 범양사 출판부. (원저는 1997년에 출판).

Combs, A. (2002). *The Radiance of Being-Understanding the Grand Integral Vision: Living the Integral Life*. Paragon House.

Friedman, H. & Hartelius, G. (2020). 자아초월심리학 핸드북 (*Handbook of Transpersonal Psychology*). (김명권 외 역). 서울: 학지사. (원저는 2013년에 출판).

Gerber, R. (2001). *Vibrational Medicine*. Vermont: Bear & Co.

Germer, C. K., Siegel, R. D., & Fulton, P. R. (2012). 마음챙김과 심리치료 (*Mindfulness and psychotherapy*). (김재성 역). 서울: 학지사. (원저는 2005년에 출판).

Gleick, J. (1994) 카오스: 현대과학의 대혁명 (*Chaos: Making a New Science*). (박배식, 성하운 역). 서울: 동문사. (원저는 1988년에 출판).

Grof, S. (2012). 고대의 지혜와 현대 과학의 융합 (*Ancient Wisdom and Modern Science*). (정인석 역). 서울: 학지사. (원저는 1993년에 출판).

Hamilton, D. (2010). *Quantum Field Healing*. UK: Hay House.

Hanson, R. (2010). 붓다브레인 (*Buddha's Brain*). (장현갑, 장주영 역). 서울: 불광출판사. (원저는 2009년에 출판).

Huston, S. (1992). *Forgotten Truth*. Harpercollins.

Huxley, A. (1945). *The Perennial Philosophy*. Harpercollins.

Kentish, C. (2006). *Origin of the Buddha Image & Elements of Buddhist Iconography*. Paul & Co.

Leonard, G., & Murphy, M. (1995). *The Life We Are Given-Long Term Program For Realizing the Potential of Body. Mind, Heart, and Soul*. Tarcher/penguin.

Lipton, B. (2008). *The Biology of Belief*. NewYork: Hay House, Ine.

Mansfield, V. (2014). 불교와 양자역학 (*Tibetan Buddhism and Modern Physics*). (이중표 역). 전남: 전남대출판부. (원저는 2008년에 출판).

McNab, P. (2005). *Towards an Integral Vision-Using NLP and Ken Wilber's AQAL Model to Enhance Communication*. Trafford on Demand pub.

McTaggart, L. (2016). 필드: 마음과 물질이 만나는 자리 (*The Field: The Quest for the Secret Force of the Universe*). (이충호 역). 서울: 김영사. (원저는 1987년에 출판).

Murphy, M. (1992). *The Future of the Body-Explorations into the Further Evolution Of Human*

Nature. Tarcher & Putnan.

Obryan, T. (2019). 당신은 뇌를 고칠 수 있다 *(You Can Fix Your Brain)*. (이시은 역). 로크미디어. (원저는 2018년에 출판).

Paulson, G. L. (1995). *Kundalini and the Chakras*.

Sagan, C. (2006). 에덴의 용 *(The Dragons of Eden)*. (임지원 역) 서울: 사이언스북스. (원저는 1997년에 출판).

Satinover, J. (2011). 퀀텀브레인 *(The Quantum Brain)*. (김기웅 역). 서울: 시스테마. (원저는 2001년에 출판).

Sharf, R. (2019). 심리치료와 상담이론 *(Theories of Psychotherapy and Counseling)*. (천성문 외 공역). 서울: 센게이지. (원저는 2015년에 출판).

Sheldrake, R. (1994). *The Rebirth of Matter-The Greening science and God*. Pack street press.

Sheldrake, R. (1995). *The Presence of the Past-Morphic Resonance & the Habits of Nature*. Inner Traditions.

Sheldrake, R. (1998). *The Presence of the Past-Morphic Resonance & the Habits of Nature*. Pack Street Press.

Sheldrake, R. (2012). *The Presence of the Past*. Rochester. Vermont: Park Street Press.

Steiner, R. (1994). *Theosophy*. Steiner.

Talbot, M. (1992). *The Holographic Universe*. Harpercollins.

Varela, F. etc. (2013). 몸의 인지과학 *(The Embodied Mind)*. (석봉래 역). 경기: 김영사. (원저는 1991년에 출판).

Walsh, R. (1999). *Essential Spiritualty-The 7 Central Practices to Awaken Heart and Mind*. Wiley.

Walsh, R., & Vaughan, F. (1993). *Paths Beyond Ego-The Transpersonal Vision*. Tarcher/Putnan.

Washburn, M. (1995). *Ego and the Dynamic Ground*. State Univ of New York,

Washburn, M. (1995). *The Ego and the Dynamic Ground-A Transpersonal Theory of Human Development*. State Univ of New York.

Wilber, Ken, Excerpt G. Toward A Comprehensive Theory of Subtle Energies. http://wilber.shambhala.com/html/books/kosmos/excerptG/part1.cfm/

Yanick, P. (2003). *Quantum Medicine North Bergen*. Basic Health Pub.

Zohar, D. (1991). *The Quantum Self. Flamingo*. Harper Collins Pub

287

통합심신치유학 이론 편

인명

내용

294

296

299

307

317

저자 소개

조효남(Cho Hyo Nam)

육군사관학교를 졸업(1967)한 후 미국 미시간 주립대학교에서 구조공학석사·박사학위를(1972) 취득하였고, 육군사관학교 교수를 역임(1973~1987)한 후 1988년부터 한양대학교 건설환경시스템 공학과 교수로 재직(1988~2008)하였다. 한양대학교 공대학장과 대만국립과학기술대학교 초빙석좌 교수를 역임하였으며, 2000년 이래 10년 이상 한국트랜스퍼스널(자아초월)학회 공동회장을 역임하 였다. 한국전산구조공학회 회장, 한국강구조공학회 회장, 한국공학한림원 정회원, 한국건강연대 공 동상임대표, 미래사회와종교성연구원 이사, 한국정신과학학회 회장 등을 역임하였다. 현재는 서울 불교대학원대학교 심신통합치유학과 석좌교수·심신치유교육학 전공 주임교수, 한양대학교 명예교 수이고, 한국정신과학학회 고문, 한국심신치유학회 고문, 한국요가문화협회 고문 등으로 활동하고 있다.

대학 때부터 철학·심리학·종교에 심취하였고 지난 40년 이상 도가기공명상 수련과 불교참선 수 련을 해 왔다. 1990년대 중반부터 켄 윌버의 통합사상을 국내에 소개하였고, 그의 주요 저서를 국내 에 최초로 번역 소개하면서 한국트랜스퍼스널학회를 창립한 후 공동회장으로서 자아초월심리학과 켄 윌버의 통합사상 보급에 주력하여 왔다. 지난 20여 년간 자아초월심리학, 켄 윌버의 통합사상, 신 과학, 나선동역학, 과학기술윤리, 현대기학氣學, 정신과학, 양자심신치유 등에 대해 '과학사상'과 '한 국정신과학학회'를 비롯한 여러 학술단체에서 학술 발표와 심화강의·기조강연을 해 왔으며, 오랫동 안 한양대학교와 고려대학교에서 공학윤리와 과학기술윤리를 강의해 왔다. 지난 12년간 서울불교대 학원대학교에서 통합이론, 통합생활 수련, 치유도인기공 수련, 양자의학, 에너지의학, 양자심신치 유, 통합심신치유학, 심신치유기제 등을 강의해 오고 있다.

저서로는『통합심신치유학: 실제』(학지사, 2020),『통합심신치유학: 치유기제』(학지사, 2020),『상 보적 통합: 켄 윌버 통합 사상의 온전한 이해와 비판 그리고 응용』(학지사, 2019),『역동적 통합변혁 리더십』(휴머니즘, 2010),『현대과학기술윤리』(구미서관, 2010) 등이 있고, 역서로 켄 윌버의『감 각과 영혼의 만남』(범양사, 2007),『모든 것의 역사』(김영사, 2015),『켄 윌버의 ILP』(공역, 학지사, 2014),『의식의 변용』(학지사, 2017) 등이 있다.

안희영(Ahn Heyoung)

미국 컬럼비아 대학교에서 MBSR 지도자 교육과정을 주제로 박사학위를 받았다(성인학습 및 리더십 전공). 2005년부터 마음챙김에 근거한 스트레스 완화(MBSR) 프로그램을 국내에 보급하고 있다. 미국 MBSR 본부 마음챙김 센터(CFM)에서 2010년 한국인 최초로 MBSR지도자 인증을 취득하였고 2019년 현재 국내 유일의 CFM 공인 MBSR 지도자로서 한국MBSR연구소(http://cafe.daum.net/mbsrkorea)를 중심으로 MBSR 일반과정 137기를 배출하고 미국 브라운 대학교 마음챙김센터(BMC)와 아시아 최초로 국제 마음챙김 협력기관(GMC) 협약을 맺고 MBSR 지도자 국제인증 교육을 하고 있다. 기업용 프로그램인 미국 내면검색(Search Inside Yourself) 프로그램 인증 취득, 포텐셜 프로젝트 과정을 이수하였다.

현재 한국MBSR연구소 소장, 서울불교대학원대학교 석좌교수, 한국불교심리치료학회 운영위원, 대한 명상의학회 고문 등을 맡고 있다. 미국 뉴욕 대학교에서 풀브라이트 교환교수, 한국심신치유학회 회장, 서울불교대학원대학교 부총장, 대한통합의학교육협의회 부회장, 한국정신과학학회 부회장 등을 역임하였다.

역서로는 『다르마를 통해 본 마음챙김 명상』(2019, 학지사), 『스트레스, 건강, 행동의학』(공역, 학지사, 2018), 『온정신의 회복』(공역, 학지사, 2017), 『의식의 변용』(공역, 학지사, 2017), 『8주 마음챙김(MBCT) 워크북』(불광출판사, 2017), 『켄 윌버의 ILP』(공역, 학지사, 2014), 『예술과 과학이 융합된 마음챙김』(공역, 학지사, 2014), 『MBSR 워크북』(공역, 학지사, 2014), 『8주 나를 비우는 시간』(공역, 불광출판사, 2013), 『존 카밧진의 처음 만나는 마음챙김 명상』(불광출판사, 2012), 『마음챙김에 대한 108가지 교훈』(공역, 학지사, 2012), 『자유로운 삶으로 이끄는 일상생활 명상』(공역, 학지사, 2011), 『마음챙김과 정신건강』(학지사, 2010), 『마음챙김에 근거한 심리치료』(공역, 학지사, 2009) 등이 있고, 해외 저술로는 『Resources for Teaching Mindfulness』(Springer, 2017)의 7장 "Teaching MBSR in Korea" 등이 있다.

논문으로는 「현대 서구사회에서의 마음챙김 활용」(불교학연구, 2012), 「통합심신치유의 통전적 패러다임 모델」(공동, 예술심리치료연구, 2013), 「MBSR 프로그램의 불교 명상적 기반」(불교학연구, 2010), 「통합미술치료를 위한 MBSR 프로그램 활용방안」(예술심리치료연구, 2010), 「마음챙김과 자기 기억의 연관성」(한국선학, 2010) 등이 있다.

통합심신치유학: 이론 편
Integrative Body·Mind·Spirit Healing: Theory

2020년 8월 25일 1판 1쇄 인쇄
2020년 8월 30일 1판 1쇄 발행

지은이 • 조효남 · 안희영
펴낸이 • 김진환
펴낸곳 • ㈜**학지사**

04031 서울특별시 마포구 양화로 15길 20 마인드월드빌딩
대표전화 • 02-330-5114   팩스 • 02-324-2345
등록번호 • 제313-2006-000265호

홈페이지 • http://www.hakjisa.co.kr
페이스북 • https://www.facebook.com/hakjisa

ISBN 978-89-997-2169-4 93180

정가 22,000원

이 도서의 국립중앙도서관 출판시도서목록(CIP)은 서지정보유통지
원시스템 홈페이지(http://seoji.nl.go.kr)와 국가자료공동목록시스템
(http://www.nl.go.kr/kolisnet)에서 이용하실 수 있습니다.
(CIP 제어번호: CIP2020033888)

출판 · 교육 · 미디어기업 **학지사**

간호보건의학출판 **학지사메디컬** www.hakjisamd.co.kr
심리검사연구소 **인싸이트** www.inpsyt.co.kr
학술논문서비스 **뉴논문** www.newnonmun.com
원격교육연수원 **카운피아** www.counpia.com